리처드 포스터가 묵상한
신앙 고전 52선

영혼의 부흥을 위한 보고(寶庫)

편집 리처드 포스터
　　제임스 브라이언 스미스

두란노

Devotional Classics:
Selected Readings for Individuals and Groups
Copyright © 1990, 1991, 1993, 2008 by RENOVARE, Inc.
Originally published in the U.S.A. by HarperSanFrancisco under the title Devotional Classics:
Selected Readings for Individuals and Groups,
copyright © 1993 by RENOVARE, Inc.
All rights reserved.

This Korean Edition Copyright © 1998, 2011 by Duranno Press
95 Seobinggo-dong, Yongsan-gu, Seoul, Korea

This Korean edition is published by arrangement with HarperSanFrancisco,
a division of HarperCollins Publishers Inc.

본 저작물의 한국어판 저작권은 RENOVARE, Inc.와 독점계약한 두란노서원에 있습니다.
신 저작권법에 의하여 한국 내에서 보호받는 저작물이므로 무단전재와 무단복제를 금합니다.

DEVOTIONAL
CLASSICS

리처드 포스터가 묵상한
신앙 고전 52선

차례

도움말   9

서언   11

1부   영적인 생활을 위한 준비   17

1. C. S. 루이스   모든 것을 그리스도께 드림   21
2. 댈러스 윌라드   제자가 되지 않은 대가   31
3. 조나단 에드워즈   마음을 다해 섬김   41
4. 프랜시스 드 살레   유일한 참 경건   51
5. 십자가의 요한   영혼의 정화   63
6. 끌레르보의 버나드   사랑의 네 단계   73
7. 프랑수아 페넬롱   더 이상 나뉠 수 없는 의지   83
8. 성 어거스틴   완전한 복종   93

2부　기도로 충만한 생활　103

9. 토마스 머턴　묵상의 방법들　**107**
10. 노르위치의 줄리안　기도의 최고 형태　**117**
11. 랜슬롯 앤드류스　결코 지지 않는 빛　**129**
12. 로렌스 형제　하나님의 임재를 습관적으로 느낌　**139**
13. 더글러스 스티어　마음속에 있는 기도의 샘　**151**
14. 헨리 나우웬　우리의 삶 속에 고독을 받아들임　**161**
15. 조지 버트릭　개인 기도의 원리　**171**
16. 쇠렌 키에르케고르　한 가지만을 원하게 하소서　**183**
17. 이블린 언더힐　기도란 무엇인가　**193**
18. 프랑크 로바흐　하나님께 창을 열기　**203**
19. 존 베일리　아침 기도　**215**
20. 마틴 루터　믿음의 기도　**225**
21. 장 니꼴라스 그라우　침묵 기도　**235**

3부 덕이 있는 생활 247

22. 마틴 루터   겉사람에서 속사람으로   251
23. 닛사의 그레고리   경주에 참여함   261
24. 리처드 롤   영적인 불꽃   271
25. 존 칼빈   자기 부인의 기쁨   281
26. 블레즈 파스칼   교만에 빠짐   291
27. 누르시아의 베네딕트   겸손의 사다리   301
28. 토마스 아 켐피스   시험에 대처하기   309
29. 윌리엄 로   척도요, 기준이신 하나님   319
30. 아빌라의 테레사   진보를 이루려는 노력   329

4부 성령 충만한 생활 341

31. 토마스 켈리   찬양의 거룩한 성소가 되기   345
32. 제노아의 캐서린   하나님을 섬김   357
33. 조지 폭스   하나님의 능력 안에서 행함   367
34. 로욜라의 이그나티우스   영혼에서 일어나는 운동   377
35. 장 피에르 드 코사드   바로 지금 이 순간에   387
36. 아이작 페닝턴   성령의 숨결을 기다림   397
37. 존 번연   은사 활용   407

5부 사랑이 넘치는 생활 417

38. 윌리엄 템플   사회에 대한 교회의 영향력   421
39. 존 울먼   압제의 멍에를 깨뜨리라   431
40. 해나 휘톨 스미스   봉사의 기쁨을 회복하라   441
41. 제레미 테일러   겸손의 은혜   451
42. 엘리자베스 오코너   돈에 관한 가르침   461
43. 존 웨슬리   서로 사랑함   471
44. 지에나의 캐서린   사랑으로 가득 차다   481
45. 디트리히 본회퍼   공동체 안에 계신 그리스도   491

6부 말씀 중심의 생활 501

46. 스탠리 존스   날마다 성경을 읽는 습관   505
47. 인도의 성자 선다 싱   그 기쁨을 다른 사람들과 나누라   517
48. 아시시의 프랜시스   영혼의 추수   527
49. 귀용 부인   성경 말씀으로 기도하라   537
50. 존 크리소스톰   죄에 대하여 죽다   547
51. 찰스 스펄전   부흥   557
52. 워치만 니   복음 전도   569

편집자 주   579
역자 후기   581

신앙고전 52선

지은이 | 리차드 포스터 · 제임스 브라이언 스미스
옮긴이 | 송준인
초판 발행 | 1998. 12. 4
34쇄 발행 | 2020. 9. 3.
등록번호 | 제3-203호
등록된 곳 | 서울시 용산구 서빙고동 95번지
발행처 | 사단법인 두란노서원
영업부 | 2078-3333 FAX | 080-749-3705
출판부 | 2078-3444

| 책값은 뒤표지에 있습니다.
ISBN 978-89-531-1581-1 03230

| 독자의 의견을 기다립니다.
tpress@duranno.com http://www.duranno.com

두란노서원은 바울 사도가 3차 전도 여행 때 에베소에서 성령 받은 제자들을 따로 세워 하나님의 말씀으로 양육하던 장소입니다. 사도행전 19장 8-20절의 정신에 따라 첫째 목회자를 돕는 사역과 평신도를 훈련시키는 사역, 둘째 세계선교(TIM)와 문서선교(단행본·잡지) 사역, 셋째 예수문화 및 경배와 찬양 사역, 그리고 가정·상담 사역 등을 감당하고 있습니다. 1980년 12월 22일에 창립된 두란노서원은 주님 오실 때까지 이 사역들을 계속할 것입니다.

도움말

1. 「리처드 포스터가 묵상한 신앙 고전 52선」은 위대한 신앙 위인들의 사상을 한 권의 책으로 마스터하도록 편집되었습니다. 신앙 고전들을 접함으로써 우리의 영적인 삶은 더욱더 풍성해지고 그 깊이가 깊어질 것입니다. 나아가서 하나님 앞에서 우리의 인격체 형성에 풍성한 열매가 맺히게 할 것입니다.

    이 책의 구성은 신앙 위인들의 대표되는 책에서 발췌하여 각 선(選)의 내용을 꾸몄고, 각 선마다 맨 뒤에 '관련 성경 구절'과 리처드 포스터가 묵상한 내용을 수록하였으며, 특별히 각 선들의 내용 편집은 제임스 스미스가, 또 각 인물에 대한 소개와 각부의 서론은 리처드 포스터가 직접 썼습니다.

2. 특별히 52주에 걸쳐 일 년 동안 이 책을 공부할 수 있도록 선들에 맞추어 '생각해 볼 질문들', '이 주간을 위한 영적 훈련'을 따로 떼어 스터디 교재로 묶었습니다(별도 판매). 함께 사용하면 큰 유익을 얻을 것입니다.

3. 독자가 원하는 내용에 따라 자유롭게 읽어 나가는 것도 좋지만 일 년 동안 개인 또는 그룹으로 1주 1선씩 읽고, 묵상하고, 또 별책인 「개인과 그룹을 위한 영성 훈련 교재」를 가지고 공부할 것을 적극 추천하는 바입니다. 이를 통해 당신의 영적인 삶에 큰 진보와 기쁨을 맛보게 될 것입니다.

두란노 출판부

서언

오늘날 우리는 더욱 새로운 것이라면 틀림없이 더 좋고, 더 진실에 가까울 것이라는 검증되지 않은 막연한 생각으로 고통을 받고 있다. 이 책은 이런 오늘날의 근시안적인 안목에 대응하기 위해 쓰여졌다. 이 책에는 고전이라 일컬어지는 위대한 경건 서적들 중에서 52권을 주의 깊게 선별하여 수록해 놓았다.

먼저 이 책의 원제목인 *Devotional Classics*에서 '경건한(devotional)'이란 단어와 '고전(classic)'이란 단어의 의미를 바로잡는 것이 중요할 것 같다.

대부분의 현대인들에게 있어서 '경건하다'는 말은 하늘의 것이거나 내세적인 것 또는 현실 세계와 무관한 것을 의미한다. 또 어떤 사람들에게는 감상적이거나 피상적인 것, 또는 현실 생활의 어려움을 마지못해 직면하는 것을 의미하기도 한다. 그러나 사실, 정말 경건한 글들은 이러한 현대의 그릇된 오해와는 전혀 무관하다. 오히려 그런 글들은 우리의 인격 변화를 목표로 삼고 있다. 그 글들은 감정에 호소하고, 의지를 향해 이야기하며, 지성의 도야를 추구한다. 그 글들은 근본적인 인격 형성을 요구하며 거룩한 습관을 서서히 심어 준다.

마찬가지로, '고전'이라는 단어도 오늘날 좋지 않은 인상을 준다. 어떤 책이 고전이라고 하면 우리는 즉시 그 책은 이해하기 어렵다거나, 읽기가 쉽지 않다거나, 분명히 오늘날의 관심사와는 전혀 관계가 없다고 단정하는 경향이 있다.

마크 트웨인(Mark Twain)이 적절하게 표현한 것처럼, 그것은 "모든 사람들이 읽었으면 하는 책이지만 사실은 아무도 읽고 싶어하지 않는 책이다." 그러나 사실, 어떤 글이 고전이라는 말은 오랜 세월 동안 수많은 사람들이 그 책의 통찰력으로부터 힘을 얻고 그 책의 가치를 증언하고 있다는 말이다.

이 두 단어가 결합되어 만드는 '경건한 고전'이란 말은 오랜 세월의 검증을 거쳐서 하나님 앞에서의 인격체 형성을 추구하는 글이란 뜻이 된다.

경건한 고전에 깊이 잠기는 것은 정말로 귀한 일이다. 현대적인 것은 우리를 편협하게 만들지만, 경건한 고전에는 풍성한 결실이 있다. 그것들은 변덕스런 시장의 유행과는 거리가 멀고, 우리에게 미래에 대한 안목과 균형 잡힌 견해를 제공한다.

루이스(C. S. Lewis)가 말한 대로 "새로운 책은 여전히 시험대에 올려져 있고 아마추어는 그것을 판단할 위치에 있지 못하다. 유일한 안전 장치가 있다면 그것은 분명하고 중심적인 기독교(백스터는 이것을 '단순한 기독교'라고 불렀다)의 기준을 갖는 것이다. 왜냐하면 그것이야말로 그 시대의 모든 논쟁들을 바른 시각에서 볼 수 있게 해주기 때문이다. 그런데 그 기준은 고전 이외에서는 얻을 수가 없다. 독서의 좋은 지침이 있다면, 새 책을 읽은 후 중간에 고전을 읽을 때까지 또 다른 새 책을 읽지 말라는 것이다." 지금 당신의 손에 들려 있는 이 책은 보통의 독자들에게 그런 '분명하고 중심적인 기독교의 기준'을 제공하기 위해 쓰여진 것이다.

마음으로 읽기

이 책에 실린 경건한 고전들을 읽기 위해서는 한 가지 지침이 필요하다. 여기 실린 글들의 작가들은 당신을 순식간에 사로잡으려고 하지 않는다. 그들은 당신의 귀를 자극하거나 상상력을 발동시키려는 의도를 전혀 가지고 있지 않다. 그들은 순식간에 거룩함에 이르는 손쉬운 방법이나, 개인적인 번영을 보장하는 계획이나, 마음의 평화를 위한 확실한 기술을 약속하지도 않는다.

그들은 속독이라는 현대적 개념이 생기기 전에 글을 썼기 때문에 각 문단마다 진부한 표현이나 의미 없는 말들을 채워 넣을 줄 몰랐다. 그래서 그들이 쓴 글들은 각 구절들마다 깊은 의미를 담고 있다. 따라서 적절한 속도로 읽으면서 그 의미를 명확히 이해하고 그 진리로 우리의 인격이 형성될 때까지 중간 중간 쉬어 가면서 그 구절들을 다시 읽고 음미하고 또 체험하는 것이 가장 좋다.

장 피에르 드 코사드(Jean-Pierre de Caussade)는 우리에게 이렇게 충고한다. "지식적으로가 아니라 뜨거운 마음으로 각 주제에 접근하되 한 단어, 한 단어씩 차분한 마음으로 천천히 읽으라. 이따금씩 잠깐 쉬면서 이러한 진리들이 영혼의 가장 깊숙한 곳까지 스며들게 하라. 그리고 성령께서 역사하시도록 기회를 제공하라. 왜냐하면 성령께서는 이렇게 조용히 쉬면서 묵상하는 시간에 특별한 하늘의 진리들을 우리 마음에 새기시고 감동케 하시기 때문이다. 이 평화와 안식이 오래 지속되면 될수록 더 좋다. 생각이 분산되는 것을 느낌과 동시에 다시 읽기 시작하라. 이와 같이 쉬며 묵상하는 시간을 끊임없이 자주 갖도록 하라."

이런 독서를 가리키는 전문적인 용어가 있는데 당신이 그것을 알면 도움이 될 것이다. 그것은 '신성한 독서'라는 뜻의 '렉티오 디비나(lectio divina)'라는 말이다. 이것은 지성이 감성 속으로 내려가며, 지성과 감성이 하나님의 사랑과 선하심 속에 잠기는 독서를 말한다. 그것은 단지 글을 읽는 것에 그치는 것이 아니라 칼 바르트(Karl Barth)의 표현을 빌면, "글(words) 속에 들어 있는 말씀(Word)"을 찾아내는 것이다. 그것은 정보를 얻는 것 정도에 그치는 것이 아니라 우리가 읽는 것에 의해 우리의 인격이 형성되고 빚어지는 단계에 이르기까지 노력하는 것이다. 그것은 내주하시는 성령님께 우리의 마음을 다해 귀기울이는 것이다. 이렇게 기도하는 마음으로 하는 독서는 우리를 변화시키며 강건하게 한다.

다섯 가지 주요 흐름

이 책은 서론격인 예비적인 부분과 다섯 개의 주제 부분으로 나누어져 있다. "영적인 생활을 위한 준비", "기도로 충만한 생활", "덕이 있는 생활", "성령 충만한 생활", "사랑이 넘치는 생활", "말씀 중심의 생활"이 그것이다. 이 내용이 우리가 '레노바레'에서 확인한 그리스도인의 삶과 신앙의 다섯 가지 주요 흐름과 일치하는 것은 우연이 아니다('레노바레[RENOVARE]'는 '새롭게 한다'는 뜻을 가진 라틴어인데, 예수 그리스도의 교회를 모든 면에서 갱신하기 위한 노력을 가리키는 말이다). 그러나 이러한 구분은 나중에 생긴 것이다. 처음에 우리는 매주 모이는 영성 훈련 그룹을 위해 잘 알려진 신앙적이고 경건한 고전 중에서 도움이 될 만한 자료들을 모아 이 책에 수록된 내용들을 발전시켜 가기 시작했다.

나중에 가서야 우리는 그 내용들이 다섯 개의 커다란 전통인 묵상, 거룩, 영적 은사, 사회 정의, 복음주의와 너무나도 잘 부합된다는 사실을 알게 되었다. 그리고 그 각각의 전통에 부합되는 글들을 거의 비슷한 숫자로 골랐다는 사실을 알고서 우리 자신들조차도 다시 한번 깜짝 놀랐다.

우리는 이것을 다행으로 생각한다. 왜냐하면 우리가 믿음과 삶을 조화시키기 위해서는 이 모든 전통을 다 경험해 보아야 한다는 것이 우리의 확신이기 때문이다. 각각의 전통은 온전한 그리스도인의 영성을 이루는 데 없어서는 안될 필수적인 요소들이다. 그러나 불행히도, 우리 가운데에는 이 다섯 가지 전통 중에서 한두 가지에 능하거나 익숙하거나 관심이 있는 사람은 더러 있지만, 다섯 가지 모두에 강한 사람은 극히 드물다.

우리는 마루 운동과 평균대와 평행봉에서는 뛰어난 기량을 발휘하지만 고공에서나 날뛰는 말 위에서는 기량을 발휘하지 못하는 체조 선수, 혹은 그 반대로 고공이나 날뛰는 말 위에서는 기량을 발휘하지만 체조 기술에는 그다지 능하지 않은 사람과 어느 정도 비슷하다. 이들과 마찬가지로 우리의 신앙도 균형 잡히지 못하고 무력해서, 가령 복음 전도와 기도에는 능하지만 거룩한 생활과 가난한 사람들을 돕는 사랑에는 부족할 수가 있다. 각각의 전통은, 그것이 아무리 우리가 좋아하는 것이라 할지라도, 우리가 그것밖에 알지 못하면 우리 신앙의 균형을 잃게 만든다. 우리가 그 다섯 가지를 모두 알려고 노력하고, 그 중요성을 인식하고, 그것들을 모두 우리의 삶의 일부로 삼으려 할 때 비로소 우리의 신앙은 균형이 잡히게 된다.

따라서 이 책의 각 부분들은 당신이 영적인 성장의 주요 영역들을 보는 데 도움을 주도록 짜여 있다. 그러나 꼭 순서대로 읽을 필요는 없다. 먼저 1부인 "영적인 생활을 위한 준비"를 읽고, 그 다음엔 필요에 따라 이 책의 다른 부분들을 건너뛰며 읽을 수도 있다. 예컨대 당신이 사회 정의 부분이 약하다고 느낀다면 5부인 "사랑이 넘치는 생활"을 먼저 읽을 수도 있다. 그리고 두어 개의 글을 읽고 난 후 기도 생활에 초점을 맞추고 싶으면 다시 2부인 "기도로 충만한 생활"을 읽으면 된다. 이때 무엇보다도 중요한 것은 영적인 영양소들을 골고루 섭취하는 것이다.

편집 과정

이제 이 책의 글들을 요약하고 편집한 과정에 대해서 간단히 언급하고자 한다. 이 책의 많은 부분은 수세기 전에 쓰여진 것이다. 그래서 고어식 문체나 긴 문장 따위가 현대의 독자들을 실망시킬 수도 있다. 그렇기 때문에 우리는 긴 문장들과 문단들을 짧게 만들었고, 고어체 표현은 상응하는 현대의 단어들로 바꾸어 놓았다. 간혹 주제에서 벗어나는 부분이나 그 당시에만 해당되는 내용들은 과감히 축약시켰다. 그리고 그리 많은 경우는 아니지만, 저자의 의도를 더 잘 나타낸다고 생각되는 경우에는 포괄적인 언어를 사용하였다.

그러나 언제나 저자의 원래 의도에 충실하려고 애썼고, 가급적 저자가 본래 썼던 표현이나 단어를 많이 사용하려고 노력하였다. 아무쪼록 우리가 축약하고 편집한 내용들이, 이 글들을 처음 읽었던 사람들에게 일으켰던 것과 똑같은 반응을 오늘날의 독자들에게서도 불러일으키기를 간절히 희망한다.

편집 과정에서 수고한 린다 그레이빌(Lynda Graybeal)에게 특별히 감사한다. 린다는 과거에 기록된 이 글들이 현대의 독자들에게 분명하고 능력 있게 전달되도록 하기 위해 수많은 시간을 세심하게 기도하는 마음으로 수고하였다.

리처드 포스터
제임스 브라이언 스미스

1
영적인 생활을 위한 준비

C.S. 루이스　　댈러스 윌라드　　조나단 에드워즈
프랜시스 드 살레　십자가의 요한　끌레르보의 버나드
프랑수아 페넬롱　　성 어거스틴

여기에 실린 처음 여덟 개의 글들은 우리를 영적인 생활로 안내한다. 그러나 이 글들은 오늘날 우리가 너무나 익숙해 있는 유형을 따르지 않는다는 점을 주목하라. 이를테면, 사람들에게 순종이나 포기나 제자도에 대해서는 나중에 이야기해 주면 된다는 희망을 갖고, 먼저 '교인 증서'를 주는 식의 유형을 따르지 않는다. 그 얼마나 헛된 희망인가! 여기의 저자들은 그 정도로 어리석지 않다. 그들은 우리가 믿는 하나님이 반쪽짜리 하나님이 아니라는 사실을 잘 알고 있다. 절대적인 순종이 아닌 것들은 모두 부족한 것이다.

저자들의 목소리는 한결같다. 프랜시스 드 살레는 '참 경건'에 대해서 말하고, 성 어거스틴은 '완전한 복종'에 대해서 말한다. 프랑수아 페넬롱은 '더 이상 나뉠 수 없는 의지'에 대해서 말하고, 씨 에스 루이스는 '모든 것을 그리스도께 드림'에 대해서 말한다.

조나단 에드워즈는 우리에게 우리의 지성만이 아니라 열정을 가지고도 하나님을 사랑해야 한다는 점을 상기시켜 주며, 끌레르보의 버나드는 '하

나님을 위해 하나님을 사랑하는 것'과 궁극적으로 '하나님을 위해 자신을 사랑하는 것'을 우리에게 권고하고 있다. 십자가의 요한은 우리에게 '어두운 밤'을 통해 오히려 정결케 된다는 점을 가르쳐 준다.

　이 모든 글은 한결같이 디트리히 본회퍼의 가르침처럼, 하나님의 은혜가 값없긴 하지만 결코 값싼 것이 아님을 깨닫게 해준다. 예수 그리스도께 대한 우리의 제자도는 바로 우리가 가진 것 전부를 요구한다. 그러나 댈러스 윌라드의 말처럼, 예수님의 제자가 되지 않는 대가는 그보다 훨씬 더 크다. "예수님의 제자가 되지 않음으로써 치러야 할 대가는 마음속 깊은 평안과 사랑으로 흘러넘치는 삶, 모든 것을 하나님의 영원한 통치에 비추어 바라볼 줄 아는 믿음, 가장 낙심이 되는 상황 속에서도 굳건히 설 수 있는 소망, 그리고 의를 행할 수 있는 능력과 악의 힘을 물리칠 수 있는 권능 등이다. 요컨대 그것은 예수께서 가지고 오신 풍성한 생명, 바로 그것이다."

　이 글들의 저자들은 한결같이 제자도의 대가가 제자가 되지 않는 것보다 훨씬 더 싼 것임을 증언하고 있다.

C. S. 루이스
(C. S. Lewis, 1900~1963)

  C. S. 루이스는 20세기의 아주 중요한 기독교 사상가의 한 사람으로 추앙받고 있다. 1900년 아일랜드에서 태어난 그는 성년의 대부분을 옥스퍼드의 막달렌 대학(Magdalen College) 교수로 보냈는데, 대학에서 그가 가르쳤던 과목은 중세 문학이었다. 루이스는 1931년에 비로소 '놀라운 기쁨의 체험'을 하게 되었는데, 그는 자신이 기독교로 개종하게 된 것을 바로 그렇게 묘사했다. 그는 뛰어난 학자이자 작가로서의 재능을 사용해서 때로는 글로, 때로는 말로 수많은 사람들의 마음을 감동시켰다.

  루이스와 그의 친구들은 일주일에 한 번씩 모여서 각자 자기가 쓴 글들을 나누곤 했는데, 그들 중에는 *Lord of the Rings*(부르시는 주님)의 저자인 톨키엔(J. R. R. Tolkien)도 있었다. 그 무렵 루이스는 그의 유명한 저서인 *The Screwtape Letters*(스크루테이프의 편지)를 펴냈다. 1940년대 초반에 그는 영국 라디오 방송의 기독교에 관한 여러 가지 주제를 다루는 대담 프로를 맡았었다. 그의 명성은 영국 전역과 미국에까지 퍼져 나갔다. 기독교 변증학에 관한 통찰력 있는 저서인 *Mere Christianity*(내가 믿는 기독교)는 바로 이 대담 프로 중에서 추려 뽑은 것이다. 수많은 그리스도인들이 이 책을 신앙 생활의 필수적인 지침서로 삼고 있다. 만일 판매 부수로 인기를 가름한다면, 루이스는 죽은 지 25년이 지난 지금까지도 20세기의 가장 인기 있는 기독교 사상가 중 한 사람이라 할 수 있을 것이다. 다음의 글은 루이스가 "기독교란 어려운가, 쉬운가?"라는 주제에 대해 논한 글이다.

1 주 「내가 믿는 기독교(*Mere Christianity*)」에서 발췌

모든 것을 그리스도께 드림

1. 얼마나 희생해야 할까?

그리스도인이 되기 전에 모든 사람이 갖는 일반적인 생각은 얼마나 많은 것을 드려야 하는가 하는 문제이다. 우리는 다양한 욕구와 이해 관계를 가진 보통의 자아(自我)를 신앙의 출발점으로 삼는다. 그리고 그 다음에 '도덕'이라든가 '점잖은 행동', '사회의 이익' 같은 어떤 다른 것을 위해 자신의 자아를 희생시킨다. 왜냐하면 대개 그러한 것들은 자아의 욕구에 제동을 걸기 때문이다. 우리가 '선하게 산다는 것'은 바로 그러한 사회적 요구에 대해 자신을 포기하는 것을 말한다. 보통의 자아가 하고 싶어 했던 일이 때로는 소위 '잘못된' 것으로 드러날 경우도 있다. 그러한 경우에는 마땅히 그것을 포기해야만 한다. 그리고 다행히 '옳은' 것으로 판명될 경우도 있는데, 그럴 때에는 마땅히 그것을 해야만 한다.

그러나 우리의 마음속에는 모든 요구 조건이 충족되어도 여전히 자아

가 남아 있어서 나름대로의 삶을 영위하고, 또 자기가 원하는 것을 하기 위해서 기회와 시간을 갖고 싶어하는 본능이 있다. 사실상 우리는 세금을 정직하게 꼬박꼬박 내는 사람과 매우 흡사하다. 그 사람은 세금을 확실하게 잘 내기는 하지만 세금을 내고도 여전히 자기가 먹고 살 만큼의 돈이 남아 있기를 진정으로 원한다. 이와 마찬가지로, 우리는 본래의 자아를 여전히 출발점으로 삼고 있기 때문에 갈등이 있는 것이다.

2. 두 가지 결과

이런 식으로 생각해 볼 때 두 가지 결과가 예상된다. 선하게 살기를 포기하고 자아에 충실하든가, 아니면 자아를 버리고 완전히 불행해지든가 이 둘 중의 하나이다. 왜냐하면 자아의 희생을 요구하는 모든 요구 조건들을 진정으로 충족시키려고 하다 보면 틀림없이 자기에게는 기본적으로 있어야 할 것조차 남아 있지 않게 될 것이기 때문이다. 우리가 양심에 따라 살면 살수록 그 양심은 우리에게 더 많은 것을 요구한다. 그리고 우리의 자아는 매순간마다 굶주리고 괴로워하며 염려하게 되므로 점점 더 화를 내게 된다.

그래서 마침내 우리는 선하게 살기를 포기하든가, 아니면 소위 '남을 위해 살면서도' 늘 우리 자신을 순교자로 자처하고 남이 그것을 더 잘 알아주지 않는다고 불평하며 불만스럽게 살아가는 사람들 중의 하나가 되고 말 것이다. 일단 우리가 그런 사람이 되고 나면, 처음부터 솔직히 이기적으로 살아가는 것보다 우리와 함께 살아가야만 하는 사람들에게 훨씬 더 해로운 존재가 될 것이다.

3. 어렵고도 쉬운 길

그리스도인의 길은 어렵기도 하고 쉽기도 하다. 예수 그리스도께서는 다음과 같이 말씀하신다. "나에게 모든 것을 바쳐라. 나는 너의 시간과 물질과 일을 원하지 않고 바로 너를 원한다. 나는 너의 자아를 괴롭히기 위해 온 것이 아니라 그것을 없애려고 왔다. 미봉책은 아무런 유익이 되지 못한다. 나는 여기저기 가지만을 잘라내는 것을 원하는 것이 아니라 나무 전체를 베어 넘어뜨리기를 원한다. 자아 전체를 내어 버려라. 악하다고 생각되는 욕망만이 아니라 선하다고 생각되는 요구까지도 모두 내어 버려라. 마음의 소욕을 모두 내어 버리면 그대신 내가 새로운 자아를 주겠다. 사실, 나는 너에게 나 자신을 줄 것이다. 나의 모든 것이 너의 것이 되도록 할 것이다."

그리스도인의 길은 우리 모두가 하고자 하는 것보다 더 어렵기도 하고 더 쉽기도 하다. 예수 그리스도께서도 때로는 그리스도인의 길이 매우 어렵다고 하셨고, 또 때로는 매우 쉽다고도 하셨음을 알고 있으리라 믿는다. 예수님께서는 "네 십자가를 지고 나를 따르라"고 말씀하셨다. 이 말을 바꾸어 말하면 포로 수용소에서 맞아 죽을 정도까지 되어야 한다는 말이다. 그러나 예수님께서는 또 다른 곳에서 "내 멍에는 쉽고 내 짐은 가볍다"고 말씀하셨다. 결국 예수님께서는 그리스도인의 길이 어렵기도 하고 쉽기도 하다고 말씀하신 것이다. 우리는 이 두 가지가 모두 옳은 것임을 알 수 있다.

4. 더 어렵게 일하지 말고 더 지혜롭게 일하라

교사들의 말을 들어 보면, 게으른 학생일수록 결국에는 가장 어렵게 공부를 한다고 한다. 이 말의 뜻은 다음과 같다. 두 명의 학생에게 똑같은 기하학 문제를 주었다고 하자. 수고하고 땀 흘릴 준비가 되어 있는 학생은 그 문제를 이해하려고 할 것이고, 게으른 학생은 지금 당장은 노력이 적게 들기 때문에 그것을 암기하려고 할 것이다. 그러나 6개월 후 정작 시험 준비를 할 때, 미리 땀을 흘린 학생은 금방 이해하고 자신 있게 푸는 문제를 게으른 학생은 여러 시간을 애써 고생해야 하는 것이다.

게으르면 결국 더 많은 고생을 해야 한다. 이 문제를 다음과 같이 한 번 살펴보자. 전투를 하거나 등산을 할 때에 종종 많은 용기와 결단이 필요한 경우가 있다. 그러나 그 용기와 결단이 결국에는 가장 안전한 것이 될 수가 있다. 한편 결단해야 할 순간에 두려워하거나 겁을 내어 결단하지 못한다면, 시간이 지난 후에 오히려 자신이 더 큰 위험에 처해 있음을 알게 될 것이다. 비겁한 일이 가장 위험한 일이 될 수도 있다는 사실을 알아야 한다.

5. 그렇다면 어느 것이 더 쉬울까?

이 물음의 대답은 다음과 같다. 우리는 우리의 자아를 전부 주님께 바치는 것, 즉 우리 마음의 소원이나 앞날에 대한 대책까지도 모두 그리스도께 내어 맡기는 것을 두려워하거나 거의 그렇게 하지 못하고 있다. 그러나 그것이 우리가 나름대로 하려고 하는 것보다 훨씬 더 쉽다. 왜냐하면 우리가 하려고 하는 것은 소위 '우리 자신'을 그대로 두면서 개인의 행복을 인생의 커다란 목적으로 삼는 것이고 그와 동시에 '선하게' 사는 것이기 때문이다. 우리 모두는 마음의 소욕을 좇아 돈이나 쾌락이나 야망에 초점을 두고 살아가고자 하면서, 또 한편으로는 그럼에도 불구하고 정직하고 정숙하며 겸손하게 살아가기를 소원한다.

그런데 이것이 바로 그리스도께서 우리에게 경고하시는 내용이다. 예수님께서는 엉겅퀴가 무화과를 낼 수는 없다고 말씀하셨다. 만일 내가 잡초 씨만 뿌려진 밭이라면 밀을 생산할 수 없다. 그 잡초를 잘라 낸다 해도 다만 짧아지는 것뿐이다. 여전히 잡초를 낼 뿐이며 밀은 낼 수가 없다. 만일 밀을 생산하고 싶으면 밭의 표면만 바꾸어서는 안된다. 그 밭을 갈아 엎고 다시 씨를 뿌려야 한다.

6. 그리스도인으로서의 삶이 몸에 배게 하라

그리스도인의 삶의 진정한 문제가 대부분의 일반 사람들이 찾고 있지 않는 곳에서 생기는 것은 바로 그런 이유 때문이다. 우리가 매일 아침 눈을 뜨는 바로 그 순간부터 문제는 시작된다. 우리가 그날 그날 갖게 되는 모든 소원과 희망이 사나운 야수처럼 우리에게 덤벼든다. 매일 아침마다 가장 먼저 해야 할 일은 그 모든 문제를 뒤로 미루어 놓는 것뿐이다. 그리고는 다른 음성에 귀를 기울이고 다른 관점을 받아들이며, 좀더 크고 좀더 강하며 좀더 경건한 다른 삶이 내 삶에 흘러넘치게 하는 것뿐이다. 이런 식으로 하루 종일을 사는 것이다. 하찮은 일로 야단법석을 떨고 소란을 피우는 것에서 한 발 뒤로 물러서서 바깥 바람을 벗어나 안으로 들어오는 것부터 시작해야 한다.

처음에는 잠시 동안만 이렇게 할 수가 있다. 그러나 그로부터 점점 새로운 종류의 삶이 우리의 생활 영역 전반에 걸쳐 퍼지게 된다. 왜냐하면 그렇게 되면 주님께서 바로 우리 우편에 서서 일하시기 때문이다. 그 차이는 단지 표면에만 칠해지는 페인트와 속까지 깊숙이 파고드는 염색이나 녹의 차이와 같다.

예수님께서는 결코 막연하거나 이상적인 헛된 말씀을 하시지 않았다. 그분이 "온전하라"고 했으면 그 말 그대로 온전하라는 것이다. 그것은 어렵다. 사실 타협이란 불가능하다. 알이 변하여 새가 되기는 어렵다. 그리고 그 알이 새로 변하지 않고 날기를 배운다는 것은 정말로 더 어렵다. 우리는 지금 알과 같은 존재들이다. 그러나 그냥 무한정 평범한 보통의 알로 머물러 있을 수는 없다. 알은 부화되거나 썩거나 둘 중의 하나가 되어야만 한다.

7. 교회가 존재하는 이유

앞서 말한 것을 한 번 돌이켜보자. 그것은 기독교 전반에 관한 것이다. 그 밖의 다른 것은 없다. 그러나 그것은 일목요연하게 정리되지 않고 혼란해지기가 매우 쉽다. 교회가 교육, 건축, 선교, 예배 등 많은 목적을 갖고 있다고 생각하기 쉽다. 그것은 마치 국가가 군사적, 정치적, 경제적 목적 외에 많은 다른 목적들을 갖고 있다고 생각하기 쉬운 것과 마찬가지이다.

그러나 그것은 어떻게 보면 훨씬 더 단순하다. 국가는 단지 이 세상에 살아 있는 동안만 인간의 일상적인 행복을 보호하고 증진하기 위해서 존재한다. 남편과 아내가 난로를 쬐며 대화를 나눈다든가, 몇몇 친구들이 선술집에 모여서 다트(dart) 놀이를 한다든가, 아니면 정원을 판다든가 하는 이런 것이 국가가 존재하는 이유이다. 그리고 만일 모든 법률과 국회와 군대와 법정과 경찰과 경제 상태 따위가 이러한 국민의 일상적인 삶의 순간들을 증진시키고 연장시키며 보호해 주는 데 도움이 되지 못한다면 그 모든 것들이 시간 낭비에 불과할 것이다.

마찬가지로 교회는 사람들을 그리스도에게로 인도하여 그들을 작은 그리스도로 만드는 것 외에는 다른 존재 이유가 없다. 만일 모든 교회와 성직자와 선교와 설교가, 심지어 성경 그 자체까지도 그 일을 감당하지 못한다면 그 모든 것들은 단지 시간 낭비에 불과할 것이다. 바로 그러한 목적 때문에 하나님께서 인간이 되신 것이다. 때로는 온 우주가 어떤 다른 목적을 위해서 창조된 것이 아닌가 의심이 생길 때도 있다. 그러나 성경은 온 우주가 그리스도를 위하여 창조되었고, 모든 만물이 그리스도 안에서 서로 연락(連絡)한다고 말한다.

8. 하나님의 계획에 동참하자

나는 우리 가운데 어느 누구도 이러한 일이 온 우주에 어떻게 일어날 수 있는가를 이해할 수 있다고는 생각하지 않는다. 우리는 지구에서 수천만 킬로미터 떨어진 곳에 과연 무엇이 살고 있을지 모른다(만약 이 우주 공간에 다른 무엇인가가 존재한다고 가정했을 때의 말이다). 심지어 이 지구상에서조차 인간이 아닌 다른 사물에 그것이 어떻게 적용되는지 우리는 알지 못한다. 우리는 다만 그것을 기대할 수 있을 뿐이다. 우리는 우리 자신에 관해서만 하나님의 계획을 보아 왔다.

우리가 지금까지 들어온 말은 우리가 어떻게 그리스도 안에 들어갈 수 있는가 하는 문제이다. 다시 말하면 우주의 왕자이신 그리스도께서 그의 아버지께 드리고자 했던 그 멋진 선물 속에 우리가 어떻게 포함될 수 있느냐 하는 것인데, 그 선물은 예수 그리스도 자신이며 따라서 그리스도 안에 우리까지도 포함이 되는 것이다. 이것만이 우리가 지음을 받은 유일한 목적이다. 성경에는 우리가 그리스도 안에 거할 때 자연 만물까지도 회복되기 시작할 것이라는 이상하고도 흥미로운 암시가 많이 나와 있다. 그때가 되면 악몽은 물러가고 아침이 올 것이다.

관련 성경 구절 : 누가복음 14:25 - 33

허다한 무리가 함께 갈새 예수께서 돌이키사 이르시되 무릇 내게 오는 자가 자기 부모와 처자와 형제와 자매와 및 자기 목숨까지 미워하지 아니하면 능히 나의 제자가 되지 못하고 누구든지 자기 십자가를 지고 나를 좇지 않는 자도 능히 나의 제자가 되지 못하리라 너희 중에 누가 망대를 세우고자 할진대 자기의 가진 것이 준공하기까지에 족할는지 먼저 앉아 그 비용을 예산하지 아니하겠느냐 그렇게 아니하여 그 기초만 쌓고 능히 이루지 못하면 보는 자가 다 비웃어 가로되 이 사람이 역사를 시작하고 능히 이루지 못하였다 하리라 또 어느 임금이 다른 임금과 싸우러 갈 때에 먼저 앉아 일만으로서 저

이만을 가지고 오는 자를 대적할 수 있을까 헤아리지 아니하겠느냐 만일 못할 터이면 저가 아직 멀리 있을 동안에 사신을 보내어 화친을 청할지니라 이와 같이 너희 중에 누구든지 자기의 모든 소유를 버리지 아니하면 능히 내 제자가 되지 못하리라.

리처드 포스터의 묵상

하나님의 방법과 인간의 방법이, 사람을 변화시키고 바꾸어 놓는 일에서보다 더 날카롭게 대조되는 경우는 없다. 우리는 특정한 행동에 관심을 갖지만 하나님께서는 안에서 밖으로 일을 하신다. 우리는 시도할 뿐이지만 하나님께서는 변화시키신다.

이 책, 「신앙 고전 52선」을 편집하는 일에 조력자로 일하고 있는 짐 스미스(Jim Smith)는 씨 에스 루이스가 쓴 많은 글을 읽고 상당한 도움을 얻었는데, 특히 앞의 글을 읽고는 크게 힘을 얻었다고 한다. 그의 말을 빌면 다음과 같다. "나는 이 글을 읽고 무릎을 꿇고 말았다. 이 글을 다 읽기도 전에 나는 내게 무엇이 잘못되었는지 깨닫게 되었다. 나는 여전히 나의 '자아'를 출발점으로 삼고 있었던 것이다. 나는 나의 자아와 자아의 욕구는 절대 침해당하지 않으려고 애를 썼다. 예수 그리스도는 단지 나의 자아에 부속된 존재에 불과했다. 그러나 이 글을 읽은 후 나는 매일 의식적으로 예수 그리스도의 음성에 귀를 기울이고 예수 그리스도께서 나에게 주신 새로운 자아가 소생하도록 노력하기로 결심했다."

아무쪼록 이 글이 짐 스미스에게 영향을 끼친 것처럼, 하나님께서 이 글을 통해 여러분과 나의 삶에 큰 힘을 주시기를 기도한다.

댈러스 윌라드

(Dallas Willard, 1935~)

댈러스 윌라드는 1935년 9월 4일 미국 미주리(Missouri) 주의 버팔로에서 태어나 비교적 가난한 환경에서 성장했다. 그는 1955년에 제인 레이크스(L. Jane Lakes)와 결혼하여 수년 동안 두 자녀인 존 새뮤얼(John Samuel)과 레베카(Rebecca)를 키웠다.

그는 일찍부터 가르치고 연구하는 생활을 통해 그가 선택한 분야인 철학에 전념했다. 그는 위스콘신 대학과 서던 캘리포니아 대학(현재 봉직 중)에서 학생들을 가르쳐 왔으며, 지금까지 후설(Husserl)의 철학을 가장 잘 해석한 사람으로 정평이 나 있다. 특히 그는 '현상학(phenomenology)'에 조예가 깊은 유명한 학자이다.

윌라드 박사는 30권이 넘는 책을 펴낸 유명한 학자인데, 아울러 깊은 신앙과 기독교적인 확신의 사람이기도 하다. 그가 이 시대의 위대한 사상가들 중에서 독특한 자기만의 사상을 가지고 있으면서도 복음의 진리를 보통 사람들과 나누는 모습을 볼 때 큰 감명을 받게 된다. 예를 들면, 필자(리처드 포스터)가 남 캘리포니아의 작은 교회에서 목회를 하고 있을 때 그 교회에 댈러스와 제인이 출석하고 있었는데 그때 그가, 학교 교육은 받지 못했으나 신실하게 신앙 생활을 하는 건축 노동자와 깊고도 지속적으로 영적인 친교를 나누는 모습을 보고 깊은 감명을 받은 적이 있다. 그런데 필자를 더욱더 감동시켰던 것은 댈러스 윌라드와 함께 기도할 때의 모습이었다. 하나님과 그의 친밀한 교제, 영적인 겸손함, 그리고 세상 사람들에 대한 그의 사랑은 함께 나누고 싶은 아름다운 모습이다.

여기 실린 글은 그의 저서 *The Spirit of the Disciplines*(훈련의 정신)의 부록에서 발췌한 것이다. 이 책은 하나님께서 우리의 인격을 어떻게 변화시키시는가에 대해서, 우리가 그리스도께서 원하시는 뜻에 좀더 깊이 순응하는 방법에 대해서, 그리고 그러한 과정에서 우리가 해야 할 역할에 대해서 기초를 놓아 주는 책이다. 또한 이 글은 '현대 교회가 갖고 있는 훈련받지 못한 제자들'의 문제에 대해서도 다루고 있다.

2주 「훈련의 정신(*The Spirit of the Disciplines*)」에서 발췌

제자가 되지 않은 대가

1. 제자도는 특별한 그리스도인들만을 위한 것인가?

'제자'라는 말은 신약 성경에서 269회 나온다. 한편 '그리스도인'이라는 말은 세 번밖에 나오지 않으며, 그 말이 처음 소개될 때에는 정확히 제자들을 지칭하는 말이었다. 그러므로 신약 성경은 예수 그리스도의 제자들에 관한, 제자들에 의한, 제자들을 위한 책이라 볼 수 있다.

그러나 정작 중요한 것은 말이 아니라, 초대 교회 성도들의 삶이 특별한 삶이었다는 사실이다. 복음 안에서 인간이 누리는 모든 확신과 유익은 분명히 그러한 삶을 전제하고 있으며, 실제적인 의미를 배제하지 않는다. 예수 그리스도의 제자는 특별하거나 초인간적인 그리스도인이 아니다. 차에 비유하자면, 곧고 좁은 길에서 고속 차선을 달리도록 특별한 쿠션을 달고, 특수 구조를 갖추고, 유선형의 차체에 동력까지 갖춘 호화롭고 튼튼한 모델이 아니다. 제자는 하나님 나라의 기본적인 운송 수단의 초보적인 모델로 신약 성경에 나와 있다.

2. 제자화되지 못한 제자들

적어도 수십 년 동안 서구의 교회들은 제자도를 그리스도인이 되는 조건으로 삼지 않았다. 그리스도인이 되기 위해서 제자가 되기를 요구하거나 그런 의도를 갖도록 요구하지도 않았다. 그리고 제자도에 있어서, 또 제자도를 향해서 아무런 진보가 나타나지 않아도 그리스도인으로 존속할 수 있었다. 특히 오늘날 미국의 교회들은 교인의 조건으로 그리스도의 모범과 정신과 가르침을 따르도록 요구하지 않고 있다. 어떤 교회나 지역 교회와 교류를 계속하거나 새로이 시작하는 데 있어서도 마찬가지이다. 이러한 요구에 대해서 다소 예외가 있기는 해도 그것의 일반적인 타당성을 강조하는 데 그치거나 일반적인 규칙을 좀더 명료하게 할 뿐이다. 이 시대의 눈에 보이는 기독교 기관에 관한 한 제자도는 분명히 선택적이다. 오늘날 교회에는 제스 무디(Jess Moody)의 말처럼 '제자화되지 못한 제자'로 가득 차 있다. 오늘날 교회가 안고 있는 대부분의 문제점들은 교인들이 아직까지 그리스도를 따라가기로 결심하지 못하고 있다는 사실로 설명할 수 있다.

그리스도 역시 또 하나의 주인이라고 주장한다면 좋은 결과를 얻지 못할 것이다. 그리스도의 주님 되심을 선택적으로 인정한다면, 그리스도를 새 차의 타이어나 스테레오 장치와 똑같은 범주에 두는 것이 된다. 당신은 그리스도의 주님 되심이 없이는 살 수가 없다. 게다가 더욱 애석하게도 그것을 가지고 어떻게 살아갈 것인지도 분명하지 않다. 순종과 순종의 훈련이, 복음에 대한 최근의 해석에서 제시된 구원과 아무런 이해할 만한 교리적, 실제적 통일성을 이루지 못하고 있는 것이 오늘의 현실이다.

3. 지상 명령의 큰 불이행

예수님께서 교회에게 남겨 주신 지상 명령 속에는 또 하나의 다른 유형이 제정되어 있다. 예수님께서 초대 교회에 제시한 첫 번째 목표는 그의 모든 권세와 능력을 사용하여 제자 삼는 일이었다. 그리고 제자가 된 사람들만이 아버지와 아들과 성령의 이름으로 세례를 받을 수 있었다. 이러한 두 가지 준비 절차와 더불어 그들은 "내가 너희에게 분부한 모든 것을" 소중히 여기고 지키도록 가르침을 받아야만 했다. 1세기의 기독교회는 교회 성장을 위해 이 계획을 그대로 실천함으로써 생겨났다. 그것은 더 이상의 것을 기대하기 어려운 좋은 결과였다.

그러나 그리스도의 계획 대신에 역사적인 조류가 그 자리를 차지하였다. 특정한 신앙과 행위를 갖도록 개종자를 만들고 그 개종자들에게 세례를 주어 교회의 일원이 되게 하였다. 그 결과 그리스도의 지상 명령에서 두 가지를 불이행하는 결과가 초래되었다. 무엇보다도 중요한 것은 모든 사람으로 제자를 삼아 그리스도의 생도가 되게 해야 하며, 그 외의 사람들도 그리스도의 제자가 되기를 기다리게 해야 하는데 그렇게 하지 못한 것이었다. 또 한 가지 간과한 사실은 개종자들로 하여금 훈련을 받게 하여 점진적으로 예수님께서 지시하시는 것을 행하도록 해야 하는데 그렇게 하지 못한 것이었다.

이 두 가지 불이행은 서로 관련되어 있다. 개종자들을 제자로 만들지 못했기 때문에 그들에게 그리스도의 삶과 교훈대로 살아가는 법을 가르칠 수가 없었다. 그것은 개종하였다고 해서 되는 것이 아니며, 또 개종자에게 주어지는 보따리 속에 다 들어 있는 것도 아니다. 오늘날 그리스도의 삶과 교훈을 직면할 때 나타나는 반응은 반발이나 거절이라기보다는 일종의 당혹감이라고 할 수 있다. 이런 것들과 우리가 어떻게 관련됩니까? 그것이 우리와 무슨 상관이 있습니까? 바로 이런 질문들이 오늘날 제기되는 물음들이다.

4. 그 당시의 제자도

예수님께서 이 세상에 계실 때에는 제자가 된다는 의미가 매우 단순했다. 제자가 된다는 것은 일차적으로, 주님과 함께 행하면서 배우고 순종하며 주님을 본받아 사는 것을 의미했다. 거기에 상응하는 다른 과정은 아무것도 없었다. 사람들은 무엇을 해야 할지, 또 거기에는 어떤 희생이 따르는지 잘 알고 있었다. 시몬 베드로는 "보소서 우리가 모든 것을 버리고 주를 좇았나이다"(막 10:28)라고 말했다. 예수님께서 하나님의 통치를 선포하고, 보여 주시고, 설명하시면서 여러 지역을 다니실 때 제자들은 예수님과 동행하기 위하여 오랜 기간 동안 가족과 생업까지도 포기해야만 했다. 제자들은 예수님께서 하시는 일을 배우기 위해서 예수님과 함께 생활하지 않으면 안되었다.

오늘날에 그렇게 행한다고 생각해 보라. 가족과 고용주들과 직장의 동료들이 그러한 행동에 대해서 어떻게 반응하겠는가? 아마도 그들은 우리가 그들을 그다지 사랑하지 않는다고 생각하거나, 심지어 우리 자신까지도 사랑하지 않는다고 결론지을 것이다. 세베대가 그의 두 아들이 예수님을 따르기 위해 가업을 다 버려 두고 떠났을 때 그렇게 생각하지 않았겠는가?(막 1:20) 그와 비슷한 상황에 처한 아버지들에게 한번 물어 보라. 그러므로 예수님께서는 누구든지 자기를 따라오려거든 가장 귀한 것, 가족과 자기가 가진 모든 소유와 자기 목숨까지도 버려야만 한다고 말씀하셨다(눅 14장). 그때 주님께서는 단순한 한 가지 사실을 말씀하신 것이다. 그것은 바로 제자가 되는 유일한 길에 대해서 말씀하신 것이다.

5. 오늘날의 제자도

비록 값비싼 대가를 치르기는 했지만, 제자도는 한때 매우 분명하고 직선적인 의미를 갖고 있었다. 그러나 오늘날에는 그와 똑같은 의미를 지니고 있지 않다. 일단 예수님의 첫 제자들이 그러했던 것처럼 문자 그대로 예수님과 함께 있을 수 없다. 그러나 제자들이란 우선 순위나 의도, 즉 마음가짐이나 내적인 태도에 있어서는 언제나 동일하다. 제자의 마음속에는 동일한 소망과 결심, 굳건한 의지가 있다. 그리스도의 제자는 다른 무엇보다도 그리스도와 같아지려는 소망이 있다.

이러한 소망은 대개, 이미 참 길이신 예수 그리스도 안에 있는 사람들의 삶과 언행에 의해 생겨나는데, 이러한 소망을 가진 자는 또 한 가지 결심을 하게 된다. 그것은 그리스도를 닮는 일에 헌신하는 것이다. 그리스도의 제자는 그리스도를 닮아가며 그리스도의 '신앙과 행위' 속에 거하기를 소원하는 사람으로, 체계적이고도 점진적으로 자기가 하는 모든 일을 그러한 목적에 맞추어 나가는 사람이다. 오늘날에도 그리스도의 훈련을 받고자 등록한 사람들이 이러한 노력에 의해서 그의 생도나 제자가 될 수 있다.

만일 우리가 그리스도를 닮아가기를 원한다면, 우리 자신에게 뿐만 아니라 우리 주변의 모든 사려 깊은 사람들에게까지도 그것은 명백해질 것이다. 물론 오늘날에는 가족과 사업을 버려 두고 시골길을 다니시는 예수님을 수종든다고 해서 제자를 규정짓는 삶이 실현되는 것은 아니다. 오히려 제자도는 원수를 사랑하고, 우리를 저주하는 자를 축복하고, 압제자와 십 리를 동행함으로써 구체화될 수 있다. 은혜로 속사람이 변화되어 믿음과 사랑과 소망으로 살아감으로써 가능한 것이다. 훈련받은 사람이 분명한 은혜와 평강과 기쁨으로 수행하는 그러한 행위는, 제자도가 먼 옛날 가족과 생업을 버리고 예수 그리스도를 좇아갔던 자들이 그러했던 것 못지않게 오늘날 실제적이고 충격적인 영향력을 끼친다. 참 길이신 예수 그리스도를 믿고 행하는 사람은 누구든지 그것을 입증할 수 있으며, 그러한 사람은 제자도가 전혀 터무니없이 힘든 것은 아님을 증명하게 될 것이다.

6. 제자가 되지 않은 대가

1937년에 디트리히 본회퍼는 그의 저서 *The Cost of Discipleship*(제자도의 대가)이라는 책을 세상에 펴냈다. 그것은 '손쉬운 기독교', '값싼 은혜'를 통렬히 비판한 것이었다. 그러나 제자도에 대해서는 비록 그것을 강조하기는 했지만 값비싼 영적인 일로 따로 구분하지는 않고, 다만 특별히 거기에 관심을 갖거나 부름받은 사람들만을 위한 것이라고 보았다. 보통 인간 생활에서 추구하는 것들을 포기하지 않고서는 그리스도의 제자가 될 수 없다고 본 것은 옳은 것이었다. 그러나 제자화되지 않은 대가는 이 생만을 고려한다 해도 예수님과 동행하는 데 드는 비용보다 훨씬 더 크다.

비제자화로 인해 우리가 치러야 할 희생은 지속적인 평안과, 사랑으로 점철된 삶, 영원한 하나님의 통치를 최우선으로 하여 매사를 바라보는 믿음, 아무리 절망적인 상황 가운데서라도 쓰러지지 않는 소망, 옳은 것을 하고자 하는 능력과 악의 세력들에게 대적하는 힘, 이 모든 것들이다. 요컨대, 그 대가는 정확히 말해서 예수님께서 우리에게 가져다 주시는 풍성한 삶이다(요 10:10). 결국 십자가 형상의 그리스도의 멍에는 그리스도와 더불어 그 안에 살면서 영혼에게 안식을 주는 온유한 마음과 겸손한 마음을 배우는 사람들에게 자유와 능력을 주는 도구라고 할 수 있다. 그리스도를 따르는 일이 무엇인가에 대한 올바른 견해는 그것을 반드시 있어야 할 필요로 볼 뿐만 아니라 인간의 최고도의 가능성이 실현되는 것으로 보고, 또 가장 높은 수준의 삶으로 보는 것이다.

관련 성경 구절 : 마태복음 28:16-20

열한 제자가 갈릴리에 가서 예수의 명하시던 산에 이르러 예수를 뵈옵고 경배하나 오히려 의심하는 자도 있더라 예수께서 나아와 일러 가라사대 하늘과 땅의 모든 권세를 내게 주셨으니 그러므로 너희는 가서 모든 족속으로 제자를 삼아 아버지와 아들과 성령의 이름으로 세례를 주고 내가 너희에게 분부한 모든 것을 가르쳐 지키게 하라 볼지어다 내가 세상 끝날까지 너희와 항상 함께 있으리라 하시니라.

리처드 포스터의 묵상

 아마 오늘날 교회의 가장 큰 병폐는 그리스도께로 개종하기는 했지만 그리스도의 제자는 되지 못한 사람들일 것이다. 그것은 용어상 명백한 모순이다. 그것은 교회 생활 전반에 영향을 미치며, 상당 부분 지역 교회 회중들의 낮은 영적 수준의 이유가 된다.

 이러한 슬픈 사태를 개선하기 위해 우리는 다른 사람들의 행동과는 상관없이 우리의 생각을 우리의 영원한 구세주요, 선생이요, 주요, 친구가 되시는 예수 그리스도의 지도하에 두기로 결심해야만 한다. 우리는 예수님께서 사셨던 전반적인 생활 양식을 본받아야 한다. 노예처럼 흉내내는 데 그치는 것이 아니라 전반적인 생활 방식을 배워야 한다. 기도, 고독, 소박함, 섬김 등의 훈련이 우리의 전반적인 생활 양식의 특징을 이룬다.

 '제자 없는 기독교'를 극복하기 위해 우리가 할 수 있는 일은 훨씬 더 많이 있다. 우리의 영원한 선생이신 예수님께서 우리에게 그 방법을 보여 주실 것이다.

조나단 에드워즈

(Jonathan Edwards, 1703~1758)

　조나단 에드워즈는 회중 교회 목사였으며, 18세기에 있었던 '대각성 운동'의 중심 인물이었다. 그는 미국의 위대한 신학자 중의 한 사람으로 추앙받고 있다. 에드워즈는 코네티컷(Connecticut)에서 태어나 예일 대학에서 공부했으며, 메사추세츠 주의 노스앰턴(Northampton)에 있는 교회에서 23년 간 목회했다. 후에 그는 스톡브리지(Stockbridge)에 있는 인디언들을 위해 선교사가 되었다. 1758년, 그는 프린스턴 대학(Princeton University)의 총장으로 임명되었으나 직임을 맡은 지 불과 두어 주일 만에 하나님의 부르심을 받았다.

　에드워즈는 로크의 철학과 자신의 칼빈주의 신학을 결합하여 그 당대를 위해 그리스도인의 영성 신학을 창안했다. 그의 주된 관심사는 "성령의 임재를 우리가 어떻게 알 수 있을까" 하는 것이었다. 에드워즈에 의하면 그리스도인의 체험은 하나님의 은사이다. 그러나 그는 우리가 체험이라고 정의하는 방식들을 연구하느라고 전생애를 바쳤다. 다음 글에서 분명히 드러나겠지만, 그의 글의 중심 주제는 신앙적인 '열정'의 중요성이다. 그는 그것을 의지를 행동으로 움직이게 하는 열정이라고 정의했다.

3 주 「신앙과 정서(Religious Affections)」에서 발췌

마음을 다해 섬김

1. 마음을 다해 섬김

하나님께서 요구하시고 인정하시는 신앙은 나약하고 우둔하며 생명력 없는 신앙, 다시 말해서 확신이 결여된 연약한 상태가 아니다. 왜냐하면 그러한 신앙은 우리를 일시적으로 고양시키기는 하지만 결국 무관심보다 약간 나을 뿐이기 때문이다. 하나님께서는 말씀을 통해, 우리가 영적으로 선하고 성실하며, 열심을 품기를 강력하게 요구하신다. 그리고 우리의 마음을 다해 신앙 생활에 힘쓸 것을 요구하신다. "부지런하여 게으르지 말고 열심을 품고 주를 섬기라"(롬 12:11).

"이스라엘아 네 하나님 여호와께서 네게 요구하시는 것이 무엇이냐 곧 네 하나님 여호와를 경외하여 그 모든 도를 행하고 그를 사랑하며 마음을 다하고 성품을 다하여 네 하나님 여호와를 섬기고"(신 10:12). 이렇게 열심을 품고, 마음을 다해 섬기는 것은 진정한 마음의 할례를 받은 결과로 나타나는 열매이며, 그것만이 생명의 유업을 약속으로 받게 된다. "네 하나님 여호와께서 네 마음과 네 자손의 마음에 할례를 베푸사 너로 마음을 다하며 성품을 다하여 네 하나님 여호와를 사랑하게 하사 너로 생명을 얻게 하실 것이며"(신 30:6).

2. 거룩한 열정

만일 우리가 신앙에 열심을 품지 않거나 우리의 의지나 성품을 강하게 훈련하지 않으면 우리는 아무것도 아니다. 신앙의 중요성은 너무나 커서 반쪽의 헌신으로는 충분하지 않다. 신앙에서만큼 우리의 마음 상태가 중요한 곳은 아무데도 없고, 신앙에서만큼 미지근한 것이 보기 싫은 곳도 아무데도 없다.

참된 신앙은 능력 있는 것이다. 신앙의 힘은 먼저 우리의 마음속에서 나타난다. 우리의 마음이 모든 신앙의 처소이기 때문이다. 그러므로 참된 신앙은 외적인 형태, 즉 단순한 '모양'과는 대조적으로 '경건의 능력'이라 불린다. "경건의 모양은 있으나 경건의 능력은 부인하는 자"(딤후 3:5)라는 말씀도 그것을 가르쳐 준다. 하나님의 영은 건전하고 굳건한 신앙을 가진 사람들의 삶 속에서 역사하는 능력 있고 거룩한 사랑의 영이다. 그래서 하나님의 말씀에도 "하나님이 우리에게 주신 것은 두려워하는 마음이 아니요 오직 능력과 사랑과 근신하는 마음이니"(딤후 1:7)라고 기록되어 있다.

우리가 하나님의 영을 받을 때 바로 '불'과 같은 성령으로 세례를 받는 것이다. 그리고 그와 함께 하나님의 성결케 하시고 구원하시는 능력을 받게 된다. 하나님의 은혜가 우리 안에서 역사하여 이런 일이 일어나면, 예수님의 제자들에게 역사하였던 것처럼 우리 속에서 마음이 '뜨겁게' 된다(눅 24:32).

3. 의지의 훈련

신앙의 훈련은 종종 운동 경기에 비유되어 왔다. 그 속에서 우리는 우리의 마음을 하나님께로 몰두하기를 원한다. 그 신앙의 훈련을 묘사하기 위해서 '경주', '하나님과의 씨름', '상을 얻으려고 분투한다', '강한 대적과의 싸움' 등과 같은 비유들이 종종 사용되었다.

그러나 진정한 은혜에는 다양한 등급이 있다. '그리스도 안에서 갓난아이들'인 믿음에 초보자들도 더러 있다. 그들 속에서는 이 훈련에 동참하려는 의지가 박약할 수밖에 없다. 하지만 마음속에 경건의 능력이 있는 사람은 누구든지 하나님의 일을 추구하려고 힘쓴다. 그리고 우리의 상태가 어떠하든지 그 능력은 우리 안에서 역사하여 연약한 성품을 이길 수 있는 힘을 준다. 그 결과 이러한 거룩한 훈련을 통해 우리는 우리의 나약함을 이기게 된다.

그리스도의 참된 제자는 부모나 형제 자매, 배우자나 자녀, 집이나 전토보다도 그리스도를 더 사랑한다. 물론 자기 목숨보다도 그리스도를 더 사랑한다. 이 사실로 미루어 보아 참된 신앙이 있는 곳에서는 언제나 그 사람으로 하여금 영적인 훈련을 받게 하는 의지가 있다. 그러나 우리가 앞에서 말한 내용을 꼭 명심하지 않으면 안된다. 의지의 훈련은 바로 다름아닌 영혼의 열정이다.

4. 행동의 원천

인간의 본성은 사랑이나 미움, 욕구, 소망, 두려움 등 다양한 감정에 의해 영향을 받지 않으면 무기력할 수도 있다. 이러한 마음의 열정들은 '행동의 원천'이다. 그 열정이 우리의 삶을 역동적이게 하고 구체적인 행동에 몰두하게 한다.

세상을 바라볼 때 우리는 사람들이 무척이나 바쁘게 살아가는 것을 알게 된다. 그들을 그토록 바쁘게 만드는 것은 바로 그들의 열정이다. 만일 우리가 그들의 열정을 빼앗아 버린다면, 이 세상은 움직임이 없고 죽은 것과 같을 것이다. 즉 사람들의 활동이라는 것은 전혀 찾아볼 수 없을 것이다. 사람들로 하여금 세상의 이익을 추구하게 만드는 것은 소위 탐심이라고 하는 열정이고, 세상의 영광을 추구하게 만드는 것은 소위 야망이라는 열정이다. 그리고 감각적인 즐거움을 추구하게 만드는 것은 소위 정욕이라는 열정이다. 세상적인 열정이 세상적인 활동의 원천이듯이, 신앙적인 열정은 신앙적인 활동의 원천이다.

5. 마음속 깊은 열정

신앙적인 열정 없이 교리적이고 신학적인 지식만 있는 사람은 결코 진정한 신앙의 사람이라고 할 수 없다. 우리의 신앙은 우리의 열정의 정도만큼 깊어진다는 것, 이것보다 더 분명한 사실은 없다. 하나님의 말씀을 듣는 사람들, 즉 그들 자신이나 그들의 삶에 대하여 대단히 중요한 진리들을 듣고 있는 사람들은 수없이 많다. 그러나 그들이 듣고 있는 것들의 단 한 가지도 그들에게 영향을 미치지 못하고 그들의 삶의 방식에 아무런 변화를 주지 못한다. 그 이유는 그들이 자신들이 듣고 있는 것에 대해 아무런 열정이 없기 때문이다.

하나님의 능력과 거룩하심과 지혜에 대해서 듣고 있는 사람들은 많다. 그리스도에 대해서, 그리고 그리스도께서 그들을 위해서 행하신 위대한 일들과 그들을 향하신 은혜로운 초청에 대해서 듣고 있는 사람들은 많다. 그러나 그들은 삶과 생활에 있어서 전혀 변하지 않고 그대로 있다.

감히 말하거니와, 나는 마음의 열정이 움직이지 않는 한 교리나 말씀을 듣는 것이나 다른 사람의 설교나 가르침이나 그 아무것도 우리를 변화시키지 못한다고 믿는다. 마음의 불이 붙지 않고서는 어느 누구도 구원을 얻지 못하고, 하나님과 씨름하지도 못하며, 기도로 무릎을 꿇거나 죄에서 멀어질 수가 없다. 한마디로 말해서, 신앙의 일들이 마음속 깊은 열정을 불러일으키지 않고서는 아무런 성취도 있을 수 없다.

6. 참된 신앙

성경은 분명히 신앙을 열정의 결과로 본다. 다시 말해서 두려움, 소망, 사랑, 미움, 욕구, 기쁨, 슬픔, 감사, 동정, 열심 등의 결과로 본다.

성경은 신앙을 거룩한 두려움의 결과로 본다. 참으로 신앙적인 사람은 하나님의 말씀 앞에 두려워 떤다. 그들을 두렵게 하는 것은 하나님의 거룩하심이다. 하나님을 두려워하는 것은 경건의 큰 부분을 차지한다.

그리고 또한 성경에 의하면, 하나님 자신과 하나님의 약속 안에서 소망을 갖는 것은 참된 신앙에서 없어서는 안될 중요한 요소이다. 소망은 신앙을 구성하고 있는 세 가지 중요한 것 가운데 하나로 언급되어 있다(고전 13:13). "여호와 자기 하나님에게 그 소망을 두는 자는 복이 있도다"(시 146:5). 그것은 또한 그리스도의 정병들이 써야 할 투구, 곧 "구원의 소망의 투구"라고 성경은 말한다(살전 5:8). 그것은 확실하고 굳건한 영혼의 닻이다(히 6:19).

7. 축복에 참여함

사랑은 바른 열정으로 성경에서 최고의 위치를 차지하고 있다. 우리는 하나님을 사랑하고, 주 예수 그리스도를 사랑하며, 이웃을 사랑하라고 부름받았다. 사랑의 중요성을 가르치고 있는 성경 구절은 너무나 많아 일일이 열거하기가 어렵다. 사랑의 반대되는 감정인 미움도 참된 신앙의 일부이다. 그러나 죄를 미워하고 악을 미워한다는 의미에서만 그렇다. "여호와를 경외하는 것은 악을 미워하는 것이라"(잠 8:13).

거룩한 욕구 또한 참된 신앙의 일부이다. 그것은 하나님을 바라고 갈망하는 것을 말한다. "하나님이여 사슴이 시냇물을 찾기에 갈급함같이 내 영혼이 주를 찾기에 갈급하니이다"(시 42:1). 예수님께서도 이렇게 말씀하셨다. "의에 주리고 목마른 자는 복이 있나니 저희가 배부를 것임이요"(마 5:6). 이러한 거룩한 목마름은 영생의 축복에 참여하는 조건으로 일컬어진다.

성경은 또한 기쁨을 참된 신앙의 중요한 일부라고 말한다. "또 여호와를 기뻐하라 저가 네 마음의 소원을 이루어 주시리로다"(시 37:4). 기쁨은 성령의 아홉 가지 열매 중의 하나로도 언급되고 있다. "오직 성령의 열매는 사랑과 희락과…"(갈 5:22).

8. 하나님이 기뻐하시고 받으실 만한 제사

신앙적인 슬픔이나 애통, 상한 심령 따위도 종종 참된 신앙의 중요한 요소로 언급된다. 그것은 특히 성인들의 두드러진 특징이다. 예수님께서도 "애통하는 자는 복이 있나니 저희가 위로를 받을 것임이요"(마 5:4)라고 말씀하셨다. 이것은 또한 하나님께서 기뻐하시고 받으실 만한 제사다. "하나님의 구하시는 제사는 상한 심령이라 하나님이여 상하고 통회하는 마음을 주께서 멸시치 아니하시리이다"(시 51:17).

또 하나 종종 언급되는 열정은 바로 감사이다. 참된 신앙의 많은 부분들이 감사의 실천과 관련된다. 이것은 특히 하나님께 대한 감사와 찬양으로 표현된다. 이 감사에 대한 구절은 시편을 비롯한 성경의 수많은 곳에서 언급하고 있기 때문에 구태여 특정한 구절을 언급할 필요가 없을 것 같다.

그 외에도 성경은 참된 신앙의 필수적인 열정으로 긍휼을 들고 있다. 성경에 나오는 선한 사람들이 모두 긍휼을 보여 주고 있을 만큼 너무나 자주 언급된다. 성경은 이 성품을 의로운 자를 결정짓는 표준이라고 말한다. "의인은 은혜를 베풀고 주는도다"(시 37:21). 그것은 하나님을 경외하는 한 방법이기도 하다. "궁핍한 사람을 불쌍히 여기는 자는 주를 존경하는 자니라"(잠 14:31). 예수님께서도 친히 그것이 우리가 긍휼히 여김을 받는 방법이라고 말씀하셨다. "긍휼히 여기는 자는 복이 있나니 저희가 긍휼히 여김을 받을 것임이요"(마 5:7).

9. 미지근한 신앙에서 벗어남

끝으로, 열심 역시 참된 신앙에서 없어서는 안될 필수 요소이다. 그것은 그리스도께서 우리의 구속을 위해 자신을 내어 주실 때 우리에게서 기대하셨던 것이다. "그가 우리를 대신하여 자신을 주심은 모든 불법에서 우리를 구속하시고 우리를 깨끗하게 하사 선한 일에 열심하는 친백성이 되게 하려 하심이니라"(딛 2:14). 그것은 또한 뜨뜻미지근한 라오디게아인의 잘못에서 벗어나는 필수적인 요소이다(계 3:15-16).

성경 전반을 통해 이 사실을 보여 줄 수 있는 구절들이 수도 없이 많이 있지만, 단지 두어 구절을 통해 참된 신앙이 열심과 불가분의 관계임을 보여 주었다. 이러한 주장을 부인하기 위한 유일한 방법은 참된 신앙의 본질을 규정하고 있는 성경 이외의 다른 규칙들을 사용하는 것뿐이다.

관련 성경 구절 : 신명기 10:12-22

이스라엘아 네 하나님 여호와께서 네게 요구하시는 것이 무엇이냐 곧 네 하나님 여호와를 경외하여 그 모든 도를 행하고 그를 사랑하며 마음을 다하고 성품을 다하여 네 하나님 여호와를 섬기고 내가 오늘날 네 행복을 위하여 네게 명하는 여호와의 명령과 규례를 지킬 것이 아니냐 하늘과 모든 하늘의 하늘과 땅과 그 위의 만물은 본래 네 하나님 여호와께 속한 것이로되 여호와께서 오직 네 열조를 기뻐하시고 그들을 사랑하사 그 후손 너희를 만민 중에서 택하셨음이 오늘날과 같으니라 그러므로 너희는 마음에 할례를 행하고 다시는 목을 곧게 하지 말라 너희의 하나님 여호와는 신의 신이시며 주의 주시요 크고 능하시며 두려우신 하나님이시라 사람을 외모로 보지 아니하시며 뇌물을 받지 아니하시고 고아와 과부를 위하여 신원하시며 나그네를 사랑하사 그에게 식물과 의복을 주시나니 너희는 나그네를 사랑하라 전에 너희도 애굽 땅에서 나그네 되었었음이니라 네 하나님 여호와를 경외하여 그를 섬기며 그에게 친근히 하고 그 이름으로 맹세하라 그는 네 찬송이시요 네 하나님이시라 네가 목도한 바 이같이 크고 두려운 일을 너를 위하여 행하셨음이니라 애굽에 내려간 네 열조가 겨우 칠십인이었으나 이제는 네 하나님 여호와께서 너를 하늘의 별같이 많게 하셨느니라.

리처드 포스터의 묵상

　조나단 에드워즈는 우리에게 지적인 생활과 열정적인 생활이 서로 적이 아니라 친구가 되어야 한다고 가르쳐 준다. 확고한 의지의 사람과 따뜻한 마음씨의 사람이 되는 것은 조금의 모순도 없이 합치될 수 있다. 우리가 배워야 할 점은 우리의 지성을 가지고 감성 속으로 내려가 거기서 조용히 하늘의 속삭임을 기대하며 기다리는 것이다. 우리는 두뇌뿐만 아니라 내장으로도 하나님을 섬겨야 한다.

　오늘날 우리에게는 이 교훈이 참으로 절실하게 요구된다. 왜냐하면 진정한 객관적 타당성이란 감성이 개재되어서는 안된다는 현대의 신화가 이 시대에 너무나 팽배해 있기 때문이다. 그 결과 우리는 개인적인 헌신이나 위탁은 조금도 없이 영적인 생활을 분석하고 쪼개어 보고는 그것을 우리가 이해했다고 생각한다. 그러나 영적인 생활은 이러한 분석적인 방법으로는 이해할 수 없다. 우리의 이해는 헌신을 통해 이루어진다. 그리고 우리가 헌신을 시작하고 헌신을 지속할 수 있는 것은 에드워즈의 바른 지적대로 '거룩한 열정'이 없이는 불가능하다.

프랜시스 드 살레

(Francis de Sales, 1567~1622)

프랜시스 드 살레는 살레 성의 귀족 집안에서 태어났으며, 파리에 있는 예수회에 속한 학교에 다녔다. 그는 예수회에서 고전과 히브리어, 헬라어, 훈련의 생활을 배웠다. 또한 법학과 인문학에 대해서도 가르침을 받았다. 그는 가족의 반대를 무릅쓰고 1591년에 사제로 임명을 받았다. 그리고 1602년에는 제네바의 감독이 되었다.

프랜시스는 왕성한 저작 활동을 하였는데, 그의 작품들은 교회에 큰 영향을 미쳤다. 그는 영적인 깊이와 윤리적인 관심을 결합시켰다. 그것은 그의 전후에 살았던 어느 누구도 거의 할 수 없었던 일이다. 그는 비유의 대가였다. 영적 생활의 신비를 벌과 우유, 새와 설탕 등 단순하고 일상적인 형상으로 곧잘 설명하였다. 프랜시스는 그의 막대한 영향력으로 인하여 '서방 교회의 박사들' 중의 한 사람으로 간주되고 있다. 여기 발췌한 글은 프랜시스가 하나님을 사랑하는 자라는 뜻의 이름을 가진 '필로디아(Philothea)'에게 보낸 글이다.

4주 「경건한 삶으로의 안내(*Introduction to the Devout Life*)」에서 발췌

유일한 참 경건

1. 유일한 참 경건

사랑하는 필로디아, 너는 그리스도인이고, 경건이야말로 하나님의 위대하심에 합당한 덕목임을 알기에 경건의 삶을 살고 싶어하는구나. 어떤 계획의 시작 단계에서 저질러진 작은 실수들이 일을 진행해 나가는 과정에서 걷잡을 수 없이 커지면서 결국 돌이킬 수 없는 지경에 이르기 때문에, 먼저 너는 경건이란 덕목이 과연 무엇인가를 꼭 알아 두지 않으면 안 된다.

참된 경건이란 오직 하나밖에 없다. 그러나 거짓되고 공허한 것들은 참으로 많다. 만일 네가 무엇이 참된 것인지를 구분하지 못한다면, 결국 너는 하나님의 뜻을 거스르는 미신적인 것을 따라감으로써 쉽게 속아넘어가거나 방황하게 될 것이다.

2. 경건의 허상

아렐리우스(Arelius)는 그림을 그릴 때 자기가 사랑하는 여인들의 모습이나 생김새를 따라 인물을 그렸다. 마찬가지로 사람들은 각자 자기 자신의 열정이나 공상에 따라 경건을 묘사한다. 금식에 몰두해 있는 사람은 비록 자기의 마음이 증오로 가득 차 있다 해도 금식만 하면 자기가 경건하다고 생각한다. 술 취하지 않고 절제하는 데에만 몰두해 있는 사람은 입술에 술 한 방울은커녕, 심지어 물 한 방울도 대지 않으면서 오히려 중상과 험담으로 이웃의 피를 송두리째 마시는 일을 서슴지 않고 있다.

또 어떤 사람은 자신이 매일 수많은 기도문을 암송하기 때문에 경건하다고 생각한다. 그러나 기도문을 암송하던 그 입으로 집에서나 이웃 가운데서 가장 듣기 싫고, 거만하고, 상스런 말을 거침없이 내뱉는다. 또 어떤 사람은 기꺼이 지갑에서 동전을 꺼내어 불쌍한 사람들에게 주면서도 원수를 용서하기 위해서는 마음속에서 눈꼽만큼도 친절함을 꺼내지 않는다. 또 어떤 사람은 원수는 잘도 용서하지만, 법적인 절차로 강요받지 않으면 절대로 빚진 것을 갚지 않는다.

이 모든 사람들은 대개 자기가 경건하다고 생각하지만 결코 그렇지 않다. 사울의 신하들이 다윗의 집에서 다윗을 찾고 있을 때, 다윗의 아내인 미갈이 다윗의 침상에 우상을 숨기고 그것을 다윗의 옷으로 덮은 후 그들을 데리고 가서 보여 주며 마치 다윗이 병 들어 누워 있는 것처럼 속인 일이 있다. 마찬가지로 많은 사람들이 거룩한 경건과 관련된 일정한 외적 행위들을 통해서 자신을 가장하고 있다. 그래서 세상 사람들은 자신들이 참으로 경건하고 영적인 사람들이라고 생각하지만, 사실 그들은 경건을 가장한 망상이요, 허상에 불과하다.

3. 영적인 민첩함

필로디아, 정말로 살아 있는 경건은 하나님의 사랑을 전제하고 있다. 그래서 그것은 사실 하나님의 사랑이라고 할 수 있다. 그러나 그것이 언제나 사랑 그 자체인 것만은 아니다. 하나님의 사랑이 그 영혼을 아름답게 꾸며 주므로 그것은 은혜라고 할 수도 있다. 그것은 우리로 하여금 하나님의 위대하심을 기뻐하게 한다. 때로는 그것이 우리를 장려하여 선한 일을 하도록 하기 때문에 동정심이라고 불리기도 한다. 그것이 완전한 단계에 이르러서 우리로 하여금 선한 일을 하게 할 뿐만 아니라, 그 일을 주의 깊고 빈번하게, 그리고 신속하게 하도록 할 때 비로소 경건이라고 할 수 있다.

타조는 날지 못한다. 암탉은 서투른 모습으로 날되, 그리 높이 날지는 못하고 이따금 한 번씩 날 수 있다. 그러나 독수리, 비둘기, 참새들은 높이 그리고 빠르고 신속하게 날 수 있다. 마찬가지로 죄인들은 하나님을 향하여 결코 높이 날지 못하고 여기 이 땅 위에서, 이 땅에 있는 것만을 위해서 한평생을 살아간다. 아직까지 경건에 이르지 못한 선한 사람들은 그들의 선행으로 하나님을 향해 날아오르지만 가끔씩, 천천히, 서투르게 날 수밖에 없다.

경건한 사람들은 하나님을 향해 더욱 자주, 신속하게, 높이 날아오른다. 요컨대 경건이란 영적인 민첩함이다. 그 민첩함으로 자비로운 마음이 우리 속에서 역사하고, 그것을 힘입어 우리가 신속하고 따뜻한 마음으로 일을 하게 된다. 하나님의 계명들을 하나도 빠짐없이 지킬 수 있게 해주는 것이 사랑의 기능이듯이, 그것들을 더 빠르고 더 부지런히 지킬 수 있게 해주는 것이 경건의 요소이다.

그러므로 하나님의 계명들을 전부 지키지 않는 사람은 결코 선하다거나 경건하다고 할 수 없다. 선한 사람이 되기 위해서는 사랑이 있어야 하고, 경건한 사람이 되기 위해서는 사랑 외에 사랑의 행위를 수행할 수 있는 민첩함과 뜨거운 열심이 있어야 한다.

4. 사랑의 불

경건에는 어느 정도의 탁월한 사랑이 수반되기 때문에, 경건은 우리로 하여금 하나님의 명령들을 신속하고 적극적이고 충실하게 지키도록 해줄 뿐만 아니라, 더 나아가 가능한 한 많은 선행들을 애착을 가지고 빠르게 하도록 일깨워 준다. 물론 하나님의 직접적인 명령들만이 아니라 권고 사항이나 마음에 감동이 되는 일까지도 행동으로 나타내게 한다. 질병에서 방금 회복된 사람은 꼭 가야만 하는 만큼만 걷는다. 그것도 천천히 아주 힘들게 걷는다. 마찬가지로 죄에서 갓 구원을 받은 죄인도 하나님께서 명령하시는 만큼만 걷는다. 적어도 경건에 이를 때까지는 그렇게 천천히 힘들게 걷는 것이다. 경건에 이르게 되면 마치 건강한 사람처럼 걸을 뿐만 아니라 뛰기도 하고 달리기도 하면서 '하나님의 계명의 도를 행하게 된다.' 그뿐 아니라 하늘의 거룩한 권고나 영감의 길을 따라 살아가게 된다.

결론을 말하자면, 화염과 불이 서로 다르지 않듯이 사랑과 경건은 서로 다르지 않다. 사랑을 영적인 불이라고 한다면, 그것이 타올라 화염이 될 때 그것을 경건이라고 한다. 그러므로 사랑의 불에 불꽃만을 더한 것이 경건이다. 그 불꽃으로 말미암아 사랑이 신속하게 되고, 적극적이 되고, 부지런하게 되어 하나님의 계명들을 지키게 될 뿐만 아니라 하늘의 거룩한 가르침과 영감 넘치는 진리들을 수행할 수 있게 된다.

5. 거룩한 경건을 왜곡시키는 세상

이스라엘 사람들이 언약의 땅에 들어갈 때 그들을 낙담시키려고 했던 사람들이 그들에게 그 땅은 "그 거민들을 삼키는 땅"이라고 말했다. 다시 말해서, 그들은 그 곳 분위기가 너무나 악해서 오랫동안 살기에는 불가능하며, 그 곳 원주민들은 사람들을 메뚜기처럼 잡아먹는 괴물들이라고 말한 것이다. 나의 사랑하는 필로디아, 이와 마찬가지로 세상은 할 수만 있으면 거룩한 경건을 왜곡시키려고 한다. 세상은 경건한 사람들의 모습을 불만스럽고 침울하고 성난 표정으로 묘사하며, 경건이 우울증과 참지 못하는 성격을 수반한다고 주장한다.

그러나 여호수아와 갈렙이 약속의 땅이 좋고 아름다울 뿐만 아니라 그 소산이 달고 맛있다고 말했던 것처럼, 성령께서도 모든 성인들의 입을 통해서 그리고 주님께서도 그 자신의 말씀을 통해서 경건한 삶은 달고 복되며, 사랑스러운 것이라고 확신시켜 주신다.

6. 쓴 즙을 단 꿀로 바꿈

세상 사람들은 기도하는 사람, 금식하는 사람, 상처를 잘 참고 견디는 사람, 병자들을 보살펴 주는 사람, 가난한 사람들에게 자선을 베푸는 사람, 철야를 잘하는 사람, 분노를 억제하는 사람, 감정을 조절하는 사람, 육신의 쾌락을 추구하지 않는 사람, 본질적으로 그 행동 자체가 엄격한 것들을 행하는 사람을 가리켜 경건하다고 한다.

그러나 세상 사람들은 그러한 모든 행동들을 기쁘고 즐겁고 쉽게 해주는 진심에서 우러나오는 내적인 경건을 보지 못한다. 백리향(thyme)이란 꽃 속에서 일하는 벌들을 보라. 그 꽃 속에는 매우 쓴 즙이 들어 있는데 벌들이 그것을 빨아들여서 꿀로 만든다. 벌들에게는 그렇게 할 수 있는 능력이 있기 때문이다.

오, 세속의 사람들이여! 경건한 사람들이 금욕적인 삶을 통해 쓰디쓴 맛을 경험하는 것은 사실이다. 그러나 그러한 삶을 통해 그 쓴 것들을 달콤하고 맛있는 것으로 바꾸어 놓는다는 사실을 명심하라. 순교자들은 경건한 사람들이었기에 불이나 화염이나 바퀴나 칼이 그들에게는 꽃과 같고 향기와 같았다. 경건으로 인해 가장 잔인한 고문과 심지어 죽음까지도 그토록 달콤하게 바꿀 수 있다면, 덕스런 행동을 위해서는 얼마나 더한 일을 할 수 있겠는가?

7. 영적인 당분

당분은 푸른 과일을 달콤하게 하고, 익은 과일 속에서 설익고 몸에 해로운 것들을 바로잡아 준다. 경건은 참된 영적 당분이다. 경건은 훈련에서 쓴 것을 제거해 주고, 위로에서 해로운 것을 제거해 주기 때문이다. 경건은 가난한 자들에게서 불만을 앗아가고, 부자들에게서는 근심을, 압박당하는 자들에게서는 슬픔을, 지체가 높은 사람들에게서는 교만을, 외로운 사람들에게서는 우울증을, 사회 속에서 살아가는 사람들에게서는 규격화된 단조로움을 없애 준다.

그것은 겨울에는 불과 같이, 여름에는 이슬과 같이 우리에게 유익을 준다. 그것은 번영을 누리는 법과 결핍을 견디는 법을 안다. 그것은 영광과 경멸 양자 모두를 우리에게 유익한 것으로 만든다. 그것은 기쁨과 고통을 거의 언제나 동일한 마음으로 받아들이며, 우리에게 놀라운 달콤함을 가득 채운다.

8. 사랑의 여러 단계

야곱의 사다리를 생각해 보라. 그것은 경건한 삶의 모습을 잘 보여 준다. 우리가 붙잡고 오르내리는 단이 박혀 있는 사다리의 좌우 양편은, 한편으로는 하나님의 사랑을 불러오는 기도를 상징하고, 다른 한편으로는 그 사랑을 수여하는 성례를 상징한다. 사다리의 단은 사랑의 여러 단계를 말하는데, 그것에 의해서 우리가 선행에서 또 다른 선행으로 진보하게 된다. 한편으로는 돕고 후원하는 행위를 통해 이웃을 향해 내려가며, 다른 한편으로는 묵상을 통해 하나님과 사랑의 연합을 이루기 위해 올라간다.

9. 천사의 마음

나는 네가 이 사다리를 오르내리는 자들을 주의 깊게 주목해 보기를 바란다. 그들은 천사의 마음을 가진 사람들이거나 인간의 몸을 입은 천사들이다. 그들은 활력과 영적인 민첩함으로 충만하기 때문에 젊지 않아도 젊어 보인다. 그들에게는 거룩한 기도로 높이 날 수 있는 날개가 있고, 거룩하고 사랑스런 생활로 사람들 사이를 거닐 수 있는 발이 있다.

그들의 얼굴은 아름답고 환희가 넘친다. 왜냐하면 그들이 모든 것을 유순하고 온유하게 받아들이기 때문이다. 그들의 두 다리와 두 팔과 머리에는 아무것도 씌워져 있지 않다. 왜냐하면 그들의 생각과 열정과 행동 속에는 하나님을 기쁘시게 하려는 것 외에는 다른 목적이나 동기가 없기 때문이다. 그들의 나머지 몸에는 옷이 입혀져 있는데, 단지 점잖고 가벼운 옷만 입혀져 있다. 왜냐하면 그들이 세상과 세상에 있는 것들을 사용하기는 하지만 가장 순수하고 올바른 방법으로만 사용하며, 그들의 상황에 꼭 필요한 것만을 거기서 취하기 때문이다. 그런 사람들이 바로 경건한 사람들이다.

10. 달콤한 냄새

나의 사랑하는 필로디아, 경건은 사랑의 완성이기 때문에 기쁨 중의 기쁨이요, 선행 중의 여왕이다. 사랑을 우유라고 한다면, 경건은 그것의 크림이다. 사랑이 식물이라면, 경건은 그 꽃이다. 사랑이 보석이라면, 경건은 그 광채이다. 사랑이 값진 향유라면, 경건은 그것의 아름다운 냄새이다. 그렇다. 참으로 경건은 인간을 위로하고 천사를 즐겁게 하는 달콤한 냄새이다.

11. 꿀에 적신 모든 직업

경건은 신사, 노동자, 종, 왕자, 과부, 소녀, 부인 등 사람에 따라 다른 모양으로 나타난다. 이것은 사실이다. 그리고 경건은 각 개인의 능력과 활동과 책무 등에 따라 각기 적용이 달라져야 한다.

필로디아, 참된 경건은 우리에게 전혀 해를 끼치지 않을 뿐만 아니라, 오히려 모든 것을 완전케 한다. 경건이 그 사람의 합법적인 직업과 서로 상충이 된다면, 필시 그것은 거짓된 것이다. "꿀벌은 꽃에서 꿀을 빨아 먹을 때 절대로 꽃을 해치지 않고 처음 상태 그대로 온전하고 신선하게 놓아 둔다"고 아리스토텔레스가 말했다. 참된 경건은 오히려 더 낫게 만들어 준다. 직업이나 일터에 해를 끼치지 않을 뿐만 아니라 오히려 직업을 장식하고 아름답게 한다. 모든 보석은 꿀에 적실 때 오히려 그 색깔에 따라 더 광채가 난다. 마찬가지로 모든 직업이 경건과 연합할 때 더 빛이 나게 된다. 가족을 돌보는 일이 더욱 평온하게 여겨지고, 남편과 아내의 사랑이 더 진실해지고, 군주를 섬기는 일이 더 충성스러워지며, 모든 일자리가 더 즐겁고 유쾌하게 된다.

12. 당신을 인도해 줄 사람

어린 토비아스(Tobias)가 레이지즈(Rages)에게 다녀오라는 말을 듣고서 "길을 모르겠는데요"라고 대답하자 그의 아버지가 그에게 이렇게 말했다. "그러면 가서 너를 인도해 줄 사람을 찾아보아라." 필로디아, 나도 너에게 같은 말을 하고 싶다. 네가 진정으로 경건의 길을 가고 싶으냐? 그렇다면 너를 인도하고 안내해 줄 좋은 사람을 찾아라. 이것이 내가 네게 해줄 수 있는 가장 중요한 충고이다. 경건한 사람인 아빌라가 이렇게 말했다. "당신이 하나님의 뜻을 찾을지라도, 모든 경건한 증인들이 그토록 칭송하며 실천했던 그 겸손한 복종의 길에서만큼 확실하게 찾지는 못할 것이다."

누가 그런 친구를 찾을 것인가? 지혜자는 말하기를 '하나님을 경외하는 자', 즉 영적인 진보를 진실로 원하는 겸손한 영혼이 찾을 것이라고 한다. 필로디아, 경건으로 향하는 거룩한 길을 갈 때에 좋은 길잡이를 갖는다는 것이 네게 매우 중요하기 때문에, 너는 반드시 하나님의 마음을 좇아 행하는 사람을 네게 주시도록 참으로 간절히 하나님께 간구하여야 한다. 이 일에 대해서 추호의 염려도 하지 말아라. 하늘에서 천사를 내려보내신 이가 어린 토비아스에게 한 것처럼 네게도 좋고 충실한 안내자를 주실 것이다.

관련 성경 구절 : 로마서 1:8-10

피차 사랑의 빚 외에는 아무에게든지 아무 빚도 지지 말라 남을 사랑하는 자는 율법을 다 이루었느니라 간음하지 말라 살인하지 말라 도적질하지 말라 탐내지 말라 한 것과 그 외에 다른 계명이 있을지라도 네 이웃을 네 자신과 같이 사랑하라 하신 그 말씀 가운데 다 들었느니라 사랑은 이웃에게 악을 행치 아니하나니 그러므로 사랑은 율법의 완성이니라.

리처드 포스터의 묵상

나는 프랜시스 드 살레의 가르침을 기쁘게 생각한다. 왜냐하면 그것은 우리 시대에 놓인 혼란의 주요 쟁점을 명확히 밝혀 주기 때문이다. 오늘날 경건은 이미 지나칠 정도로 무리한 계획 위에 일련의 신앙적인 의무들을 더하는 것이라고 일반적으로 알려져 있다. 그러나 사실은 그렇지 않다. 신앙의 외적인 모습은 그 자체만 가지고는 메마르고 죽어 있으며, 흙먼지와 같은 것일 뿐이다. 우리 모두에게는 진심에서 우러난 습관, 즉 프랜시스가 '사랑(charity)'이라고 말한 것이 필요하다. 프랜시스는 사랑이 모든 사람에게 선을 행할 수 있는 능력을 의미한다고 했다.

프랜시스 드 살레는 수직적인 차원에서 '진정한 경건'이란 더할 나위 없이 완전하고 뜨겁게 하나님을 사랑하는 것이라는 점을 우리에게 상기시켜 주었다. 그리고 수평적인 차원에서의 경건은 이웃을 사심 없이 섬기는 힘을 의미한다. 아무쪼록 하나님께서 우리를 감동시키셔서 이 유일한 '참된 경건'을 마음 깊이 갈망하도록 역사해 주시기를 기도한다.

십자가의 요한

(John of the Cross, 1542~1591)

요한은 스페인의 카스티야(Castile) 판티베로스(Fantiveros)에서 태어나 1564년에 카르멜회(Carmelite)의 수사가 되었다. 그는 살라망카(Salamanca)에 있는 카르멜회 대학에서 철학과 신학을 공부했는데, 그 대학은 당시 유럽에서 선구적인 대학 가운데 하나였다. 사제로 임명받은 해인 1567년에 요한은 아빌라의 테레사를 만났다. 테레사는 요한에게서 커다란 잠재력을 발견하고서 그에게 교단의 책임을 맡겼다. 그녀는 그의 엄격한 생활 방식과 지도력을 칭송했다. 요한은 결코 테레사를 실망시키지 않았다. 왜냐하면 그는 여러 개의 새로운 교단을 세울 수 있을 정도로 능력이 있었기 때문이다.

그 무렵 요한은 고난과 헌신의 결과로 '십자가의 요한'이라고 명명되었다. 그는 남은 생애 동안 개인적인 지도력과 많은 저술 활동을 바탕으로 하여 카톨릭의 개혁에 힘을 쏟았다. 그러다 결국에는 그를 반대하는 사람들에 의해 체포되어 감금되고 말았다. 그의 가장 유명한 저술인 *The Dark Night of the Soul*(어둔 밤)이 쓰여진 것이 바로 그때였다. 이 책은 기쁨과 빛을 통해서가 아니라 슬픔과 어둠을 통해서 영혼에 역사하시는 하나님의 손길을 묘사하고 있다. '어둔 밤'의 개념은 영적인 순례길을 이해하는 데에 없어서는 안되는 필수적인 부분이 되었다. 그가 죽은 지 4세기가 지났지만, 십자가의 요한은 여전히 그리스도인의 영성에 커다란 영향을 미치고 있다.

5주 「어둔 밤(The Dark Night of the Soul)」에서 발췌

영혼의 정화

1. 영혼의 정화

영적인 순례길을 가다 보면 어떤 순간에 하나님께서 그 사람을 초보적인 단계에서 한 차원 높여 좀더 성숙한 단계로 인도하신다. 바로 그 단계에서 그 사람은 신앙적인 훈련에 힘쓰게 되고, 그의 영적인 생활은 더욱 깊어지게 된다.

그러한 사람들은 소위 '영혼의 어두운 밤'을 경험하게 될 것이다. '어두운 밤'이란 그 사람들이 경건 생활에서 경험했던 모든 기쁨을 다 잃어버리는 때를 말한다. 그런 일이 생기는 것은 하나님께서 그들을 정화시키시고 더 높은 차원으로 올리시기 위함이다.

한 영혼이 하나님에 의해 회심하게 되면, 그 후 그 영혼은 성령에 의해 보살핌을 받으며 자라나게 된다. 마치 사랑하는 어머니처럼, 하나님께서는 어린 영혼에게 영적인 젖을 먹이시고 보살펴 주시며 위로해 주신다.

이 단계에서 그 영혼들은 큰 기쁨을 맛보게 된다. 그들은 절박함과 인내심을 갖고 기도하기 시작하며, 온갖 신앙적인 활동에 몰두하게 된다. 그 활동들 가운데서 그들이 누리는 기쁨이 크기 때문이다.

그러나 하나님께서 그들에게 더 깊은 단계에 이르기를 명하실 때가 온다. 하나님께서는 그 영혼에게서 이전에 주셨던 위로를 앗아가 버리신다. 그것은 그 영혼에게 선을 가르치시고 악이 자라는 것을 막으시기 위함이다. 다음의 항목들은 일곱 가지 중대한 죄를 다룬다. 각각의 죄를 살펴보는 가운데 우리의 영혼이 영적인 위로를 어떻게 오용하기 시작하는지, 그리고 하나님께서 우리의 영혼을 불완전한 죄에서 정화시키시기 위해서 왜 영적인 위로를 앗아가시는지 분명히 깨닫게 될 것이다.

2. 은밀한 교만

영적인 생활의 초보자들은 활동에 지나치게 열심을 내는 경향이 있다. 그들의 가장 큰 위험성은 신앙적인 활동에 만족하거나 열심히 활동하는 자신에게 도취되는 것이다. 그들의 마음에는 은밀한 '교만'이 자리잡기 쉽다. 그것이 바로 일곱 가지 중대한 죄 가운데 첫 번째 것이다.

그러한 사람들은 지나치게 영적이다. 언제나 '영적인 것들'만을 말하기 좋아한다. 그들은 자신의 성장에 만족한다. 따라서 가르침을 받기보다는 가르치기를 좋아한다. 그들은 자기들만큼 영적이지 못한 사람들을 정죄한다. 그들은 스스로 교만해서 자기만큼 영적이지 못한 세리를 멸시했던 바리새인과 같다.

마귀는 그들의 열정에 종종 불을 붙여서 그들의 교만이 점점 더 커지도록 부추긴다. 마귀는 그들의 모든 행위와 선행이 결국 무가치하게 되고, 만일 저지하지 않으면 오히려 악이 될 것이라는 사실을 알고 있다. 왜냐하면 그들의 영적인 열심은 다른 사람들에게 존중받기 위해서 시작되기 때문이다. 그들은 다른 사람들이 자신이 얼마나 영적인 사람인가를 알아

주기를 기대한다. 그들은 다른 사람에게 자신의 잘못을 고백하기를 꺼린다. 왜냐하면 그것이 그들의 이미지를 손상시키기 때문이다. 그래서 그들은 죄를 고백할 때도 자신을 더 완전하게 보이게 하려고 있는 그대로를 밝히지 않는다. 그들은 하나님께 그들의 죄를 용서해 달라고 간구하기는 하지만, 하나님을 위해서가 아니라 그저 내적인 평안을 얻기 위해서 그렇게 한다. 그들은 설령 하나님께서 자신의 잘못을 용서해 주신다고 해도 자신이 더 교만해지고 더 뻔뻔스러워진다는 것을 깨닫지 못하는 것 같다.

그러나 이럴 때 하나님의 길을 걸어가는 사람들은 교만을 겸손으로 대항한다. 그들은 자신과 자신의 신앙적인 활동들이 하잘것없는 것이라고 생각하는 법을 배운다. 그들은 오히려 하나님이 얼마나 위대하신가, 그리고 하나님이 얼마나 영광을 받기에 합당하신가에 초점을 맞추고, 하나님을 위해 자신이 할 수 있는 일이 지극히 미미하다는 것에 주목하게 된다. 하나님의 영은 그러한 사람들 가운데 거하시고, 그들로 하여금 그들의 보화를 마음속 깊은 곳에 은밀하게 간직하도록 권고하신다.

3. 감정에 집착함

신앙의 초보자들 가운데 많은 사람들은 두 번째 중대한 죄인 '탐욕'을 갖기 시작한다. 그들은 하나님께서 주시는 것에 만족하지 않는다. 왜냐하면 그들 나름대로 마땅히 받을 자격이 있다고 생각하는 위로를 경험하지 못하기 때문이다. 그들은 점점 더 많은 영적 위로를 얻기 위해서 많은 책을 읽고 많은 경건한 일들을 수행한다.

그들의 마음은 경건 생활에서 얻는 감정에 집착한다. 그들은 경건의 내용이 아니라 감정에 초점을 맞춘다. 이러한 영혼들은 종종 특별한 종교적 대상이나 성스런 장소 따위에 집착하고 보이는 것들을 과대 평가하는 경향이 있다.

그러나 바른길을 가는 사람은 언제나 하나님만 바라보고 외적인 것들이나 내적인 경험을 중시하지 않는다. 그들은 영혼의 어두운 밤에 들어가 이 모든 것들이 없어졌음을 알게 된다. 그들은 영혼을 정화시키기 위해 모든 쾌락을 버린다. 왜냐하면 우리가 단단히 붙잡고 있는 것을 하나님을 향해 내어 놓은 후에야 비로소 우리의 영혼이 자라기 때문이다.

4. 세 가지 원인

세 번째 중대한 죄는 영적인 '사치'이다. 이 죄에서 다른 모든 죄가 비롯된다. 따라서 이것이 가장 큰 문제이다. 이제 영적인 사치가 어떻게 생기는지 살펴보자. 기도에 깊이가 있는 사람은 마음속 깊은 곳에 자리잡은 유혹을 경험하고, 자기로서는 그것을 막을 힘이 없다는 사실을 발견한다. 때때로 이것은 성찬 중에 일어나기도 하고, 죄를 고백할 때 생기기도 한다. 주로 이것은 세 가지 원인에서 생긴다.

첫째 원인은 영적인 일들에서 육체가 얻는 육체적 쾌락이다. 우리의 본성 중 저급한 부분인 육체는 때때로 경건의 시간에 자극을 받는다. 그러나 육체는 그런 자극의 체험을 소유하거나 붙잡을 수 없다. 그래서 붙잡을 수 있는 것, 즉 불순하고 육감적인 것을 자극하기 시작한다.

둘째 원인은 마귀이다. 영혼을 훼방하고 동요시키기 위하여 마귀는 영혼 속에 있는 불순한 생각들을 자극한다. 마귀는 우리가 이런 유혹에 넘어가기를 바라는 것이다. 그렇게 되면 영혼은 이 유혹을 두려워하기 시작하고 기도 생활이 느슨해지게 된다. 이런 일이 지속되다 보면 결국 기도 생활을 포기하게 된다.

셋째 원인은 불순한 생각들에 대한 과도한 두려움이다. 어떤 영혼들은 너무나 부드럽고 연약하여 그러한 생각들을 견뎌내지 못하고 늘 두려워하며 살아간다. 이런 두려움 자체가 그들이 파멸하는 원인이 될 수 있다. 그들은 조금만 방해를 받아도 마음이 동요되며, 그 결과 너무나 쉽게 정신이 산란해진다.

영혼의 어두운 밤이 시작되면, 이 모든 것들이 정상으로 돌아온다. 육체가 침묵을 지키고, 마귀가 잠잠해지며, 두려움이 가라앉는다. 그것은 하나님께서 모든 육감적인 쾌락들을 없애 주시고, 그 결과 우리의 영혼이 순결함을 얻기 때문이다.

5. 하루 만에 성인이 되려고 함

영혼이 영적 생활의 유익을 누리기 시작하는데, 갑자기 그것을 빼앗기면 그 영혼은 화가 나고 격분하게 된다. 이것은 영적 '분노'의 죄로서 네 번째 중대한 죄에 해당하는데, 이것도 영혼의 어두운 밤에 깨끗이 치유되어야 한다.

그들은 일단 기쁨이 사라지면 매우 염려하고 좌절한다. 그것은 마치 젖먹이가 어머니의 젖가슴에서 떨어질 때 싫어하는 것과 같다. 이와 같은 자연스런 실망은 사실 죄가 아니다. 그러나 그것이 방치되면 위험한 악이 될 수 있다.

더러는 기쁨의 상실이 자신이 저질렀던 일이나 소홀히 했던 일 때문에 생긴 것이라고 생각하고 분노하는 사람들도 있다. 그들은 이 기쁨을 회복하기 위하여 야단법석을 떨고 애간장을 태우며, 가능한 모든 일을 하려고 애를 쓴다. 그들은 하루 만에 성인이 되려고 한다. 그들은 더 영적인 사람이 되려고 온갖 결심을 다 한다. 그러나 결심이 크면 클수록 실망도 크게 마련이다.

그들의 문제는, 무엇이든 하나님께서 주시는 것과 하나님이 주실 때를 기다리는 인내심이 부족하다는 것이다. 그들은 어두운 밤에 생길 영적 온유함을 배워야 한다.

6. 절제의 한계를 넘어섬

다섯 번째 죄는 영적인 '과식'이다. 많은 영혼들이 경건 생활이 주는 영적인 달콤함에 탐닉한 나머지 계속해서 그것을 더 많이 얻으려고 애쓴다. 그들은 절제의 한계를 넘어서서 영적인 활동들로 거의 자신을 죽이기까지 한다.

그들은 복종과 오랜 금식과 뼈아픈 고행을 통해서 육신적인 것을 이기려고 한다. 그러나 이런 것들은 일방적인 고행임을 알아야 한다. 왜냐하면 그것들은 하나님께로서 비롯된 것이 아니기 때문이다. 그런 사람들은 자신의 의지를 따라 일을 하는 것이므로 선보다는 악이 되기가 쉽다.

그들은 참된 순종의 길을 걷는 것이 아니라, 자기가 원하는 것을, 자기가 선택한 시간에, 자기의 방법으로 하고 있는 것이다. 그들은 이런 일들을 하나님을 위해서가 아니라 자신을 위해서 한다. 따라서 이내 싫증을 내고 지치게 된다. 그러므로 그럴 경우에는 차라리 모든 일을 포기하고 쉬는 것이 더 나을 수도 있다.

문제의 핵심은 바로 여기에 있다. 그들은 헌신의 대가로 기쁨이 없으면 그들이 성취한 일이 아무것도 없다고 생각한다. 이것은 중대한 과오이다. 그것은 하나님을 잘못 판단하는 것이다. 왜냐하면 우리가 경건 생활에서 받는 감정은 경건 생활의 유익 가운데서 지극히 작은 것이기 때문이다. 보이지 않고 느낄 수 없는 하나님의 은혜는 훨씬 더 크다. 그것은 우리의 이해를 초월한다.

노력을 통해 위로를 얻으려 하는 영혼은 실제로 영성을 잃어버리는 것이라고 말할 수 있다. 참된 영성은 인내와 오래 참음과 겸손에 있기 때문이다. 영적 과식의 죄는 우리에게 더 많은 책을 읽게 하고, 더 많은 기도를 하게 한다. 그러나 하나님께서는 그분의 무한한 지혜로 그런 사람들에게 아무런 위로도 주시지 않는다. 왜냐하면 이런 욕구를 채우는 것이 과도한 식욕을 돋우게 되고, 결국에는 수많은 악을 양산할 수 있다는 것을 아시기 때문이다. 하나님께서는 그런 영혼들을 어두운 밤의 무미건조함을 통해서 치료하신다.

7. 영적인 활동으로 곤고함

나머지 두 가지 죄는 영적인 '시기심'과 영적인 '나태함'이다. 자신이 영적인 사람이라고 생각하는 사람들은 종종 다른 사람들의 영적인 성장에 대하여 들으면 기뻐하지 않는다. 그들의 주된 관심은 오로지 자신이 칭찬받는 것이다. 그들은 사람들의 관심이 다른 사람에게 쏠리는 것을 좋아하지 않으며, 자신이 가장 영적인 사람으로 인정받기를 좋아한다. 이것은 바울이 말한 선한 일에 기뻐하는 사랑과 정면으로 배치된다.

영적인 나태함은 영적인 생활에서 기쁨이 사라질 때 찾아온다. 그러한 영혼들은 영적인 활동을 통해 아무런 위로를 얻지 못하면 곤고함을 느끼고, 이내 영적인 활동들을 포기해 버린다. 그리고 그들의 필요를 채우지 못하는 일을 하게 된 데 대해서 화를 낸다. 그들은 자신을 하나님의 척도로 판단하는 것이 아니라, 하나님을 자신의 척도로 판단하고 하나님께 대한 관심을 잃기 시작한다. 그런 영혼은 너무나 연약해서 우리의 영적 성장을 위해서 준비된 십자가, 다시 말해서 영혼의 어두운 밤에 맞이하는 십자가를 질 수가 없다.

8. 소극적으로 일하시는 하나님

그러므로 이렇게 말하면 충분할 것이다. 하나님께서는 우리 안에 있는 불완전함을 다 아신다. 그리고 우리를 사랑하시기 때문에 우리가 자라도록 권고하신다. 하나님의 사랑은 우리를 우리의 연약함 속에 내버려두는 데 만족하지 않는다. 그렇기 때문에 하나님께서는 우리를 어두운 밤으로 인도하신다. 하나님께서는 우리에게서 육신적인 쾌락을 떼놓기 위해서 때로는 메마른 시기와 영적 어둠의 시기를 허락하신다.

그렇게 하심으로써 하나님께서는 이 모든 죄악들을 없애실 수 있고, 또 우리 안에서 선을 창조하실 수 있다. 어두운 밤을 통해서 교만이 겸손이 되고 탐욕이 소박함이 되며, 분노가 만족이 되고 사치가 평안이 되며, 탐식이 절제가 되고 시기가 기쁨이 되며, 나태함이 강건함이 된다. 하나님께서 어두운 밤을 통해서 그 영혼 속에서 소극적으로 일하시지 않으면, 어느 누구도 깊이 있는 영적 생활을 할 수 없다.

관련 성경 구절 : 시편 42편

하나님이여 사슴이 시냇물을 찾기에 갈급함같이 내 영혼이 주를 찾기에 갈급하니이다 내 영혼이 하나님 곧 생존하시는 하나님을 갈망하나니 내가 어느 때에 나아가서 하나님 앞에 뵈올꼬 사람들이 종일 나더러 하는 말이 네 하나님이 어디 있느뇨 하니 내 눈물이 주야로 내 음식이 되었도다 내가 전에 성일을 지키는 무리와 동행하여 기쁨과 찬송의 소리를 발하며 저희를 하나님의 집으로 인도하였더니 이제 이 일을 기억하고 내 마음이 상하는도다 내 영혼아 네가 어찌하여 낙망하며 어찌하여 내 속에서 불안하여 하는고 너는 하나님을 바라라 그 얼굴의 도우심을 인하여 내가 오히려 찬송하리로다 내 하나님이여 내 영혼이 내 속에서 낙망이 되므로 내가 요단 땅과 헤르몬과 미살산에서 주를 기억하나이다 주의 폭포 소리에 깊은 바다가 서로 부르며 주의 파도와 물결이 나를 엄몰하도소이다 낮에는 여호와께서 그 인자함을 베푸시고 밤에는 그 찬송이 내게 있어 생명의 하나님께 기도하리로다 내 반석이신 하나님께 말하기를 어찌하여 나를 잊으셨나이까 내가 어찌하여 원수의 압제로 인하여 슬프게 다니나이까 하리로다 내 뼈를 찌르는 칼같이 내 대적이 나를 비방하여 늘 말하기를 네 하나님이 어디 있느냐 하도다 내 영혼아 네가 어찌하여 낙망하며 어찌하여 내 속에서 불안하여 하는고 너는 하나님을 바라라 나는 내 얼굴을 도우시는 내 하나님을 오히려 찬송하리로다.

리처드 포스터의 묵상

 십자가의 요한이 '어둔 밤'이라고 명명한 것은 모든 경건한 저술가들의 보편적인 경험이다. 어둔 밤이 없이 영적인 성숙을 바라는 것은 훈련 없이 챔피언이 되려고 하는 운동 선수와 같고, 깊은 사고 없이 위대한 책을 쓰려고 하는 저술가와 같다.
 이 글은 우리의 영혼에 합력해서 선을 이룬다. 이 글을 통해 십자가의 요한은 어둔 밤이 우리를 '일곱 가지 중대한 죄'에서 어떻게 해방시키는가를 가르쳐 준다. 동시에 그는 그것이 우리 안에서 '일곱 가지 중요한 덕목들', 즉 강인함, 신중함, 정의, 절제, 믿음, 소망, 사랑을 개발시킬 때에 어떻게 작용하는가를 잘 보여 준 것이나 다름이 없다. 요점은 그것이 하나님께서 인간의 인격을 변화시킬 때 사용하시는 주요한 수단 중 하나라는 것이다. 우리에게서 가장 중요한 문제는 이같이 소극적인 듯한 성령의 사역에 우리가 어떻게 반응하느냐 하는 것이다.

끌레르보의 버나드

(Bernard of Clairvaux, 1090~1153)

버나드는 교회사에서 위대한 지도자들 중의 한 사람이다. 그는 달변가였으며, 역사상 가장 경건한 사람들 중의 하나라고 칭송되었다. 그는 프랑스의 디용(Dijon)에서 성장했으며, 스물두 살에 씨또(Citeaux) 수도원의 동료 수도사들을 감독할 책임을 부여받았다. 그 후 교회에서는 그에게 높은 직위들을 주었지만, 그는 죽을 때까지 끌레르보에 남아 있었다.

버나드의 저술들은 수세기 동안 잘 보존되어 온 덕택에 오늘날도 많은 유작들을 대할 수가 있다. 그의 저작들은 마틴 루터와 존 칼빈에게도 지대한 영향을 끼쳤다. 여기에 실린 글은 그의 가장 유명한 저작인 *On the Love of God*(하나님을 사랑함에 대하여)이라는 논문을 요약, 정리한 것이다. 이 글에서 버나드는 그의 유명한 지론인 '사랑의 네 단계'를 통찰력 있게 약술해 놓았다.

6주 「하나님을 사랑함에 대하여(*On the Love of God*)」에서 발췌

사랑의 네 단계

1. 하나님을 사랑해야 할 이유

"하나님을 왜 사랑해야만 하는가?"라고 질문한다면 내 대답은 이러하다. 하나님을 사랑해야 할 이유는 하나님이 바로 하나님 자신이시기 때문이라는 것이다. 그렇다면 왜 하나님이 하나님 자신을 위해서 사랑을 받으셔야만 하는가? 그 이유는 간단하다. 어느 누구도 하나님보다 더 사랑을 받기에 합당하지 못하며, 어느 누구도 우리의 사랑을 하나님보다 더 받을 만한 가치가 없기 때문이다. 어떤 사람은 하나님이 과연 우리의 사랑을 받을 만한 자격이 있는지, 혹은 하나님을 사랑함으로써 무언가 얻는 것이 있는지 질문을 할지도 모른다. 그 두 가지 질문에 대한 대답은 물론 '그러하다'는 것이다. 하지만 하나님이 하나님 자신이시기 때문에 사랑한다는 것 외에 더 나은 이유를 찾지는 못할 것 같다.

하나님은 우리의 사랑을 받을 만한 자격이 있으시다. 왜 그럴까? 우리가 너무나 무가치한 존재들임에도 불구하고 우리를 위해 자기 자신을 주셨기 때문이다. 자신을 주신 것보다 더 나은 무엇을 주실 수 있었겠는가? "하나님이 왜 우리의 사랑을 받을 만한 자격이 있으신가"라고 묻는다면, 그 대답은 "그가 먼저 우리를 사랑하셨기 때문"이다. 하나님은 분명히 우리의 사랑을 받을 만한 가치가 있는 분이시다. 특히 우리가, 우리를 사랑하시는 그분이 누구신지, 또 그분이 사랑하시는 우리가 어떤 존재인지, 그리고 그분이 얼마나 우리를 사랑하시는지를 생각해 본다면 마땅히 하나님을 사랑하지 않을 수 없다.

그렇다면 하나님은 누구신가? 모든 영이 "당신은 나의 하나님이십니다"라고 증거하는 그분이 아니신가? 하나님은 우리가 갖고 있는 이 세상의 재물을 원하지 않으신다. 진정한 사랑이란 자기 자신의 유익을 구하지 않는 것이다. 그렇다면 하나님이 우리를 얼마나 사랑하시는가? 하나님은 세상을 너무나 사랑하셔서 독생자를 주셨으며, 우리를 위해 자기 목숨까지도 내어 놓으셨다.

2. 사랑의 제1단계 : 자기를 위해서 자기를 사랑하는 것

사랑이란 자연스러운 인간의 감정이다. 사랑은 하나님께로부터 비롯된다. 그러므로 가장 크고 첫째 되는 계명은 "주 너의 하나님을 사랑하라"는 것이다. 그러나 인간의 본성은 연약해서 하나님보다는 자신을 사랑하게 되고 자기를 가장 먼저 떠받들게 된다. 인간 세계에서는 어디를 가나 사람들이 자기를 위해서 자기를 사랑하게 마련이다. 자기 자신을 미워하는 사람이 아무도 없다는 사실을 볼 때, 우리 안에도 이러한 사랑이 심겨져 있는 것은 아닐까?

하지만 이러한 자기 사랑이 너무 지나치면 쾌락을 과도하게 사랑하게 됨으로써 자아 사랑의 적절한 경계선을 넘어 버리게 된다. 사람들은 너무나 쉽게 영혼의 대적인 탐욕의 노예가 되곤 한다. 그래서 자기를 사랑하는 일은 이웃을 사랑하라는 계명에 의해 늘 견제되어야 한다. 만일 우리가 자기를 사랑하는 일 때문에 이웃을 사랑할 수 없다면, 우리는 우리의 욕심을 억제해야만 하며 이웃의 필요를 채워 주어야만 한다. 우리가 우리 자신에게서 돌이켜 이웃에게 나누어 줄 때 우리의 사랑은 균형을 유지하게 된다.

그런데 우리 자신의 필요가 충족되지 않는다면 어떻게 해야 할까? 당신은 당신의 욕구를 충족시키기 위해서 하나님께 의지하겠는가? 하나님께서는 먼저 그 나라와 그의 의를 구하는 자들에게 모든 것을 더해 주시겠다고 약속하셨다. 또한 자기의 욕심을 억제하고 이웃에게 필요한 것을 주는 자들에게 필요한 모든 것을 주시겠다고 약속하셨다. 먼저 그 나라를 구한다는 것은 죄가 썩어질 육체에서 왕 노릇 하게 하는 것이 아니라, 겸손과 절제의 멍에를 메기를 더 좋아한다는 것을 말한다.

이웃을 사랑하려면 먼저 하나님이 사랑의 원천이심을 알아야 한다. 이웃을 하나님 안에서 사랑하지 못하고 어떻게 그 이웃을 순수하게 사랑할 수 있겠는가? 그리고 하나님을 사랑하지 않고서는 이웃을 사랑할 수 없다. 우리가 하나님 안에서 이웃을 사랑하기 위해서는 먼저 하나님을 사랑해야만 한다.

3. 사랑의 제2단계 : 자기를 위해서 하나님을 사랑하는 것

모든 것을 선하게 역사하시는 하나님께서는 자신이 사랑을 받도록 역사하신다. 하나님의 역사는 다음과 같다. 먼저 우리를 보호하심으로 축복해 주신다. 그러면 우리는 아무런 어려움이 없기 때문에 복된 삶을 살게 된다. 그것이 하나님의 은혜인데 우리는 교만해서 우리가 잘나서 안전하게 지낸다고 생각한다. 그러다가 삶 속에서 재난을 만나거나 풍랑을 겪게 되면 하나님께 돌아와서 도움을 청하며 고난 중에야 그를 의지하게 된다. 이런 식으로 처음에는 우리 자신만을 사랑하던 우리가 비로소 하나님을 사랑하기 시작하는 것이다. 비록 그 사랑이 우리 자신을 위한 것이기는 하지만 하나님을 사랑하기 시작하는 것이라는 데 의의가 있다. 우리는 하나님으로 인해서 모든 것을 할 수 있고, 하나님이 없이는 아무것도 할 수 없다는 사실을 알고 있기 때문에 하나님을 사랑한다.

4. 사랑의 제3단계 : 하나님을 위해서 하나님을 사랑하는 것

사랑의 제1단계에서는 우리가 우리 자신을 위해서 우리를 사랑한다. 사랑의 제2단계에서는 우리가 우리 자신을 위해서 하나님을 사랑한다. 그 이유는 주로 하나님께서 우리에게 필요한 것을 공급해 주시며, 우리를 재난에서 구해 주셨기 때문이다. 그러나 시련과 곤경이 끊임없이 우리에게 닥치고 그때마다 하나님께서 그 어려움을 이겨내게 하신다면, 아무리 우리 마음이 돌과 같이 단단하게 굳어 있다 해도 그 구원자이신 하나님으로 인해 우리의 마음은 부드러워질 것이다. 그리하여 우리는 우리 자신을 위해서만이 아니라 하나님을 위해서도 하나님을 사랑하기 시작한다.

이 단계에 도달하기 위해서 우리는 우리의 필요와 기도를 가지고 끊임없이 하나님께 나가야만 한다. 그렇게 기도하다 보면 하나님의 은혜를 맛보게 되고, 그러한 체험이 반복되면 하나님이 얼마나 달콤하신 분인지를 깨닫게 된다. 일단 하나님의 달콤함을 맛보고 나면 우리가 필요해서 하나님을 사랑하는 단계를 넘어서서 그야말로 하나님을 순수하게 사랑하는 단계에 이르게 된다. 그제서야 우리는 이렇게 고백하게 된다. "이제 우리는 우리의 필요 때문에 하나님을 사랑하지 않습니다. 왜냐하면 하나님이 얼마나 좋으신 분인지를 직접 맛보고 알았기 때문입니다."

이러한 고백이 시작되면 "네 이웃을 네 몸과 같이 사랑하라"고 하신 둘째 계명을 실천하기가 어렵지 않게 된다. 왜냐하면 하나님을 진심으로 그렇게 사랑하는 자들은 하나님의 피조물들을 또한 사랑하게 되기 때문이다. 뿐만 아니라 하나님의 모든 명령들도 순종하기가 더 쉽게 된다. 그래서 하나님의 명령을 사랑하기 시작하고, 또 그 명령을 기꺼이 준행하게 된다.

이러한 사랑은 무언가를 기대하지 아니하고 사심이 없기 때문에 순수하다. 그리고 말로만 섬기는 것이 아니라 행동으로도 섬기기 때문에 순수하다. 우리는 사랑받기 때문에 사랑하고, 예수님께서 우리를 돌보시기 때문에 남들을 돌본다.

이러한 단계에 도달하면 우리는 다음과 같이 말할 수 있다. "하나님을 찬양하라. 그는 선하시기 때문이다. 나에게 선하시기 때문이 아니라 하나님 자신이 선하시기 때문이다." 이렇게 될 때 우리는 우리 자신을 위해서가 아니라 하나님을 위해서 진실로 하나님을 사랑하게 된다. 사랑의 제3단계는 하나님이 바로 그 자신으로 인해서 사랑을 받게 되는 사랑을 말한다.

5. 사랑의 제4단계 : 하나님을 위해서 자기를 사랑하는 것

하나님을 위해서 자기 자신을 사랑하는 제4단계의 사랑을 체험하는 자들은 복이 있다. 그러한 체험은 좀처럼 갖기 힘들며 체험을 하더라도 잠시 동안만 가능하다. 이 단계가 되면 말할 때에도 자신이 존재하지 않는 것처럼 자신을 내세우지 아니하며, 자신을 전혀 의식하지 아니하고 온전히 자신을 비우게 된다.

만일 잠시 동안만이라도 우리가 이러한 사랑을 체험하게 되면, 그렇게 하나님만 생각하는 묵상의 상태에서 이기적인 모습으로 다시 돌아오게 될 때 이 세상과 이 세상의 의무에 다시금 얽매이지 않으면 안된다는 것이 얼마나 고통스러운지를 알게 된다. 자기를 내세우지 않다가 다시금 자기를 내세우게 되면, 마치 우리가 죽을 수밖에 없는 상태로 살았던 삶 속으로 다시 돌아갈 때 겪게 되는 것과 똑같은 고통을 겪게 될 것이다.

그러나 이 사랑의 단계에 이르면 하나님과 한마음이 되고, 또 우리의 뜻과 하나님의 뜻이 하나가 될 것이다. 그래서 "하나님의 뜻이 이루어지기를 원합니다"라는 기도가 우리의 기도가 될 것이며, 우리의 기쁨이 될 것이다. 작은 물 한 방울이 많은 포도주 속에 섞이면 그 자체의 모습은 완전히 없어지고 포도주의 맛과 포도주의 색깔을 띠는 것처럼, 쇳덩어리가 달구어져서 빛나게 되면 그 원래의 모습은 사라지고 불덩어리같이 보이는 것처럼, 그리고 공기가 태양 빛으로 충일하게 되면 눈부신 빛의 모습으로 바뀌어서 빛 그 자체인 것같이 보이는 것처럼, 자신은 완전히 녹아 없어지고 전적으로 하나님의 뜻에 순복하는 자들의 삶도 그러하다.

우리의 마음과 영혼과 정신과 힘을 다해 이처럼 하나님을 온전하게 사랑하는 것은 우리가 더 이상 자신에 대해서 무기력하게 얽매이지 않고 육신의 욕구에 얽매이지 않게 될 때에 비로소 가능하다. 그때서야 비로소 우리의 영혼이 완전히 하나님을 향하게 된다. 바로 이런 이유 때문에 우리가 갖고 있는 지금의 육신 속에 그 사랑을 유지하기가 어려운 것이다. 그러나 하나님께서 기뻐하시는 자에게 그러한 경험을 주시는 것은 하나님의 권한에 속해 있는 것이지 우리 자신의 노력에 의해 얻어지는 것은 아니다.

6. 사랑의 제 1, 2, 3단계까지의 실현

사랑의 네 가지 단계를 요약해 보자. 첫째, 우리는 자신을 위해서 자기를 사랑한다. 왜냐하면 아직까지 영적이지 못하고 육체적이어서 자신과 관련되지 않은 것에는 전혀 관심을 가질 수 없기 때문이다. 그 다음에는 혼자서는 살아갈 수 없다는 사실을 서서히 알게 되는데, 그때서야 비로소 자신을 위해서 하나님을 찾기 시작한다. 이것이 사랑의 제2단계이다. 이 단계에서는 하나님을 사랑하되 자기 자신의 이익만을 위해서 사랑한다. 그러나 묵상과 읽기와 기도와 순종으로 계속해서 하나님을 경배하고 하나님께 나아가게 되면 조금씩 조금씩 하나님이 우리에게 체험을 통해 알려지게 된다. 그러면 하나님과 친밀한 교제가 있게 되고, 그 하나님이 얼마나 좋으신 분인가를 맛보게 됨으로써 사랑의 제3단계에 들어가게 된다. 이 단계가 되면 하나님을 사랑하되 자신을 위해서가 아니라 바로 하나님을 위해서 사랑하게 된다. 우리는 이 세 번째 단계에 매우 오랫동안 머물러 있게 된다는 점을 주목해야만 한다.

7. 사랑의 제4단계에 도달할 수 있을까?

오로지 하나님만을 위해서 자기를 사랑하는 제4단계가 이 세상에서 온전히 실현 가능한 것인지 확신이 서지 않는다. 그러나 그 단계에 도달하면 하나님의 기쁨을 체험하게 되고, 놀라운 방법으로 자아를 부인하게 될 것이다. 그러한 순간만큼은 하나님과 마음이 하나가 되고 영이 하나가 될 것이다.

그것은 선지자가 말한 바 "오 주여, 주의 권능에 들어가 주의 공의만을 묵상하나이다"라는 고백과 같은 단계라고 생각된다. 그 선지자가 한 말의 뜻은 그가 여호와의 영적인 권능에 사로잡혔을 때 자아를 포기하게 되었으며, 그의 삶 전체가 오직 여호와의 공의만을 묵상하게 되었다는 것이다.

사랑의 제4단계에 도달하면, 거대한 바다에서 끊임없이 온갖 종류의 물고기를 모으는 사랑의 그물이 마침내 해변가로 옮겨져서 나쁜 것들은 버리고 좋은 것만을 보유하게 될 것이다. 그러나 이 세상에서 과연 이러한 단계에 이를 수 있는지 의심스럽다. 우리는 슬픔과 눈물의 세계에 살고 있으며, 그런 맥락 속에서만 하나님의 자비와 위로를 경험하게 된다. 하나님의 공의만을 기억할 때 어떻게 자비를 생각할 수 있을까? 분명한 것은 불행이나 동정을 위한 여지가 없는 곳에는 연민의 감정도 있을 수 없다는 사실이다.

관련 성경 구절 : 요한일서 4:7-21

사랑하는 자들아 우리가 서로 사랑하자 사랑은 하나님께 속한 것이니 사랑하는 자마다 하나님께로 나서 하나님을 알고 사랑하지 아니하는 자는 하나님을 알지 못하나니 이는 하나님은 사랑이심이라 하나님의 사랑이 우리에게 이렇게 나타난 바 되었으니 하나님이 자기의 독생자를 세상에 보내심은 저로 말미암아 우리를 살리려 하심이니라 사랑은 여기 있으니 우리가 하나님을 사랑한 것이 아니요 오직 하나님이 우리를 사랑하사 우리 죄를 위하여 화목제로 그 아들을 보내셨음이니라 사랑하는 자들아 하나님이 이같이 우리를 사랑하셨은즉 우리도 서로 사랑하는 것이 마땅하도다 어느 때나 하나님을 본 사람이 없으되 만일 우리가 서로 사랑하면 하나님이 우리 안에 거하시고 그의 사랑이 우리 안에 온전히 이루느니라 그의 성령을 우리에게 주시므로 우리가 그 안에 거하고 그가 우리 안에 거하시는 줄을 아느니라 아버지가 아들을 세상의 구주로 보내신 것을 우리가 보았고 또 증거하노니 누구든지 예수를 하나님의 아들이라 시인하면 하나님이 저 안에 거하시고 저도 하나님 안에 거하느니라 하나님이 우리를 사랑하시는 사랑을 우리가 알고 믿었노니 하나님은 사랑이시라 사랑 안에 거하는 자는 하나님 안에 거하고 하나님도 그 안에 거하시느니라 이로써 사랑이 우리에게 온전히 이룬 것은 우리로 심판날에 담대함을 가지게 하려 함이니 주의 어떠하심과 같이 우리도 세상에서 그러하니라 사랑 안에 두려움이 없고 온전한 사랑이 두려움을 내어 쫓나니 두려움에는 형벌이 있음이라 두려워하는 자는 사랑 안에서 온전히 이루지 못하였느니라 우리가 사랑함은 그가 먼저 우리를 사랑하셨음이라 누구든지 하나님을 사랑하노라 하고 그 형제를 미워하면 이는 거짓말하는 자니 보는 바 그 형제를 사랑치 아니하는 자가 보지 못하는 바 하나님을 사랑할 수가 없느니라 우리가 이 계명을 주께 받았나니 하나님을 사랑하는 자는 또한 그 형제를 사랑할지니라.

리처드 포스터의 묵상

'사랑의 사도'인 요한과 견줄 만한 사람이 있다면 그것은 바로 버나드일 것이다. 그는 하나님과 인간의 사랑을 풍유적으로 보여 주고 있는 성경 아가서에 대해서 여든여섯 편 가량의 설교를 썼다. 그의 아름다운 찬송 "구주를 생각만 해도"(찬송가 85장)는 거룩한 사랑의 언어로 하나님의 사랑을 노래하고 있다.

참 회개하는 자에게 소망이 되시고,
구하고 찾는 자에게 기쁨이 되신다.
예수의 넓은 사랑을 어찌 다 말하랴.
그 사랑 받은 사람만 그 사랑 알도다.

버나드는 아주 적절히 우리에게 사랑의 중요성을 일깨워 주었다. 우리는 사랑이 아닌 다른 것들을 가장 중요하게 취급하는 경향이 많다. 때로는 큰 돈, 때로는 훌륭한 건축물, 때로는 세계에 대한 헌신적인 공헌도, 때로는 기이한 학설 따위를 지나치게 중요시하기 쉽다. 그러나 버나드는 이 모든 자기 과시적인 행동을 지양하고 순수한 마음과 신실한 영혼으로, 그리고 거룩한 삶으로 다시금 하나님을 사랑하도록 우리를 일깨워 주었다.

프랑수아 페넬롱

(Francois Fenélon, 1651~1715)

　프랑수아 드 살리낙 드 라 모트 페넬롱(Francois de Salignac de La Mothe Fenélon)은 루이 14세 궁정의 유력한 일원이었고 부르고뉴(Burgundy) 공작의 가정 교사였다. 교회에서도 높이 존경을 받던 페넬롱은 1695년에 캄브라이(Cambrai)의 대주교로 임명되었다. 바로 이 시기에 그는 귀용 부인(Madame Guyon)과 교분을 맺게 되었으며, 그녀를 비롯한 프랑스 정적주의(Quietist: 17세기 카톨릭 교회에서 일어난 신비주의 운동) 운동가들에게서 많은 영향을 받았다. 정적주의는 이 세상의 것들과 완전히 분리될 것을 강조했다.

　페넬롱이 그의 저서 *Maxims of the Saints*(성인 교훈집)에서 정적주의를 옹호함으로써 논쟁이 일어났으며, 그 결과 교황 이노센트 12세가 그의 직위를 박탈하였다. 그 이유는 "그가 하나님을 너무 많이 사랑하고 인간을 너무 적게 사랑한다"는 것이었다. 루이 14세도 그를 추방하여 결국 그는 지방에 있는 한 교회를 맡게 되었는데, 거기서 이상적인 목회자로서 명성을 얻었다.

　페넬롱은 당대의 많은 유명 인사들과 교분을 맺으면서 그들의 영적 지도자로 활동했다. 그의 편지 모음집이 다른 사람들의 덕을 함양하기 위해 출판되기도 하였는데, 그가 쓴 글의 주요 주제는 하나님의 완전한 사랑이었다. 여기 발췌한 글은 영적인 생활이 고역의 생활이 아니라, 기쁨에 이르는 유일한 길임을 그가 얼마나 끊임없이 강조했는가를 보여 준다.

7주 「그리스도인의 완전(Christian Perfection)」에서 발췌

더 이상 나뉠 수 없는 의지

1. 백 배의 행복

그리스도인의 완전함은 우리가 생각하는 만큼 가혹하거나 지루하거나 강제적인 것이 아니다. 그것은 우리가 마음속 깊은 곳까지 하나님의 사람이 되기를 요구한다. 우리가 하나님의 사람이 되면 하나님을 위해 하는 모든 일이 쉬워진다. 하나님의 사람들은 언제나 기뻐한다. 그들의 마음이 나뉘지 않는 한, 하나님이 원하시는 것만을 하고 또 자기가 원하는 모든 것을 하나님을 위해서만 하고 싶어하기 때문이다. 그들은 모든 것을 포기한다. 그리고 그 포기를 통해서 백 배의 복을 되돌려 받는다.

양심의 평안, 마음의 자유, 하나님의 손에 자신을 맡기는 달콤함, 언제나 빛만을 보는 기쁨 등이 우리의 마음속에서 자란다. 끝으로, 두려움으로부터의 자유와 그 시대의 탐욕스러운 욕망으로부터의 자유가, 충성스런 참 하나님의 자녀가 십자가를 질 때 소유하는 백 배의 행복을 배가시킨다.

2. 더 이상 나뉠 수 없는 의지

그들은 스스로를 희생하되, 가장 사랑하는 대상에게 희생한다. 그들은 고통을 겪지만 여전히 고통받기를 원하며, 모든 거짓된 기쁨보다는 고통을 더 좋아한다. 그들의 몸은 비수로 찌르는 듯한 고통을 참아 내고, 그들의 상상력은 번민으로 가득 차며, 그들의 영혼은 쇠약해지고 곤고하여 풀이 죽어 있지만, 그들의 의지는 가장 깊고 가장 친밀한 자아 속에서 확고하고 평온하다.

하나님께서 우리에게 요구하시는 것은 하나님과 다른 피조물 사이에서 더 이상 나뉘지 않는 의지이다. 하나님의 손에 붙잡힌 유순한 의지는 부족하다고 구하거나 싫다고 거부하지 않고, 하나님께서 원하시는 것이라면 무엇이든지 망설이지 않고 행하며, 하나님께서 원하시지 않는 것은 어떤 상황에서도 행하지 않는다. 우리가 이런 의지를 갖게 되면, 모든 것이 잘되며 아무리 무의미한 오락거리라도 선한 일로 바뀌게 된다.

3. 매우 바람직한 상태

하나님께 자신을 드리는 사람들은 얼마나 복된가! 그들은 정욕에서 구원을 받았고, 다른 사람들을 판단하는 데서 구원을 받았으며, 악의에서 구원을 받았고, 말의 횡포에서 구원을 받았다. 또한 냉담하고 야비한 조롱에서, 세상의 부로 인한 불행에서, 친구들의 배반과 변덕스러움에서, 원수의 간계와 함정에서 구원을 받았다. 그리고 우리 자신의 연약함에서, 인생의 불행과 덧없음에서, 불경스런 죽음의 공포에서, 사악한 쾌락의 결과인 잔인한 회한에서, 마지막으로 하나님의 영원한 정죄에서 구원을 받았다.

우리는 이 수많은 악에서 구원을 받았다. 왜냐하면 우리의 의지를 전적으로 하나님의 손에 맡긴 후 하나님께서 원하시는 것만 행하고, 믿음 안에서 하나님의 위로만을 찾으며, 모든 고통 속에서도 소망을 갖기 때문이다. 하나님께 우리 자신을 맡기기를 주저하고 그런 바람직한 상태를 한시바삐 택하기를 두려워한다면, 그 얼마나 연약한 마음이겠는가!

4. 기쁨으로 충만함

사도 바울이 말한 대로 '자비의 하나님', '모든 위로의 하나님' 품안에 머리를 숙이고 눈을 감은 채 자신을 드리는 사람들은 얼마나 복된 사람인가! 그렇게 되면 우리는 우리가 하나님께 빚진 것보다 더 알고 싶은 것이 아무것도 없을 것이며, 하나님께서 요구하시는 것을 충분히 알지 못하는 것보다 더 두려운 것이 아무것도 없을 것이다.

우리가 믿음 안에서 새로운 통찰력을 발견하게 되면, 그 즉시 마치 보물을 찾은 구두쇠처럼 기뻐서 어쩔 줄을 모르게 된다. 진정한 그리스도인은 하나님의 섭리로 인해 자기에게 어떤 불행이 닥친다 해도 하나님께서 자기에게 주시는 것은 무엇이든지 받고, 자기에게 없는 것은 그 어떤 것도 원하지 않는다. 우리는 하나님을 사랑하면 할수록 더욱더 만족하게 된다. 최고의 완전함은 우리에게 과도한 짐을 지우는 것이 아니라, 오히려 우리의 멍에를 더 가볍게 한다.

5. 하나님의 길을 날아가는 날개

우리가 흠없이 완전한 하나님의 사람이 되는 것을 두려워한다면 그 얼마나 어리석은 일이겠는가! 그것은 너무 행복해질까 봐 두려워하는 것이고, 범사에 하나님의 뜻을 사랑하는 것을 두려워하는 것이다. 그것은 불가피한 십자가를 지면서 너무 지나친 용기를 갖게 될까 봐 두려워하는 것이고, 하나님의 사랑 가운데서 너무 많은 위로를 얻을까 봐 두려워하는 것이며, 우리를 비참하게 만드는 정욕으로부터 너무 멀어질까 봐 두려워하는 것이다.

그러므로 온전한 하나님의 사람이 되기 위해서 세상의 것들을 멸시하자. 내 말은 우리가 이 세상의 것들에서 완전히 떠나야 한다는 말이 아니다. 왜냐하면 우리가 이미 정직하고 절도 있는 생활을 하고 있을 경우에는, 우리 마음속에 있는 사랑의 깊이를 바꾸기만 하면 되기 때문이다. 사실 그것은 우리가 하던 일들을 거의 똑같이 하는 것이다. 하나님께서는 자기 백성들의 상태를 뒤집어엎으시거나, 자신이 그들에게 주셨던 책임을 번복하시지 않는다. 오히려 우리가, 그 동안 세상을 섬기고 세상을 기쁘게 하며 우리 자신을 만족시켰던 일에서 돌이켜 하나님만을 섬겨야 한다.

차이가 있다면 단지 이것이다. 교만과 오만한 열정과 세상에 대한 악의에 찬 비판에 의해 이성을 빼앗기는 대신에 하나님 안에서 자유와 용기와 소망을 가지고 행동하게 된다는 것이다. 확신은 우리에게 생명력을 불어넣을 것이다. 여기 지상에 있는 것들은 우리에게서 멀어지고 영원한 좋은 것들이 다가오고 있다는 기대감 때문에 우리는 고통 속에서도 이길 수 있게 된다. 하나님의 사랑은 우리로 하여금 우리를 향하신 하나님의 사랑을 의식하게 해주기 때문에, 우리에게 하나님의 길을 날아갈 수 있는 날개를 주고 우리를 모든 어려움 가운데서 건져 준다. 우리가 이것을 믿으려고 애를 쓴다면, 체험을 통해 확신을 얻게 될 것이다. 다윗이 말한 대로 "하나님의 사랑이 얼마나 단지 와서 보고 맛보라."

6. 모든 것을 쉽게 해주는 사랑의 영

예수 그리스도께서는 모든 그리스도인들에게 예외 없이 "내 제자가 되려면 자기 십자가를 지고 나를 좇을 것이니라"고 말씀하셨다. 넓은 길은 멸망으로 인도한다. 우리는 들어가는 자가 적은 좁은 길로 가야 한다. 우리는 거듭나야 하고, 우리를 포기해야 하고, 자신을 미워해야 하며, 어린 아이같이 되어야 한다. 그리고 심령이 가난해야 하고, 위로받기 위해 애

통해야 하며, 불의로 인해 저주받은 세상에 속하지 말아야 한다.

이 진리를 들으면 많은 사람들이 깜짝 놀란다. 그것은 신앙이 주는 것은 알지 못하고 신앙이 요구하는 것만 알기 때문이며, 모든 것을 쉽게 해주는 사랑의 영을 모르고 있기 때문이다. 그들은 사랑의 영이 모든 고통을 달콤하게 해주는 사랑과 평화의 체험에 의해 우리를 최고의 완전으로 인도한다는 것을 모른다.

온전한 하나님의 사람들은 언제나 행복하다. 그들은 체험에 의해 주님의 멍에는 '쉽고 가볍다' 는 것과 그 안에서 '영혼의 안식' 을 얻는다는 사실을 안다. 그리고 주님이 말씀하신 대로 수고하고 무거운 짐 진 자들에게 쉼을 주신다는 것을 안다.

7. 영원한 세계가 우리를 영접함

하나님과 세상 사이에서 머뭇거리는 연약하고 소심한 영혼들에게는 화가 있을 것이다. 그들은 원하기도 하고 원치 않기도 한다. 동시에 열정과 후회로 마음이 나뉘기도 한다. 그들은 하나님의 심판을 두려워하는 동시에 다른 사람들의 판단도 두려워한다. 그들은 악에 대한 공포와 선에 대한 수치심을 갖고 있다. 그들은 선의 달콤한 위로를 맛보지 않은 채 그 고통만 갖고 있다. 이 얼마나 불쌍한가! 아, 그들에게 쓸데없는 말과 냉담한 조롱과 다른 사람에 대한 경솔한 비난을 삼갈 수 있는 작은 용기라도 있다면, 하나님의 품안에서 그들이 누릴 평안이 얼마나 크겠는가!

언제나 우리가 지금의 상태에 머물러 있다면, 우리의 구원에 그 얼마나 위험할 것이며, 하나님과 우리에게 얼마나 무가치하겠으며, 우리의 마음의 평화에도 그 얼마나 치명적이겠는가! 우리의 전생애는 오직 천성을 향해 날마다 큰 걸음으로 진보해 나가도록 주어진 것이다. 세상은 헛된 그림자처럼 지나갈 뿐이다. 영원은 이미 우리를 영접하기 위해 나오고 있다. 자비의 아버지께서 우리를 향해 빛을 비추시고 계신데 왜 나아가기를 지체하는가? 우리 함께 서둘러 하나님의 나라에 이르도록 힘쓰자.

8. 질투적이고 우선적인 사랑

"네 마음을 다하고 목숨을 다하고 뜻을 다하고 힘을 다하여 주 너의 하나님을 사랑하라." 이 한 가지 계명만으로도 하나님께 전적으로 헌신하지 못하는 데 대한 모든 변명을 일시에 날려보내기에 충분하다. 하나님께서 요구하시는 사랑은 질투적이고 우선적인 사랑이다. 어찌 보면 편견과도 같은 이 사랑에 대하여 우리가 내세우고 싶어하는 모든 유보적인 태도를 막기 위해서 이 구절에 나오는 용어들이 어떻게 성령에 의해 서로 결합되는지를 주목해 보라.

하나님께는 아무리 드려도 오히려 부족하다. 그분은 우리의 마음이 나뉘는 것을 참지 못하신다. 그리고 하나님 자신이 우리에게 하나님을 사랑하기 위해서 사랑하라고 명령하신 것 이외에 다른 것을 사랑하는 것을 더 이상 용납하지 않으신다. 우리는 모든 힘과 능력을 다해 우리의 마음으로 그분을 사랑해야 할 뿐만 아니라, 우리의 온 정신을 다 기울여 그분을 사랑해야 한다. 만일 우리가 하나님의 율법을 묵상하고 온 힘을 다해 그의 뜻을 준행하기로 결심하지 않는다면, 어떻게 우리가 하나님을 사랑한다고 생각할 수 있겠는가?

9. 담대한 마음으로 따르라

이 사랑이 요구하는 바가 무엇인지 분명히 알기를 두려워하는 사람들은 자신에게 이런 주의 깊고 헌신적인 사랑이 있다고 생각함으로써 스스로를 우롱한다. 하나님을 사랑하는 유일한 방법이 있다. 그것은 하나님이 없이는 단 한 걸음도 옮겨 놓지 않는 것이며, 하나님께서 인도하시는 곳이라면 어디든지 담대한 마음으로 따라가는 것이다.

그리스도인의 삶을 살면서도 세상과 어느 정도 벗하기를 매우 좋아하는 사람들은 미지근한 사람들이 될 위험을 무릅쓰는 것이며, 그런 사람들은 성경의 말씀대로 "하나님의 입에서 토하여 내침을 받을 것"이다.

스스로에게 "나는 이만큼만 가고 더 이상은 가지 않겠다"고 하는 연약한 영혼들에 대해서 하나님은 참지 못하신다. 창조주를 위해 율법을 만드는 것이 피조물에게 달려 있는 것인가? 만일 자기 방식대로만 주인을 섬기고, 주인의 이익을 위하는 것인데도 지나친 일은 하기 두려워하며, 그 주인에게 속해 있기 때문에 공중 앞에서 부끄러워하는 신하나 하인이 있다면 그의 왕이나 주인이 무엇이라 말하겠는가? 우리가 만일 이런 비겁한 하인이라면 왕의 왕 되신 하나님께서 우리에게 무슨 말씀을 하시겠는가?

10. 순수한 사랑의 원리

이것이 자아에 대한 집착이 아니라면, 왜 우리는 하나님의 은사가 다른 사람에게 있는 것보다 우리 자신에게 있는 것을 더 보고 싶어할까? 누구든지 하나님의 은사가 다른 사람이 아닌 자기에게 더 있기를 원하는 사람은, 자기에게 있는 것보다 다른 사람에게 있는 하나님의 은사가 더 완전한 것을 보면 또 불만스러워한다. 바로 여기서 질투가 생기는 것이다. 그러면 어떻게 해야 할까? 우리는 하나님께서 그의 뜻을 우리 안에서 이루심을 기뻐해야 한다. 그리고 우리 안에서 다스리심을 기뻐해야 한다. 그것은 우리의 행복을 위함도 아니요, 우리의 완전함을 위함도 아니다. 왜냐하면 그것이 우리 것이기는 하지만, 하나님의 선하신 기쁨과 그의 순수한 영광을 위한 것이기 때문이다.

이것은 근거 없는 낭설이 아니다. 영혼을 온전하게 하시기 위해서 그 영혼이 비워지기를 원하시는 하나님께서는 그 영혼을 더 순수한 사랑을 향해 가차없이 몰아내시며, 그 영혼이 이러한 시험들을 진정으로 통과하도록 하신다. 그리고 그 사랑으로부터 모든 장래의 권리와 모든 자립심을 얻을 때까지 쉼을 주지 않으신다. 이 순수한 사랑의 원리보다 더 질투하고, 더 가혹하고, 더 민감한 것은 아무것도 없다. 그것은 마치 도가니에서 정화된 금과 같다. 순수한 금이 아닌 모든 것은 불에 타 버린다. 우리도 하나님께서 주신 사랑을 정화하기 위해서 우리의 전심을 도가니로 만들어야 한다.

관련 성경 구절 : 베드로전서 4:1-6

그리스도께서 이미 육체의 고난을 받으셨으니 너희도 같은 마음으로 갑옷을 삼으라 이는 육체의 고난을 받은 자가 죄를 그쳤음이니 그 후로는 다시 사람의 정욕을 좇지 않고 오직 하나님의 뜻을 좇아 육체의 남은 때를 살게 하려 함이라 너희가 음란과 정욕과 술 취함과 방탕과 연락과 무법한 우상 숭배를 하여 이방인의 뜻을 좇아 행한 것이 지나간 때가 족하도다 이러므로 너희가 저희와 함께 그런 극한 방탕에 달음질하지 아니하는 것을 저희가 이상히 여겨 비방하나 저희가 산 자와 죽은 자 심판하기를 예비하신 자에게 직고하리라 이를 위하여 죽은 자들에게도 복음이 전파되었으니 이는 육체로는 사람처럼 심판을 받으나 영으로는 하나님처럼 살게 하려 함이니라.

리처드 포스터의 묵상

    나는 페넬롱이 충성된 제자도의 유익에 초점을 맞춘 것을 좋아한다. 그리스도의 제자가 아닌 외인들은 그리스도를 따를 때 생기는 손해에만 관심을 갖는다. 그들은 엄청난 자유를 하나도 누리지 못한다. 숨막힐 듯한 자기 도취로부터의 자유, 술책과 계교로 남보다 한 수 앞서려고 하는 태도로부터의 자유, 이 세상의 불안한 제도로부터의 자유 등 수많은 자유를 그들은 향유하지 못한다.

    아, 그리고 기쁨이다. 나는 페넬롱이 그리스도인의 삶의 기쁨을 분석해 놓은 방법을 좋아한다. 의를 행하는 능력이 커 가는 기쁨, 평안한 양심의 기쁨, 우리의 마음속에서 빛이 확대되는 기쁨이 그것이다. 이 책에는 실려 있지 않지만, 그가 말한 감동적인 말에 귀를 기울여 보라. "하나님은 너무나 선하셔서 우리의 소망이 하나님 자신을 선물로 받아 우리가 삼키기만을 기다리신다. 우리가 예수 그리스도와 그의 말씀으로 우리 자신을 먹인다면, 순풍을 타고 마음껏 항해하는 배와 같이 될 것이다." 이 말이 당신으로 하여금 순종을 향해 거의 쏜살같이 돌진하게 하지 않는가?

성 어거스틴

(St. Augustine, 354~430)

히포의 감독이었던 어거스틴은 라틴 교회의 대학자였다. 그는 354년 북아프리카에서 이교도인 아버지와 독실한 신앙인인 어머니 사이에서 태어났다. 그는 기독교인으로 양육을 받았고, 16세 때 카르타고로 가서 법률 공부를 마쳤다. 375년에 그는 철학에 관심을 갖게 되었고, 그 후로는 기독교의 유산을 버렸다. 유명한 연설가이기도 했던 어거스틴은 로마에서 교수직을 얻었으며, 거기에서 수사학을 가르치는 학교를 세웠다.

그 곳에서 그는 플라톤 철학과 성 암브로스의 가르침에 영향을 받았다. 그러나 오랜 기간 동안의 심적 갈등을 겪은 후 그가 가졌던 초기의 철학적 신념을 포기하고 기독교 신앙을 다시 회복했다. 그리고 나서 아프리카로 돌아가서 하나의 신앙 공동체를 형성했다. 391년 반달족이 히포를 침략했을 때 그는 자기의 소원과는 반대로 사제로 임명을 받았다.

그는 34년 동안 이 수도원식 공동체에서 생활했다. 어거스틴은 방대한 양의 책을 저술했으며, 웅변과 논리학과 영적인 열정으로 유명해졌다. 이 세 가지가 결합되어 어거스틴은 기독교 역사에서 아주 중요한 사상가 중 한 사람이 될 수 있었다. 아마 사도 바울을 제외하고 그처럼 오랜 기간 동안 그 저서가 널리 읽혀진 사람은 없을 것이다.

그의 신학적인 통찰력은 그가 살고 있던 시대를 풍미했을 뿐만 아니라, 그 이후 모든 세대의 기독교 사상계에 영향을 미쳤다. 지금까지 어거스틴의 사상에 영향을 받지 않은 신학자는 찾아보기가 힘들다.

여기 실린 글은 어거스틴의 자서전적 작품인 *Confessions*(참회록)에서 발췌한 것이다. 이 글에서 그는 그가 어떻게 믿음의 생활로 그의 삶을 돌이킬 수 있었는가에 대해 이야기함으로써, 인간의 영원한 의지의 갈등과 그 의지를 그리스도에게 복종시키는 데 대해서 빛을 던져 주고 있다.

8주 「참회록(Confessions)」에서 발췌

완전한 복종

1. 나누어진 집

내 마음의 자아는 자체의 갈등으로 나누어진 집이었다. 왜 우리의 자아에는 자체의 갈등이 있는가? 마음이 육신에 명령을 내리면 그것은 즉시 순종하지만, 마음이 자아 자체에 명령을 내리면 그 명령이 시행되지 않는다. 그 이유가 무엇일까? 마음이 손을 향해 움직이라고 하면 즉시 움직이기 때문에 그 명령과 행위를 좀처럼 구별할 수 없다. 하지만 마음은 마음이고 손은 신체의 일부이다. 그러나 마음이 마음에게 의지의 행위를 행하라고 명령을 내리면 이 둘은 하나요 동일한 것이지만 그 명령은 잘 이행되지 않는다.

그 이유가 무엇일까? 마음은 그 자체에게 의지의 행위를 행하라고 명령을 내린다. 그리고 정말 마음에서 원하는 것이 아니면 명령을 내리지도 않을 것이다. 그런데 마음은 그 마음의 자체 명령을 이행하지 않는다. 마음이 어떤 일을 완전히 다 행하고자 하지 않는다면 그 마음의 명령도 온전한 것이 되지 못한다. 마음은 그 원하는 것만큼만 명령을 내린다. 그리고 마음이 원하지 않는 것만큼 그 명령은 이행되지 않는다.

2. 습관에 의해 짓눌림

의지는 의지의 행위가 시행되어야 한다고 명령한다. 그리고 의지는 다른 의지에게 명령하는 것이 아니라 그 자신에게 명령하는 것이다. 따라서 그 명령이 이행되지 않는 이유는 그 명령이 온전한 의지에서 나온 것이 아니기 때문이다. 만일 의지가 온전하다면 이미 온전한 의지를 갖고 있는 상태이므로 그 의지에게 온전하라고 명령하지 않을 것이다.

그러므로 한편으론 어떤 일을 하고 싶어하고, 다른 한편으론 하고 싶어하지 않는 것은 이상한 현상이 아니다. 진리가 인도하는 높이까지 우리의 마음이 완전히 올라가지 않는 것은 마음의 병이요, 습관이 우리의 마음을 짓누르기 때문이다. 우리 안에는 두 개의 의지가 있다. 그 중 어느 하나도 그 하나만 가지고는 온전한 의지가 될 수 없으며, 그 각각의 의지는 다른 하나가 갖고 있지 않은 것을 갖고 있다.

3. 두 의지 사이의 갈등으로 찢김

내가 주 나의 하나님을 섬기기로 결심하고자 했을 때, 그것이 오랫동안 내가 의도해 왔던 일이었을지라도 내 마음속에는 그렇게 하고자 하는 마음도 있었고 또 그렇게 하지 않고자 하는 마음도 있었다. 그렇게 하고자 했던 것도 나였고, 그렇게 하고 싶어하지 않았던 것도 나였다. 내 마음의 의지로는 어느 한 쪽만을 택할 수가 없었다. 나는 늘 나 자신과 싸웠다. 나는 깊은 혼란에 빠졌다. 나는 그것을 원하지 않았지만 그 모든 일이 내게 일어났다. 그것은 바로 내 속에는 내 마음 외에도 또 하나의 마음이 있다는 증거였다. 그리고 그것은 내 마음이 징벌을 받고 있다는 것을 의미했다. 나의 행동은 내게서 나온 것이 아니라 내 속에 거하는 죄의 원리에서 나온 것이었다(롬 7:17). 그것은 인류의 첫 조상 아담이 저지른 죄에 대한 징계의 일종이었다.

우리가 어떤 결정을 내리려고 할 때 우리 안에는 두 개의 의지 사이의 갈등으로 인해 찢겨지는 하나의 마음이 있다. 어떤 사람은 우리 안에 두 개의 상이한 마음이 있어서 하나는 선하고 다른 하나는 악한데, 그 두 가지가 서로 반대되는 원리나 실체로부터 나오기 때문에 늘 충돌한다고 한다.

"오 진리의 하나님, 그들의 생각이 완전히 잘못된 것임을 입증해 주십시오. 그들의 생각을 깨뜨리시고 그들의 견해를 완전히 멸하소서."

우리 속에 있는 의지는 둘 다 악할 수도 있다. 예컨대, 어떤 사람이 자기가 가지고 있는 돈을 물 쓰듯 써 버릴까, 아니면 구두쇠처럼 움켜쥐고 있을까로 갈등을 겪을 수도 있고, 또 어떤 사람은 살인을 저지를까 간음을 저지를까, 아니면 제3의 방법으로 도둑질을 할까로 망설일 수도 있다. 그 사람은 한꺼번에 그 모든 것을 다 할 수가 없기 때문에 그의 마음은 화합될 수 없는 이러한 의지들로 찢겨지는 것이다.

4. 의지의 온전한 힘

그것은 우리가 선한 의지를 가질 때도 마찬가지이다. 만일 내가 사도 바울의 서신서 중의 하나나 시편 중의 하나 혹은 복음서 중의 하나를 읽기로 결정하려고 한다면 어느 경우에도 의지가 좋다고 말할 것이다. 만약 누군가가 이 모든 것들이 똑같이 매력적이라고 생각하여 그것을 행할 기회가 동시에 발생한다면, 그 가운데 무엇을 가장 하고 싶어하는지 그가 결정할 수 없는 한 그의 마음은 여러 가지 다른 욕구 사이에서 분열하지 않겠는가? 이 모든 다른 욕구는 좋기는 하지만 의지가 하나의 과정을 선택해서 그 과정에 몰두할 때까지 상호간에 갈등을 겪게 된다. 그리고 그 후에야 비로소 그것은 더 이상 서로 다른 의지들로 분열되지 않게 된다.

우리의 저속한 자아는 일시적인 즐거움을 사랑할 때 제지를 당하고, 우리 천성의 고상한 부분은 영원한 기쁨을 갈망할 때 역시 제지를 받는다. 그 두 가지를 다 하려고 하는 것은 동일한 영혼이지만 의지의 온전한 힘으로 둘 다 하지는 못한다. 그래서 그것은 두 가지로 왜곡되어 큰 시련을 겪게 된다. 왜냐하면 진리가 그것으로 하여금 한 과정을 선호하도록 가르치는 반면 습관은 다른 과정을 단념하지 못하게 하기 때문이다.

5. 결단의 순간에

내가 가졌던 병은 다음과 같다. 나는 나의 사슬에 매여 뒤틀리고 괴로워했으므로 그 어느 때보다도 더 심하게 나 자신을 비난하면서 고뇌에 빠져 있었다. 나는 내 사슬이 단번에 부서지기를 바랐다. 왜냐하면 그것은 그때 나를 붙들고 있던 작은 것에 지나지 않았기 때문이다. 그렇지만 여전히 그것은 나를 붙들고 있었다.

"오 주여, 주님께서는 나의 은밀한 마음을 감찰하시기를 결코 멈추지 않으셨습니다. 내가 한 번 더 무너질 경우에도 주님의 엄한 자비 안에서 주님께서는 두려움과 수치의 두 가지 채찍으로 나를 치셨고, 낡고 약한 그 사슬이 깨지지 않고 새로운 힘을 얻어 나를 더욱더 강하게 묶을 경우에도 그렇게 하셨습니다."

나는 마음속으로 계속 말했다. '지금 그것이 되게 하소서, 지금 그것이 되게 하소서!' 그리고 단지 이렇게 말함으로써 나는 막 결단을 하려는 순간이었다. 나는 막 결단을 하려고 했지만 성공하지는 못했다. 그렇지만 나는 옛날의 상태로 돌아가지도 않았다. 나는 신선한 공기를 마시려고 기다리면서 결단의 순간에 서 있었다. 나는 다시 시도했고, 나의 목표에 좀 더 가까이 갔으며, 그리고 나서 더욱더 가까이 가서 손을 뻗어서 그것에

성 어거스틴

닿을 수가 있었다.

그러나 나는 그것에 도달하지는 못했다. 나는 손을 뻗어 그것을 잡을 수가 없었다. 왜냐하면 내가 죽어서 생명으로 살아날 수 있는 그 단계로부터 제지를 받았기 때문이다. 나를 잡고 있었던 나의 저속한 본능의 힘이 잠재해 있는 고상한 본능의 힘보다 더 강했다. 내 안에 큰 변화가 일어날 순간에 내가 가까이 가면 갈수록 나는 두려워서 더욱더 그것으로부터 몸을 움츠렸다.

6. 나의 우유부단한 상태

내가 예전에 애착을 가졌던 모든 것들이 나를 붙들었다. 그것들은 내 육신의 옷을 잡아당기며 속삭였다. "우리를 떠나시렵니까? 이 순간부터 우리는 영원히 다시는 당신과 함께 있지 않겠습니다. 이 순간부터 당신에게 다시는 이런 일이나 저런 일을 하도록 허락하지 않겠습니다." "하나님, 그들이 '이런 일이나 저런 일' 이라고, 속삭였을 때 그것은 무엇이었습니까? 그것들이 너무 불결하고 수치스러워서 나는 주님의 종의 영혼을 그것들로부터 멀리해 줄 것을 주님께 간구합니다."

내가 들은 이 목소리들은 이전 것의 반만큼도 크지 않았다. 그것들은 더 이상 나의 길을 막지 못했다. 그러나 그들의 중얼거림들은 내가 앞으로 나아가기를 원했을 때 나로 하여금 머리를 돌리게 하려고 뒤에서 나를 유혹하는 것 같았다. 내가 우유부단한 상태에서는 그것들이 나를 떨어져 나가지 못하게 했고, 그것들을 떨쳐 버리고 장벽을 건너서 주님께서 나를 부르시는 다른 쪽으로 뛰어가지 못하게 했다. 습관이 나에게 "이런 것들 없이도 당신은 살 수 있다고 생각합니까?"라고 묻는 그것은 나에게 너무 강한 속삭임이었다.

7. 장벽에 떨면서

그러나 지금은 습관의 목소리가 매우 약해졌다. 나는 딴 곳으로 내 눈을 돌렸고, 내가 장벽에 떨고 있는 동안 다른 쪽에서 나는 잔잔하고 더럽혀지지 않은 기쁨 속에 절제의 정숙한 아름다움을 볼 수 있었고, 절제는 나에게 더 이상 머뭇거리지 말고 건너오라고 부드럽게 손짓했다. 절제는 사랑스런 손을 뻗어 나를 환영하고 포용했고 나의 시야에 많은 좋은 것들을 보여 주었다. 또한 절제는 나를 향해 미소를 지으며 용기를 주었다. 그리고 다음과 같이 말하고 있는 것 같았다. "이 사람들이 하는 것을 당신은 할 수 있습니까? 당신은 그들이 하나님 안에서가 아니라 그들 자신에게서 그것을 할 수 있는 힘을 찾는다고 생각하십니까? 나를 그들에게 주신 분은 그들의 주 하나님이셨습니다. 당신은 왜 당신 자신의 힘에 서서 실패하려 합니까? 하나님께 자신을 맡기고 두려워하지 마십시오. 하나님께서는 물러서서 당신이 실패하게 하지 않을 것입니다. 왜냐하면 그분은 당신을 환영하고 당신의 병을 고쳐 줄 것이니까요."

나는 수치로 어쩔 줄 몰랐다. 왜냐하면 나는 아직도 저속한 자아의 무익한 속삭임에 귀를 기울이고 있었고, 아직도 마음을 졸이며 매달려 있었기 때문이었다. 그런데 다시 절제가 이렇게 말하는 것 같았다. "육신의 더러운 속삭임에 귀를 막으십시오. 그러면 그것을 극복할 수 있을 것입니다. 당신의 몸은 당신에게 당신 자신을 기쁘게 하는 것들은 말하지만 주 하나님의 법이 말해야 할 것들은 말하지 않습니다."

8. 지금은 왜 안되나?

나는 내 영혼의 숨겨진 깊은 곳을 뒤져서 그 곳에서 가련한 비밀을 찾아냈고, 내가 그것들을 모두 내 마음의 눈앞에 모았을 때, 내 안에는 커다란 폭풍이 일었다. 어쨌든 나는 무화과나무 아래 몸을 내던지고 눈에서 흘러내리는 눈물에 어쩔 줄 몰라했다. 나는 아직도 내 죄의 포로라고 느꼈고 몹시 괴로워하면서 계속 울며 말했다. "나는 얼마나 오랫동안 '내일, 내일'이라고 계속 말할 것인가? 지금은 왜 안되나? 왜 지금 이 순간 나의 추한 죄를 그만두지 못하는가?"

나는 마음속에 있는 쓰디쓴 슬픔으로 내내 울면서 나 자신에게 이런 질문들을 하고 있었다. 그때 갑자기 가까운 집에서 어린아이의 노래 소리가 들렸다. 그것이 남자아이인지 여자아이인지는 알 수 없었지만 계속해서 후렴을 반복했다. "그것을 받아 읽어라. 그것을 받아 읽어라." 이것을 듣고 나는 아이들이 이런 노래를 부르며 하는 놀이가 무엇인지 열심히 생각하면서 기억을 더듬어 보았다. 그러나 그런 것을 전에 들어 본 기억이 전혀 없었다.

나는 그것이 성경을 펴고 눈에 보이는 첫 번째 글을 읽으라는 하나님의 명령일 것이라고 나 자신에게 말하면서 눈물을 흘리며 일어섰다. 그리고는 사도 바울의 서신서가 포함되어 있는 책을 놓아 두었던 곳으로 서둘러 갔다. 나는 그것을 펴서 내 눈이 처음 닿는 부분의 글을 조용히 읽었다. "방탕과 술 취하지 말며 음란과 호색하지 말며 쟁투와 시기하지 말고 오직 주 예수 그리스도로 옷 입고 정욕을 위하여 육신의 일을 도모하지 말라"(롬 13:13-14).

나는 더 이상 읽을 마음이 없었고 그렇게 할 필요도 없었다. 왜냐하면 잠시 후에 그 문장의 끝에 이르렀을 때, 그것은 마치 확신의 빛이 내 마음 속으로 넘쳐 들고 모든 어두운 의심이 쫓겨나가는 것 같았기 때문이다. 나는 손가락으로 그 곳에 표시를 하고 책을 덮었다. 주님께서는 나를 주님 자신에게로 개종시키셨고, 그래서 이제 나는 이 세상에 어떤 소망도 두지 않고 믿음의 법 위에 굳게 서게 되었다.

관련 성경 구절 : 로마서 7:14-25

우리가 율법은 신령한 줄 알거니와 나는 육신에 속하여 죄 아래 팔렸도다 나의 행하는 것을 내가 알지 못하노니 곧 원하는 이것은 행하지 아니하고 도리어 미워하는 그것을 함이라 만일 내가 원치 아니하는 그것을 하면 내가 이로 율법의 선한 것을 시인하노니 이제는 이것을 행하는 자가 내가 아니요 내 속에 거하는 죄니라 내 속 곧 내 육신에 선한 것이 거하지 아니하는 줄을 아노니 원함은 내게 있으나 선을 행하는 것은 없노라 내가 원하는 바 선은 하지 아니하고 도리어 원치 아니하는 바 악은 행하는도다 만일 내가 원치 아니하는 그것을 하면 이를 행하는 자가 내가 아니요 내 속에 거하는 죄니라 그러므로 내가 한 법을 깨달았노니 곧 선을 행하기 원하는 나에게 악이 함께 있는 것이로다 내 속사람으로는 하나님의 법을 즐거워하되 내 지체 속에서 한 다른 법이 내 마음의 법과 싸워 내 지체 속에 있는 죄의 법 아래로 나를 사로잡아 오는 것을 보는도다 오호라 나는 곤고한 사람이로다 이 사망의 몸에서 누가 나를 건져내랴 우리 주 예수 그리스도로 말미암아 하나님께 감사하리로다 그런즉 내 자신이 마음으로는 하나님의 법을, 육신으로는 죄의 법을 섬기노라.

리처드 포스터의 묵상

　도덕적 신학에 대한 통찰력으로는 어거스틴을 필적할 만한 사람이 거의 없다. 앞의 글에서 어거스틴은 우리 모두가 경험하는 의지의 갈등에 대해서 우리에게 보여 주고 있다. 우리는 우리 자신과 늘 싸우고 있으며, 나누어진 집과 같다. 우리는 하나님의 형상대로 지음을 받았기 때문에 진, 선, 미를 갈망한다. 우리는 썩어질 좋은 세상에 살고 있기 때문에 하나님의 선한 창조를 왜곡시키려고 애를 쓴다. 우리는 완전한 의지력을 가지고 선을 추구하려고 하지만 언제나 실패하곤 한다. 왜냐하면 의지 그 자체 내에도 갈등이 있고, 또 그리스도의 구속이 필요하기 때문이다. 단지 좋은 생각을 한다든가 좋은 일을 원하는 것만으로는 충분하지 않다. 우리는 어거스틴과 그보다 앞서 바울이 그러했던 것처럼 예수 그리스도의 변화시키는 힘이 우리 안에 살아 역사하시는 것을 필요로 한다. 그래야 비로소 우리 마음속에 있는 의지의 갈등이 신적 중재자의 통치 아래 놓이게 된다.

2
기도로 충만한 생활

토마스 머튼   노르위치의 줄리안   랜슬롯 앤드류스
로렌스 형제   더글러스 스티어   헨리 나우웬   조지 버트릭
쇠렌 키에르케고르   이블린 언더힐   프랭크 로바흐
존 베일리   마틴 루터   장니꼴라스 그라우

　　묵상의 전통(기도로 충만한 생활)은 특별히 하나님을 사랑하는 데에 주목한다. "진정하고 온전한 기도는 사랑 이외에 아무것도 아니다"라고 성 어거스틴이 말했다. 2부의 각 부분들은 이런 저런 형태의 기도를 다루고 있다. 그러나 무엇보다 흥미로운 것은 저자들의 천차만별한 접근 방법이다.

　　노르위치의 줄리안은 '하나님의 선하심에 의한 기도'로 우리를 초대하고, 더글러스 스티어는 '작은 격려'와 '부드러운 속삭임'에 귀기울일 것을 상기시켜 주며, 이블린 언더힐은 '제한된 시간의 허영에서 나와 부요한 영원의 세계로 올라갈 것'을 권면해 주고, 조지 버트릭은 '개인 기도의 원리'에 대해서 가르쳐 주고 있다. 이처럼 다양한 기도는 범위가 넓지만 셀 수 없이 많은 방법으로 서로를 보완해 준다.

　　세 부분은 기록된 기도문이다. 랜슬롯 앤드류스, 쇠렌 키에르케고르, 존 베일리의 기도문이 그것이다. 그 기도문을 나란히 놓고 통일성 속의 다양성을 보는 것은 흥미롭다. 당신은 그 모든 기도문 속에 편만해 있는 하나님의 따뜻한 사랑을 저자들이 얼마나 의지하고 있고, 또 강조하고 있는지 금

방 알아차릴 것이다.

16세기에 살았던 마틴 루터와, 18세기에 살았던 장 니꼴라스 그라우와, 20세기에 살았던 토마스 머턴이 각각 기도를 통하여 하나님을 조종하려는 우리의 태도를 얼마나 우려했는지 주목해 보라. 우리는 때때로 율법주의를 통해서 '우파의 죄'를 지을 수도 있고(루터), '일련의 구절을 암송해서' 마음에서 나오는 기도를 못할 수도 있으며(그라우), '영적 생활의 기교'를 통해 하나님을 다스리려고 시도할 수도 있다(머턴).

로렌스 형제와 프랭크 로바흐는 각기 다른 세기에 살았고 출신 배경도 완전히 다르지만, 두 사람은 자주 연결된다. 이 두 사람을 비교하는 것은 적절하다. 왜냐하면 두 사람 모두 '하나님의 임재를 습관적으로 느끼는 것'에 대한 깊은 체험이 있기 때문이다. 끝으로 그 모든 가르침의 지붕 역할을 하는 것이 헨리 나우웬의 고독으로의 초대이다. 그 곳에서 우리는 우리 마음속에 열린 공간과 빈 공간을 창조하여 하나님께서 일하시게 할 수 있다.

토마스 머턴

(Thomas Merton, 1915~1968)

토마스 머턴은 프랑스의 쁘라데(Prades)에서 태어나 괴롭고 고통스런 어린 시절을 보냈다. 그의 어머니는 그가 여섯 살 때 죽었고, 그의 아버지는 화가로서 이곳 저곳을 전전하며 어린 토마스를 돌보지 못할 때가 많았는데, 그 아버지마저 그가 열다섯 살 때 죽었다. 그 후 머턴은 십대와 이십대 초반에 나름대로 성공을 추구하는 과정에서 방탕하고 육욕적인 삶을 살았다.

그는 이십대 중반에 컬럼비아 대학(Columbia University)을 다니면서 깊은 영적 회심을 경험하고 로마 카톨릭 교회에 가입하였다. 그리고 스물여섯 살 되던 해에는 켄터키에 있는 겟세마네 수도원에 들어가 거기서 트라피스트(Trappist) 수사로 남은 여생을 살았다.

그는 1948년에 *The Seven Storey Mountain*(칠층산)이라는 책을 출판했다. 그 책은 당시의 영적인 상황을 잘 반영해 주는 일종의 자서전이었다. 그 책은 이내 세계적인 베스트 셀러가 되었다. 머턴은 계속해서 더 많은 책을 써서 서방 교회의 영성에 큰 영향을 끼쳤다. 그는 경건 일기와 명상집과 사회 비평으로 널리 알려지게 되었으며, 계속해서 20세기 후반에 다방면으로 영향을 미쳤다.

혹자는 그가 동방 교회와 서방 교회의 영성을 연결하는 교량 역할을 시도한 것에 대하여 비판하기도 하지만, 결코 그는 예수 그리스도를 통한 하나님과의 관계의 중요성에 대한 믿음을 굽히지 않았다. 그뿐 아니라 머턴은 내적인 생활과 외적인 생활, 즉 묵상과 행동의 절묘한 균형을 유지했다. 바로 이 점 때문에 그는 교회뿐만 아니라 세속 세계에까지 영향력을 미칠 수 있었다.

1968년에 그가 사고로 사망한 것은 우리에게 크나큰 손실이었다. 그러나 머턴은 계속해서 수많은 사람들에게 영감을 불어넣고 있다. 여기에 실은 글은 그가 동료 수사들을 위해 썼던 작은 책에서 발췌한 것이다. 비록 부피는 작지만, 그 속에는 깊이 있는 영적 생활을 하고 싶어하는 모든 그리스도인들을 위한 값진 지혜가 가득 들어 있다.

9 주 「묵상 기도(Contemplative Prayer)」에서 발췌

묵상의 방법들

1. 마술적인 방법들

묵상을 할 때 우리는 '방법'이나 '체계'를 찾아서는 안된다. 오히려 '태도'와 '조망(outlook)'을 계발해야 한다. 믿음, 열린 마음, 주의 집중, 경외심, 기대감, 간구, 신뢰, 기쁨을 계발해야 한다. 우리가 하나님 앞에 있고, 그리스도 안에서 살며, 하나님의 영 안에서 '눈으로 보지 않고서도' 아버지 하나님이 '보인다'고 하는 사실을 우리의 살아 있는 신앙으로 고백할 수만 있다면 위의 모든 것들이 결국 사랑으로 우리의 모든 존재를 가득 채우게 된다. 우리는 하나님을 '알지 못하는 가운데' 안다. 믿음은 빛과 사랑을 주시는 성령 안에서 우리를 하나님과 매어 주는 띠라고 할 수 있다.

어떤 사람들은 분명히, 저절로 묵상 기도를 잘하는 은사를 갖고 있다. 그것은 오늘날 흔치 않은 일이다. 대부분의 사람들은 묵상하는 법을 배워

야 한다. 묵상에는 여러 가지 방법이 있다. 그러나 모든 어려움과 난관을 흔적도 없이 사라지게 해주는 마술적인 방법이나 체계들을 찾으려고 해서는 안된다.

2. 기도의 난관

묵상은 때때로 그리 쉬운 일이 아니다. 우리가 기도하기 어려운 난관을 참고 은혜의 때를 인내하며 기다리면, 당연히 묵상과 기도가 매우 즐거운 체험임을 발견하게 된다. 그러나 우리는 묵상의 가치를 '우리가 어떻게 느끼느냐'에 의해 판단해서는 안된다. 힘들고 겉으로 보기에 아무런 성과가 없는 묵상이, 쉽고 즐겁고 속이 시원하며 겉으로 보기에 큰 성공인 것 같은 묵상보다 실상은 훨씬 더 소중할지도 모른다.

묵상에는 '운동'이 있다. 그것은 그리스도인의 삶의 기초라고 할 수 있는 '부활절' 리듬을 표현하며, 그리스도 안에서 죽음에서 생명으로 옮겨가는 통로라고 할 수 있다. 때때로 기도와 묵상과 명상은 '죽음'과 같다. 그것은 우리 자신의 무가치함으로 내려가는 것이며, 무기력함과 좌절과 불신앙과 혼란과 무지함을 인정하는 것이다. 이 주제가 시편에 얼마나 자주 등장하는가를 주목해 보라(시편 39, 56편을 보라).

하나님의 나라에 들어가기 위해서는 어떤 노력과 희생이 있어야 한다. 그러한 희생은 비록 그 결과가 우리에게 분명하고 명확하지 않다 하더라도 그 결과로서 충분히 보상이 된다. 그러나 노력은 필요하다. 그것은 가르침을 받아야 하고, 좋은 방향으로 나아가야 하며, 지속되어야 한다.

3. 단순한 선한 뜻

곧바로 우리는 기도 생활의 문제점 가운데 하나에 부딪히게 된다. 그것은 우리의 노력이 언제 교화되고 제대로 방향 지워지는가 하는 것과, 또 언제 그것이 우리의 변덕스럽고 혼란한 마음과 성숙하지 못한 욕망에서 나오는가를 아는 문제이다. 단지 선한 뜻만 있으면 그 자체가 결국에는 우리의 모든 노력을 선한 결과에 이르도록 충분히 보장해 준다고 생각하면 잘못이다. 아무리 선한 뜻이 있다 해도 심각한 실수를 저지를 소지가 다분하다.

일정한 유혹과 망상은 기도 생활의 정상적인 일부로 간주되어야 한다. 그러나 우리가 어느 정도의 묵상 기술을 습득했다고 생각할 때, 오히려 온갖 종류의 이상한 생각들에 사로잡혀 있는 것을 알게 될 수도 있다. 심지어 그 생각들이 우리의 노력에 대한 하나님의 축복의 증표요, 초자연적인 은혜라고 확신하고서 엄청난 헌신으로 거기에 집착할 수도 있다. 사실 그것은 우리가 올바른 궤도를 벗어나 심각한 위험에 빠져 있다는 것을 보여 줄 뿐이다.

4. 초보자를 위한 지침

이런 이유 때문에 건전한 충고를 온유하게 받아들이는 태도와 겸손은 기도 생활에 필수적이다. 비록 영적인 지침이 평범한 그리스도인의 생활에는 필요하지 않을 수도 있고, 수사들도 어느 정도 그것 없이 살아갈 수 있을지 모르지만, 누구든지 기도 생활을 깊이 있게 하기 원하는 사람에게는 그것이 도덕적으로 필수 불가결하다.

영적인 지도자는 초보자에게 기도의 방법들을 가르칠 수 있고, 그에게서 잘못된 열심이나 그릇된 방향으로 노력하는 기미가 보이면 그것을 간파할 수 있는 사람이어야 한다. 그런 지도자의 말은 경청해야 하고 순종해야 한다. 특별한 경우, 그 지도자가 보기에 부적절하거나 해로운 방법을 사용할 때가 있을 것이다. 또 그 지도자가 어떤 '경험'을 영적인 진보로 받아들이지 않을 때도 있을 것이다. 그럴 경우에도 우리는 그 지도자의 말을 경청해야 한다.

5. 하나님을 거스름

 노력의 올바른 사용은 하나님의 뜻과 은혜의 척도에 의해 결정된다. 우리가 하나님의 뜻에 순종하기만 하면 작은 노력으로도 먼 길을 간다. 그러나 우리가 하나님의 뜻을 거스르고 있다면(비록 하나님의 뜻을 성취하는 것 외에 다른 뜻이 없다고 주장한다 할지라도), 우리의 노력이 아무리 많아도 결코 좋은 결과를 낳을 수 없다.

 하나님의 뜻이 더욱 분명히 드러났음에도 계속해서 하나님을 거역하려는 완고한 마음이 우리에게 있다면, 그것은 우리가 심각한 영적 위험에 처해 있다는 표시이다. 우리는 너무 자주 우리 안에 있는 이러한 잘못을 보지 못한다. 영적인 지도자가 정말로 필요한 이유가 바로 여기에 있다.

 영적인 지도자의 일은 우리에게 신비한 체험을 얻기 위한 비밀스럽고 확실한 방법을 가르치는 것이 아니다. 오히려 하나님의 은혜와 그 뜻을 분별하는 방법과, 겸손하고 인내하는 방법과, 우리 자신의 역경에 대한 통찰력을 기르는 방법과, 우리로 하여금 기도의 사람이 되지 못하게 하는 주된 방해물을 제거하는 방법을 가르치는 것이다.

6. 영적인 생활의 '기교'

 이러한 방해물은 우리의 인격 속에 아주 깊이 뿌리박고 있어서, 우리는 그것들을 제거하려면 평생을 다해도 부족하다는 사실을 결국에는 알게 될 것이다. 예를 들면, 두어 가지 천부적인 재능이 있거나 약간의 독창성이 있는 사람들은 그들 자신의 재간을 가지고 영적 생활의 방법들—소위 '기교들'—을 아주 쉽게 익힐 수 있다고 생각하는 경향이 있다.

 그러나 영적 생활에는 기교도 없고 지름길도 없다는 것이 유일한 문제이다. 영적인 수법을 발견해서 자신들에게 적용할 수 있다고 생각하는 사람들은 대개 하나님의 뜻과 하나님의 은혜를 무시한다. 그들은 자기 확신과 자기 만족에 가득 차 있다. 그들은 묵상 생활에서 이것저것을 얻으려 하고 그들 나름대로 장래의 방침을 세우려고 작정한다.

그들은 어느 정도 성공한 것처럼 보일 수도 있다. 그러나 어떤 영적인 체계, 특히 선불교와 같은 것은 이런 종류의 확신을 그리 중시하지 않는 엄격하고 진지한 방식의 명상을 강조한다. 우리가 먼저 초보자라는 사실에 완전히 만족하고, 정말로 거의 아무것도 모르는 사람으로서의 자신을 체득하고, 진짜 기초부터 배우지 않으면 안될 절박한 필요성을 갖고 있지 않으면, 기도와 묵상 생활의 진정한 어려움을 맛보기 시작할 수가 없다. 처음부터 자기가 '알고 있다'고 생각하는 사람은 사실 아무것도 배울 수 없다.

7. 스스로에게 갇힘

자기의 적절한 단계보다 높게 기도하고 묵상하고자 하는 사람들, 다시 말해서 '높은 단계의 기도'라고 믿고 있는 것에 이르고자 힘쓰는 사람들은 진실과는 거리가 멀고 그들의 현실과도 괴리가 있다. 스스로를 관찰하는 과정이나 스스로의 진보를 확신하려고 노력하는 과정에서 그들은 스스로의 올무에 갇히게 된다. 그리고 나서 그들에게서 은혜가 떠난 것을 알게 되는 순간, 스스로의 공허함과 무익함에 사로잡혀 무기력하게 되고 만다. 지나친 교만과 영적인 허영에는 나태함(게으름 혹은 영적인 무관심)이 뒤따른다. 그것을 치료하는 길은 겸손과 회개의 오랜 과정을 거치는 것뿐이다. 우리는 초보자가 되기를 원치 않는다. 그러나 초보자 이외에는 다른 어떤 것도 되지 않을 것이라는 사실을 명심하자.

8. 현실을 기피하려는 무모하고 어리석은 시도

또 다른 방해물은—아마 이것이 가장 흔한 것일 게다—영적인 무력감,

다시 말해서 내적인 혼란과 냉담함과 확신의 결여이다. 이것은 시작은 만족스럽게 하였으나 묵상 생활이 심각해질 때에 찾아오는 불가피한 침체를 경험하는 사람들의 경우에 해당된다.

처음에는 쉽고 가치 있게 보이던 것이 어느 날 갑자기 전적으로 불가능한 것이 되어 버린다. 그러면 우리의 지성도 작용하지 않아 아무것에도 집중할 수가 없다. 상상력과 감정 따위도 산만해져 버린다. 때때로 사나워지기까지 한다. 아마 바로 이 순간, 기도가 메마르고, 고독하고, 혐오스러울 때, 무의식적인 공상이 찾아올 수 있다. 그것은 불쾌하고 심지어 놀랍고 불안한 것일 수도 있다. 더욱 빈번한 것은 우리의 내적 생활이 사막과 같이 변해서 아무런 관심도 갖지 않게 되는 경우다.

그것은 분명히 지나가는 시련으로 설명할 수도 있다. 그러나 종종 그 이상으로 심각할 때가 많이 있음을 주목하지 않으면 안된다. 그것은 시작이 잘못되어 방해물이 나타난 결과일 수 있다. '내적인 생활'과 그 외의 실재가 나뉘는 현상으로 볼 수 있다는 것이다. 이런 경우 추정되는 '내적인 생활'은 실제로 현실을 완전히 기피하려는 무모하고 어리석은 시도밖에는 안될 것이다.

9. 삶에 굳게 뿌리를 내림

우리는 '내부에' 있는 것이 사실은 실제적이고, 영적이고, 초자연적이라는 것을 구실 삼아 '외부의' 것을 세속적이고, 육감적이고, 물질적이고, 은혜에 배치된다고 하여 소홀히 하거나 경멸하려고 한다. 이것은 그릇된 신학이요, 잘못된 금욕주의이다. 사실 이것은 어느 모로 보나 잘못이다. 왜냐하면 현실을 있는 그대로 받아들이는 대신에, 실제로는 전혀 현실성이 없는 추상적인 이상을 찾아 그 완전한 영역을 탐구하기 위해 현실을 거부하기 때문이다.

소위 많은 그리스도인들의 '영적인 생활'을 특징짓는 무력감과 반감은 아마 일상 생활의 구체적인 영역들, 즉 자연, 몸, 일, 친구, 주변 환경들에 대한 단순한 존중으로 치유할 수 있을 것이다.

플라톤의 생각처럼, '초자연적인 것'이 구체적인 자연 세계와는 전적으로 분리되고 반대되는 일종의 추상적인 본질의 영역이라고 생각하는 그릇된 초자연주의는 순수한 기도와 묵상 생활에 아무런 실제적 도움을 주지 못한다. 묵상은 삶에 굳게 뿌리를 내리지 않으면 아무런 소용이 없다.

관련 성경 구절 : 시편 39편

내가 말하기를 나의 행위를 조심하여 내 혀로 범죄치 아니하리니 악인이 내 앞에 있을 때에 내가 내 입에 자갈을 먹이리라 하였도다 내가 잠잠하여 선한 말도 발하지 아니하니 나의 근심이 더 심하도다 내 마음이 내 속에서 뜨거워서 묵상할 때에 화가 발하니 나의 혀로 말하기를 여호와여 나의 종말과 연한의 어떠함을 알게 하사 나로 나의 연약함을 알게 하소서 주께서 나의 날을 손 넓이만큼 되게 하시매 나의 일생이 주의 앞에는 없는 것 같사오니 사람마다 그 든든히 선 때도 진실로 허사뿐이니이다(셀라) 진실로 각 사람은 그림자같이 다니고 헛된 일에 분요하며 재물을 쌓으나 누가 취할는지 알지 못하나이다 주여 내가 무엇을 바라리요 나의 소망은 주께 있나이다 나를 모든 죄과에서 건지시며 우매한 자에게 욕을 보지 않게 하소서 내가 잠잠하고 입을 열지 아니하옴은 주께서 이를 행하신 연고니이다 주의 징책을 나에게서 옮기소서 주의 손이 치심으로 내가 쇠망하였나이다 주께서 죄악을 견책하사 사람을 징계하실 때에 그 영화를 좀먹음같이 소멸하게 하시니 참으로 각 사람은 허사뿐이니이다(셀라) 여호와여 나의 기도를 들으시며 나의 부르짖음에 귀를 기울이소서 내가 눈물 흘릴 때에 잠잠하지 마옵소서 대저 나는 주께 객이 되고 거류자가 됨이 나의 모든 열조 같으니이다 주는 나를 용서하사 내가 떠나 없어지기 전에 나의 건강을 회복시키소서.

리처드 포스터의 묵상

  나는 우리 대부분이 살고 있는 비수도원적인 세상에 머턴의 글들이 얼마나 잘 적용되는지, 정말 끊임없이 기쁘다. 묵상 기도에 대해서 그가 제시하고 있는 지침은 실제적이고 '한입에 베어먹기 알맞은 크기'이다. 그것은 실제로 실천 가능한 것이다. 그리고 그가 암시하는 어려움들은 우리가 처해 있는 위치를 알 수 있게 해준다.

  나는 기도가 우리가 얻을 수 있는 모든 도움을 다 필요로 하는 영역 중 하나이기 때문에 특히 이 글을 좋아한다. 기도로 우리가 성소에 들어갈 것이므로, 우리는 그저 우리의 영적 가난함을 자백해야만 한다. 어떤 교파나 교회나 단체든, 다른 기독교 공동체와 유대 관계를 갖지 않고 스스로를 고립시킨다면 이 문제에 대해서 아무리 많은 진리를 갖고 있다 해도 결코 성공할 수 없다. 우리에게는 그리스도를 따르고 그의 친구가 되고자 하는 모든 사람들의 부요한 경험과 어렵게 얻은 통찰력이 절실히 필요하다.

노르위치의 줄리안

(Julian of Norwich, 1343~1413)

줄리안은 영국의 신비주의자 가운데 가장 유명한 사람이다. 그녀는 노르위치에서 베네딕트 교단의 수녀로 생활했으며, 성 줄리안 교회 옆에서 살았다. 바로 거기서 그녀의 이름을 따왔을 가능성이 가장 크다. 줄리안과 동시대에 살았던 마저리 켐프(Margery Kempe)가 그녀에 대해서 언급하긴 했지만, 그녀의 생애에 대해서 알려진 것은 거의 없다.

줄리안의 저서 *Revelations of Divine Love*(하나님의 사랑의 계시)는 그녀에게 영어권에서 최초로 유명한 여류 작가라는 칭호를 부여해 주었다. 작가로서 자질이 없다는 자신의 주장에도 불구하고, 그녀는 독창적인 문체로 생기 넘치는 산문을 썼다. 그녀는 교회 교육뿐만 아니라 성경도 잘 훈련받았다.

그녀의 신학은 자신의 신비적인 체험에 근거하고 있다. 그녀는 서른 살 때에 심한 중병에 걸렸었는데, 그 고통 중에 그리스도의 수난의 환상을 보여 달라고 기도했다. 한번은 기도 중에 "내가 네 기도의 기초란다"라는 음성을 들었다. 이 음성은 그녀의 영적 생활에 큰 영향을 미쳤다. 그녀는 언제나 하나님의 선하심과 사랑을 강조했다. 그것은 흑사병으로 인해 사회 전체가 불안해 하고 두려워하는 시대에 살았던 줄리안에게는 어두운 시대의 한 줄기 빛이었다.

기쁨은 아마 그녀의 글을 이해하는 핵심 단어일 것이다. 그녀는 다음과 같은 유명한 말을 남겼다. "모든 것이 잘되고, 모든 것이 잘되며, 모든 방식의 일들이 잘될 것이다." 그녀의 글들은 "후기 중세 시대 영국 신비주의의 가장 완전한 열매"라고 일컬어져 왔다. 여기 실린 글은 그녀의 강한 열망과 분별 있는 추론을 동시에 보여 준다. 그녀의 '계시' 개념을 오늘날 우리가 완전히 공감하기는 어렵지만, 거기에는 우리 모두가 알아야 할 중요한 통찰력이 들어 있다.

10주 「하나님의 사랑의 계시(Revelations of Divine Love)」에서 발췌

기도의 최고 형태

1. 여전히 나는 더 원했다

1373년 5월 13일에 하나님께서는 나에게 세 가지 계시를 주셨다. 그것은 내게 주신 하나님의 은혜로운 선물로서, 내가 하나님을 더욱더 알고 싶어하는 데 대한 응답이었다.

첫째는 그리스도의 수난을 깊이 회상하는 것이었고, 둘째는 육체적인 질병이었으며, 셋째는 하나님의 은사에 관한 것으로 세 가지 상처를 갖는 것이었다.

첫 번째 것에 대해서 말하자면, 나는 그리스도의 고난을 어느 정도 느꼈다고 생각한다. 그러나 여전히 나는 하나님의 은혜로 그것을 더 많이 느끼기를 원했다. 나의 소원은, 그리스도를 사랑해서 그분이 고난받을 때에 그분과 함께 있었던 사람들과 함께 있었으면 하는 것이었다. 그렇게 되면 내 두 눈으로 똑똑히 그리스도께서 나를 위해 받으신 고난을 볼 수 있었을 것이며, 주님을 사랑했던 당시의 사람들이 그러했던 것처럼 나도 주님과 함께 고난을 받을 수 있었을 것이다. 나는 그것 외에 결코 하나님의 어떤 다른 모습이나 계시를 원하지 않았다.

2. 하나님의 자비로 깨끗하게 됨

두 번째 은혜에 대해서 말하자면, 하나님의 은혜로 육체적인 질병을 갖고 싶다는 소원이 마음에 간절히 생겼다. 나는 그 병이 너무나 심해서 죽음에 이를 정도가 되기를 소원했다. 그것은 내가 교회의 모든 의식을 다 받기 위함이었고, 정말로 내가 죽어 간다고 생각해 보기 위함이었다.

나는 신체적이든 영적이든 간에 모든 종류의 아픔을 다 체험하기를 원했다. 그것은 내가 거의 죽어 갈 때 체험하는 온갖 두려움과 유혹을 포함하는 것이었다. 내가 이것을 원한 것은 하나님의 자비하심으로 깨끗함을 얻어, 그 후에는 그 질병으로 인해 오히려 하나님의 영광을 더욱 드러내며 살고 싶었기 때문이다.

내가 하나님께 구한 질병과 예수님의 고난에 관한 이 두 가지 소원은 한 가지 조건이 있었다. 왜냐하면 내게는 그 기도가 평범한 것이 아니라고 생각되었기 때문이다. 그래서 나는 이렇게 기도했다. "주님, 제가 원하는 것이 무엇인지 주님께서 아십니다. 제가 그것을 갖는 것이 하나님의 뜻이든지, 하나님의 뜻이 아니든지 간에 제 기도에 노여워하지 마옵소서. 주님께서 원하시지 않으면 저도 원하지 않겠습니다."

3. 세 가지 상처

세 번째 것에 대해서 말하자면, 하나님의 은혜와 교회의 가르침에 의해서 나는 내 삶 속에 세 가지 상처를 갖기를 몹시 원했다. 그 세 가지는 첫째, 참된 회개의 상처요, 둘째, 사랑이 넘치는 동정의 상처요, 셋째, 나의 의지로 하나님을 갈망하는 상처이다.

다른 두 가지는 내가 조건을 붙여 구했지만, 세 번째 것은 아무런 조건도 없이 긴급히 간구한 것이다. 내가 앞에 언급한 두 가지 소망은 내 마음을 지나가는 것이었지만, 마지막 이것은 내 마음에 끊임없이 남아 있다.

4. 하나님을 더 잘 사랑하기 위해 살기 원함

서른 살 때에 하나님께서 내게 육체의 질병을 주셨다. 그래서 사흘 밤 사흘 낮을 병상에 갇혀 지냈다. 사흘째 되던 날 밤에 나는 교회의 모든 의식을 다 받았다. 그리고 아침까지 살아 있기를 전혀 기대하지 않았다.

그 일이 있은 후 나는 이틀 간을 더 병상에 누워 있었다. 엿새째 되던 날 밤에 나는 나와 함께 있던 사람들이 그러했던 것처럼 나도 죽음을 눈앞에 두고 있다고 생각했다. 그러나 나는 죽기를 매우 주저하는 느낌이 들었다. 그것은 이 세상에 있는 어떤 것이 나를 이곳에 붙들어매기 때문도 아니요, 어떤 두려움이나 고통이 있어서도 아니었다. 그것은 바로 하나님을 더 잘 사랑하고 더 오래 사랑하기 위함이었다. 그래야 그런 생활의 은혜를 통해서 하나님께 대한 지식과 사랑을 더 많이, 심지어 천국에서 가질 수 있는 것보다도 많이 가질 수 있기 때문이었다.

나는 이 땅에서 살았던 모든 시간들이 천국에서 누리는 영생의 복락과 비교하면 정말로 보잘것없고 덧없는 것이라는 사실을 깨달았다. 나는 이런 생각을 했다. '선하신 주님, 제 삶이 더 이상 주님의 영광을 드러낼 수 없습니까?' 나 자신이 전적으로 하나님의 것이라는 사실에 나는 전심으로 동의했다.

5. 당신의 구세주의 형상

일곱째 날까지 나는 그대로 누워 있었다. 그때 나의 육체는 내부에서 죽어 있음을 느꼈다. 담당 신부가 내 임종을 지켜보려고 왔다. 그가 방안에 들어오기 전에 내 눈은 위를 향해 고정되어 있었고, 나는 아무 말도 할 수 없었다. 그는 내 얼굴 위에 십자가를 올려 놓더니 이렇게 말했다. "당신의 구세주의 형상을 당신 앞에 두었습니다. 그것을 바라보고 위로를 얻기 바랍니다."

내 눈은 여전히 위를 향해 고정되어 있었지만 몸은 건강한 것 같았다. 그것은 마치 내가 천국을 향해 올라가고 있는 것 같은 생각을 갖게 했다. 그럼에도 가능한 한 나는 십자가 위에 계신 주님의 얼굴에 두 눈을 고정시키는 데 동의했다. 나는 주님의 얼굴을 바라보았다. 그러나 그 순간 시력이 힘을 잃기 시작했고 이내 방안이 캄캄해졌다. 내 눈이 십자가에 초점을 맞추자 그 주변에 있던 모든 것들이 추하게 보였다. 마치 그 주변의 모든 것이 무시무시한 악령들 같아 보였다.

이 일이 있은 후 내 신체의 상반신이 죽어 가기 시작했다. 나는 아무것도 느낄 수 없었다. 가장 큰 고통은 숨이 차서 호흡을 제대로 할 수 없는 것이었다. 나는 정말로 내가 죽어 가고 있다고 믿었다. 그런데 그 순간, 갑자기 모든 고통이 사라지고 지금까지 전혀 느껴 보지 못한 건강함을 느꼈다. 하지만 내 마음은 편치 않았다. 이 세상을 떠나 내가 그토록 갈망했던 하나님과 동행하기를 너무나 원했기 때문이었다.

6. 뜨거운 피가 흘러내리다

바로 그때 갑자기 내 마음에 그 첫 번째 은혜를 구해야 되겠다는 생각이 떠올랐다. 내 몸이 그리스도의 고난에 대한 회상으로 가득 찰 수 있도록 기도하는 일이었다. 또한 내가 그때까지 계속 기도하고 있었던 그 상처들도 받을 수 있을 것 같았다. 그러나 나는 하나님께 아무런 계시나 환상도 구하지 않았다. 다만 나는 사랑하는 영혼이 그리스도의 고난을 목격함으로써 예수님께 대하여 가지게 된다고 생각했던 불쌍히 여기는 마음만을 갖길 원했다.

바로 그 순간, 나는 십자가 밑에서 붉은 피가 흘러내리는 것을 보았다. 그것은 뜨겁게 그리고 거침없이 흘러내렸다. 그것은 마치 예수님의 머리를 짓누르고 있던 가시 면류관 밑에 있었던 것 같았다. 그 순간 나는 그분이 나를 위해 고난당하신 하나님이자 사람이셨던 예수님이라는 사실을 분명히 깨달았다. 나는 이제 내게 말해 주는 사람 없이도 그 사실을 직접 알게 되었다.

바로 그 계시의 순간, 갑자기 삼위일체 하나님이 내 마음에 큰 기쁨을 가득 채우셨다. 나는 그것이 천국에서 누리게 될 기쁨이라는 사실을 알았다. 삼위일체 신은 하나님이시다. 그리고 하나님은 삼위일체시다. 삼위일체는 우리의 창조자시요, 보호자시며, 영원히 우리를 사랑하시는 자다. 삼위일체는 우리 주 예수 그리스도에 의해서, 우리 주 예수 그리스도 안에서 우리의 영원한 기쁨이요, 축복이다.

예수님이 나타나시는 곳에서는 복된 삼위일체가 이해된다. 나는 "예수님 찬양!"을 힘껏 외쳤다. 나는 마땅히 두려워하고 경외해야 할 우리 하나님이 나 같은 죄인과 그토록 친밀하시다니 정말 놀라지 않을 수 없었다.

7. 개암나무 열매만큼 작다

내가 주님의 머리에서 피가 흘러내리는 것을 본 바로 그때, 우리의 좋으신 주님께서는 내게 그의 친밀한 사랑을 영적으로 보여 주셨다. 나는 그분이 우리에게 모든 것 되신다는 것을 보았다. 때로는 선한 것으로, 때로는 위로가 되는 것으로 우리를 도와 주신다. 그분은 사랑으로 우리를 감싸 주고 덮어 주는 우리의 의복이시다. 때로는 친히 우리를 안아 주시고, 우리의 피난처가 되시며, 사랑으로 우리를 에워싸 주신다. 그분의 사랑은 너무나 다정하며 결코 우리를 버리지 않으신다. 나는 그 환상 속에서 그분이 내가 이해한 대로 선한 모든 것이라는 사실을 본 것이다.

그때 주님께서는 내게 작은 것, 곧 개암나무 열매만큼 작은 것을 보여 주셨다. 그것은 내 손바닥 위에 놓여 있었고 내게는 공처럼 둥글게 보였다. 나는 나의 지각과 생각을 갖고 나의 안목으로 그것을 바라보았다. 이것이 무엇일까? 나는 그것이 그대로 있는 것을 보고 깜짝 놀랐다. 나는 그것이 너무 작아서 갑자기 없어질 것이라고 생각했었다. 결국 마음에 해답이 떠올랐다. 그것은 없어지지 않을 것이고 언제나 계속될 것이다. 왜냐하면 하나님이 그것을 사랑하시기 때문이다. 하나님의 사랑을 통해서 모든 것이 존재하게 된다.

이 작은 것 속에서 나는 세 가지 특성을 발견했다. 첫째는 하나님께서 그것을 만드셨다는 것이요, 둘째는 하나님께서 그것을 사랑하신다는 것이요, 셋째는 하나님께서 그것을 보존하신다는 것이다. 그러면 내가 그 속에서 본 것은 무엇일까? 그것은 하나님께서 창조자시요, 보호자시며, 사랑하시는 분이라는 것이다. 내가 실질적으로 하나님과 연합하지 않으면 나는 결코 완전한 안식과 참된 행복을 누릴 수 없다. 다시 말해서 하나님과 나 사이에 다른 아무 피조물도 끼여들 수 없을 정도로 내가 하나님과 연합되어 있어야 비로소 완전한 안식과 참된 행복을 누릴 수 있다는 것이다.

그리고 우리의 선하신 주님께서는 소박한 영혼이 발가벗고 아무것도 숨김없이 친밀하게 주님께 나오는 것이 주님 자신을 너무너무 기쁘게 하는 일이라는 것도 계시해 주셨다. 그래서 나는 이렇게 기도했다. "오, 하나님! 주의의 선하심으로 주님 자신을 제게 주시옵소서. 주님 한 분만으로 저는 족합니다."

하나님의 선하심에 대한 이 기도는 우리의 영혼에 참으로 귀하며, 우리 주님의 뜻을 감동시키기에 족하다. 하나님의 선하심은 모든 피조물들을 채우고, 그의 복된 모든 역사를 이루며, 그것들 속에서 끊임없이 흘러넘치기 때문이다. 하나님은 영원 그 자체이시다. 하나님께서는 우리를 자신을 위해서 만드셨고, 친히 귀중한 고난을 받으심으로 우리를 회복시키셨으며, 언제나 우리를 당신의 복된 사랑 안에서 보호해 주신다. 이 모든 것이 하나님의 선하심에서 비롯된다.

8. 기도의 최고 형태

나는 이 계시가 우리 영혼에게 하나님의 선하심을 굳게 붙잡으라는 것을 지혜롭게 가르쳐 준다고 이해했다. 동시에 우리의 기도 습관을 점검해 보게 되었다. 그리고 하나님의 사랑에 대한 무지로 인해, 우리가 하나님과 우리 사이에 매개체를 이용하여 기도하는 데에 얼마나 익숙해 있는지도 깨닫게 되었다. 나는 그때, 우리가 세상에 있는 매개체를 다 동원해서 기도하는 것보다 하나님의 선하심을 붙들고 믿음으로 기도하면 하나님께는 더 큰 영광이요, 우리에게는 더 참된 기쁨을 가져온다는 사실을 깨달았다. 왜 그럴까? 하나님의 선하심은 충만하고 완전하여 그 속에는 부족한 것이 하나도 없기 때문이다.

우리는 주님의 고난과 죽음과 부활을 알게 해달라고 기도한다. 그것은 주님의 선하심에서 나오는 것이다. 우리는 하나님께 십자가에서 오는 힘을 달라고 기도한다. 그것도 역시 하나님의 선하심에서 나온다. 우리는 하나님께 우리보다 앞서 살았던 모든 성인들의 도움을 힘입게 해달라고 기도한다. 그것 역시 하나님의 은혜에서 비롯된다. 기도를 통해 나오는 모든 힘은 하나님의 선하심에서 나온다. 하나님은 모든 것의 선하심이기 때문이다.

기도의 최고 형태는 하나님의 선하심을 구하는 것이다. 그것은 우리의 가장 비천한 필요를 채우기 위해서 우리에게 내려온다. 그것은 우리의 영혼에 생명을 주고 살아 있게 하며, 은혜와 덕행이 자라게 한다. 그것은 본성에 가깝고 은혜에 민첩하다. 왜냐하면 그것은 우리의 영혼이 찾고 또 언제나 구할 은혜이기 때문이다.

9. 측량할 수 없는 사랑

우리의 육체가 옷으로 가리워져 있고, 우리의 피가 우리의 살로 덮여 있는 것처럼, 우리의 영혼과 몸은 하나님의 선하심으로 가리워져 있고 싸여져 있다. 그러나 우리의 의복과 육신은 사라지지만, 하나님의 선하심은 언제나 남아 있어서 우리의 살보다도 더 가까이 우리와 함께 있을 것이다.

하나님께서 바라시는 것은 단지 우리의 영혼이 전력을 다해서 하나님을 붙잡는 것뿐이다. 특히 우리의 영혼이 하나님의 선하심을 붙잡기를 원하신다. 우리의 마음이 하나님께 대해서 생각할 수 있는 모든 것 중에서, 하나님을 가장 기쁘시게 하고 우리의 영혼에 가장 큰 유익을 가져다 주는 것이 있다면 그것은 바로 하나님의 선하심을 묵상하는 것이다.

우리는 하나님으로부터 도저히 이해할 수 없을 정도로 값진 사랑을 받았다. 어떤 피조물도 하나님께서 얼마나 많이, 얼마나 부드럽고 감미롭게 그들을 사랑하셨는지 정확히 알 수 없다. 우리가 주님께서 그 선하심으로 우리에게 베푸신 높고 크고 측량할 수 없는 그 사랑에 무한히 감격하며 영적인 묵상 생활을 인내할 수 있는 것은 그의 은혜를 힘입지 않고서는 불가능한 일이다.

그러므로 우리는 우리를 사랑하시는 자로부터 우리가 원하는 모든 것을 구할 수 있다. 그분을 갈망하는 것은 우리의 본성이고, 우리를 갈망하는 것은 그분의 본성이다. 이런 삶 속에서 우리는 그분에 대한 사랑을 결코 멈출 수 없다.

나는 이 복된 환상 속에서 위대한 사랑의 교훈을 배웠다. 무엇보다도 창조주를 묵상하고 사랑함으로써 내 영혼이 너무나 보잘것없다는 사실을 깨달았고, 하나님을 두려워하며 경외하는 마음으로 가득하게 되었을 뿐만 아니라, 진정한 겸손과 동료 그리스도인들에 대한 넘치는 사랑으로 충만하게 되었다.

관련 성경 구절 : 시편 8편

여호와 우리 주여 주의 이름이 온 땅에 어찌 그리 아름다운지요 주의 영광을 하늘 위에 두셨나이다 주의 대적을 인하여 어린아이와 젖먹이의 입으로 말미암아 권능을 세우심이여 이는 원수와 보수자로 잠잠케 하려 하심이니이다 주의 손가락으로 만드신 주의 하늘과 주의 베풀어 두신 달과 별들을 내가 보오니 사람이 무엇이관데 주께서 저를 생각하시며 인자가 무엇이관데 주께서 저를 권고하시나이까 저를 천사보다 조금 못하게 하시고 영화와 존귀로 관을 씌우셨나이다 주의 손으로 만드신 것을 다스리게 하시고 만물을 그 발 아래 두셨으니 곧 모든 우양과 들짐승이며 공중의 새와 바다의 어족과 해로에 다니는 것이니이다 여호와 우리 주여 주의 이름이 온 땅에 어찌 그리 아름다운지요.

리처드 포스터의 묵상

 줄리안의 체험의 궁극적인 결과는 하나님의 선하심을 깊이 이해하게 된 것임을 주목해 보았는가? 줄리안은 하나님의 선하심에 대한 체험을 '기도의 최고 형태'라고 했다.

 그것은 우리 현대인들이 들어가기 어려운 실재이다. 우리는 '선한 생활'이 하나님이 아닌 다른 모든 것에 존재한다고 가르침받아 왔다. 제자도와 십자가와 순종, 이런 것들은 우리에게 있어서 선과 거의 연결시킬 수 없는 말들이다. 우리는 공의(rightness)의 선(goodness)을 볼 수 없기 때문에 하나님의 선하심을 보지 못한다. 그러나 아마도 우리는 줄리안에게서 그리고 시편 기자에게서 '하나님의 선하심을 맛보아 아는' 단서를 발견하게 될 줄로 믿는다.

랜슬롯 앤드류스

(Lancelot Andrews, 1555~1626)

랜슬롯 앤드류스는 젊은 시절 청교도의 일원이었지만, 지금은 영국 국교도 역사상 유명한 인물 중 한 사람으로 추앙된다. 앤드류스는 엘리(Ely), 윈체스터(Winchester), 치체스터(Chichester)의 감독을 역임하였고, 엘리자베스 여왕의 황실 목사로, 그리고 나중에는 벨라민(Bellarmine) 추기경과의 논쟁에서 제임스 1세를 위한 변증가로 활동했다. 그는 캠브리지 펨브룩 홀(Pembroke Hall)의 특별 회원이었고, 1607년 킹 제임스 번역 성경을 준비하기 위해 임명된 학자들 중의 한 명이었다.

앤드류스는 뛰어난 말재주와 유머 감각 덕분에 달변의 설교자로 명성을 날렸다. 그의 설교는 당시 유행했던 단조로운 스타일의 청교도식 설교와 완전히 대조적인 것이었다.

앤드류스는 작가이자 시인인 엘리어트(T. S. Eliot)에게 큰 영향을 미쳤다. 엘리어트는 그에게 많은 감화를 받아서 그에 대한 책을 쓰기까지 했다. 엘리어트의 시 "동방 박사들의 여행"은 앤드루스의 설교 가운데 일부를 인용한 것으로 시작한다.

앤드류스의 뛰어난 천재성은 '마음을 하나님께로 올리는' 기도를 작성하는 능력에 있었다고 세간에 전해진다. 여기에 발췌한 글은 앤드류스가 출판할 생각을 전혀 갖지 않고 자기 자신의 '개인적인 경건 생활'을 위해 쓴 책에서 나온 것이다. 그 책은 앤드류스가 매일 매일의 경건 생활에 보조 자료로 사용하던 기도문으로 구성되어 있다. 여기에 실린 글이 앤드류스가 처음 의도했던 대로, 다시 말하면 당신의 개인 기도로 사용되기를 바란다.

11주 「개인적인 경건 생활(Private Devotions)」에서 발췌

결코 지지 않는 빛

1. 결코 지지 않는 빛

하나님의 따사로운 자비하심으로 말미암아 아침이 하늘에서 찾아왔습니다. 오 주님, 주님께 모든 영광을 돌립니다. 빛을 지으신 창조주시요, 세상을 밝히신 주님께 영광을 돌립니다. 우리에게 빛을 주신 분은 바로 주 하나님이십니다.

눈에 보이는 빛을 주신 주님께 영광을 돌립니다. 태양의 광채와 이글거리는 불꽃, 밤과 낮, 아침과 저녁을 주신 하나님께 영광을 돌립니다. 또한 보이지 아니하고 지성적인 빛, 즉 하나님께 대해 알 수 있는 지식, 율법에 기록된 것, 시편의 멜로디, 잠언의 교훈, 역사의 경험 등을 주신 하나님께 감사드립니다. 이는 결코 지지 않는 빛입니다.

주님의 부활은 우리를 새로운 생명으로 올려 주었고, 우리에게 회개의 틀을 주었습니다. 양의 큰 목자이신 우리 주 예수를 영원한 언약의 피로 죽은 자 가운데서 이끌어 내신 평강의 하나님, 모든 선한 일에 우리를 온전케 하사 주의 뜻을 행하게 하시고 그 앞에 즐거운 것을 예수 그리스도로 말미암아 우리 속에 이루시기를 원합니다. 영광이 주님께 세세 무궁토록 있기를 원합니다.

제자들에게 약속하신 성령을 보내 주신 주님, 우리에게서 그 은사를 거두어 가지 마소서. 주님의 은사를 구하는 우리에게 날마다 그것을 새롭게 하소서.

2. 주님, 저는 죄인입니다

자비롭고 긍휼이 많으신 주님, 오래 참으시고 사랑이 풍성하신 주님, 저는 죄인입니다. 제가 주님께 죄를 지었습니다. 오 주님, 저는 불쌍한 죄인입니다. 주님의 뜻을 거슬러 범죄하였고, 거짓된 허영에 빠졌습니다.

주님, 저는 주님께 아무것도 숨길 것이 없고 변명할 것도 없습니다. 나의 죄로 인하여 자책하지 않을 수 없습니다. 참으로 내가 주께 이렇게 범죄하였으며, 특별한 죄악들을 기억하여 자백하지 않을 수 없습니다.

제가 범죄하여 의로운 일을 굽게 하였고, 그것이 내게 아무런 유익이 되지 못하였습니다. 이제 제가 무슨 말로 아뢸 수 있겠습니까? 아무런 구실도, 아무런 변명도 없이 자책하지 않을 수 없습니다. 제가 스스로를 파멸시켰습니다. 오 주님, 의가 주님께 속하였고 제게는 혼란만 있을 뿐입니다. 주님의 심판이 제게 임박하였습니다. 그러나 주님, 저의 소망이 무엇입니까? 주님, 바로 주님이 제 소망이 아닙니까? 설사 소망이 제게서 떠난다 해도 주님의 사랑과 인자하심이 저의 모든 죄악 중에도 제게 풍성히 거한다면, 저의 진정한 소망이 주님께 있습니다.

오 주님, 제가 무엇으로 지어졌으며, 누가 저를 지으셨는지 기억하소서. 저는 주님의 손으로 지어졌습니다. 저는 주님의 형상을 따라 지어졌으며, 주님의 피로 값 주고 산 바 되었습니다. 저는 주님의 이름을 따라

지어졌고, 주님의 꿀을 먹는 어린 양이며, 주님의 언약의 아들입니다. 주님의 손으로 지으신 작품을 버리지 마옵소서. 오 하나님, 제게 자비를 베푸소서. 주님의 인자와 사랑을 따라 나의 죄과를 깨끗이 씻어 주소서.

3. 마음을 주께로 향하게 하소서

주님, 제가 주의 계명을 사랑하여 두 손을 듭니다. 제 눈을 열어 보게 하소서. 제 마음을 주께로 향하게 하여 주의 법을 바라게 하소서. 제 발걸음을 인도하여 주님의 계명을 행하게 하소서.

오 주님, 저의 하나님이 되어 주소서. 주님 외에 다른 것을 두지 않게 하소서. 주님의 계명을 따라 주님께 경배하며, 주님을 섬기게 하소서. 사적으로나 공적으로나, 영적으로는 진리를, 육적으로는 경외심을, 입술로는 축복을 가지고 주님을 섬기게 하소서.

나보다 위에 있는 자들을 존경과 순종으로 섬기게 하소서. 제가 맡은 자들을 사랑과 열정으로 돌보게 하소서. 선으로 악을 이기게 하시고, 돈을 사랑하는 데서 자유하게 하시며, 있는 것으로 족하게 하소서. 사랑으로 진리를 말하게 하시고, 탐심을 갖거나 육체의 정욕을 따라 행하지 않게 하소서.

오 주님, 제가 뱀의 머리를 상하게 할 수 있도록 도와 주소서. 저로 하여금 저의 연한을 상고하게 하소서. 죄를 지을 수 있는 계기를 끊어 버리게 하소서. 정신을 차리고 근신하게 하소서. 게으르지 않게 하소서. 악한 자들과 어울리지 않게 하소서. 눈으로 범죄하지 않도록 언약을 맺게 하소서. 제 몸을 쳐 복종하게 하소서. 기도에 헌신하게 하소서. 회개하게 하소서.

오 주님, 제가 그릇된 허영의 길로 들어서지 않도록 제 길에 가시로 울타리를 쳐 주소서. 제가 주님에게서 멀어지지 않도록 재갈과 고삐로 저를 붙들어매어 주소서. 오 주님, 저로 주님께 가까이 나아가게 강권하소서.

4. 가장 거룩한 신앙

오 하나님, 아버지와 말씀과 성령이신 한 하나님을 제가 믿습니다. 아버지의 사랑으로 만물이 창조되었음을 제가 믿습니다. 주님의 선하심과 인자하심으로 만물이 주님의 말씀 속에서 하나가 되었음을 믿습니다. 말씀이신 주님께서는 우리를 위하여 또 우리의 구원을 위하여 육신이 되셨고, 잉태되어 태어나셨고, 고난을 받으셨고, 십자가에 달리시고 장사지낸 바 되어 음부까지 내려가셨다가 다시 살아나셔서 승천하셨고, 하나님 보좌 우편에 앉아 계시다가 후에 다시 오셔서 심판하실 것임을 믿습니다.

성령의 역사로 말미암아 전세계를 믿음과 성결의 나라로 불러 주셨음을 믿습니다. 성도들의 교통과, 이 세상에서의 죄의 용서와, 육신의 부활과, 오는 세상에서의 영원한 생명을 믿습니다. 지나간 성도들에게 주셨던 이 가장 거룩한 신앙을 분명히 믿습니다. 오 주님, 저를 불신앙 가운데서 건져 주소서.

주님, 저로 하여금 주님의 기적적인 잉태에서 믿음을, 비천한 출생에서 겸손을, 고난에서 인내를 얻게 하시고, 주님의 십자가에서 나의 삶의 죄를 십자가에 못박을 수 있는 능력을, 무덤에 들어가심에서 선한 일을 행할 때 떠오르는 모든 악한 생각을 묻을 수 있는 용기를 배우게 하소서. 음부에까지 내려가신 주님을 통해 지옥에 대해 묵상할 수 있게 해주시고, 부활하신 주님을 통해 삶의 새로움을 발견하게 하시고, 주님의 승천을 통하여 내 마음이 천국의 것을 소망하게 하소서. 그리고 심판하러 오실 주님의 재림을 준비하며 제 자신을 판단하게 하소서.

5. 한마음과 한뜻

오 진리의 하나님, 진리 안에 서 있는 모든 자를 굳게 세우시고, 죄와 거짓된 믿음으로 병 든 모든 자를 회복시키소서. 값 주고 사셨고, 구속해 주신 주님의 회중들을 기억하소서. 우리가 한마음 한뜻임을 믿는 모든 자들에게 은혜를 베푸소서.

오 추수의 주님, 추수의 들녘에 일할 자들을 보내 주소서. 주의 종들에게 주님의 진리의 말씀을 선포하고, 그 진리에 따라 살아갈 수 있는 능력을 주소서. 주님을 사랑하는 이 사역자들에게 주님의 진리의 말씀에 순종하고 복종할 수 있는 은혜를 주소서.

6. 깊고 영원한 평안

오 열방의 왕 되신 주님, 모든 나라와 주께 권세를 받은 이 세상 나라의 지도자들에게 힘을 더하소서. 전쟁을 좋아하는 모든 민족을 흩으소서. 땅 끝까지 모든 전쟁을 그치게 하소서.

그리고 특별히 하나님의 가호를 받는 우리의 왕을 기억하소서. 그를 통해 더욱더 많은 일들을 이루소서. 범사에 그의 길을 형통케 하시고, 주의 백성과 주의 교회를 위하여 그의 마음에 좋은 것들을 말씀하소서. 그에게 깊고 영원한 평안을 주소서. 그가 고요한 중에 우리도 고요하고 평안한 생활을 하려 함이니이다.

농부들에게는 좋은 계절을 주시고, 어부들에게는 좋은 날씨를 주시며, 소매 상인들에게는 서로 경쟁하지 않겠다는 마음을 주시고, 모든 도매 상인들에게는 합법적인 성실함으로 일을 감당하게 하소서.

오 주님, 주님께서는 우리를 부르시되 선으로 악을 이기고 원수들을 위해 기도하도록 불러 주셨습니다. 주님, 기도하옵나니 주께서 저를 긍휼히 여기셨던 것같이 제 원수들을 긍휼히 여겨 주시옵소서. 그들을 저와 함께 천국으로 인도해 주소서.

7. 제 가족과 친척을 기억하소서

 오 하나님, 우리만이 아니라 우리의 자손들에게도 은혜를 베푸소서. 우리의 자녀들이 키가 자라감에 따라 지혜가 자라게 하시고, 주님 보시기에, 또 다른 사람들 보기에 사랑스러워지게 하소서. 주님께서 우리를 부르신 것은 우리의 가족들을 돌아보게 하시기 위함입니다. 그래서 주님께서는 가족을 돌보지 않는 사람들을 멸시하시나이다. 제 가족과 제 육신의 친족들을 기억하소서. 그들의 유익을 위해서 제가 할 수 있는 모든 일을 다 할 수 있도록 은혜를 베푸소서.
 주님, 저를 축복하는 모든 사람에게 복을 주시고, 저에게 복을 끼친 모든 사람들에게 복을 주소서. 주님, 저를 사랑하는 사람들, 제 친구들과 제 가족의 친구들과 제 친구의 모든 자녀들까지도 사랑할 수 있게 하소서. 그들을 절대 버려 두지 마소서.

8. 외로운 자들을 기억하소서

 주님, 모든 유아들과 아이들과 청소년들과 젊은이들과 중년들과 노년들 가운데, 특히 이 세상에서 굶주리고 병 들고 목마르고 헐벗고 옥에 갇히고 친구가 없어 외로운 사람들을 기억하소서. 자살의 유혹을 받고 있는 자들과 함께 하시고, 영혼이 병 든 자들과 함께 하시며, 절망 중에 있는 자들과 함께 하소서.
 옥중에 있는 자들, 특히 사형 선고를 받은 자들을 기억하소서. 과부들과 홀아비들과 고아들을 기억하시고, 외국에 출타 중인 자들과 함께 하소서. 오늘날 억압적인 환경에서 일하는 모든 사람들을 기억하소서. 외로운 자들을 기억하소서.

9. 주님은 생명의 샘입니다

오 하나님, 언제 어디서나 우리에게 주신 모든 것들에 대해 주님께 감사와 찬양을 드림이 마땅하고 선한 것임을 믿습니다. 주님을 경배합니다. 주님께 고백합니다. 주님을 찬양합니다. 주님께 영광을 돌립니다. 주님을 노래하며, 주님께 감사를 드립니다. 주님은 창조주시고, 우리를 기르시는 분이시고, 보호자시고, 치료자시고, 우리의 주님이시고, 만유의 아버지십니다.

주님은 생명의 샘이시며, 영원한 것들의 보고(寶庫)입니다. 하늘에 있는 것들이 주님을 찬양합니다. 모든 천사들과 하늘의 권세자들이 서로 화답하며 찬양합니다. 연약하고 미천한 우리도 그들과 함께 찬양을 올립니다.

"거룩 거룩 거룩 만군의 여호와 하나님, 온 땅이 주의 영광으로 충만하나이다."

주님의 신성과 신비로움과 주권과 전능하심과 영원하심과 섭리로 인하여 영광을 올려 드립니다.

주님은 저의 힘이시고, 저의 튼튼한 반석이시고, 저의 방패시고, 저의 구원자시며, 저의 구원의 뿔이시고, 저의 피난처십니다. 아멘.

관련 성경 구절 : 사무엘하 7:18-29

다윗 왕이 여호와 앞에 들어가 앉아서 가로되 주 여호와여 나는 누구오며 내 집은 무엇이관데 나로 이에 이르게 하셨나이까 주 여호와여 주께서 이것을 오히려 적게 여기시고 또 종의 집에 영구히 이를 일을 말씀하실 뿐 아니라 주 여호와여 인간의 규례대로 하셨나이다 주 여호와는 종을 아시오니 다윗이 다시 주께 무슨 말씀을 하오리이까 주의 말씀을 인하여 주의 뜻대로 이 모든 큰일을 행하사 주의 종에게 알게 하셨나이다 여호와 하나님이여 이러므로 주는 광대하시니 이는 우리 귀로 들은 대로 주와 같은 이가 없고 주 외에는 참 신이 없음이니이다 땅의 어느 한 나라가 주의 백성 이스라엘과 같으리이까 하나님이 가서 구속하사 자기 백성을 삼아 주의 명성을 내시며 저희를 위하여 큰일을, 주의 땅을 위하여 두려운 일을 애굽과 열국과 그 신들에게서 구속하신 백성 앞에서 행하셨사오며 주께서 주의 백성 이스라엘을 세우사 영원히 주의 백성을 삼으셨사오니 여호와여 주께서 저희 하나님이 되셨나이다 여호와 하나님이여 이제 주의 종과 종의 집에 대하여 말씀하신 것을 영원히 확실케 하옵시며 말씀하신 대로 행하사 사람으로 영원히 주의 이름을 높여 이르기를 만군의 여호와는 이스라엘의 하나님이라 하게 하옵시며 주의 종 다윗의 집으로 주 앞에 견고하게 하옵소서 만군의 여호와 이스라엘의 하나님이여 주의 종에게 알게 하여 이르시기를 내가 너를 위하여 집을 세우리라 하신 고로 주의 종이 이 기도로 구할 마음이 생겼나이다 주 여호와여 오직 주는 하나님이시며 말씀이 참되시니이다 주께서 이 좋은 것으로 종에게 허락하셨사오니 이제 청컨대 종의 집에 복을 주사 주 앞에 영원히 있게 하옵소서 주 여호와께서 말씀하셨사오니 주의 은혜로 종의 집이 영원히 복을 받게 하옵소서 하니라.

리처드 포스터의 묵상

 우리는 앤드류스가 이처럼 경건한 기도의 유산을 우리에게 물려주는 데 필요한 훈련을 미리 받은 것에 대하여 깊이 감사하지 않을 수 없다. 당신은 쓰여져 있는 기도문에 익숙하지 않을 수도 있다. 앤드류스의 책「개인적인 경건 생활」은 성경에 나와 있는 많은 기도문들과 함께 좋은 출발점이 된다.

 몇 가지 제안이 도움이 될지도 모르겠다. 먼저 기록된 기도문으로 기도를 시작하라. 그리고 성령께서 당신에게 문자의 의미를 넘어서서 감동하시도록 자신을 내맡기라. 그리고 나면 아마 당신 자신의 말로 직접 만들어 기도하는 단계에 이르게 될지도 모른다. 그리고 마지막으로 성령께서 당신을 인도하시도록 내맡기라. 그러면 성령께서 당신의 마음에 교훈해 주시기 위해 사용하고 싶어하시는 구절과 단어를 생각나게 하실 것이다.

로렌스 형제

(Brother Lawrence, 1611~1691)

프랑스 로렌 지방의 가난한 가정에서 태어난 니꼴라스 헤르만(Nicholas Herman-나중에 로렌스 형제로 알려짐)은 자라나 군인이 되어 왕실의 신하로 살아갔다. 그는 아무런 정규 교육도 받지 못했으나 경건 생활의 고전적 회고록 가운데 하나를 남겼다.

그는 1666년에 파리에 있는 '맨발의 카르멜회(the Discalced Carmelite)' 라는 교단의 수도사가 되었다. 그는 그 수도원의 주방에서 일을 하며 자신을 '하나님의 종들의 종' 이라고 불렀다. 그는 80세가 되어 죽을 때까지 거기 머물렀다. 로렌스는 자신의 생애가 매순간 하나님의 임재를 느끼며 살아가는 하나의 실험이 되기를 소원했다. 그는 하나님과의 습관적인 교제 상태를 창조하기 위해 노력함으로써 새로운 차원의 영적 생활에 도달했다. 그는 개척자와도 같이 영적 생활의 새로운 세계를 발견하였으며, 다른 사람들, 특히 프랭크 로바흐(Frank Laubach)와 토마스 켈리(Thomas Kelly) 같은 사람들이 그 뒤를 이었다.

로렌스 형제에게는 하찮은 일이 아무것도 없었다. 왜냐하면 주방에서 하는 세상적인 하찮은 일들조차 천국의 영광스런 체험으로 바꾸어 놓을 수 있는 능력이 그에게 있었기 때문이다. 베네딕트(Benedict)와 끌레르보의 버나드(Bernard of Clairvaux)처럼 그는 일과 기도를 혼합시켰다.

다음 글은 그의 사후에 편집된 책에서 발췌한 것이다. 이 책은 그가 있던 수도원 원장 조셉 드 보포르(Joseph de Beaufort)가 자기 방에서 발견한 로렌스의 편지들과 쪽지들을 모아 편집을 하고, 거기에 그가 로렌스와 나누었던 대화들을 첨가해서 만든 것이다. 아마 기독교 문학 역사상 그 어떤 글도 하나님의 임재 속에서 살아가는 기쁨을 그토록 아름답고, 그토록 간결하게 묘사하고 있지는 못할 것이다.

12주 「'하나님의 임재' 연습(The Practice of the Presence of God)」에서 발췌

하나님의 임재를 습관적으로 느낌

1. 하나님의 임재를 습관적으로 느낌

내가 이것을 쓰는 것은 당신이 너무나 간절히 요청했기 때문입니다. 나는 당신에게 하나님의 임재를 습관적으로 느끼는 방법을 내가 배운 대로 설명하고자 합니다. 그것은 하나님께서 그분의 자비하심으로 내게 주시기를 기뻐하셨던 것입니다.

먼저 말해 둘 것은, 내가 그것을 당신에게 밝힌다는 것이 내게는 너무나 어려운 일이라는 점입니다. 따라서 이 편지를 어느 누구에게도 보여 주지 않겠다고 약속해 주기를 바랍니다. 만일 당신이 이것을 다른 사람에게 보여 주겠다고 한다면, 내가 아무리 당신의 영적인 진보를 소원하고 있다 해도 절대로 이 편지를 당신에게 보내지 않을 것입니다. 이제 내가 당신에게 줄 수 있는 글은 다음과 같습니다.

2. 하나님의 모든 것을 위한 나의 모든 것

나는 많은 책을 통해 하나님께 나아가는 갖가지 다른 방법과, 영적 생활을 영위하는 갖가지 다른 습관들을 발견했습니다. 나는 그것들이 나를 혼동시킬 뿐이라는 사실을 알았습니다. 내가 찾고 있었던 것은 전적으로 하나님의 소유가 되는 것뿐이었습니다.

그래서 나는 하나님의 모든 것을 위해서 나의 모든 것을 드리기로 결심했습니다. 하나님께서 나의 죄를 가져가실 수 있도록 나 자신을 전적으로 하나님께 드린 후에, 나는 하나님의 사랑을 얻기 위해 하나님이 아닌 모든 것을 포기했습니다. 그리고 이 세상에 하나님과 나 외에 아무것도 없는 것처럼 살기 시작했습니다.

때때로 나는 재판관의 발 밑에 부복한 가엾은 죄인처럼 하나님 앞에 서 있는 내 모습을 상상했습니다. 또 때로는 내 마음속에서 나의 아버지시요, 나의 하나님이신 그분의 모습을 바라보았습니다. 가능한 한 자주 하나님의 거룩한 임재 앞에 나의 마음을 모두어 그분을 경배하곤 했습니다. 내 마음이 하나님에게서 멀어지려고 할 때마다 더욱 열심히 내 마음을 하나님께로 향하게 했습니다.

3. 참기 힘든 어려운 순간들

나는 이 일이 매우 고통스럽다는 것을 알았습니다. 그러나 참기 힘든 어려운 순간에도 그 일을 계속했습니다. 그것은 본의 아니게 내 마음이 방황할 때에도 고민하거나 화내지 않기 위함이었습니다. 나는 그것을 정해진 기도 시간뿐만 아니라 하루 전체의 일과로 삼았습니다.

매일, 매시, 매분, 심지어 가장 바쁜 시간에도 하나님께 대한 나의 생각을 방해할 수 있는 모든 것을 내 마음에서 몰아내려고 힘썼습니다.

그것은 내가 신앙 생활을 시작한 첫날부터 지금까지 해오고 있는 나의 습관입니다. 비록 완전하게 해오지는 못했지만, 나는 이 습관에서 큰 유익을 발견했습니다. 그러나 이 모든 유익이 다 하나님의 자비하심과 선하심에서 비롯되었음을 알고 있습니다. 하나님이 없이는 우리가 아무것도 할 수 없기 때문입니다. 특히 내가 그렇습니다.

4. 하나님과의 친밀함

우리가 하나님의 거룩한 임재 안에 자신을 신실하게 지키고 또 그분이 우리 앞에 계시다는 것을 늘 기억한다면, 적어도 의도적으로 그분께 죄를 짓거나 그분을 거스르게 되는 일은 피할 수 있습니다. 그리고 그것은 또한 우리에게 거룩한 자유를 가져다 줍니다. 말하자면, 하나님과의 친밀함을 통해 우리에게 절실하게 필요한 은혜를 구하고 받을 수 있다는 것입니다.

요컨대 자주 이 일을 반복하면 그것이 습관이 되고 하나님의 임재가 우리에게 자연스러운 것이 됩니다. 나에게 베푸신 하나님의 선하심에 대해 나와 함께 하나님께 감사를 드립시다. 그의 큰 인자와 나 같은 비천한 죄인에게 베푸신 그의 무한한 자비는 아무리 찬양을 드려도 오히려 부족합니다.

5. 최선의 보답

내가 기술하고 있는 이 방법을 나는 어떤 책에서도 발견하지 못했습니다. 그러나 나는 이 방법에 아무런 어려움이 없는 것 같습니다. 나는 며칠 전에 내게 경건한 삶이란 은혜의 삶이라고 말해 준 매우 독실한 사람과 대화를 나누었습니다. 그는 경건한 삶이 거룩한 두려움으로 시작되어 영생에 대한 소망으로 고조되며, 결국에는 하나님께 대한 순수한 사랑으로 완성된다고 했습니다. 그는 이 각각의 상태에는 우리가 그 복된 완성의 경지에 이르기 위해 밟아야 할 각기 다른 단계와 각기 다른 방법이 있다고 했습니다.

나는 그가 말한 모든 방법을 다 따르지는 않았습니다. 오히려 나는 그것이 나를 실망시킨다는 것을 알았습니다. 내가 하나님의 사랑에 대하여 하나님께 드릴 수 있는 최선의 보답으로 나 자신을 전적으로 하나님께 드리기로 결심한 것은 바로 그것 때문이었습니다. 하나님께 대한 나의 사랑 때문에 나는 모든 것을 버렸습니다.

6. 믿음만으로 충분하다

첫해 동안 나는 죽음과 심판과 지옥과 천국과 죄에 대하여 생각하며 경건 생활을 하고자 많은 시간을 따로 할애했습니다. 나는 그 일을 수년 동안 지속했습니다. 아침에 일어나 그 생각에 전념하고, 심지어 일을 하는 중에도 온종일 하나님의 임재 가운데서 살았습니다. 나는 하나님께서 언제나 나와 함께 계시며, 심지어 내 안에 계신다고 생각했습니다.

얼마 후, 나는 우연히 정해진 경건의 시간에도 나머지 시간에 했던 것과 똑같은 일을 하기 시작했습니다. 그 결과 마음에 큰 기쁨과 위로가 생겼습니다. 이러한 습관은 내게 하나님께 대한 경외심을 고양시켜 주었습니다. 믿음만으로도 나의 모든 필요를 충족시키기에 충분했습니다.

7. 나의 고난의 원천과 실재

나의 시작은 지금까지 말한 대로입니다. 그러나 꼭 드릴 말씀이 있습니다. 처음 십 년 동안 나는 많은 고난을 겪었습니다. 내가 원하는 만큼 하나님께 헌신적이지 못하다는 사실, 내 과거의 죄가 언제나 내 마음속에 남아 있다는 사실, 하나님께서 아무 공로 없는 내게 주신 그 큰 은혜, 이런 것들을 내가 알게 된 것이 나의 고난의 원천이요, 실재였습니다.

이 무렵 나는 종종 죄를 지었습니다. 그러나 다시 일어나곤 했습니다.

이 세상의 모든 피조물과 모든 이성과 심지어 하나님까지도 나를 대적하는 것 같았습니다. 내 편이 되는 것은 오직 믿음뿐이었습니다. 때때로 나는, 내가 이런 노력을 통해 얻은 모든 복이 단순히 내가 그렇게 가상하는 것에 불과한 것은 아닐까 고민하기도 했습니다. 그리고 다른 사람들은 매우 어렵게 도달하는데 내가 너무나 쉽게 이 상태에 도달한 체하는 것은 아닌가 하고 걱정하기도 했습니다. 또 어떤 때는 이것이 모두 의도적인 기만에 불과하고, 이 일을 하다가 나의 구원의 소망마저 잃어버린 것은 아닌가 고민하기도 했습니다.

8. 습관적이고 은밀한 침묵의 대화

마침내 내가 포기하고 싶은 마지막 순간에 이르렀을 때, 나는 나 자신이 홀연히 변화되었다는 사실을 알게 되었습니다. 그때까지 절망 중에 있던 내 영혼 속에서 나는 갑자기 깊은 내적 평화를 맛보았습니다. 내 영혼이 마치 진정한 안식의 자리에 있는 것 같았습니다.

그때부터 나는 하나님 앞에서 단순한 믿음과 겸손과 사랑으로 행하게 되었습니다. 하나님을 거스르는 일이라면 그 어느 것도 하지 않았을 뿐 아니라 생각하지도 않았습니다. 저의 유일한 바람이 있다면 하나님께서 당신이 기뻐하시는 뜻을 제게 온전히 다 행하시는 것입니다.

그 날들 동안 내게 일어난 일들은 이루 다 말로 표현할 수가 없습니다. 내게는 더 이상 고통이나 어려움이 없었습니다. 내게는 하나님의 뜻을 제외하고는 아무 뜻도 없었기 때문입니다. 나는 오로지 범사에 하나님의 뜻만을 행하고자 힘썼습니다. 나는 하나님의 뜻에 나 자신을 완전히 맡겼기 때문에 하나님의 뜻이 아니거나 하나님께 대한 순수한 사랑의 동기가 아니면, 땅에서 지푸라기 하나도 들어올리지 않으려고 했습니다.

그때부터 나는 이 일에 적합한 것을 제외하고는 모든 형태의 경건 생활과 정해진 기도들을 다 포기했습니다. 나는 오로지 하나님의 거룩하신 임재 속에서 인내하는 것만을 나의 일과로 삼았습니다. 그리고 그 속에서 하나님께만 나의 주의를 집중시키고 하나님께만 애정 어린 관심을 기울였습니다. 그것을 나는 '하나님의 실제적인 임재'라고 일컬었습니다. 그것은 달리 표현하면, 하나님과 우리의 영혼이 나누는 습관적이고 은밀한 침묵의 대화라고 할 수 있습니다. 그것은 종종 내 마음에 말할 수 없이 큰 기쁨을 줍니다. 그리고 때로 그 기쁨이 밖으로 표현될 때도 있습니다. 그 기쁨이 너무나 커서 때로는 절제하거나 남에게 숨겨야 할 때도 있습니다.

9. 인자와 선으로 충만함

요컨대, 나는 내 영혼이 거의 삼십 년 동안 하나님과 동행해 왔음을 전혀 의심치 않고 확신합니다. 당신이 지루하지 않도록 하기 위해서 그것을 다 나누지는 못했습니다. 그러나 내가 왕으로 모시고 있는 그 하나님 앞에서 내가 나 자신을 어떻게 생각하고 있는지는 말씀드리는 것이 옳다고 생각합니다.

나는 내가 상처와 죄악투성이요, 모든 사람 가운데서 가장 비참한 사람이요, 왕이신 하나님께 온갖 죄를 다 지은 사람이라고 생각합니다. 나는 깊은 슬픔에 잠겨 하나님께 나의 모든 죄를 자백하고, 그분의 용서를 구하며, 하나님께서 그 기쁘신 뜻을 나와 함께 행하실 수 있도록 그분의 손에 나를 위탁합니다.

인자와 선으로 충만한 왕이신 하나님께서는 결코 나를 벌하지 않으십니다. 오히려 그분은 사랑으로 나를 품어 주시고, 그분의 잔치에 나를 초대해 주시며, 그분의 손으로 나를 섬겨 주시고, 그분의 보고(寶庫)의 열쇠를 내게 주십니다. 또한 그분은 나와 대화해 주시고, 나를 기뻐하시며, 나를 그분의 총애받는 자처럼 대접해 주십니다. 나는 이와 같이 하나님의 거룩하신 임재 속에 있는 나 자신의 모습을 발견합니다.

10. 표현할 수 없는 행복

내게 가장 유익한 방법은 단순히 하나님께 집중하는 것입니다. 젖먹이가 어머니의 젖가슴을 좋아하는 것보다 더 행복하고 기쁘게, 나 자신과 뗄래야 뗄 수 없는 관계에 있는 하나님께 열정적인 관심을 갖고 집중하는 것입니다. 감히 이런 표현을 써도 될지 모르겠지만, 나는 그 감정이 너무나 강해 그 상태를 하나님의 젖가슴이라고 부르고 싶습니다. 그것은 내가 그 상태에서 맛보고 경험하는 것이 표현할 수 없는 행복이기 때문입니다.

때때로 불가피하게 나의 생각이 하나님에게서 멀어지면, 나는 즉시 하나님께 돌아오고자 합니다. 그러면 말하기 어려울 만큼 아주 복되고 행복한 감정이 마음속에서 샘솟듯 솟아나기 때문입니다. 나는 당신이, 나같이 무가치하고 은혜를 모르는 사람에게 베푸시는 하나님의 크신 사랑을 보기 이전에 나의 비참함이 얼마나 큰지를 먼저 보고 알기 바랍니다.

11. 조각가 앞에 놓인 돌

나의 정해진 기도 시간에 대해서 말하자면, 그것은 똑같은 활동의 연속일 뿐입니다. 때때로 나는 나를 조각가 앞에 놓인 돌이라고 상상해 봅니다. 하나님께서는 그 돌로 아름다운 작품을 조각하십니다. 나는 나 자신을 하나님께 드리면서 내 영혼 속에 그분의 완전한 형상을 만들어 내가 완전히 하나님을 닮을 수 있게 해달라고 기도합니다.

또 내가 기도에 몰두해 있을 때면, 어떤 때에는 내 편에서 아무런 관심이나 노력이 없었음에도 나의 영과 혼의 모든 것이 들려 올라가는 것을 느낄 때가 있습니다. 마치 공중에 매달려서 하나님께 완전히 고정된 것처럼 그 상태가 계속됩니다. 그것은 영혼이 중심을 찾아 안식의 상태에 이르기 때문입니다.

어떤 이는 내가 아무런 활동도 하지 않고, 망상에 사로잡혀 있으며, 자아 사랑에 빠져 있다고 비난하는 것을 나는 잘 압니다. 나는 그것이 거룩한 무기력이요, 그 상태의 영혼이 그렇게 할 수 있다면 그것은 행복한 자아 사랑임을 고백합니다. 왜냐하면 실제로 내가 그런 평온한 상태에 있는 동안에는 이전에 나의 힘이요, 도움이었던 그런 감정에 의해 전혀 방해받지 않아도 되기 때문입니다. 그 상태에서는 그런 감정이 도움이 되기는커녕 오히려 방해가 됩니다.

이런 식으로 하나님을 향유하는 영혼은 하나님 외에는 아무것도 바라지 않기 때문에 나는 이 상태를 망상이라고 생각하는 것을 용납할 수 없습니다. 만일 그것이 내게 있는 망상이라면, 그것을 치료하는 것도 하나님께 속해 있습니다. 하나님께서 그 기쁘신 뜻을 나와 함께하실 수 있도록 위탁하십시오. 나는 하나님만을 바라며, 전적으로 하나님께 헌신하기를 소원합니다.

관련 성경 구절 : 시편 108편

하나님이여 내 마음을 정하였사오니 내가 노래하며 내 심령으로 찬양하리로다 비파야, 수금아, 깰지어다 내가 새벽을 깨우리로다 여호와여 내가 만민 중에서 주께 감사하고 열방 중에서 주를 찬양하오리니 대저 주의 인자하심이 하늘 위에 광대하시며 주의 진실은 궁창에 미치나이다 하나님이여 주는 하늘 위에 높이 들리시며 주의 영광이 온 세계 위에 높으시기를 원하나이다 주의 사랑하는 자를 건지시기 위하여 우리에게 응답하사 오른손으로 구원하소서 하나님이 그 거룩하심으로 말씀하시되 내가 뛰놀리라 내가 세겜을 나누며 숙곳 골짜기를 척량하리라 길르앗이 내 것이요 므낫세도 내 것이며 에브라임은 내 머리의 보호자요 유다는 나의 홀이며 모압은 내 목욕통이라 에돔에는 내 신을 던질지며 블레셋 위에서 내가 외치리라 하셨도다 누가 나를 이끌어 견고한 성에 들이며 누가 나를 에돔에 인도할꼬 하나님이여 주께서 우리를 버리지 아니하셨나이까 하나님이여 주께서 우리 군대와 함께 나아가지 아니하시나이다 우리를 도와 대적을 치게 하소서 사람의 구원은 헛됨이니이다 우리가 하나님을 의지하고 용감히 행하리니 저는 우리의 대적을 밟으실 자이심이로다.

리처드 포스터의 묵상

로렌스 형제와 같이 평범한 사람이 이렇게 놀라운 책을 썼다는 것은 참으로 우리의 감탄을 자아내기에 충분하다. 로렌스는 자신을 가리켜 '그릇과 냄비의 주인'이라고 했다. 그것은 그가 주방에서 했던 정규적인 일을 고상하게 일컬은 것이다. 그는 그런 간단한 일을 하면서 그것을 '지금 이 순간의 성례'로 바꾸어 놓았다.

나는 그의 경험이 우리에게 격려가 되기를 바란다. 우리들 대부분은 매력도 없고, 지위도 없고, 특권도 없는 그런 직업에 종사하고 있다. 우리의 일상적인 결정들로 인해 세계가 달라지는 것도 아니다. 그러나 우리도 역시 하나님의 임재를 습관적으로 연습하는 것을 알 수 있다. 아마 그러한 경험이 무엇보다 중요할 것 같다.

더글러스 스티어

(Douglas V. Steere, 1901~)

더글러스 스티어는 20세기 초반에 미시간 주립 대학과 하버드 및 옥스퍼드에서 교육을 받았다. 로즈 학자요(Rhodes scholar: 로즈 장학금 수령자), 탁월한 사상가요, 많은 훌륭한 경건 서적을 저술한 숙련된 작가인 스티어는 대부분의 생애를 해버포드(Haverford) 대학에서 철학을 가르치면서 보냈다. 그는 친우회(the Society of Friends—퀘이커 교도의 공식 명칭)의 일원이었다.

그는 지난 세기의 몇 안되는 미국 작가 중 한 사람으로서 학문적인 완전성을 영적인 확실성과 결합시켰다. 또한 그는 묵상(내적인 삶)과 행위(외적인 삶)의 절묘한 균형을 유지하였다. 그와 그의 아내인 도로시(Dorothy)는 미국 친우회 봉사 위원회(American Friends Service Committee)의 회원으로서 많은 임무를 띠고 아프리카와 유럽과 아시아를 여행하였다.

여기에 실린 글은 1938년에 *Prayer and Worship*(기도와 예배)이라는 제목으로 처음 출간되었던 그의 책에서 발췌한 것이다. 이 글은 '중보 기도', 즉 다른 사람이나 사건을 위해서 드리는 기도를 다루고 있다. 스티어는 자신이 살아가는 모습대로, 행위를 통해 하나님의 부르심에 응답할 필요성을 염두에 두고 기도하는 막중한 일에 힘쓰라고 우리에게 권면하고 있다.

13주 「기도와 예배(*Prayer and Worship*)」에서 발췌

마음속에 있는 기도의 샘

1. 마음속에 있는 기도의 샘

다른 사람들을 위한 기도는 간구하는 기도의 한 형태로서, 오늘날과 같이 대다수가 공동체 의식을 잃어버리고 개인주의적으로 살아가는 세대의 신앙에 절실히 요구되는 기도이다. 마음속에 있는 기도의 샘을 이것보다 더 절실하게 건드리는 것은 아무것도 없다.

우리가 하나님 앞에 다른 사람의 삶을 올려 드리고, 하나님의 사랑 앞에 그것을 드러내 놓을 때, 그리고 그 영혼이 졸음에서 깨어나기를 위해 기도하고, 내적인 건강의 활력을 위해 기도하며, 파괴적인 습관을 떨쳐 버릴 수 있는 힘을 주시도록 기도하고, 동료들과의 자유롭고 생명력 있는 관계를 회복하도록 기도하며, 유혹을 이길 수 있는 힘을 위해서 기도하고, 신랄한 반대에 대항할 수 있는 용기를 위해 기도할 때, 그때에야 비로소 우리는 하나님의 역사와 그분의 관심을 서로 나눈다는 것이 무슨 뜻인지 알

수가 있다. 그때에야 비로소 다른 사람들과 우리 사이에 놓였던 담들이 무너지고, 우리가 친밀한 대가족으로 서로 짜여져 있음을 깨닫게 된다.

2. 더 큰 친밀함은 없다

기도로 상대방을 하나님께 올릴 때 형성되는 것보다 더 큰 친밀함은 없다. 존 프레더릭 오벌린(John Frederic Oberlin)과 그의 교구 사이의 확고한 유대감은 매일 아침마다 표현되었다. 그 시간은 그가 자기 교구민들을 위해 개별적으로 기도해 주는 시간이었다. 그 교구민들은 매일 아침 그 시간에 그의 집 앞을 지날 때마다 발소리를 죽였다고 전해진다. 왜냐하면 그가 바로 자신들을 위해 기도하고 있다는 사실을 알고 있었기 때문이다.

포브스 로빈슨(Forbes Robinson)의 *Letters to His Friends*(친구들에게 보낸 편지 모음집)를 보면, 그가 자신의 캠브리지 동료들을 위해 얼마나 끊임없이 중보 기도를 드렸는지 알 수 있다. 그는 한 편지에서 말하기를, 만일 어떤 친구의 삶에 참으로 무엇인가가 필요하다는 것을 알게 되면, 자신은 그 친구와 한 시간 동안 대화하는 것보다 그 친구를 위해서 반 시간 동안 조용히 중보 기도 드리는 것을 언제나 더 좋아한다고 했다.

3. 새롭게 하는 힘

한 불신자가 한번은 지에나의 캐서린(Catherine of Siena)에게 자기 영혼을 위해서 기도해 달라고 비웃듯이 요청했다. 그녀는 밤낮으로 기도했다. 그러자 새롭게 하는 힘이 그를 굴복시켜 결국 그의 무릎을 꿇게 했다. 나는 한 일본인 소녀에 대해서 알고 있다. 그녀의 아버지는 연속된 실패의 충격이 너무나 커서 그것에 정상적으로 대처하지 못하고 술을 마심으로써 잊으려고 했다. 그녀는 자기 아버지를 위하여 지속적으로 기도했는데, 결국 그 아버지가 굴복하여 술을 끊고 그의 삶을 자기가 경험한 하나님의 사랑에 위탁했다고 한다. 헌신된 가족의 도움과 사랑 덕택에 그는 새로운 삶의 길을 찾을 수 있었다.

4. 우리의 삶의 기슭에서 찰싹거림

중보 기도는 하나님의 마음을 바꾸거나 다른 사람들의 삶에 어떤 마술적인 힘이나 주문을 불어넣는 것이 아니다. 우리가 기도를 시작하기 전부터 우리는 각 사람의 삶이 그 참된 중심을 깨닫도록 하는 일에 적극적으로 관여하고 계시는 하나님께서 당신의 사랑으로 이미 그 사람의 삶의 기슭에서 찰싹거리고 계심을 알 수 있다. 각 사람을 변화시키는 일은 절대로 우리가 하는 일이 아니다.

이러한 기도는 단지 다른 사람의 삶이나 그의 새로운 삶의 영역이나 어떤 상황을 포위하는 일에 하나님의 적극적인 사랑과 우리가 협력하는 것이다. 만일 당신이 하나님과 그런 협력 관계에서 하고 있는 일 이외의 것을 위해 기도한다면 그것은 하나님의 뜻과 어긋나는 것이다. 당신이 계속해서 기도하며 하나님의 뜻을 찾는 데 민감해 있으면, 곧 그 사실을 깨닫고 기도를 바꾸게 될 것이다. 모든 간구 기도에서처럼, 진정으로 기도하는 사람은 언제나 굴복할 준비가 되어 있어야만 한다.

5. 당신에게 요구되는 일

당신이 한 친구의 삶의 어떤 부분이 해결되기를 위해 기도하면, 오히려 하나님께서 당신 자신의 삶에서 그 친구에게 막힘이 되었던 것을 바로잡기를 요구하신다는 사실을 발견하게 될 수도 있다. 또 당신이 곤경을 당하고 있는 친구를 위해 그것을 이겨낼 수 있는 용기를 갖게 해달라고 기도하다 보면, 당신이 직접 필요한 짐을 꾸려 그 친구에게로 가서 그와 함께 고통을 나누어야 할 필요성을 느끼게 될 수도 있다. 또는 다음달에 쓸 생활비나 두 주, 혹은 한 달 봉급을 털어서 그 친구에게 주어야 할 수도 있다. 중보 기도는 기도를 시작했다고 해서 다 끝나는 것이 아니다.

6. 조그만 격려, 부드러운 속삭임

침묵 가운데 적극적인 활동을 하면서 죄를 회개하고, 더러운 것을 정결하게 하고, 복잡한 마음을 단순하게 하고, 지친 심령을 새롭게 하며, 간구와 중보로 조용히 주님께 기도하는 가운데 주님의 뜻을 헤아리며 귀를 기울이면, 종종 해야 할 일들에 대한 분명한 통찰력이 생긴다. 종종 그 통찰력은, 우리가 마음문을 열어 우리의 필요를 아뢰고 오직 하나님의 인도하심만을 기다리며 조용히 하나님의 뜻을 받아들이려는 태도로 인내할 때 생긴다. 또한 그 통찰력은 대낮에 그것과 전혀 상관이 없는 것처럼 보이는 사건을 통해 갑자기 나타나기도 한다.

우리가 기도하는 가운데 감동을 받은 것에 응하여 살려고 한다면, 이러한 통찰력을 귀히 여겨야 하며 또한 주목해야만 한다. 이러한 통찰력이 그것을 시행하기 위해 값비싼 희생이 따르는 어떤 실제적인 조정을 내포하게 될 때, 퀘이커 교도들은 그것을 '관심'이라고 불렀다. 그들에게는 조그만 격려, 부드러운 속삭임을 표현할 만한 어휘가 없었다. 그 두 가지는 똑같이 중요하고 일을 이루어 가는 과정에 대한 관심을 대변한다.

7. 기도하는 사람의 용해된 자유

"기도는 행동의 발단이다"라는 말은 기도하는 사람의 용해된 자유가 주조될 때 따라야 할 지침이다. 해시계에 새겨져 있는 문구는 "빛을 유념하라"는 것이다. 거룩한 복종 아래로 나오라.

여기에 정형화되지 아니한 삶의 관계들이 있다. 가령 써야 할 편지가 있다든가, 방문해야 할 친구가 있다든가, 꼭 해야 할 여행이 있다든가, 식량으로 인해 당하는 고통이 있다든가, 돌보아야 할 어린아이가 있다든가, 교우 관계를 유지해야 한다든가 하는 일 따위가 그것이다. 또한 여기에 저항해야 할 사회악도 있고, 처리해야 할 해석적인 일도 있고, "교회를 재건축하라"는 명령도 있고, 써야 할 논문도 있으며, 용서해야 할 잘못도 있고, 없애야 할 원한도 있고, 바로잡아야 할 관계도 있고, 마음의 법정에서 깨끗하고 정직한 생각으로 하나님을 기꺼이 섬기겠다는 각오도 있고, 겉보기에 번지르르하게 일을 처리하는 것에 대한 거부도 있다.

8. 능력에 뿌리박음

그러나 우리에게는 넌지시 암시하는 것 이상이 요구된다. 그것들을 실천할 수 있는 영적인 꾸준한 능력이 필요하다는 것이다. "삶과 능력이 없이 진리만을 공언하는 것은 얼음판과 같이 미끄러워서 사람들이 쉽게 넘어진다"고 아이작 페닝턴(Isaac Penington)이 말했다. 그는 자기로 하여금 이런 지침들을 수행할 수 있게 해주는 능력을 위해 기도한다고 하면서, 그 능력 속에 뿌리박게 해달라고 기도하는 자기의 기도 습관을 권유하고 있다. "나는 진리를 완수할 수 있는 힘을 얻기 위해 하나님을 섬긴다."

우리가 이런 관심사를 수행하면서 마주치게 되는 어려움은 침묵 가운데 그 힘이 모였을 때에 대처하는 것이 좋다. 뒤에 있는 다리를 불태워 버리고 배수의 진을 치는 경우 역시, 침묵 속에서 그 다리의 유일한 반(半)가연성을 바라보는 것이 좋다. 타성과 저항과 친구들의 즐거운 미소를 직면하는 경우도 마찬가지이고, 마땅히 자신들이 연루되어 있는 사회 정의에 관심을 가져야 하는 데 대해서 분개하는 많은 사람들의 냉담함과 이해 부족에도 마찬가지이다. 이것은 당신 자신의 차후의 기도 시간에 대해 의심하지 않을 수 없게 만드는 일이다. 이 의심이 아빌라의 테레사(Teresa of Avila)로 하여금 이렇게 말하게 했다. "나는 자신들이 해야만 하는 모든 일에 대해서 너무 벅차다는 느낌을 갖고 있지 않은 사람을 거의 보지 못했다." 이 모든 것들을 침묵 속에서 대처하고 극복해야 할 필요가 있다.

9. 소중한 영향력의 사슬

만일 우리가 이런 지침들을 무시한다면 앞으로의 기도에 치명상을 입힐 것이다. 캐서린 맨스필드(Katherine Mansfield)는 이렇게 말했다. "내가 위층으로 올라가 기도하려고 했으나 할 수 없었다. 그 이유는 내가 아무 일도 하지 않았기 때문이다." 그리고 그 지침들이 무시되면, 그것들이 오히려 이런 행위가 계속해서 미치게 될 소중한 영향력의 사슬을 끊어 버리게 된다. 당신이 기도를 시작할 때 당신은 이 사슬의 연결 고리가 되어야 한다. 그렇지 않으면 그것은 다른 연결 고리를 기다려야만 한다. "당신은 과연 믿음으로 행동했는가? 당신은 과연 순종했는가?"

이런 변함없는 충성보다 더 위대한 것은 없다. 전쟁 중에 레븐워스(Leavenworth)에서 일정 기간 복무했던 해롤드 그레이(Harold Gray)가 그의 양심상의 불복에 대해서 이렇게 말했다. "세상은 앞으로 전진한다. 왜냐하면 처음에는 한 사람 또는 두어 사람만이 그들이 본 빛에 따라서 충성스럽게 살아갔지만, 결국 그 빛에 따라 살아간 그 사람들 덕택에 다른 사람들도 그 빛을 볼 수 있었기 때문이다." 기도를 통해 얻은 통찰력과, 그 뒤에 생겨서 없어지지 않고 하나님의 사랑의 방법과 조화롭게 협력하는 타인에 대한 관심은 기도의 적극적인 면일 뿐만 아니라, 앞으로의 기도를 위한 유일하고 적절한 준비이기도 하다.

10. 돌려주는 사랑

기도의 출발점으로 돌아오지 않는 완전한 기도 생활은 있을 수 없다. 왜냐하면 기도란 모든 영혼을 감싸 주시는 하나님의 넘치는 사랑과 관심에 대한 반응이기 때문이다. 하나님께 대한 그런 반응이 가장 직접적일 때 그것을 가리켜 '찬양(adoration)'이라고 한다. 찬양은 '돌려주는 사랑'이다. 왜냐하면 찬양의 기도를 통해 우리는 하나님 자신을 위해서, 하나님의 바로 그 존재를 위해서, 하나님의 눈부신 기쁨을 위해서 하나님을 사랑하기 때문이다.

기도의 베테랑이라고 할 수 있는 프리드리히 휘겔(Friedrich von Hügel)이 좋아했던 말이 "신앙은 찬양이다"라는 말이다. "사람들의 가장 근본적인 필요와 의무와 영예와 행복은 간구도 아니요, 회개도 아니요, 감사도 아니요… 바로 찬양이다." 찬양이 비록 기도의 특별한 단계이기는 하지만, 꼭 찬양만이 그런 것은 아니다. 가장 진실된 모든 기도는 찬양을 통해 관통되며, 그 분위기는 모든 실제적인 회개와 간구와 중보의 배경이 된다.

찬양을 통해 우리는 하나님을 즐거워한다. 하나님께 가까이 나아가는 것 외에 아무것도 요구하지 않는다. 모든 것을 하나님께 드리고 싶은 것 외에 아무것도 원하지 않는다. 이 기도에서 나오는 외침이 바로 "거룩! 거룩! 거룩!"이다. 찬양의 학교에서 그 영혼은 다른 모든 목표에 대한 접근에 왜 찬양이 쉴새없이 필요한가를 배우게 된다.

관련 성경 구절 : 신명기 9:12-21

내게 이르시되 일어나 여기서 속히 내려가라 네가 애굽에서 인도하여 낸 내 백성이 스스로 부패하여 내가 그들에게 명한 도를 속히 떠나 자기를 위하여 우상을 부어 만들었느니라 여호와께서 또 내게 일러 가라사대 내가 이 백성을 보았노라 보라 이는 목이 곧은 백성이니라 나를 막지 말라 내가 그들을 멸하여 그 이름을 천하에서 도말하고 너로 그들보다 강대한 나라가 되게 하리라 하시기로 내가 돌이켜 산에서 내려오는데 산에는 불이 붙었고 언약의 두 돌판은 내 손에 있었느니라 내가 본즉 너희가 너희 하나님 여호와께 범죄하여 자기를 위하여 송아지를 부어 만들어서 급속히 여호와의 명하신 도를 떠났기로 내가 그 두 돌판을 내 두 손에서 들어 던져 너희의 목전에서 깨뜨렸었노라 그리고 내가 전과 같이 사십 주야를 여호와 앞에 엎드려서 떡도 먹지 아니하고 물도 마시지 아니하였으니 이는 너희가 여호와의 목전에 악을 행하여 그를 격노케 하여 크게 죄를 얻었음이라 여호와께서 심히 분노하사 너희를 멸하려 하셨으므로 내가 두려워하였었노라 그러나 여호와께서 그때에도 내 말을 들으셨고 여호와께서 또 아론에게 진노하사 그를 멸하려 하셨으므로 내가 그때에도 아론을 위하여 기도하고 너희의 죄 곧 너희의 만든 송아지를 취하여 불살라 찧고 티끌같이 가늘게 갈아 그 가루를 산에서 흘러내리는 시내에 뿌렸었느니라.

리처드 포스터의 묵상

 인간의 활동들 가운데 다른 어떤 것도 기도보다 더 깊이 우리를 하나님의 마음속으로 인도해 가지 못한다. 그리고 다른 어떤 기도 방법도 중보 기도보다 더 견고하게 인간의 삶의 문제 속으로 파고 들어가지 못한다. 이것은 당연한 일이다. 하나님에 대한 사랑은 필연적으로 이웃에 대한 사랑으로 인도된다. 그 둘은 두 개의 계명이 아니라 하나의 계명이다.
 우리가 다른 사람들을 사랑하되 진정으로 사랑하는 법을 배우게 되면, 우리의 힘으로 그들에게 줄 수 있는 것보다 훨씬 더 많은 것을 그들을 위해 구하게 된다. 그리고 그것은 훨씬 더 깊이 그들을 위해 기도하도록 우리를 이끌어 간다. 그 반대의 경우도 사실이다. 우리가 다른 사람들을 위해 더 많이 기도하면 할수록 그들을 더 많이 사랑하게 된다. 그러므로 여기에 우리의 헌신의 정도를 가늠할 수 있는 날카로운 시금석이 있다. 만일 우리가 다른 사람들을 위해 기도하지 않는다면, 진정으로 그들을 위해 기도하지 않는다면, 어떻게 우리가 그들을 사랑한다고 말할 수 있겠는가?

헨리 나우웬

(Henri J. M. Nouwen, 1932~1996)

헨리 나우웬은 네덜란드의 네이께르끄(Nijkerk)에서 태어나 1964년에 미국으로 건너갔다. 그는 로마 카톨릭의 사제요, 심리학자로서 예일, 하버드, 노트르담 등의 여러 명문 대학에서 가르쳤다. 그리고 스무 권이 넘는 책을 저술했는데, 그 중에는 *The Genesee Diary*(제네시 일기), *The Wounded Healer*(상처 입은 치료자), *With Open Hands*(두 손을 벌리고) 등이 있고, 비교적 최근 것으로는 *Gracias*(그라시아스)와 *The Road to Daybreak*(새벽으로 가는 길) 등이 있다.

나우웬의 영적인 순례길은 최근 몇 년 동안 그로 하여금 국제적인 조직을 가지고 있는 공동체인 라르쉬(L'Arche)에서 정신 장애인들을 위해 봉사하도록 했다. 그는 프랑스의 트로슬리(Trosly)에서 일 년을 보낸 후, 1986년부터는 캐나다 온타리오(Ontario) 주의 리치먼드 힐즈(Richmond Hills)에 있는 데이브레이크(Daybreak)에서 지냈다(1996년 9월에 심장마비로 세상을 떠나기까지 그는 이곳에서 장애인들과 함께 생활하였다 – 편집자주). 라르쉬 공동체에서는 정신 지체인들과 그들을 돕는 사람들이 하나님의 자녀들로서 복음을 육화(肉化)하려고 애쓰면서 함께 살고 있다. 봉사자들은 그들을 돕기 위해 기본적인 일들을 제공하고 있는데, 그 일들은 요리하는 일, 청소하는 일, 격려하는 일, 그리고 기도하는 일 등이다.

헨리 나우웬의 영적인 민감성은 참신할 뿐만 아니라 예언자적이다. 다음에 발췌한 글은 우리를 친밀함으로 초대하며, 우리를 영적인 생활로 안내한다.

14 주 「모든 것을 새롭게 만들고 (*Making All Things New*)」에서 발췌

우리의 삶 속에 고독을 받아들임

1. 노력

영적인 생활은 선물이다. 그것은 우리를 하나님의 사랑의 나라로 들어올리는 성령의 은사이다. 그러나 사랑의 나라로 들림받는다는 것이 하나님의 은사라고 해서 그 은사가 우리에게 주어질 때까지 수동적으로 기다려야 한다는 말은 아니다.

예수님께서는 우리에게 우리의 마음을 하나님의 나라에 고정시키라고 말씀하신다. 우리의 마음을 어딘가에 고정시킨다는 것은 진지한 열망을 내포할 뿐만 아니라 강한 결심도 포함한다. 영적인 생활은 인간의 노력도 요구한다. 우리를 세상 염려가 가득 찬 생활로 계속해서 잡아당기는 힘은 결코 쉽게 정복할 수 있는 것이 아니다.

예수님께서도 "하나님의 나라에 들어가기가 심히 어렵도다"(막 10:23)라고 말씀하셨다. 그리고 우리에게 노력에 대한 필요성을 납득시키기 위

해서 이렇게 말씀하셨다. "아무든지 나를 따라오려거든 자기를 부인하고 자기 십자가를 지고 나를 좇을 것이니라"(마 16:24).

2. 작고 부드러운 음성

여기서 우리는 영적인 생활에 있어서의 훈련의 문제에 부딪히게 된다. 훈련이 없는 영적 생활은 불가능하다. 훈련은 제자도의 다른 면이다. 영적 훈련의 연습은 우리로 하여금 작고 부드러운 하나님의 음성에 더욱 민감하게 만든다.

엘리야 선지자가 하나님을 만난 것은 강한 바람 속이나, 지진 가운데서나, 불 속에서가 아니라 세미한 음성 속에서였다(왕상 19:9-13을 보라). 영적 훈련의 연습을 통해 우리는 그 세미한 음성에 주의하게 되고 그 음성이 들릴 때 기꺼이 응답하게 된다.

3. 불합리한 삶에서 순종적인 삶으로

염려 많고 할 일이 너무 많은 우리의 삶을 돌아볼 때, 우리 주변을 둘러싸고 있는 바깥의 소음이 너무 커서 하나님께서 우리에게 말씀하실 때 우리는 하나님의 음성을 제대로 듣기가 매우 어렵다. 종종 우리는 귀가 멀어 하나님이 언제 우리를 부르시는지 알지 못하고, 어떤 방향으로 우리를 부르시는지도 이해하지 못한다.

그래서 우리의 삶이 불합리하게 되었다. '불합리하다(absurd)'는 말 속에는 라틴어인 '수르두스(surdus)'라는 어근이 들어가 있는데 그 말은 '귀가 멀었다(deaf)'는 뜻이다. 영적 생활이 훈련을 요구하는 이유는 하나님께서는 계속해서 말씀하시는데 우리는 좀처럼 듣지 못해서 우리가 하나님의 음성에 귀기울이는 법을 배워야 하기 때문이다.

우리가 귀기울이는 법을 배우면 우리의 삶이 순종하는 삶으로 변한다.

'순종하는(obedient)'이라는 말은 라틴어 '아우디레(audire)'에서 나온 것인데 그 말은 '귀를 기울인다(listening)'는 뜻이다. 영적인 훈련은 불합리한 삶에서 순종하는 삶으로 천천히 옮겨 가기 위해서 필요하다. 그리고 염려와 근심으로 가득 찬 시끄러운 삶에서 우리가 하나님의 음성을 듣고 하나님의 인도하심을 받을 수 있는 자유로운 내적 공간이 있는 삶으로 옮겨 가기 위해서 필요하다.

예수님의 삶은 순종의 삶이었다. 그분은 언제나 아버지의 음성에 귀를 기울였고, 언제나 아버지의 음성에 유의했을 뿐만 아니라, 언제나 아버지의 인도하심에 민감하였다. 예수님은 하나님의 음성을 하나도 놓치지 않았다. 하나님의 음성을 하나도 놓치지 않는 것, 그것이 바로 참된 기도이다. 모든 기도의 핵은 귀를 기울이는 것이고, 하나님의 임재 앞에 순종하는 마음으로 서 있는 것이다.

4. 집중적인 노력

그러므로 영적인 훈련은 우리의 삶에 내적인 공간과 외적인 공간을 창조해 내려는 집중적인 노력이라고 할 수 있다. 그래야만 그 공간에서 이런 순종을 연습할 수 있기 때문이다. 우리는 세상의 것들이 하나님의 음성을 들을 만한 여지가 없을 정도로 우리의 삶을 차지하는 것을 영적인 훈련을 통해서 막을 수 있다. 영적인 훈련은 우리로 하여금 자유로이 기도할 수 있게 한다. 더 좋게 말하면, 하나님의 영이 우리 안에서 기도할 수 있게 한다.

5. 시간과 공간

고독이 없으면 사실상 영적인 생활을 영위하는 것이 불가능하다. 고독은 하나님 한 분만을 위한 시간과 공간과 더불어 시작된다. 우리가 실제로 하나님이 계시다는 것과 그분이 우리의 삶 속에 적극적으로 임재하셔서 고치시고 가르치시고 안내하신다는 것을 믿는다면, 시간과 공간을 따로 떼어서 우리의 온전한 관심을 하나님께 드리는 것이 필요하다. 예수님께서도 이렇게 말씀하셨다. "너는 기도할 때에 네 골방에 들어가 문을 닫고 은밀한 중에 계신 네 아버지께 기도하라"(마 6:6).

6. 내적인 혼돈

우리의 삶 속에 어느 정도의 고독을 받아들이는 것은 가장 필요하면서도 매우 어려운 훈련 중 하나이다. 비록 우리가 진정한 고독에 대한 마음속 깊은 소원을 가지고 있다 하더라도 막상 고독한 장소와 시간에 부닥치게 되면 일말의 두려움이 생긴다. 우리에게 대화할 상대도 없고, 읽을 책도 없고, 시청할 텔레비전도 없고, 전화를 걸 곳도 없으면 우리의 마음에 혼돈이 일어난다.

이 혼돈은 우리의 마음을 너무나 어지럽히고 혼란하게 해서 다시 바빠지기를 거의 기다릴 수 없게 만든다. 그러므로 우리가 개인의 방에 들어가 문을 잠그는 것이 우리 내면의 모든 의심과 염려와 두려움과 기분 나쁜 기억과 해결되지 않은 갈등과 화난 감정과 충동적인 욕구 등이 들어오지 못하도록 했다는 뜻은 아니다. 오히려 우리가 복잡다단한 외부의 문제들을 제거할 때, 내적인 갈등들이 더욱더 선명히 드러나게 되는 경우를 종종 본다.

우리는 내적인 소음에서 우리 자신을 보호하기 위하여 종종 이런 외적인 소동을 이용하기도 한다. 그러므로 우리가 혼자 있기 위해 애를 먹는다는 것은 놀라운 일이 아니다. 내적인 갈등과 싸운다는 것은 매우 고통스러워서 우리가 이겨내지 못할 수도 있다.

그렇기 때문에 고독의 훈련이 더욱 중요하다. 고독은 이미 몰두하고 있는 생활에 대한 자발적인 반응이 아니다. 고독하지 못하게 하는 이유들이 너무나 많다. 그러므로 주의 깊게 계획을 세워 고독을 위한 연습을 시작해야 한다.

7. 기록해 놓으라

하루에 5분 내지 10분이 우리가 참을 수 있는 한계인 것 같다. 아마 우리는 하루에 한 시간, 매주 한나절, 매달 하루, 매년 한 주 정도는 떼어낼 준비가 되어 있는 것 같다. 물론 시간의 양은 각 사람의 기질과 연령과 직업과 생활 방식과 성숙도에 따라 다르다.

그러나 우리가 하나님과 동행하고 하나님께 귀를 기울이기 위해 따로 시간을 정하지 않는다면 영적인 생활을 심각하게 여기지 않는 것이다. 어쩌면 이 시간을 아무도 빼앗아 가지 못하도록 매일 시간 계획표에 기록해 놓아야만 할지도 모른다. 그리고 나면 친구들이나 이웃들이나 학생들이나 고객들이나 의뢰인들이나 환자들에게 이렇게 말할 수 있을 것이다. "죄송합니다만, 이미 그 시간에는 약속이 되어 있고 바꿀 수가 없습니다."

8. 오만가지 생각의 집중 공세

일단 홀로 시간을 보내기로 헌신이 되었으면, 우리 안에 말씀하시는 하나님의 음성에 대한 주의력을 개발해야 한다. 처음 몇 날이나 몇 주, 심지어 몇 달 동안은 공연히 시간만 낭비하고 있는 것이 아닌가 하는 생각이 들 수도 있다. 처음에는 혼자만의 시간을 갖는다는 것이 마음속 은밀한 곳에서 솟아나는 오만가지 느낌과 생각의 집중 공세를 받는 시간에 지나지 않는 것처럼 생각될 수도 있다.

초기 기독교 작가 중 한 사람이 고독한 기도의 첫 단계에 관하여 설명하기를, 그것은 수년 동안 문을 열어 놓고 살던 사람이 갑자기 문을 닫기로 결심하고 나서 경험하는 일과 같다고 했다. 으레 그 집을 드나들던 방문자들이 주인이 문을 열어 주지 않는 것을 의아하게 생각하며 문을 두드리기 시작한다. 그러다가 그 시간에는 방문이 허락되지 않는다는 것을 깨닫고 나서야 비로소 점차적으로 방문을 그치게 된다.

이것이 바로, 그다지 많지 않은 영적인 훈련을 받고 살다가 혼자만의 시간을 갖기로 결심한 사람들이 겪는 경험이다. 처음에는 많은 산만한 일들이 계속해서 등장할 것이다. 그러나 시간이 흘러 점점 그것들에 대해서 관심을 기울이지 않게 되면 그것들은 슬그머니 자취를 감추고 만다.

9. 달아나고 싶은 유혹

중요한 것은 우리가 훈련에 얼마나 충실하냐 하는 것이다. 처음에는 혼자 있는다는 것이 우리의 욕구와 반대되기 때문에 계속해서 달아나고 싶은 유혹이 생긴다. 달아나는 한 가지 방법은 공상에 잠기거나 잠자는 것이다. 그러나 우리가 하나님의 음성을 듣지 못하고 있을 때에도 하나님이 우리와 함께 계신다는 확신을 갖고 계속해서 훈련을 하면, 하나님과 단둘이 보내는 시간을 놓치고 싶지 않다는 것을 서서히 발견하게 된다. 비록 우리가 홀로 있는 시간을 통해 그다지 만족할 만한 일을 경험하지 못했다고 해도, 그 시간을 갖지 못하고 보낸 하루가 그 시간을 갖고 보낸 하루에 비해서 덜 '영적'이라는 사실을 깨닫게 된다.

10. 기도의 첫 번째 신호

우리는 홀로 시간을 보내는 것이 중요하다는 사실을 직관적으로 안다. 우리는 이 쓸모없어 보이는 이상한 시간을 기다리기도 한다. 고독해지고자 하는 이런 욕구는 종종 기도의 첫 번째 신호이다. 즉 하나님의 영의 임재가 더 이상 숨겨져 있지 않다는 첫 번째 표시인 것이다.

우리 자신이 많은 염려에서 벗어나게 될 때, 우리는 결코 혼자가 아니라는 사실과 하나님의 영이 우리와 내내 함께 하신다는 사실을 우리의 머리만이 아니라 우리의 가슴으로도 알게 된다. 따라서 우리는 바울이 로마인들에게 보낸 다음과 같은 글을 이해할 수 있게 된다. "환난은 인내를, 인내는 연단을, 연단은 소망을 이루는 줄 앎이로다 소망이 부끄럽게 아니함은 우리에게 주신 성령으로 말미암아 하나님의 사랑이 우리 마음에 부은 바 됨이니"(롬 5:3-5).

11. 소망으로 가는 길

고독 속에서, 우리는 이미 우리에게 오신 성령님을 알게 된다. 따라서 고독 속에서 우리가 마주치는 고통과 갈등은 소망으로 가는 길이 된다. 왜냐하면 우리의 소망은 우리의 고난이 끝난 후에 생기는 어떤 것에 기초해 있는 것이 아니라, 이러한 고난 속에서 하나님의 치유하시는 영의 실제적인 임재 위에 기초해 있기 때문이다.

고독의 훈련을 통해 우리는 우리의 삶 속에 역사하시는 하나님의 이런 소망스런 임재를 점진적으로 경험하게 된다. 그리고 새 하늘과 새 땅에 속한 기쁨과 평화의 시작을 지금부터 맛볼 수 있게 된다.

내가 여기서 묘사한 것처럼, 고독의 훈련은 기도 생활을 발전시키는 매우 강력한 훈련 중 하나이다. 이는 우리를 일상적인 일들이나 특별히 열중하는 일들의 속박에서 풀어 주며 만물을 새롭게 하시는 하나님의 음성을 듣기 시작하도록 하는, 비록 쉽다고 할 수는 없지만 간단한 길이다.

관련 성경 구절 : 열왕기상 19:9-13

엘리야가 그 곳 굴에 들어가 거기서 유하더니 여호와의 말씀이 저에게 임하여 이르시되 엘리야야 네가 어찌하여 여기 있느냐 저가 대답하되 내가 만군의 하나님 여호와를 위하여 열심이 특심하오니 이는 이스라엘 자손이 주의 언약을 버리고 주의 단을 헐며 칼로 주의 선지자들을 죽였음이오며 오직 나만 남았거늘 저희가 내 생명을 찾아 취하려 하나이다 여호와께서 가라사대 너는 나가서 여호와의 앞에서 산에 섰으라 하시더니 여호와께서 지나가시는데 여호와의 앞에 크고 강한 바람이 산을 가르고 바위를 부수나 바람 가운데 여호와께서 계시지 아니하며 바람 후에 지진이 있으나 지진 가운데도 여호와께서 계시지 아니하며 또 지진 후에 불이 있으나 불 가운데도 여호와께서 계시지 아니하더니 불 후에 세미한 소리가 있는지라 엘리야가 듣고 겉옷으로 얼굴을 가리우고 나가 굴 어귀에 서매 소리가 있어 저에게 임하여 가라사대 엘리야야 네가 어찌하여 여기 있느냐.

리처드 포스터의 묵상

  고독은 영적 생활에서 아주 깊이 있는 훈련 중 하나이다. 왜냐하면 고독은 남보다 유력하고 남보다 우월해지려고 하는 우리의 본성을 십자가에 못박기 때문이다. 모든 사람은(우리 자신도 포함해서) 우리의 고독을 시간 낭비로 본다. 그 시간은 '행동이 있는 곳'과 단절이 되는 시간이다. 물론 우리에게 필요한 것이 바로 그것이다. 하나님께서는 침묵과 고독 속에서 비록 더딜지라도 반드시 우리를 병적인 자아 집착증으로부터 해방시켜 주신다.

  때가 되면 우리는 정말로 중요한 행동이 고독 속에서 일어나는 것을 알게 된다. 일단 우리가 우리의 영혼 속에서 하나님의 역사를 경험하면, 세상의 모든 요란한 소리와 관심들이 멀리서 들려오는 단편적인 메아리처럼 느껴지게 된다. 그때에야 비로소 균형 있는 시각과 자유를 가지고 오늘날과 같은 기계 문명의 소란과 소동의 현장 속으로 들어갈 수 있게 된다.

조지 버트릭

(George A. Buttrick, 1892~1980)

조지 버트릭은 1892년에 영국에서 태어나 랭커스터 인디펜던트 대학(Lancaster Independent College)에서 공부했다. 후에 그는 미국으로 건너가 1915년에 회중 교회의 목사로 안수를 받았다. 그리고 5년 뒤에는 장로교회로 옮겨서 1927년에 뉴욕 시에 있는 매디슨 애비뉴 장로교회(Madison Avenue Presbyterian)의 교역자가 되었다. 그는 1980년에 죽기 전까지 그 교회에서 목회하였다.

버트릭은 목회 기간 중에 전세계의 많은 대학들을 다니면서 수많은 강의와 강연을 했다. 그는 또한 영적 생활에 대한 저술가로서의 은사도 있었다. 그가 저술한 책 *Prayer*(기도)는 기도에 대하여 지금까지 쓰여진 책 가운데 가장 철저하고 포괄적인 책 중 하나로 알려져 있다. 다음에 발췌한 글은 기도의 실제적인 연습을 다루고 있으며, 저자의 말대로, 독자들에게 '상세한 안내'를 제공해 준다. 기도하기는, 버트릭의 말대로 이 '암시들(hints)'을 통해 하나님께서 당신의 기도 생활을 진전시키시기를 바란다.

15주 「기도(Prayer)」에서 발췌

개인 기도의 원리

1. 개인 기도의 간단한 원리

오늘날 우리는 개인 기도에 관하여 좀더 분명하고 상세한 지침을 내리려고 애를 쓴다. 그러나 개인 기도의 규칙이나 그것을 얽매는 규정이 있을 수 없다. 단지 암시만이 있을 뿐이다. 그렇다고 우리가 전인미답의 길을 가는 것은 아니다. 앞서간 성인들이 우리의 스승이다. 또한 기도에 정통한 또 다른 사람들도 우리의 스승이다(그들은 자기들이 성인으로 불리는 것을 안다면 아마 아연 실색할 것이다). 그리고 예수님이야말로 진정한 스승이다.

기도는 하나님과의 교제이다. 교제는 형식적이지는 않지만, 그렇다고 무형의 것도 아니다. 교제에는 그것을 키우는 배양 과정과, 행위와, 의무와, 심지어 훈련도 있다. 격의 없는 마음이 때로는 그 관계를 파괴하기도 한다. 그러므로 여기서 우리는 속박으로서가 아니라 지침으로서 개인 기도의 간단한 원리를 소개하려고 한다.

2. 정돈된 마음 자세

기도는 구하는 것으로 시작하는 것이 아니라 고요한 마음의 준비에서 시작된다. 우리는 하나님의 임재 속으로 바로 돌진해서는 안된다. '개인의 경건'이라는 교회에는 반드시 질서정연하게 정돈된 마음의 현관을 통해서 들어가야 한다. 그것은 우리 마음의 초점을 하나님께 맞추었을 때 가장 쉽게 그 부산물로 얻어진다. 우리는 스스로 이렇게 고백한다. "하나님의 빛이 세상에 충만하며, 그 빛이 이 방안에 충만합니다." 이렇게 우리는 묵상을 시작한다.

그 다음 단계는 '믿음의 행위'이다. 예수님께서도 이것을 끊임없이 강조하셨다. "무엇이든지 너희가 기도하고 구한 것은 다 받은 줄로 믿으라." 이처럼 기도를 시작하는 침묵 속에서 우리는 '그리스도의 마음으로' 구하는 모든 것이 다 우리의 것이며, 단지 기도와 삶의 진지함만이 우리에게 요구된다고 고백하면 된다. 기도에는 언제나 믿음의 행위가 선행된다. 우리는 의심이나 두려움으로 기도하는 것이 아니라 확신을 갖고 기도해야 한다.

3. 그 크신 하나님의 사랑

사실상 기도에는 정해진 순서가 없다. 그러나 일차적인 마음의 충동과 기도의 사람들의 경험을 통해 기도의 첫 단계는 '감사'라는 것을 알 수 있다.

한 강연자가 일단의 사업가들을 앞에 놓고 한 개의 얼룩이 있는 흰 종이 한 장을 내밀며 무엇이 보이느냐고 물었다. 당연히 모든 사람들은 "얼룩이요" 하고 대답했다. 그 질문은 사실 공정하지 못했다. 왜냐하면 잘못된 답을 유도하였기 때문이다. 그럼에도 불구하고 인간의 본성에는 배은 망덕한 마음이 있어서 인간은 검은 얼룩만을 보고 그것을 빼고 난 넓은 흰 부분의 사랑을 보지 못한다.

  우리는 지금까지 살아오면서 겪은 기쁨을 신중하게 회상해 볼 필요가 있다. 아마 우리는 하루의 축복을 기록하는 데도 애를 먹어야 할지 모른다. 시작은 가능하겠지만 끝내기는 어려울 것이다. 그 크신 하나님의 사랑을 적으려면 이 세상의 펜과 종이로는 부족할 것이다. 이 노력을 통해 우리는 '만족이라는 큰 보물'이 이미 우리에게 있다는 것을 상기하게 될 것이다.

4. 인생 너머의 영원한 삶에 뿌리를 내림

  그러므로 감사 기도는 다음과 같이 매우 구체적이어야 한다. "'이렇게' 교제할 수 있게 해주셔서 감사합니다. '이' 위험을 이기게 해주셔서 감사합니다. '이' 놀라운 은혜에 감사합니다." "하나님의 모든 자비하심에 대해서"라는 말은 전체를 묶어서 기도할 때에는 적절하겠지만 개인적인 감사는 되지 못한다. 우리가 "모든 것에 대해서 감사한다"고 하면, 사실 아무것도 감사하지 않고 끝나기가 쉽다.

  감사 기도는 또한 깊은 성찰을 통해 "인생의 '영원한' 사랑이 무엇인가?"라는 질문을 던져야 한다. 그래서 세속적이고 환경에 얽매인 감사에서 벗어나야 한다. 그리고 인생 너머의 영원한 삶에 뿌리를 내려야 한다. "받은 복을 세어 보아라. 주의 크신 복을 네가 알리라"라는 찬송가 가사가 있다. 이 기도는 기쁘고 엄숙한 결심으로 마무리가 되어야 한다. "주님, 나의 얼굴과 나의 말과 이웃에 대한 나의 너그러운 관심과 나의 모든 외적인 생각과 행동에 이 감사로 인을 쳐 주소서."

5. 구체적인 사실을 고백함

기도의 다음 단계는 '고백'이라고 할 수 있다. 본질상 우리는 이것이 현명한 순서임을 알 수 있다. "하나님께서는 우리에게 엄청난 사랑을 베풀어 주셨지만 우리는 하나님께 사랑 대신 이기심을 드렸습니다" 하는 것이 바로 고백이다. 참된 고백은 자기 비난이 아니다. 그것은 다른 사람에게 무자비한 것이, 심지어 자기 자신에게 무자비한 것까지도 결코 덕이 되지 않기 때문이다. 참된 고백은 또한 임기응변식의 회피도 아니다. 지나칠 정도로 양심적인 것은 병적인 것이 되기 쉽고, 기준 미달의 양심은 무관심이나 부패가 되기 쉽다.

우리가 잘못했을 때 그것을 사람들에게 고백하는 것이 때로는 현명하지만 항상 그런 것은 아니다. 어떤 경우에는 그런 고백이 종종 상처를 더 퍼뜨리거나 악화시킬 수도 있다. 그러나 훨씬 더 심각한 잘못을 했더라도 하나님께 고백하는 것은 언제나 지혜로운 일이다. 그분은 이해와 사랑을 갖고 계시기 때문이다.

우리의 죄는 '생명의 질서'를 어긴 것이다. 따라서 참회의 기도를 드릴 때까지는 내적인 평안도 능력도 없다. 고백의 기도도 감사 기도와 마찬가지로 구체적이어야 한다. 지나칠 정도로 무자비해서도 안되지만 핑계를 대서도 안된다. 그것은 정확하게 사실에 갈고리를 걸어야 한다. "나는 남에게 상처를 주었던 '이' 판단을 고백합니다. '이' 시기심과, '이' 비겁함과, '이' 어두운 습관에 얽매인 것과, '이' 세상의 악에 참여한 것을 고백합니다." 이런 구체적인 사실을 고백해야 한다.

6. 하나님의 은혜 속에서 누리는 새로운 자유

회개는 쉬운 일이 아니다. 그것은 수술과 같다. 그러나 수술과 같이, 그것도 그 자체로서 끝나는 것이 아니다. 지혜로운 고백의 기도는 언제나 하나님의 용서를 수납하는 데까지 인도한다. … 하나님께서는 우리가 고백한 죄를 기억하는 것을 원치 않으신다. 단지 우리가 하나님만 의지해야 한다는 사실을 기억하기 원하신다. 그것은 하나님 자신이 우리의 모든 죄를 기꺼이 잊으려 하시기 때문이다.

따라서 고백의 기도를 드리고 나서는 무릎을 펴고 일어서는 것이 지혜롭다고 할 수 있다. 그것이 바로 우리가 하나님의 용서를 인정하는 표시일 뿐만 아니라 그의 사죄에 대한 확실한 믿음의 표시요, 그의 은혜 속에서 누리는 새로운 자유의 표시이기 때문이다. 그렇게 일어서는 것은 또한, 우리에게 잘못을 고칠 만한 힘이 있는 한 지혜롭게 회복하겠다는 결심과 진심으로 죄를 버리겠다는 각오를 상징할 수도 있다.

그러한 결심이 없으면 고백은 불완전하다. 우리의 의지가 아무리 약하다 해도, 그 의지가 정정당당히 새로운 삶의 편에 서서 낮아지지 않으면 안된다. 그렇지 않으면 우리가 아무리 참회를 한다 해도 그것은 자기 기만이 되고 하나님의 선하심을 남용하는 것밖에는 되지 않는다. 참된 고백은 영혼을 깨끗하게 하는 것이다.

7. 사랑은 얼굴을 본다

그 다음에 뒤따르는 기도는 '중보' 기도이다. 이 기도가 없으면 아무리 열심히 기도해도 이기적인 기도가 될 수 있다. 주기도문에 나오는 거의 모든 구절들이 우리에게 이웃에 대한 관심을 상기시켜 준다. "'우리' 아버지," "'우리'에게 일용할 양식을," "'우리' 죄를" 등의 말이 바로 그것이다.

개인적인 중보는 구체적이어야 한다. "이 모든 사람들과 이들의 모든 상황을 위해 하나님께 겸손히 간구합니다"라는 말은 공적인 기도에나 적합한 말이다. 이런 기도는 바로 그 말에서 알 수 있듯이, 예배하고 있는 모든 회중을 일치된 헌신의 행위로 끌어들여서 그들 각자에게 자기만이 아는 은밀한 기도를 드릴 수 있도록 하나의 형식을 제공해 준다고 할 수 있다. 하지만 그런 기도는 개인적인 기도에는 적합하지 않다.

참된 사랑은 무리를 보지 않고 각각의 얼굴을 본다. 선한 목자는 "자기 양의 이름을 부른다." 중보는 구체적인 것 이상이다. 그것은 깊이 생각하는 것이다. 그것은 우리의 기도 대상자들의 짐을 우리의 마음에 짊어질 것을 요구한다.

8. 마음의 간구

누구의 이름이 제일 먼저 와야만 할까? 아마 원수들의 이름일 것이다. 예수님의 명령은 명백하다. "너희를 핍박하는 자를 위하여 기도하라." 예수님께서는 우리에게 원한이 있으면 예배도 무익하다고 말씀하셨다. 예물을 제단 앞에 두고 먼저 가서 이웃과 화목하고 그 후에 와서 예배를 드리는 것이 지혜롭다는 말씀이며, 그때에야 비로소 우리가 진심으로 예배드릴 수 있다는 말씀이다. 그러므로 첫 번째 중보는 다음과 같다. "어리석게도 제가 원수라고 생각한 아무개에게 복을 내려 주십시오. 제가 잘못을 범한 아무개에게 복을 주십시오. 주님의 사랑으로 그들을 품어 주십시오. 나의 쓰라림을 제거하여 주십시오."

또한 중보 기도는 정치, 의료, 학문, 예술, 종교 분야의 지도자들을 위해 기도할 수도 있다. 이 세상의 굶주리는 사람들, 일터나 놀이터의 친구들 그리고 우리의 사랑하는 친구들을 위해서 기도할 수도 있다. 일종의 책임감으로 인해 우리가 중보 기도의 목록을 만들 수도 있다. 그래서 날마다 이 세상의 필요를 위해 열심히 간구할 수도 있다. 특히 우리의 기도에 절박하게 의지하고 있는 사람은 잊을 수도 없거니와 빼놓을 수도 없다.

따라서 참된 중보는 구체적이어야 하며 깊이 생각해야 한다. 그것은 또한 대담하다. 그것은 마음의 간구 위에 세계의 위기를 짊어지기까지 한

조지 버트릭

다. 감사의 기도와 마찬가지로 이 기도도 서약이 없으면 완전하지 않다. 진실한 사랑의 기도는 결코 헛되지 않다.

9. 영원하신 하나님의 존전에

기도의 네 번째 순서는 '간구'이다. 이 기도가 제일 나중에 오는 것은 가장 중요하기 때문이 아니라 앞서 드린 기도의 보호를 받아야 하기 때문이다. 우리는 영원하신 하나님의 존전에 우리의 세상적인 필요를 올려 드리는 것을 두려워해서는 안된다. 왜냐하면 우리는 영원한 하나님의 사랑 안에 있기 때문이다.

그러나 우리는 우리의 이기적인 마음이 끼여드는 것을 두려워해야 한다. 우리가 간구 기도를 드리기에 앞서 감사를 드리고 우리의 죄를 고백하고 이웃을 위해 기도하면 이기적인 간구를 막을 수 있다. 그러므로 가장 나중에 간구를 드리면 마음의 자유를 얻을 수 있다.

때때로 이 기도는 슬픔과 두려움과 무기력 속에서 부르짖는 피조물의 위기의 외침이 될 수도 있다. 어둠 속에서 상처 난 주먹으로 하늘 문을 두드리는 그런 기도가 될 수 있다는 말이다. 또 때로는 일상적인 문제에 대해서 하나님과 다정하게 이야기하는 기도가 될 수도 있다. 이 두 가지 기도 모두가 그리스도의 인정을 받고 있다. 그분의 제자들은 곤경에 처했을 때 "주여, 우리를 구원하소서"라고 기도했으며, 매일매일 일상 생활의 갈등과 어려움과 기쁨에 대해서 예수님과 대화를 나누기도 했다.

간구 기도를 막으려는 것은 인간의 본성을 거스르는 것과 같다. 신약성경이 우리에게 좋은 지혜를 가르쳐 준다. "아무것도 염려하지 말고 오직 모든 일에 기도와 간구로 너희 구할 것을 감사함으로 하나님께 아뢰라." 그러나 간구는 "가장 좋은 은사를 사모하기" 위해서 은혜 속에서 자라야 한다. 그리고 언제나 우리의 시각이 희미하고 우리의 목적과 동기가 혼동되기 쉽다는 사실을 인정해야만 한다. 간구하는 기도는 언제나 이렇게 결론이 나야 한다. "나의 뜻대로 마옵시고 아버지의 뜻대로 되기를 원하나이다."

10. 존경심 속에서 이루어지는 친교

이 네 가지 기도의 사이는 묵상으로 채워져야 한다. 감사의 기도를 드린 후에 우리는 하나님의 풍성한 선하심을 묵상하면서 하나님께서 주시는 은사들에 관한 말씀을 기다려야 한다. 고백의 기도를 드린 후에는 그리스도 안에서 드러난 하나님의 용서의 사랑을 찬양하면서 조용히 그의 인도하심을 바라야 한다. 중보의 기도를 드린 후에는 그리스도께서 십자가에서 바라보셨던 것처럼 온 세상의 필요가 무엇인지 묵상하며 그것을 보려고 애를 써야 한다. 간구의 기도를 드린 후에는 다시금 하나님의 뜻이 무엇인지 묵상하며 기다려야 한다.

기도는 말하는 것일 뿐만 아니라 귀를 기울이는 것이며, 구하는 것일 뿐만 아니라 받는 것이다. 그리고 기도의 가장 깊은 정서는 존경심 속에서 이루어지는 친교라고 할 수 있다. 따라서 매일매일의 기도는 시작과 똑같이 찬양으로 끝나야 한다. 기도의 가장 좋은 마무리는 "예수님의 이름으로 기도합니다. 아멘"이다. 왜냐하면 예수님의 이름이나 성품으로 기도하는 것이 하나님을 가장 잘 이해하는 것이며, 서투른 우리의 기도를 바로잡는 데 가장 좋기 때문이다. "아멘"이란 말은 무의미한 말이 아니다. 그 말은 "그대로 되어지이다"라는 뜻이다. 그것은 기도한 대로 신실하게 살겠다는 우리의 결단이며, 하나님의 능력에 대한 우리의 믿음의 행위이다.

관련 성경 구절 : 누가복음 6:27-36

그러나 너희 듣는 자에게 내가 이르노니 너희 원수를 사랑하며 너희를 미워하는 자를 선대하며 너희를 저주하는 자를 위하여 축복하며 너희를 모욕하는 자를 위하여 기도하라 네 이 뺨을 치는 자에게 저 뺨도 돌려 대며 네 겉옷을 빼앗는 자에게 속옷도 금하지 말라 무릇 네게 구하는 자에게 주며 네 것을 가져가는 자에게 다시 달라지 말며 남에게 대접을 받고자 하는 대로 너희도 남을 대접하라 너희가 만일 너희를 사랑하는 자를 사랑하면 칭찬받을 것이 무엇이뇨 죄인들도 사랑하는 자를 사랑하느니라 너희가 만일 선대하는 자를 선대하면 칭찬받을 것이 무엇이뇨 죄인들도 이렇게 하느니라 너희가 받기를 바라고 사람들에게 빌리면 칭찬받을 것이 무엇이뇨 죄인들도 의수히 받고자 하여 죄인에게 빌리느니라 오직 너희는 원수를 사랑하고 선대하며 아무것도 바라지 말고 빌리라 그리하면 너희 상이 클 것이요 또 지극히 높으신 이의 아들이 되리니 그는 은혜를 모르는 자와 악한 자에게도 인자로우시니라 너희 아버지의 자비하심같이 너희도 자비하라.

리처드 포스터의 묵상

   기도에 대한 조지 버트릭의 말이 내게 도움이 된다. 그것은 그가 내게 기도에 대한 새로운 통찰력을 주고 있기 때문이 아니다. 이런 저런 형태로 나는 이전에 이미 그의 말을 들은 적이 있다. 그의 말이 내게 진정 도움이 되는 것은 내가 그의 글을 읽을 때 기도하고 싶어진다는 것 때문이다. 많은 저자들이 내게 기도를 이해하는 데 도움을 주었다. 그러나 기도를 실제로 하게 한 사람은 거의 없었다.

   나는 버트릭의 이런 측면을 대단히 기쁘게 생각한다. 내게는 기도 생활에서 간직해야 할 계속적인 격려가 필요하기 때문이다. 나의 경우는 기도를 분석하고 토론하는 데 빠져서 '하나님의 임재를 연습하는 일'을 회피하기가 너무 쉽다. 아마 당신도 똑같은 어려움을 경험했을 것이다. 기도에 대한 버트릭의 '암시'에 대해 우리 모두는 분명히 감사하지 않을 수 없다. 그것이 우리로 하여금 계속해서 기도에 정진하도록 하기 때문이다.

쇠렌 키에르케고르

(Søren Kierkegaard, 1813~1855)

　쇠렌 키에르케고르는 19세기 초 덴마크의 코펜하겐에서 태어났다. 그는 코펜하겐 대학을 졸업했으며, 독일에 가서 2년을 지낸 후에 다시 코펜하겐으로 돌아와 남은 여생을 살았다. 1843년에 처녀작 *Either/Or*(양자택일)를 저술하여 출판했는데, 그 책은 약화된 기독교를 비난하는 내용으로 당시의 종교계에 큰 파문을 일으켰다.

　사실, 키에르케고르의 생애와 저작들은 기성 교회에 심각한 도전이 되었다. 그는 당시의 기성 교회가 마땅히 지녀야 할 신앙의 도약과 헌신에 대한 개인적인 책임―대중들의 책임과는 반대되는 개념의 책임―을 도외시했다고 믿었다. 그의 모든 저작들은 인간과 하나님 사이의 간격을 최소화시킨 기성 교회에 대한 일종의 심판의 메시지였다. 키에르케고르는 하나님과 인간 사이에는 커다란 간격이 있고 그 둘 사이의 유일한 교량 역할을 하시는 이가 바로 예수 그리스도라고 믿었다. 이성이 신앙보다 우위를 차지하고 인간의 잠재력이 인간의 연약함보다 우위를 차지하던 소위 계몽주의 시대에 키에르케고르의 철학은 정체성을 잃어버린 세상과 교회에 바른 잣대 구실을 했다.

　여기에 발췌된 부분은 키에르케고르의 많은 저작들에서 발견되는 일련의 기도들이다. 그는 글을 써 나가는 도중에 종종 기도를 삽입하곤 했다. 이 기도들은 그의 사상뿐만 아니라 그의 감성까지도 반영한다. 왜냐하면 날카로운 지성 뒤에는 하나님을 바라보는 감성이 자리잡고 있기 때문이다.

16주 「키에르케고르의 기도들(*The Prayers of Kierkegaard*)」에서 발췌

한 가지만을 원하게 하소서

1. 무한한 사랑으로 감동됨

불변하시는 주님, 주님은 그 무엇으로도 변화시킬 수 없는 분이십니다. 우리의 복락을 위한 주님의 세심한 사랑은 변치 아니하며, 어떠한 변화에도 굴하지 아니합니다. 우리도 주님의 불변하심에 대한 훈련에 순종함으로써 우리의 복락을 도모하게 하소서. 그리고 무조건의 순종을 통해 안식을 찾으며, 주님의 불변하심 속에서 안식을 누리게 하소서. 주님은 우리와 같지 않으십니다. 우리는 약간의 불변성만 유지하려 해도 너무 많이 감동받아서도 안되고 너무 많은 것에 의해 감동을 받아서도 안됩니다. 그와는 반대로 주님께서는 모든 것들에 의해 감동받기도 하시고 무한한 사랑으로 감동되기도 하십니다. 심지어 우리 인간들이 별로 중요하지 않아 하찮게 여기는 것, 가령 참새가 필요로 하는 것처럼 아무런 감동 없이 지나가 버리는 것까지도 주님을 감동시킵니다. 그리고 우리가 종종 깨닫지

못하는 인간의 한숨 소리까지도 하나님을 감동시킵니다. 그러나 주님, 주님께서는 여전히 불변하는 분이십니다. 무한한 사랑으로 친히 감동받기를 원하시는 주님, 구하옵기는 이 기도 역시 주님의 마음을 감동시켜서 주님의 복을 더하게 하옵소서. 이 기도가 기도하는 우리에게 변화를 일으켜서 우리로 주님의 변치 아니하는 뜻에 일치하는 삶을 살 수 있게 하소서. 주님은 진정 변치 않는 분이십니다.

2. 주님께서 우리를 먼저 사랑하셨습니다

하늘에 계신 아버지! 주님께서 우리를 먼저 사랑하셨습니다. 주님이 사랑이시라는 사실을 우리가 잊지 않게 하옵소서. 그래서 이 분명한 확신으로 말미암아 우리의 마음이 세상의 유혹과 영혼의 불안과 장래에 대한 걱정과 과거에 대한 두려움과 지금 이 순간의 절망을 이겨낼 수 있게 하소서. 그리고 이 확신을 통해 우리의 영혼을 훈련시키셔서, 주님께서 우리에게 네 몸과 같이 사랑하라고 명령하신 그 모든 이웃들을 향해 품고 있는 우리의 사랑이 마음에서 우러나오는 신실함과 진실함이 되게 하소서.

오 하나님, 주님께서 우리를 먼저 사랑하셨습니다. 아! 주님께서는 우리를 수도 없이 여러 번, 매일같이, 우리의 전생애를 통해 먼저 사랑해 주셨건만, 우리는 마치 주님께서 단 한 번만 우리를 먼저 사랑해 주신 것처럼 역사의 용어를 빌어 그 사랑에 대해서 말하고 있을 따름입니다. 아침에 일어나 우리의 마음을 주님께로 향하였을 때, 그때도 주님께서 먼저, 그야말로 먼저 우리를 사랑하셨습니다. 제가 새벽에 깨어 일어나 기도 중에 제 영혼을 주님께로 향하는 그 순간에도, 주님께서는 저보다 먼저 거기 계셔서 먼저 저를 사랑해 주셨습니다. 제가 복잡다단한 하루 일과를 마치고 물러나 제 영혼을 주님께로 향하게 하면, 주님께서는 먼저 거기에 계셨습니다. 그것은 영원한 주님의 사랑입니다. 그러나 우리는 언제나 주님께서 오직 한 번만 우리를 사랑하신 것처럼 불평만을 늘어놓습니다.

쇠렌 키에르케고르

3. 주님, 조금만 참아 주십시오

하늘에 계신 아버지! 조금만 더 참아 주십시오. 우리는 정성을 다해 주님과 대화하려고 하지만, 우리의 말이 어눌하고 부족해 이렇게 어리석은 말밖에는 할 수가 없습니다. 때때로 우리에게 닥친 일이 좋다고 판단되어도 주님께 감사할 말이 충분하지 못합니다. 마치 잘못을 저지른 아이가 제멋대로 고집을 부려 놓고 감사하는 것과 같기도 합니다. 또 때로는 일이 너무나 잘못되어서 주님께 부르짖을 때도 있습니다. 마치 철없는 아이가 자기에게 좋은 것인데도 무서워하는 것과도 같습니다. 오, 우리가 정말 그런 어린아이처럼 유치하다면 하나님의 참된 자녀와는 얼마나 거리가 먼 것입니까! 주님은 우리의 참 아버지신데 우리가 아직도 그렇게 유치하다면, 짐승이 사람을 아버지로 모신 것과 무슨 차이가 있다는 말입니까? 오 하나님, 우리는 너무나 어리석고 유치합니다. 우리의 언어가 주님께 사용해야 할 언어를 닮아야 하고, 적어도 이런 식의 언어가 아닌 다른 것이라는 사실을 깨달아야 한다는 우리의 제안이 하나님께서 보시기에는 얼마나 보잘것없는 것입니까? 그러니 주님, 조금만 참아 주십시오.

4. 우리가 죄를 주장하게 하옵소서

하늘에 계신 아버지! 죄가 우리를 주장하는 것이 아니라 우리가 죄를 주장하게 하옵소서. 주님을 향한 우리의 생각이 우리의 영혼을 일깨울 때마다 우리가 저지른 죄가 생각나게 마옵시고 주님께서 베푸신 용서의 은총이 생각나게 하옵시며, 우리가 어떻게 그릇 행했는가가 생각나는 것이 아니라 주님께서 어떻게 우리를 구원하셨는가가 생각나게 하옵소서.

5. 약속과 고통

하늘에 계신 아버지! 찾는 것에는 반드시 약속이 있다는 것을 우리가 잘 압니다. 주님은 친히 모든 약속을 하신 분이시요, 모든 좋은 은사를 주시는 분이시니 우리가 어찌 주님을 찾지 못할 수 있겠습니까? 찾는 자가 언제나 멀리 방황할 필요가 없음은, 찾는 대상이 신성하면 할수록 찾는 자에게 더 가까이 있다는 것을 우리가 잘 알기 때문입니다. 오 주님, 우리가 주님을 찾을 때 주님은 모든 것 중에 가장 가까이 계시는 분입니다.

그러나 찾는 것에는 고통과 시험이 따른다는 것도 우리가 잘 압니다. 주님은 전능한 분이시니 주님을 찾는 일에 어찌 두려움이 없겠습니까? 심지어 주님의 자녀임을 확신하는 사람도 중요한 결정을 내려야 하는 순간에 두려움 없이는 나서지 못합니다. 왜냐하면 그 순간, 의심을 통해 존재의 지혜로운 질서 속에서 주님의 임재를 찾을 수도 있고, 절망을 통해 반역적인 사건들의 섭리하에서 순종함으로 주님을 찾을 수도 있기 때문입니다.

주님께서 친구라고 불러 주시고 주님의 도우심을 받으며 행하는 사람들도 홀로 전능하신 주님과 사귐을 가질 때에 두려움과 떨림이 없을 수 없습니다. 전심으로 주님을 사랑하는 기도의 사람들도 감히 하나님과 기도의 쟁투를 벌일 때에 걱정이 없을 수 없습니다. 주님께서 무대를 바꾸기 원하시는 죽어 가는 사람도 주님께서 그를 부르실 때에 아무런 떨림 없이 이생을 떠나지는 못합니다. 세상이 고통밖에 주지 못해 비참하게 살다 가는 슬픔의 아이라 하여도 두려움 없이 주님께 가지는 못합니다. 주님은 우리의 고통을 덜어 주실 뿐만 아니라 모든 것의 모든 것 되시는 분입니다. 오, 의로우신 하나님! 그러하오니, 죄인이 어찌 감히 하나님을 찾을 수 있겠습니까? 그러나 죄인이 주님을 찾는 것은, 다른 사람들과는 달리, 죄를 고백함으로 찾는 줄 믿습니다.

6. 죽음에 이르는 병

하늘에 계신 아버지! 회중들이 종종 병 든 자와 슬픔을 당한 자를 위해 주님께 간구합니다. 우리 중의 어떤 이가 병 들어 누웠거나 죽을 병에 걸렸을 때 회중이 때때로 특별 기도를 하기도 합니다. 우리 한 사람, 한 사람에게 죽음에 이르는 병이 무엇인지 적시에 알 수 있는 은혜를 주시고, 우리 모두가 이 질병을 겪고 있다는 것을 알게 하여 주옵소서.

오 주 예수 그리스도시여, 주님께서는 이 질병으로 고통당하는 자들을 구원하려고 이 땅에 오셨습니다. 이 질병으로 우리 모두가 고통당하고 있기는 하지만, 이 질병을 통해 주님께서는, 이렇게 앓고 있다는 사실을 알고 있는 사람들의 목소리만을 들으실 수 있습니다. 이 질병 속에서 주님을 굳게 붙잡도록 도와 주옵소서. 이 질병을 고침받을 때까지 주님만을 붙들게 도와 주옵소서.

오 성령 하나님, 성령께서는 우리가 정직하게 고침받기를 원하기만 하면 우리를 고치시기 위해 오셨습니다. 우리와 함께 거하셔서, 우리가 단 한 순간도 의사이신 성령님을 회피함으로 말미암아 파멸로 향하지 않게 하소서. 또한 우리로 성령님과 함께 거하여 질병에서 고침받게 하소서. 성령님과 함께 거하는 것이 질병에서 고침받는 것이며, 성령님과 함께 있을 때 모든 질병에서 구원을 얻기 때문입니다.

7. 한 가지만을 원하게 하옵소서

하늘에 계신 아버지! 하나님이 계시지 않다면 우리가 무엇이 되겠습니까? 우리가 만일 하나님을 모른다면, 우리가 알고 있는 것이 제아무리 많이 쌓여 있다 한들 무엇이 되겠습니까? 단지 잘게 부숴진 파편에 지난 것 아니겠습니까? 만일 우리가 하나님을 모른다면, 우리의 모든 노력이 무엇이 되겠습니까? 제아무리 그것이 세상을 에워싼다 해도 하다가 중단한 일에 불과한 것 아니겠습니까? 주님은 하나시며, 모든 것이 되시는 분입니다.

그러므로 지성에게는 그 한 가지를 이해할 수 있는 지혜를 주시고, 감성에게는 이 이해를 받아들일 수 있는 성실함을 주시고, 의지에게는 오직 한 가지만을 원하는 순수함을 주옵소서. 번영할 때에는 한 가지만을 원하는 인내심을 주시고, 정신이 산만할 때에는 한 가지만을 원하는 집중력을 주시고, 고통스러울 때에는 한 가지만을 원하는 참을성을 주옵소서.

모든 일의 시작과 완성을 주시는 주님, 이른 아침에는 젊은이들에게 한 가지만을 바라는 결단력을 주시고, 황혼녘에는 노인들에게 그들이 처음 결심한 것을 새롭게 기억할 수 있는 힘을 주셔서 처음이 나중 같게, 나중이 처음 같게 하옵소서. 그리하여 단 한 가지만을 바라는 생명을 소유하게 하옵소서.

그러나 안타깝게도, 이런 일은 참으로 드뭅니다. 중간에 다른 것이 끼여들기 때문입니다. 죄가 그 사이에 끼여듭니다. 매일같이, 끊임없이, 그 사이에 다른 것이 끼여들어 옵니다. 지연과 방해와 중단과 속임과 부패가 그것들입니다. 그러므로 주님, 이 시간 회개하오니 다시 한번 한 가지만을 원하는 용기를 주옵소서.

참으로 회개는 우리의 일상적인 업무의 중단입니다. 참회하는 자가 홀로 자책감을 가지고 하나님 앞에 설 때에 그날이 안식의 날인 것처럼, 우리는 회개할 때 우리의 업무를 내려놓습니다. 회개는 참으로 중단입니다. 그러나 그것은 처음 시작할 때의 상태를 되찾아 죄가 분리시킨 것을 다시 새롭게 동여매고, 슬픔 속에서 잃어버린 시간을 보상하며, 걱정 속에서 그 앞에 놓여 있는 것을 완성하기 위한 중단입니다.

시작과 완성을 주시는 주님, 필요한 날에 주님의 승리를 주옵소서. 그리하여 우리의 불타는 소원과 우리의 확고한 결심이 이루고자 하는 것을 회개의 슬픔 속에서 우리가 얻게 하소서. 그것은 바로 단 한 가지만을 원하는 것입니다.

8. 매일 아침 부숴지게 하소서

주님! 우리의 마음을 주님이 거하시는 성전이 되게 하소서. 모든 불순한 생각과 모든 세상적인 욕망이 다곤의 우상처럼 매일 아침 언약궤 앞에서 부숴지게 하소서. 우리에게 혈과 육을 다스릴 수 있는 법을 가르쳐 주시고, 이렇게 우리 자신을 다스리는 것이 주님께 드리는 우리의 피의 제사가 되게 하옵소서. 그리하여 우리가 사도 바울처럼 이렇게 고백할 수 있게 하소서. "내가 날마다 죽노라."

관련 성경 구절 : 사무엘상 5장

블레셋 사람이 하나님의 궤를 빼앗아 가지고 에벤에셀에서부터 아스돗에 이르니라 블레셋 사람이 하나님의 궤를 가지고 다곤의 당에 들어가서 다곤의 곁에 두었더니 아스돗 사람이 이튿날 일찍이 일어나 본즉 다곤이 여호와의 궤 앞에서 엎드러져 그 얼굴이 땅에 닿았는지라 그들이 다곤을 일으켜 다시 그 자리에 세웠더니 그 이튿날 아침에 그들이 일찍이 일어나 본즉 다곤이 여호와의 궤 앞에서 엎드러져 얼굴이 땅에 닿았고 그 머리와 두 손목은 끊어져 문지방에 있고 다곤의 몸둥이만 남았더라 그러므로 다곤의 제사장들이나 다곤의 당에 들어가는 자는 오늘까지 아스돗에 있는 다곤의 문지방을 밟지 아니하더라 여호와의 손이 아스돗 사람에게 엄중히 더하사 독종의 재앙으로 아스돗과 그 지경을 쳐서 망하게 하니 아스돗 사람들이 이를 보고 가로되 이스라엘 신의 궤를 우리와 함께 있게 못할지라 그 손이 우리와 우리 신 다곤을 친다 하고 이에 보내어 블레셋 사람의 모든 방백을 모으고 가로되 우리가 이스라엘 신의 궤를 어찌할꼬 그들이 대답하되 이스라엘 신의 궤를 가드로 옮겨 가라 하므로 이스라엘 신의 궤를 옮겨 갔더니 그것을 옮겨 간 후에 여호와의 손이 심히 큰 환난을 그 성에 더하사 성읍 사람의 작은 자와 큰 자를 다 쳐서 독종이 나게 하신지라 이에 그들이 하나님의 궤를 에그론으로 보내니라 하나님의 궤가 에그론에 이른즉 에그론 사람이 부르짖어 가로되 그들이 이스라엘 신의 궤를 우리에게로 가져다가 우리와 우리 백성을 죽이려 한다 하고 이에 보내어 블레셋 모든 방백을 모으고 가로되 이스라엘 신의 궤를 보내어 본처로 돌아가게 하고 우리와 우리 백성 죽임을 면케 하자 하니 이는 온 성이 사망의 환난을 당함이라 거기서 하나님의 손이 엄중하시므로 죽지 아니한 사람들은 독종으로 치심을 받아 성읍의 부르짖음이 하늘에 사무쳤더라.

리처드 포스터의 묵상

일류 철학자의 기도를 접해 본다는 것은 참으로 멋진 일이다. 냉철한 지성과 부드러운 경외심은 서로 원수가 아니라 친구이다. 우리는 지성과 감성을 너무 오랫동안 분리시켜 왔다. 그것 때문에 우리는 스스로를 축소시켜 버렸다.

우리는 지성으로 하나님을 사랑하며, 또한 감성으로 하나님을 사랑한다. 실제로 우리는 지성을 가지고 감성 속으로 내려가 거기서 끊임없는 경외와 계속적인 찬양을 가지고 하나님 앞에 서게 된다. 지성과 감성이 조화를 이루어 역사할 때, 일종의 '사랑의 합리성'이 생겨 우리의 모든 말과 행동에 편만하게 된다. 이것을 통해 우리는 통일성을 얻게 되고 하나님께는 영광을 돌리게 된다.

이블린 언더힐

(Evelyn Underhill, 1875~1941)

20세기에 살았던 여성 가운데 이블린 언더힐만큼 경건 생활에 대한 우리의 이해를 넓혀 준 사람은 별로 없다. 그녀는 학문 연구와 저술로서 종교와 영성학 분야에서 성도들과 비판자들 모두에게 도움을 주었다. 특히 그녀의 유명한 저서인 *Mysticism: A Study in the Nature and Development of Man's Spiritual Consciousness*(신비주의:인간의 영적 의식의 본질과 발달에 관한 연구)는 여러 판을 거듭하여 출판되었으며, 영성을 연구하는 모든 사람에게 기본적인 교본으로서 계속적인 도움을 주고 있다.

그녀는 영국 런던의 킹스 칼리지(King's College)에서 교육을 받았으며, 그곳에서 저술과 강연을 하며 많은 시간을 보냈다. 그녀는 1921년부터 1922년까지 옥스퍼드의 맨체스터 칼리지에서 강의를 하기도 했다. 그러나 그녀의 지속적인 공헌은 학문적인 성취에 의한 것이라기보다 경건 생활에 대한 개인적인 통찰에 의한 것이었다. 서른두 살 때 회심한 이후 그녀는 매우 강도 높게 경건 생활을 지속해 왔다.

언더힐의 개인적인 영성 개발은 그녀의 지적인 능력과 결부되어, 진정한 영성과 학문적인 우수성을 결합시키려는 당시의 요구를 만족시켰다. 그 결과, 그녀는 많은 사람들에게 추앙받는 영적 지도자가 되었다. 뿐만 아니라 영국 국교회의 여러 신앙 수련장에서 행해지는 신앙 훈련의 지도자로도 유명해졌다.

여기에 실린, 기도의 내적인 구조를 묘사한 언더힐의 글은 기도 생활에서 지, 정, 의가 차지하는 위치에 대하여 밝혀 주고 있다.

17 주 「신비주의의 본질(*The Essentials of Mysticism*)」에서 발췌

기도란 무엇인가?

1. 촉수를 내미는 것

먼저, 기도의 의미는 무엇일까? 그것은 의도적으로 영적인 실재를 지향하고 오로지 거기에 응답하는 우리의 의식적인 생활의 일부이다. 그 영적인 실재란 바로 하나님이시며, 우리는 하나님께서 모든 만물 속에 내재해 계심을 믿는다. 하나님께서는 우리 한 사람 한 사람과 결코 멀리 떨어져 계시지 않는다. 그 이유는 우리가 그를 힘입어 살며, 활동하며, 존재하기 때문이다.

왈터 힐튼(Walter Hilton)은 말하기를, "기도는 마음의 욕구를 세상적인 생각으로부터 멀리함으로써 그것을 하나님께로 올라가게 하는 것"이라고 했다. 루이스브뢰크(Ruysbroeck)은 "기도란 사랑의 사다리를 타고 올라가는 것"이라고 했다. 윌리엄 로(William Law) 역시 같은 생각으로, "기도는 우리의 영혼이 시간의 허망함에서 벗어나 영원의 부요함으로 올라가는 것"이라고 정의했다.

그러므로 기도는 일상적인 현세의 이익 추구에서 벗어나는 것을 필요로 한다. 기도는 우리의 의식의 촉수를 내미는 것인데, 투쟁적이고 변하는 세상 만물 속에 간직되어 있다고 생각되는 신적 존재를 향해서가 아니라, 세상이 그 속에 들어 있다고 생각되는 "영원한 진리, 참된 사랑, 그리고 사랑하는 영원하신 분"에게로 내미는 것이다.

2. 이중적인 상황

한 사람의 전생애는 이러한 초월적인 동시에 내재적인 실재에 대한 균형 잡힌 반응의 연속으로 이루어진다. 우리는 두 개의 질서 아래 살고 있기 때문에 한편으로는 영원의 시민이요, 다른 한편으로는 시간의 시민이다. 마치 시계추처럼 우리의 의식은 영원히 움직인다. 물론 건전하다면 하나님과 이웃 사이, 이 세상과 저 세상 사이에서 움직이는 것이 당연하다.

우리의 존재의 온전함과 정신의 건전함, 그리고 균형 잡힌 생활은 이러한 이중적인 상황에 우리가 어떻게 완벽하게 적응하느냐에 전적으로 달려 있다. 시계추에 비유한다면, 시계추가 한 번씩 번갈아 가며 꾸준히 안팎으로 흔들릴 때 바깥쪽으로 흔들리는 것은 하나님께 대한 경배의 움직임이요, 안쪽으로 흔들리는 것은 이웃에 대한 선행의 움직임이라 할 수 있다. 지금 여기에서 생각하고 싶은 것은 바깥쪽으로 흔들리는 추의 움직임이다. 그 중에서도 특히 거기에 사용되는 힘들과 그 힘들을 사용하는 최선의 방법들에 관해서 고찰해 보는 것이다.

3. 세 가지 기능

먼저 우리가 고려해야 할 세 가지 능력 혹은 기능이 있다. 생각하는 기능, 느끼는 기능, 의지를 발동하거나 행동하는 기능이 그것이다. 이 세 가지 기능은 자아가 다른 자아나 다른 개체들에 대하여 반응할 수 있는 모든 방법을 실제적으로 다 포괄할 수 있다. 우리가 할 수 있는 자기 표현의 모든 가능성이 이 세 가지 기능의 결합 속에 들어 있다.

일상 생활 속에서 우리는 그 세 가지 기능 모두를 사용할 필요가 있다. 우리의 영적 생활에도 그것들이 필요할까? 그리스도인들은 이 질문에 긍정적인 대답을 하지 않으면 안된다. 기독교의 하나님 안에서만 그것의 참된 목적을 발견하는 것은 다름아닌 그분만이 지, 정, 의를 가진 전인격이기 때문이다.

4. 일과 안식

기도는 우리의 지적, 정서적, 의지적인 생활의 모든 힘을 영적인 질서 쪽으로 향하게 해야만 한다. 기도는 또한 이러한 힘들을 최고도로 발휘해야만 한다. 왜냐하면 기도를 통해서 그 힘들이 생각과 사랑과 의욕의 적합한 대상에게로 향하기 때문이다. 말하자면, 기도는 우리를 최고의 상태로 끌어올려야만 하며, 우리의 의식이 더할 나위 없이 꽃피워져 있음을 나타내야만 하기 때문이다. 기도할 때에 우리는 초자연적인 질서의 향기를 맡게 되며, 우리가 얼마만큼 힘쓰냐에 따라서 우리의 존재 목적이 되시는 하나님과의 친교를 체험할 수 있게 된다.

기도에는 여러 종류의 서로 다른 영적인 일이 포함되어 있다. 그리고 너무 잘 잊혀지는 것이기는 하지만 값으로 따질 수 없는 선물인 영적 안식도 내포되어 있다. 또한 기도에는 여러 형태의 하나님과의 만남이 들어 있다. 경배, 간구, 묵상, 명상이 바로 그것이다. 그 외에도 많은 신학자들이 명명하고 분류한, 다양한 내용과 분위기를 지닌 다른 많은 용어들이 있다.

자연의 질서 속에서 살고 있는 생명체는 먹어야 하고 자라야 하며, 고통을 겪기도 하고 즐겁게 지내기도 하며, 세상에서 에너지를 공급받기도하고 다시 그것을 세상에 되돌려 주기도 한다. 그래야만 온전하고 건전한 삶을 영위할 수 있다. 영적인 세계에서도 마찬가지이다. 이 모든 것들, 즉 주는 것과 받는 것, 일하는 것과 안식을 얻는 것, 이것은 마땅히 기도의 영역 속에서 우리가 누려야만 하는 것이다.

5. 무위에서 행위로의 변화

우리가 어떤 일을 의식적으로 할 때, 무위에서 행위로의 변화는 일정한 순서를 따라 일어난다. 제일 먼저, 우리가 해야 할 일의 개념을 형성한다. 그러면 그 개념이 우리의 마음속에 희미하게 떠오르게 된다. 그 다음, 우리는 그것을 하고 싶다거나 해야만 한다는 사실을 느끼게 된다. 그리고 끝으로, 그것을 해야겠다고 결심하게 된다. 이러한 단계는 연속해서 일어나기 때문에 마치 하나의 사건인 것처럼 보인다. 그러나 각각의 의식적인 행위 뒤에 놓여 있는 과정을 분석해 보면 그것이 정상적인 일련의 발전 과정임을 알게 된다.

우리는 제일 먼저 생각하고, 그 다음에 느끼고, 그 다음에 행동한다. 이러한 단순한 일반화는 아주 강력하게 주장될 수는 없지만 대개의 경우는 그대로 적용된다. 그리고 그것은 자아의 세 가지 주된 힘이 기도에서 어떤 역할을 하는가를 추적해 보기 위한 출발점을 우리에게 제공한다. 따라서 세 가지 단계가 어떻게 작용하고, 또 어떻게 작용해야만 하는가를 아는 것은 매우 중요하다.

6. 능동적이고 잘 훈련된 지성

일반적으로 기도는 소위 지적인 행동과 더불어 시작해야만 한다. 즉 기도할 때는 먼저 무엇을 할 것인가를 생각해야만 한다. 기도에 관해서 논한 위대한 사람들 중 대부분은 '소리 내어' 기도하기 전에 먼저 '묵상'을 하는 것을 당연하게 생각했다. 묵상이란 영적인 것들에 관해서 차근차근 진지하게 생각하는 기술이다. 대부분의 현대 심리학자들도 인간의 본능적인 감정은 그것이 이성적인 힘과 조화를 이룰 때 최선의 역할을 해낸다는 사실을 우리에게 확증해 주고 있다.

우리가 하나님께로 향할 때 우리의 지성을 앞세워서는 안된다고 믿고 있는 사람들이 있다. 그 생각은 옳다. 만일 우리가 모든 이성과 지식에 뛰어난 하나님께로 더 가까이 나아간다면, 당연히 우리의 지성은 무익하게 될 것이다. 성령께서 이러한 불완전한 도구들보다 월등하게 뛰어나시기 때문이다. 그러나 여전히 이 세상에 뜻을 굳게 두고 있는 사람들은 아무리 지성을 앞세우지 않는다 해도, 그러한 순간이 올 때 아무것도 얻지 못한다. 기도의 깊이를 체득하기 위해서는 단지 지성만 소멸시켜서는 안된다.

인간의 영혼이 하나님께로 나아갈 때 인간의 이성이 필요 적절한 곳에 자리잡고 있어야 한다는 사실을 주장한다고 해서 내가 종교적인 지성주의를 옹호하는 것은 아니다. "하나님을 경험하고 보는 것은 사랑에 의한 것이지, 생각에 의한 것이 아니다"라는 옛 신비주의자의 말을 너무나 잘 알고 있다. 성공적인 기도에 꼭 필요한 것은 겸손과 사랑이다. 그러나 그 겸손과 사랑이 능동적이고 잘 훈련된 지성과 나란히 병존할 수 없다고 생각하는 것은 잘못이다.

7. 마음의 생각을 준비함

기도는 지적인 조정으로 시작한다. 잡다한 다른 생각들을 버리고 하나님만을 진지하고 겸손하게 생각하고, 의도적으로 마음을 영적인 것들에 복종시키며, 새로운 생명이 유입되도록 마음의 생각을 준비시킴으로써 시작한다.

그러나 하나님을 생각하다가 그 단계에서 멈추면, 우리의 자아가 그 이

전이나 다름없이 하나님과 접촉하지 못하게 된다. 우리가 좋아하는 동안 생각할 수는 있겠지만 그 후에는 아무 일도 일어나지 않는다. 우리의 생각은 감정의 도움 없이는 그 생각의 대상과 여전히 거리를 두게 된다. 지성은 근본적으로 정적인 것이다. 그것만 가지고는 천국으로 인도하는 왕도를 따라갈 수 없다.

8. 근면한 의지와 열정적인 마음

생각의 기능이 끝나는 곳에서 의지와 감정의 기능이 시작된다. 루이스 브뢰크은 말하기를, "지성이 바깥에 나가 있어야 하는 곳에 의지와 감정이 들어올 수 있다"고 했다. 욕구와 의도는 우리에게 있는 가장 역동적인 기능으로서 그 역할은 참으로 크다. 그것들은 무한하신 하나님께 대한 진정한 탐색자들이다. 그리고 우리가 하나님께로 올라갈 수 있도록 하는 도구들이다. 이성은 우리를 산의 정상까지 인도한다. 그 다음에 경사진 비탈길을 인도하는 것은 열정적인 마음에 의해 촉구되는 근면한 의지인 것이다.

우리의 가장 중요한 요소라고 할 수 있는 인격의 중심적인 일들로 의지와 욕구를 이처럼 강조할 수 있는 것은, 우리의 경험이 보증해 준다. 우리의 의지와 욕구를 영적인 실재이신 하나님께로 향하게 하는 일은 우리가 우리 스스로 할 수 있는 모든 것을 다하는 것이며, 우리의 열정과 힘을 의도적으로 하나님께 집중시키는 것이다.

9. 기도의 핵심과 기술

지성과 감정을 완전히 통제한다는 것은 불가능하다. 그것들은 날마다, 시간마다 변화되며, 조정하기에 따라 미묘하게 달라진다. 때때로 우리는 지적으로 둔해지기도 하며, 때로는 감정적으로 메말라지기도 한다. 그러한 경우에는 우리 자신을 먼지가 나도록 때려 봐야 아무런 소용이 없다.

다시 말하면, 더 깊이 생각해 보도록 한다거나 더 강하게 관심을 갖도록 해봐야 소용이 없다는 말이다.

만일 우리가 그저 높은 수준의 감정이나 지각을 계속해서 유지하는 데에 기도 생활의 가치를 둔다면, 우리는 위험한 지경에 처하게 될 것이다. 감정이나 지각이 종종 제 할 일을 못하는 것처럼 보여도 여전히 주도적인 의지는 남아 있게 된다. 비록 우리의 감정이 냉랭하고 우리의 지성이 희미할지라도 기도하는 것은 여전히 가능하다. "우리의 의지가 우리에게 있으니 그 의지를 주님의 것으로 만들어 주소서"라는 기도는 가능하다.

우리의 의지를 확고하게 하나님께 고정시키고 꾸준하고 치우침 없이 하나님께로 향하게 하는 것, 바로 이것이 기도의 핵심이요, 기도의 기술이다. 아무리 좋은 신학 사상이라 할지라도 이내 부적당한 것이 되고 말며, 아무리 영적인 감정이라 할지라도 잔잔한 바다 위의 미풍에 불과한 것이다. 항해하는 배가 어떻게든 그것을 이용하도록 해야지 거기에 의존하도록 해서는 안된다. 그러므로 배가 목적지에 도착하려면 바람을 거슬러 항해할 준비가 되어 있어야 한다.

관련 성경 구절 : 사도행전 17:22-34

바울이 아레오바고 가운데 서서 말하되 아덴 사람들아 너희를 보니 범사에 종교성이 많도다 내가 두루 다니며 너희의 위하는 것들을 보다가 알지 못하는 신에게라고 새긴 단도 보았으니 그런즉 너희가 알지 못하고 위하는 그것을 내가 너희에게 알게 하리라 우주와 그 가운데 있는 만유를 지으신 신께서는 천지의 주재시니 손으로 지은 전에 계시지 아니하시고 또 무엇이 부족한 것처럼 사람의 손으로 섬김을 받으시는 것이 아니니 이는 만민에게 생명과 호흡과 만물을 친히 주시는 자이심이라 인류의 모든 족속을 한 혈통으로 만드사 온 땅에 거하게 하시고 저희의 연대를 정하시며 거주의 경계를 한하셨으니 이는 사람으로 하나님을 혹 더듬어 찾아 발견케 하려 하심이로되 그는 우리 각 사람에게서 멀리 떠나 계시지 아니하도다 우리가 그를 힘입어 살며 기동하며 있느니라 너희 시인 중에도 어떤 사람들의 말과 같이 우리가 그의 소생이라 하니 이와 같이 신의 소생이 되었은즉 신을 금이나 은이나 돌에다 사람의 기술과 고안으로 새긴 것들과 같이 여길 것이 아니니라 알지 못하던 시대에는 하나님이 허물치 아니하셨거니와 이제는 어디든지 사람을 다 명하사 회개하라 하셨으니 이는 정하신 사람으로 하여금 천하를 공의로 심판할 날을 작정하시고 이에 저를 죽은 자 가운데서 다시 살리신 것으로 모든 사람에게 믿을 만한 증거를 주셨음이니라 하니라 저희가 죽은 자의 부활을 듣고 혹은 기롱도 하고 혹은 이 일에 대하여 네 말을 다시 듣겠다 하니 이에 바울이 저희 가운데서 떠나매 몇 사람이 그를 친하여 믿으니 그 중 아레오바고 관원 디오누시오와 다마리라 하는 여자와 또 다른 사람들도 있었더라.

리처드 포스터의 묵상

　이 글에서 이블린 언더힐은 우리에게 기도 생활을 이해하는 데에 실제적인 도움을 주고 있다. 우리는 깊이 생각해 보지도 않고 너무도 쉽게 다음과 같은 생각을 받아들인다. 즉 하나님께서 우리에게 기도의 영을 부어 주시기도 하고 그렇지 않을 수도 있으며, 그 과정에 우리의 행하는 바는 근본적으로 무시해도 좋다는 생각이다. 물론 성령의 적극적인 개입 없이 드려지는 기도는 쓸데없는 허튼소리에 불과할 것이다.

　그렇지만 우리가 해야 할 중요한 역할도 있다. 언더힐은 우리가 하나님의 사역에 적극적으로 참여할 것을 주장하고 있다. 그녀는 우리에게 우리의 지, 정, 의가 기도에 어떻게 동원되는지를 보여 주고 있다. 사실 우리는 기도할 때에 우리의 멋진 이성적 기능을 소홀히 할 때가 얼마나 많은지 모른다. 그리고 우리를 좀더 높아지고 좀더 깊어지게 하기 위해 우리의 감정을 충분히 사용하지 못할 때가 얼마나 많은가! 또한 조금만 있으면 곧 지성소에 들어가게 될 텐데 참지 못하고 의지의 연약함을 드러낼 때가 얼마나 많은가! 그리스도를 섬기기 위해 우리의 지, 정, 의의 모든 힘을 골고루 잘 이용한다면 얼마나 좋겠는가?

프랑크 로바흐

(Frank Laubach, 1884~1970)

1915년 프랑크 로바흐는 아내와 함께 필리핀에 선교사로 갔다. 그는 민다나오(Mindanao) 섬에 여러 교회를 설립한 후에, 마닐라에 유니온 칼리지(Union College)를 세우고 그 곳의 학장이 되었다. 그리고 1930년에 민다나오 섬에 돌아온 그는 이후 필리핀의 기독교인들을 원수처럼 여기는 회교도인 모로족(Moros)과 더불어 살았다. 그는 하나님께서 함께 계신다는 충만한 마음으로 그 곳에 가서 단지 그들과 함께 사는 것을 원했다. 그래서 그는 그들에게 기독교로 개종할 것을 강요하지 않았다. 그러나 그는 매순간 하나님의 임재를 느끼면서 살았다.

그의 교육적인 노력을 통해서 그 지역에 살고 있는 사만오천 명의 사람들에게 글을 읽고 쓸 수 있도록 가르치는 책임이 그에게 주어졌던 것으로 여겨진다. 그리고 한 걸음 더 나아가 그는 수천 명의 사람들로 하여금 하나님을 더욱 풍성하게 체험할 수 있도록 해주었다. 이 글은 그가 민다나오 섬에서 지내는 동안 쓴 편지 가운데에서 발췌한 것이다.

18 주 「한 현대 신비주의자의 편지(Letters by a Modern Mystic)」에서 발췌

하나님께 창을 열기

1. 창문을 열다

1930년 1월 3일

돌이켜보면 지난 한 해는 내 생애 최고의 해였습니다. 참으로 영광스럽고 기대감이 넘치는 한 해였습니다. 앞으로 일 년을 내다보건대, 올해는 작년보다 더 나아지리라 믿습니다. 즉 더욱 영광스러운 한 해가 될 것입니다. 내가 한 일은 단지 창문을 연 것밖에 없으며, 나머지는 하나님께서 다 해주셨습니다. 지금까지 나는 하나님의 친밀하심을 계속해서 놀랍게 체험해 왔습니다. 올해에는 작년보다 더 매순간 하나님에 대한 생각으로 가득 채우려는 나의 실험과 더불어 더욱 승리하리라 다짐해 봅니다. 그리고 한 가지 더 다짐해 보는 것은 내가 하나님께 대하여 열어 놓는 것만큼이나 다른 사람들과 그들의 필요에 대해서도 마음을 활짝 열어 놓겠다는 것입니다. 창문은 위로 열릴 뿐만 아니라 밖으로도 열립니다. 특별히, 창문은 사람들이 참으로 필요로 하는 곳에서는 아래로도 열립니다.

2. 첫째이자 마지막 의무인 순종

1930년 1월 20일

순종은 인간의 첫 번째 의무이자 마지막 의무이기도 합니다. 그것은 그리스도인으로서의 나의 삶에 정말로 필요한 것이었습니다. 2년 전, 나에게 매우 언짢은 일이 하나 생겼을 때부터 나는 약 15분마다, 혹은 30분마다 나의 행동을 하나님의 뜻에 맞추려고 애를 쓰고 있습니다. 다른 사람들에게 나의 그런 의도를 밝혔더니 그들은 그것이 거의 불가능한 일이라고 했습니다. 말을 하고 보니 사실 그렇게 하고 있는 사람이 거의 없었습니다. 하지만 올해에도 저는 깨어 있는 순간순간을 모두 하나님께서 들려주시는 마음의 음성에 의식적으로 귀기울이며 살아가려고 이미 그 일을 시작했습니다. 그리고 끊임없이 하나님께 이렇게 구할 것입니다. "하나님 아버지, 제가 무슨 말과 행동을 하기 원하십니까?"

3. 행동 하나하나마다 하나님을 느낌

1930년 1월 26일

지난 며칠 동안 나는 실험 삼아 전보다 더 주님께 복종하는 훈련을 해왔습니다. 그래서 나는 매시간마다 의도적으로 하나님을 더 많이 생각하는 시간을 충분히 갖고 있습니다. 어제와 오늘, 나는 말로 표현하기 어려운 새로운 모험을 시도했습니다. 그것은 행동 하나하나마다에서 의도적으로 하나님을 느끼는 것입니다. 지금 타자를 치고 있는 내 손가락까지도 하나님께서 인도해 주시기를 소원하고, 내 걸음 걸음도 하나님께서 운행해 주시기를 기대하며, 내가 말할 때마다 하나님께서 내 말을 지도해 주시고, 내가 먹을 때마다 하나님께서 내 입을 주장해 주시기를 바라고 있습니다.

당신은 이러한 나의 강한 내적 성찰에 대해서 반대하실지도 모르겠습니다. 만일 당신 스스로가 하나님과의 관계에 대해서 불만족스럽지 않다면 이와 같이 하실 필요는 없습니다. 다만 나는 이렇게 해서 하나님의 모든 인도하심을 깨닫고 있으므로 최소한 이 점만큼은 이해해 주시기 바랍니다. 나는 하나님의 인도함을 받지 않는 자아가 얼마나 하찮고 무익한지를 깨닫고 나서 그것을 싫어하게 되었습니다. 이 무슨 소용이 있겠습니까? 나는 모든 사람에게서 완전히 자유하려고 노력하고 있으며, 또한 나 자신의 자아로부터도 자유하려고 애쓰고 있습니다. 하지만 하나님의 뜻에는 매일 매순간 완전히 종속되려고 노력합니다.

4. 순간순간

우리는 벤톤(Benton)에 있는 교회에서 내가 좋아하는 찬송가를 부르곤 했습니다. 그런데 그 찬송가의 내용은 지금까지 내가 한 번도 실제로 실천해 보지 못한 것이었습니다. 그 가사의 내용은 다음과 같습니다.

순간순간 나는 하나님의 사랑 안에 거합니다.
순간순간 위에서 내려 주시는 생명을 누리며,
영광이 빛날 때까지 예수님을 바라봅니다.
오 주님, 순간순간 나는 주님의 것입니다.

내가 지금 전력을 다해 실천하려고 애쓰는 것은 내가 깨어 있는 그 '순간순간' 마다 '주님의 사랑에 몰입하여' 주님의 뜻에 굴복하고, 순응하여 복종하고, 민감하여 그분의 뜻에 기꺼이 순종하며 살아가는 것입니다. 이러한 삶은 두 가지 불타는 열정을 의미합니다. 첫째는 예수님처럼 되는 것이고, 둘째는 마치 바이올린이 연주자의 손놀림에 따라 아름다운 선율을 내듯이, 내 영혼이 하나님을 향하여 반응하는 것입니다. 마음의 창문을 열고 하나님의 영광을 맞아들이십시오. 그러면 얼마 후 그 영광이 당신의 주변 세계에 반영될 것이며, 당신의 머리 위에 있는 바로 그 구름 속에서 영광의 광채가 빛나게 될 것입니다.

5. 지금 확인해야 할 단 한 가지

1930년 1월 29일

나는 지금 나의 힘으로는 도저히 할 수 없는 계획을 세워 놓고 내가 해야 할 일들을 해나가며 매시간 이끌림을 받아 살고 있다고 생각됩니다. 매우 사소한 일까지 하나님과 협력하고 있다는 이러한 느낌은 나를 매우 놀라게 합니다. 지금은 오직 한 가지 일만 확인하면 될 것이고, 그러면 그 나머지 것은 '저절로 해결될' 것입니다. 아니 더 정직하게 말하면 하나님께서 그 나머지를 모두 책임져 주실 것입니다. 내가 할 일은 시간시간 하나님과 끊임없이 영적으로 대화하고 하나님의 뜻에 완전히 순종하며 살아가는 것입니다. 바로 지금 이 시간을 영광스럽고 풍요로운 시간으로 만드는 것만이 내가 생각해야 할 모든 것입니다.

6. 미지의 대륙인 영적 생활

1930년 3월 1일

나는 다른 한 손이 앞서가서 길을 예비하는 동안 보이지 아니하는 또 하나의 손이 나를 붙잡고 인도한다는 느낌을 매일같이 점점 더 크게 받고 있습니다. 나는 기회를 찾으려고 긴장할 필요가 전혀 없습니다. 아마 1914년 이후 목사로 임명받은 사람이 시간시간, 순간순간을 완전하게 보내는 기쁨을 맛보지 못했다고 고백한다면 마땅히 부끄러울 것입니다. 지금 나는 그 기쁨을 복종 이상의 것이라고 부르고 싶습니다.

그것은 의지의 행위입니다. 나는 내 마음이 하나님께로만 열리도록 해

놓고, 하나님의 음성에 온 정신을 집중해서 귀기울이며 기다립니다. 오직 하나님께만 주의를 기울이고 기다리는데, 어떤 때는 그런 정신 상태에 도달하기 위해서 이른 아침에 오랜 시간이 요구되기도 합니다. 나는 마음이 고정되고 하나님께 온 정신이 집중되기 전에는 침상에서 일어나지 않기로 결심했습니다. 마음을 그렇게 고정시키는 데에는 굳은 결심이 필요합니다. 하지만 얼마 후에는 아마도 그것이 하나의 습관이 되어, 노력해서 이루려는 태도는 점점 줄어들게 될 것입니다. 내가 왜 이러한 내적인 체험을 되풀이해서 이야기하는 줄 아십니까? 그것은 나와 이 글을 읽는 당신을 위해서 미지의 대륙이라고 할 수 있는 영적 생활이 우리 앞에 놓여 있고, 그에 비해 우리는 아직도 부모의 품에 안겨 있는 어린아이에 불과하다는 사실을 확신하기 때문입니다.

그러면 보통 사람들에게는 이것이 어떻게 '실제로' 적용될 수 있겠습니까? 비록 외롭게 혹사당하는 농부일지라도 만일 그가 밭고랑을 쳐다보고 두 손은 고삐를 잡은 채 하나님을 생각한다면, 내게는 그 농부가 캘릭스토 새니대드(Calixto Sanidad)처럼 보일 것입니다. 베를 짜고 있는 수많은 사람들도 그 시간을 영광스럽게 만들 수 있습니다. 또한 야간 경비원이 경비를 하고 있는 시간도 지금까지의 그 어떤 시간보다 더 영광스럽게 될 수가 있습니다.

7. 무한히 풍요로운 삶

1930년 3월 15일

한 주간 중에 한두 시간을 제외하고는 깨어 있는 순간순간마다 늘 하나님을 바라봅니다. 이렇게 하나님과 직접 교제하는 것이 얼마나 풍요로운 삶인지 모릅니다. 예전에 수년 동안 해보기도 하고 다른 이들에게 권하기도 했던 방법은 끊임없이 경건 서적을 읽는 일이었습니다. 그런데 그것보다는 지금의 방법이 훨씬 더 삶을 부요하게 해주었습니다. 그리고 나에게는 지금 성경 자체만을 읽는 것이 영과 영으로, 그리고 얼굴과 얼굴로 하나님을 만나는 일의 대용물이 될 수는 없는 것 같습니다.

8. 과연 가능할까?

1930년 3월 23일

우리는 동시에 두 가지 사실을 마음속에 간직할 수 있습니다. 한 가지 사실만 생각한다는 것은 사실 단 1초도 지속할 수가 없습니다. 마음이 계속해서 변하기 때문입니다. 우리의 마음은 늘 변화하고 있습니다. 따라서 어떤 일에 집중한다는 것은 수많은 방향에서 한 가지 문제로 끊임없이 돌아오는 것에 불과합니다.

내가 안고 있는 문제가 바로 이것입니다. 내가 매순간마다 의식의 흐름 속에서 하나님을 계속 떠올림으로 하나님께서 언제나 나의 마음속에 잔상으로 남아 계시고, 모든 관념이나 교훈 속에 하나의 요소로 늘 자리잡으실 수 있게 할 수 있을까 하는 문제입니다. 나는 나의 남은 생애가 과연 이런 생활을 해낼 수 있을지 한번 시험해 보려고 합니다.

나는 다른 사람에게는 이런 험난한 길을 따라오라고 권하지 않지만 많은 사람들이 그렇게 했으면 좋겠습니다. 우리는 예를 들어 다음과 같은 사실들을 알 필요가 있습니다. 과연 근로자가 이처럼 하나님께 끊임없이 복종하는 일을 성공적으로 해낼 수 있을까? 기계를 움직이는 사람이 하루 종일 다른 사람들을 위해 기도하면서 동시에 자기가 맡은 일을 효과적으로 해낼 수 있을까? 어떤 주부가 설거지를 하고 아이들을 돌보면서 끊임없이 하나님과 대화할 수 있을까?

만일 당신이 나와 비슷하다면, 이러한 일을 소화하기가 좀 힘드셨을 겁니다. 그래서 내가 좀더 간단하고 하기 쉬운 방법을 알려 드리겠습니다. "어떤 날의 어떤 시간이 완전하게 되고 안되는 것은 단지 선택에 달려 있습니다. 우리가 그 시간 전체를 하나님만 바라보고, 그 시간 내내 하나님께서 인도해 주시기를 기다리며, 아무리 조그만 일이라도 하나님께서 원하시는 것과 똑같이 하려고 애쓴다면 그 시간은 완전하게 됩니다."

9. 어려움과 실패

1930년 4월 19일

하나님을 찾는 영적 투쟁에 대한 이 기록이 완전해지려면 어려움과 실패에 대한 이야기를 빼놓을 수 없습니다. 나는 지금까지 그다지 성공한 편은 못 됩니다. 예를 들면, 이번 주도 나의 생애 중 가장 멋진 주간이 되지는 못했습니다. 하지만 나는 노력을 포기하지 않기로 결심했습니다. 그러나 여기에 대한 긴장은 이로운 것 같지 않습니다. 지금 이 순간 나는 마음속에서 나를 '자유케 하는' 무엇인가를 느낍니다. '보라, 하나님께서 여기 계시도다!' 이것은 내 마음속에서 들려 오는 음성입니다. 그것은 '지금의 나의 처지'를 잊게 하는 마음이며, 아버지가 아들에게 부드럽게 속삭이는 음성입니다. 나는 전에는 이런 마음을 갖지 못했는데, 그 이유는 자유하지 못했기 때문입니다.

10. 하나님의 통치를 받으라

1930년 4월 22일

오늘 아침 나는 해가 뜨는 모습 속에서 하나님의 풍요로운 손길을 체험하며 상쾌하게 하루를 시작했습니다. 면도를 하고 옷을 입고 아침 식사를 하는 중에 하나님께서 내 손길을 통치해 주시도록 노력하고 있습니다. 우리 자신을 하나님께 맡기는 것 외에 우리가 할 수 있는 일은 아무것도 없습니다. 하나님 안에는 틀림없이 하나님께서 우리에게 주실 수 있는 것보다 훨씬 더 많은 것이 있습니다. 하나님의 생각을 좇아 그대로 행하려는 습관을 얻을 수만 있다면, 그리고 "하나님, 내 마음의 그릇이 충분히 크다면 하나님께서 내 마음속에 부어 주실 것은 무엇입니까?" 하고 기도할 수만 있다면 그것은 참으로 유익할 것입니다. 그러한 기다림과 열심 있는 태도는 하나님께서 필요로 하는 기회를 그분께 드리는 것입니다.

이렇게 하나님과 끊임없이 교제하고, 하나님을 생각의 목적으로 삼는 것과 하나님을 대화의 상대로 삼는 것은 내가 지금까지 겪어 온 일들 중에서 가장 놀라운 것입니다. 그것은 작업입니다. 나는 아직까지 하루에 절반도 그렇게 하지 못하고 있습니다. 그러나 언젠가는 하루 전체를 그렇게 살게 되리라 믿습니다. 그것은 생각의 새로운 습관을 얻는 문제입니다. 지금 나는 하나님의 현존을 매우 좋아하기 때문에 약 반 시간 동안만이라도 하나님께서 내 마음에서 사라지면—비록 그것이 지금도 하루에 여러 번 있는 일이긴 하지만—마치 내가 하나님을 버린 것같이 생각되며 내 삶에서 매우 귀중한 것을 잃어버린 것 같은 느낌이 듭니다.

II. 훨씬 더 아름다운 시

1930년 5월 25일

그날은 풍요롭기는 했지만 무척 힘든 날이었습니다. 그래서 저는 집 뒤에 있는 시그날 힐(Signal Hill)이라는 언덕에 올라갔습니다. 언덕에 올라갈 때와 내려올 때, 그리고 그 위에서 보낸 반 시간 정도의 아름다운 시간 내내 나는 하나님께 이야기하고 또 귀를 기울이며 보냈습니다. 하나님께서도 내게 말씀하셨습니다. 내가 입술을 열어 말할 때에는 이제껏 내가 썼던 그 어떤 시보다도 아름다운 시가 흘러 나왔습니다. 그것은 멈추지 않고 흘러 나왔으며, 반 시간 동안 한 음절도 틀리지 않고 계속되었습니다. 나는 놀라움으로 귀기울였고 기쁨과 감사가 넘쳤습니다. 나는 그때 녹음기가 있었으면 했습니다. 그것은 내가 나중에 그 순간을 기억해 낼 수가 없을 것 같았기 때문입니다. 아니나다를까 지금 나는 그것을 기억할 수 없습니다. 누군가 이렇게 질문할지도 모르겠습니다. "왜 하나님께서는 외우지도 못할 시를 당신에게 쓸데없이 가르쳐 주셨을까요?" 이 질문은 당신이 하나님께 여쭈어 보아야만 할 것입니다. 단지 내가 아는 것은 하나님께서 그와 같이 하셨고, 나는 그때의 그 기억 때문에 행복하다는 것입니다.

관련 성경 구절 : 시편 139:1-10, 17-18, 23-24

여호와여 주께서 나를 감찰하시고 아셨나이다 주께서 나의 앉고 일어섬을 아시며 멀리서도 나의 생각을 통촉하시오며 나의 길과 눕는 것을 감찰하시며 나의 모든 행위를 익히 아시오니 여호와여 내 혀의 말을 알지 못하시는 것이 하나도 없으시니이다 주께서 나의 전후를 두르시며 내게 안수하셨나이다 이 지식이 내게 너무 기이하니 높아서 내가 능히 미치지 못하나이다 내가 주의 신을 떠나 어디로 가며 주의 앞에서 어디로 피하리이까 내가 하늘에 올라갈지라도 거기 계시며 음부에 내 자리를 펼지라도 거기 계시니이다 내가 새벽 날개를 치며 바다 끝에 가서 거할지라도 곧 거기서도 주의 손이 나를 인도하시며 주의 오른손이 나를 붙드시리이다 … 하나님이여 주의 생각이 내게 어찌 그리 보배로우신지요 그 수가 어찌 그리 많은지요 내가 세려고 할지라도 그 수가 모래보다 많도소이다 내가 깰 때에도 오히려 주와 함께 있나이다 … 하나님이여 나를 살피사 내 마음을 아시며 나를 시험하사 내 뜻을 아옵소서 내게 무슨 악한 행위가 있나 보시고 나를 영원한 길로 인도하소서.

리처드 포스터의 묵상

나는 프랑크 로바흐의 기도 체험들에 대해서 놀라움을 금치 못했다. 문맹 퇴치 방법을 계발해서 전세계적으로 사용할 수 있게 만든 위대한 사람이 바로 프랑크 로바흐이다. 또한 그는 그가 대하는 사람들을 긍휼히 여기는 마음으로 "저는 어떤 사람을 만나면 곧 그를 위해서 기도해 주는 삶이 과연 어떤 삶인지 배우고 싶습니다"라고 선언했다. 그의 그런 삶의 자세는 내게 엄청난 도움을 주었다.

요즘에도 나는 그가 했던 기도의 실험들 중에서 지금 내게 적합한 것이 혹시나 있을까 하여 그의 편지들이나 간행물들을 뒤적거리기를 좋아한다. 지금 내게 적합한 기도의 실험이 있다면, 지금 나와 함께 비행기를 타고 있는 사람들을 위한 것일 게다. 그것은 탑승객들 사이를 누비면서 그들에게 예수 그리스도를 소개하고 그들의 삶 속에 예수 그리스도의 사랑을 전하는 일이다. 나는 잠시 후 얼마 동안 그 일을 시행할 것이고 내가 배운 것의 결과를 보게 될 것이다. 이러한 기도의 생활, 그것은 위대한 모험이며, 프랑크 로바흐는 우리 많은 사람들을 위해서 그 길을 개척해 놓았다.

존 베일리

(John Baillie, 1886~1960)

존 베일리는 스코틀랜드의 개어로취(Gairloch)에서 태어났으며, 에딘버러에 있는 인버네스 왕립학교(Inverness Royal Academy)를 다녔다. 또한 그는 제나(Jena)와 마르부르크(Marburg)의 대학에도 다녔다. 후에 그는 토론토에서뿐만 아니라 에딘버러에서도 가르쳤으며, 유니온 신학교와 오번(Auburn) 신학교에서도 가르쳤다. 그리고 1943년에 스코틀랜드 교회의 총회장을 역임하기도 했다.

베일리는 신학자, 교수, 그리고 저술가로 유명했으며 매우 존경받는 사람이었다. 그는 직업적으로는 분명히 조직신학 교수였으나 하나님을 단순히 사색적으로만 생각하는 신학자는 아니었다. 지성과 감성을 존 베일리보다 더 잘 조화시킨 신학자는 거의 없다. 그의 학문적인 노력 한가운데에는 늘 경건 생활이 자리잡고 있었다. 그는 이블린 언더힐과 같이 신앙과 이성을 균형 있게 조화시킨 사람이었다.

여기 실린 글은 베일리의 가장 인기 있는 저작 중 하나에서 발췌한 것인데, 이 책은 아침 기도와 저녁 기도로 사용할 수 있는 기도들을 모아 놓은 것이다. 여기 실린 "아침 기도"는 매일 잠자리에서 일어나자마자 사용하면 가장 좋다. 한 편 한 편을 천천히 읽으면서 기도하고 그것을 당신의 것으로 만들라.

19주 「개인 기도 일기(*A Diary of Private Prayer*)」에서 발췌

아침 기도

1. 첫째 날 아침 : "하루의 첫 생각"

영원하신 아버지 하나님, 오늘 저의 첫 생각이 주님께 대한 것이 되게 하소서. 제 마음의 첫 충동이 주님을 경배하는 것이 되게 하시며, 저의 첫 마디 말이 주님의 이름을 부르는 것이 되게 하시고, 저의 첫 행동이 기도로 주님 앞에 무릎 꿇는 것이 되게 하소서.

주님께는 완전한 지혜와 완전한 선하심이 있으며,
주님은 그 크신 사랑으로 인류를 사랑하시며,
또 그 넓은 사랑으로 저를 사랑하시며,
위대하고 신비한 기회를 제 삶 속에 주시며,
영으로 제 마음속에 거하시며,
성령의 은사를 칠 배나 더하시니,
오 하나님, 제가 주를 찬양하고 경배합니다.

이 아침 기도를 마치고 나서도 저의 경배가 끝나지 말게 하시며, 종일토록 주님을 잊지 말게 하소서. 이 고요한 경건의 시간으로부터 빛이 발산되게 하시며, 기쁨과 능력이 저와 함께 하여 하루 종일 계속되게 하소서.

저의 생각을 순결하게 해주시고
저의 입술이 절제하며 진실되게 해주소서.
맡은 바 일에 충성되고 근면하게 하시고
겸손하게 처신하도록 도와주소서.
다른 사람들을 대할 때 올바르고 너그럽게 해주시고
과거의 거룩한 기억을 소중히 간직하게 하소서.
주님의 자녀라는 제 영원한 운명을 잊지 않게 하소서.
주 예수 그리스도의 이름으로 기도드립니다. 아멘.

2. 둘째 날 아침 : "주님께 대한 끊임없는 신뢰"

창조주이시며 구속주이신 하나님, 오늘도 주님께서 저와 동행하셔서 복을 내려 주시지 않는다면 저는 살아갈 수 없습니다. 아침의 활력과 신선함이 저를 속이지 말게 하시고, 오늘의 건강의 광채나 지금의 사업의 번창이 저를 속이지 못하게 하소서. 이런 것들로 인해 제가 제 힘을 의지하지 말게 하소서.

이 모든 좋은 은사가 주님께로부터 온 것임을 고백합니다. 주시는 분도 주님이시요, 거두어 가시는 분도 주님이십니다. 그것은 제 것이 아니며 저는 단지 믿음으로 붙잡을 뿐입니다. 끊임없이 주님을 의지하고 신뢰할 때 비로소 그 모든 것들을 누리게 될 줄 믿습니다. 이제 주님이 주신 모든 것을 주님의 손에 돌려 드리기를 원합니다. 제게 주신 모든 지식과 육신의 건강까지도, 그리고 제게 주신 세상의 물질과 다른 사람에 대한 영향력까지도 주님께 다시 바쳐 주님을 예배하고 싶습니다. 오 하나님 아버지, 이 모든 것들은 주님의 것이오니 주님 뜻대로 사용하여 주소서.

오 그리스도 예수님, 이 모든 것은 주님의 것입니다. 오 성령님, 이 모든 것은 또한 성령님의 것입니다. 오늘 제 말 가운데 말씀하시고, 제 생각 가운데 생각하시고, 제 모든 행동 가운데 역사하소서. 세상을 향한 놀라운 계획을 이루시기 위해 연약한 인간들을 도구로 사용하시는 것이 주님의 은혜로운 뜻인 줄 믿사오니, 오늘 제 삶이 주님의 사랑과 긍휼을 가까운 이들에게 조금이나마 전달하는 통로가 되게 하소서.

오 하나님, 주님의 엄숙한 존전에서 저의 모든 친구들과 이웃들과 마을 사람들을 생각해 봅니다. 특히 같은 경내에 살고 있는 가난한 자들을 기억합니다. 간구하오니 제게 은혜를 베푸셔서 그들을 주님의 이름으로 섬기게 하소서. 아멘.

3. 셋째 날 아침 : "노동의 기쁨과 유익"

생명의 주님, 주의 율법을 제가 기꺼이 지키겠으며, 주님과의 교제를 즐거워하며, 주님을 충성되이 예배하겠습니다. 또 하루의 일을 맡겨 주신 주님 앞에 무릎을 꿇습니다.

오 주님, 오늘 제게
겸손함을 주시고,
마음속 깊은 곳에서 우러나는 온유함으로 인내하게 하시고,
저로 모든 일에 오래 참고 견디게 하시며,
정결함을 주시고,
말의 신실함을 주시며,
맡은 일에 성실하게 하소서.

때가 차매 우리 주 예수 그리스도를 일으켜 세우셔서 하나님의 사랑을

알도록 우리를 깨우쳐 주신 하나님, 부족한 제게 은혜를 주셔서 그의 이름에 합당한 삶을 살아가게 하소서. 아멘.

4. 넷째 날 아침 : "기다리시는 주님의 모습"

전능하시고 영원하신 하나님,
주님은 제 눈에 보이지 않으시고,
제 지각으로 이해할 수 없으시며,
주님의 생각은 제 생각과 다르고,
주님의 길은 찾을 수 없나이다.
그러나 주님께서는 성령으로 제 삶 속에 들어오셨으며,
제 지성으로 주님을 찾게 하셨으며,
제 마음으로 주님을 사랑하게 하셨나이다.
저로 주 안에 있는 안식을 누리게 하시려고,
쉴 수 없게 하셨사오며,
세상의 기쁨으로 만족하지 않게 하시려고,
주리고 목마르게 하셨나이다.

오늘 제 앞에 있게 될 일을 홀로 아시는 주님, 오늘 매순간마다 주님과 멀어지지 않게 해주소서. 세상에 있되 세상에 속하지 않게 해주시고, 이 세상을 이용하되 남용하지는 말게 하소서. 물건을 사더라도 내 것이라고 생각지 말게 하시고, 아무것도 가진 것이 없어도 모든 것을 가진 것처럼 생각하게 하소서. 오늘 하루도 저의 삶을 향한 주님의 뜻과 일치하지 않는 일은 시작하지도 말게 해주시고, 주님의 뜻이라면 어떤 희생도 감내하게 해주소서. 제 마음의 모든 생각을 주장하여 주시고 인도하여 주시며 다스려 주옵소서. 우리 주 예수 그리스도의 이름으로 기도하옵나이다. 아멘.

5. 다섯째 날 아침 : "생명을 주시는 주님"

나의 조상들의 하나님, 주님께 간절히 기도합니다. 주님은 모든 세대의 선한 자들과 지혜로운 자들의 피난처이십니다. 역사가 시작될 때 주님은 처음으로 인간들의 마음을 깨우쳐 주셨습니다. 우리를 우매한 상태에서 처음으로 인도해 내셔서 인간이 되게 하신 분이 바로 주님의 성령이십니다. 인류의 모든 시대에 걸쳐 하나님은 생명을 주시는 주님이시요, 모든 지식의 근원이시며, 모든 선의 원천이십니다.

세상의 군왕들이 주를 믿고 수치를 당하지 않았으며,
선지자들이 주님을 찾았을 때
주님은 그들의 입술에 주님의 말씀을 주셨습니다.
시편 기자들은 주 안에서 기뻐하였으며,
주님은 그들의 노래 속에 거하셨습니다.
사도들은 주님을 수종들었으며,
그들은 주님의 성령으로 충만하였습니다.
순교자들은 주님을 불렀사오며,
주님은 불꽃 가운데서 그들과 함께 계셨습니다.

거룩하신 하나님, 지나간 세대에 행하신 주님의 능력을 꼭 힘입을 수 있게 해주시고, 주님께서 제게 예비하신 영광스러운 유업에 동참하지 못하는 일이 없게 하소서. 주 예수 그리스도의 이름으로 기도하옵나이다. 아멘.

6. 여섯째 날 아침 : "하나님의 가장 큰 선물"

오 하나님, 예수 그리스도를 우리에게 보내 주셔서 모든 인류에 대한 사랑을 확증하신 주님, 그리스도의 임재의 광채로 우리들의 삶을 조명해 주신 주님, 주님께서 주신 가장 큰 선물로 인하여 감사를 드립니다.

이 땅 위에 임한 주님의 날들로 인하여,
주님의 사랑을 실어 놓은 기록으로 인하여,
제 삶의 지침이 되고 도움이 되는 주님의 말씀으로 인하여,
죽기까지 낮아지신 주님의 순종으로 인하여,
죽음을 정복하신 주님의 승리로 인하여,
제 마음속에 지금 내주해 계시는 성령님으로 인하여,
오 주님, 주님께 진심으로 감사드립니다.

일상적인 하늘 밑, 평범한 땅 위에서 예수님이 누렸던 복된 삶에 대한 기억이 오늘의 나의 모든 삶과 일들 위에 함께 있게 하여 주소서. 저로 하여금 주님의 모습을 잊지 않게 하여 주소서.

섬김을 받으려 하지 않고 오히려 섬기려 하셨던 주님의 열심,
인간의 모든 고난에 대한 주님의 연민,
친히 고통을 담당하신 주님의 용기,
욕을 당하시되 대신 욕하지 아니하신 주님의 온유하신 인내,
맡겨진 일을 이루고자 애쓰시는 주님의 신실함,
주님의 단순성,
주님의 자기 훈련,
주님의 평온함,
하늘에 계신 아버지에 대한 온전한 신뢰.
이 모든 면에서 제가 주님의 발자취를
따를 수 있도록 은혜를 주옵소서. 아멘.

존 베일리

7. 일곱째 날 아침 : "만유를 지으신 주님"

만유를 지으신 주님, 주님의 창조로 최초의 빛이 나왔으며, 주님께서는 이 세상 최초의 아침을 보시고 보시기에 좋았다고 말씀하셨습니다. 이 빛을 인하여 주님을 찬양합니다. 지금 그 빛은 창문을 타고 들어와 나를 일깨워 또 하루의 삶을 시작하게 합니다.

제 속에 용솟음치는 생명으로 인하여 주님을 찬양합니다.
제가 속해 있는 밝고 아름다운 세계로 인하여 주님을 찬양합니다.
땅과 바다와 하늘, 날아가는 구름과 지저귀는 새로 인하여 주님을 찬양합니다.
주님께서 제게 주신 일로 인하여 주님을 찬양합니다.
여가 시간을 채우도록 주님께서 제게 주신 모든 것으로 인하여 주님을 찬양합니다.
제게 주신 친구들로 인하여 주님을 찬양합니다.
음악과 책과 좋은 교제와 순수한 즐거움을 주신 주님을 찬양합니다.
아멘.

관련 성경 구절 : 누가복음 12:22 - 31

또 제자들에게 이르시되 그러므로 내가 너희에게 이르노니 너희 목숨을 위하여 무엇을 먹을까 몸을 위하여 무엇을 입을까 염려하지 말라 목숨이 음식보다 중하고 몸이 의복보다 중하니라 까마귀를 생각하라 심지도 아니하고 거두지도 아니하며 골방도 없고 창고도 없으되 하나님이 기르시나니 너희는 새보다 얼마나 더 귀하냐 또 너희 중에 누가 염려함으로 그 키를 한 자나 더 할 수 있느냐 그런즉 지극히 작은 것이라도 능치 못하거든 어찌 그 다른 것을 염려하느냐 백합화를 생각하여 보아라 실도 만들지 않고 짜지도 아니하느니라 그러나 내가 너희에게 말하노니 솔로몬의 모든 영광으로도 입은 것이 이 꽃 하나만 같지 못하였느니라 오늘 있다가 내일 아궁이에 던지우는 들풀도 하나님이 이렇게 입히시거든 하물며 너희일까 보냐 믿음이 적은 자들아 너희는 무엇을 먹을까 무엇을 마실까 하여 구하지 말며 근심하지도 말라 이 모든 것은 세상 백성들이 구하는 것이라 너희 아버지께서 이런 것이 너희에게 있어야 될 줄을 아시느니라 오직 너희는 그의 나라를 구하라 그리하면 이런 것을 너희에게 더하시리라.

리처드 포스터의 묵상

　기도하는 것보다 기도에 대해서 더 잘 배울 수 있는 방법은 없다. 기도에 대해서 존 베일리보다 더 좋은 선생은 없다. 기도의 비밀에 대해 토론을 벌이고, 기도의 심오한 깊이에 대해 묵상하며, 기도의 방법을 배우는 일은 좋은 일이다. 그러나 기도하는 것이 더 좋은 일이다.

　기도는 조금은 자동차와 비슷하다. 자동차의 내부 작동 원리를 잘 알지 못해도 목적지에 갈 수 있다는 점에서 그렇다. 우리가 기도하기만 한다면, 심지어 잘못된 방법으로 기도한다 할지라도, 하나님께서는 우리의 미미한 노력을 기뻐하시며, 예수님께서는 사랑으로 우리를 인도하셔서 더욱 훌륭한 방법을 가르쳐 주신다는 것을 나는 체험해 왔다. 또한 우리가 확신할 수 있는 것은 은혜의 성령께서 하나님의 보좌 앞에서 우리의 기도를 조정해 주시고 바로잡아 주시며 해석해 주신다는 사실이다. 기도는 참으로 복된 것이다.

마틴 루터

(Martin Luther, 1483~1546)

마틴 루터는 종교개혁의 아버지로 가장 잘 알려져 있다. 독일 아이스레빈(Eisleben)의 한 농가에서 태어난 그는 학자가 되어 출세하고자 했다. 그러나 스무 살 때에 자신의 구원에 대하여 깊은 불안을 느낀 루터는 그의 신앙 양심을 달래기 위해 어거스틴 수도원에 들어갔다. 그로부터 얼마 후 그는 사제가 되어야겠다는 소명 의식을 느끼게 되었고, 1507년 드디어 성직에 임명되었다. 비텐베르크(Wittenberg)에서 성서문학 교수로 봉직하던 그는 1512년에 로마서에 대하여 강의했는데, 그것은 특히 구원 문제에 관한 그의 신학적 사고를 형성시켜 준 계기가 되었다. 그는 1517년에 그 유명한 '95개 조항'을 작성해서 비텐베르크의 교회 정문에 게시했다. 그것은 로마 카톨릭 교회에 대한 비판적인 내용이었으며, 개신교 종교개혁의 자극제가 되었다.

루터는 훌륭한 신학자였을 뿐만 아니라 매우 경건한 사람이었다. 여기 실린 글은 루터의 *Table Talk*(담화집)에 실려 있는 "서신서 설교(Epistle Sermon)", "강림절(Fourth Sunday in Advent)", "선행에 대한 논문(Treatise on Good Works)"이라는 글에서 뽑아 놓은 것인데, 기도에 대한 그의 통찰력을 엿볼 수 있게 해준다. 그는 성 어거스틴과 끌레르보의 버나드의 글에 의해 깊은 영향을 받았다. 루터의 신앙은 생동감이 있고 진솔하며 실제적이었다. 그의 논리는 강력했으며, 그의 지도력은 타의 추종을 불허했다. 이 글을 읽으면서 여러분은 교회사에서 그 누구보다도 영향력 있는 한 사람에게서 직접 사사(師事)하게 될 것이다. 무엇보다도 중요한 것은 하나님에 대한 그의 체험이 깊이 있고 지속적이라는 것이다.

20주 「탁상 담화문(*Table Talk*)」에서 발췌

믿음의 기도

1. 기도와 간구

'기도' 하면 우리는 단순히 때때로 우리가 요구하는 것 이상을 표현하는 공식적인 말이나 문구인 것으로 이해한다. 예를 들면 주기도문이나 시편 같은 것이 그렇다.

'간구(supplication)'는 기도를 강하게 하고 설득의 한 형태로서 기도를 효과 있게 한다. 예를 들면 우리는 어떤 사람에게 아버지를 위해서 한 가지 요구를 들어달라고 간청할 수 있으며, 때로는 매우 사랑하거나 소중히 여기는 것에 대해서 탄원할 수 있다. 마찬가지로 우리는 하나님의 아들 예수 그리스도와 하나님의 성도들과 하나님의 약속과 하나님의 이름으로 하나님께 간청할 수 있다. 그래서 솔로몬은 "여호와여, 다윗을 위해서 그의 모든 고난을 기억하소서"라고 기도했다. 그리고 사도 바울은 "그러므로 형제들아 하나님의 모든 자비하심으로 너희에게 간청하노니"라고 했

으며, 또다시 말하기를 "내가 그리스도의 온유와 관용으로 너희에게 간청한다"고 했다.

2. 청원과 감사

'청원(petitioning)'은 마음속에 있는 것을 하나님께 내어 놓는 것이며, 기도와 간구로 표현되는 마음속의 소원을 열거하는 것이다. 주기도문 속에는 본 기도 외에 일곱 가지 청원이 있다. 주님께서는 "구하라 그러면 너희에게 주실 것이요 찾으라 그러면 찾을 것이요 문을 두드리라 그러면 너희에게 열릴 것이니 구하는 이마다 얻을 것이요 찾는 이가 찾을 것이요 두드리는 이에게 열릴 것이니라"고 말씀하셨는데, 이것이 바로 청원이다. '감사'는 우리가 받은 복을 하나하나 되새기는 것이다. 그 결과 우리의 믿음이 더 확고해지고, 우리가 구하는 바를 믿음으로 기다릴 수 있게 된다.

3. 힘있는 기도

기도는 청원에 의해 힘을 얻고, 간구에 의해 끈기 있게 되며, 감사에 의해 기쁘고 즐거워진다. 힘있는 기도와 자원하는 기도는 기도의 응답을 얻고 보장하는 데 둘 다 필요하다. 이것이 바로 교회에 의해 시행되는 기도 방식이다. 그리고 구약의 성도들은 기도할 때 언제나 간구와 감사를 드렸다. 주기도문은 찬양과 감사와 하나님을 아버지로 인정하는 것으로 시작된다. 그리고 아버지의 사랑을 알고 또 자녀로서 그분을 사랑함으로써 아버지께 나아가도록 진지하게 격려한다. 간구는 비할 데 없이 힘있는 기도이다. 그러므로 간구는 지금까지 언급한 것 중에서 가장 숭고하고 고상한 기도이다.

4. 쉬지 않는 기도

쉬지 않고 기도하지 못하는 그리스도인은 아무도 없다. 이는 물론 영적인 기도를 말한다. 일 때문에 기도하지 못할 정도로 너무나 무거운 짐을 진 사람은 아무도 없다. 일을 하는 동안에도 마음만 먹으면 얼마든지 마음속으로 하나님과 대화할 수 있고, 자기의 필요와 다른 사람들의 필요를 하나님 앞에 내려놓을 수 있으며, 하나님께 도움을 청하고 필요한 것을 청원할 수 있다. 또한 이 모든 일을 통해서 자기의 믿음을 훈련시키고 강화시킬 수 있다.

5. 기도의 응답

간절한 소원이 있을 때 우리는 그 문제를 붙들고 기도해야 한다. 그것이 이루어지도록 열심을 다해 열망해야 하고, 그 문제로 인해 하나님께 대한 믿음과 확신을 훈련해야 하며, 하나님께서 기도를 들어주실지에 대해 결코 의심하지 말아야 한다. 성 버나드(St. Bernard)가 한 말을 들어보자.

"사랑하는 형제들이여, 여러분이 기도한 것을 결코 의심하지 마십시오. 기도가 무익하다고 생각해서는 안됩니다. 여러분이 기도하기도 전에 이미 그 기도가 하늘에 닿았음을 믿으십시오. 그러므로 여러분은 확신을 갖고 하나님의 응답을 기대해야 합니다. 하나님께서는 틀림없이 여러분의 기도를 들어주실 것입니다. 만일 기도를 들어주시지 않는다면 그 기도의 응답이 여러분에게 유익하지 않기 때문입니다."

6. 믿음의 기도

기도는 믿음의 특별한 훈련이다. 믿음이 있는 사람은 기도가 응답되든지, 아니면 하나님께서 더 나은 것을 주시든지 하실 것임을 믿기 때문에 그들의 기도는 하나님께서 받으시는 기도가 된다. 그러므로 야고보는 다음과 같이 말한다. "오직 믿음으로 구하고 조금도 의심하지 말라 의심하는 자는 마치 바람에 밀려 요동하는 바다 물결 같으니 이런 사람은 무엇이든지 주께 얻기를 생각하지 말라." 이 말씀은 믿음이 없는 자는 자기가 구하는 것을 못 받을 뿐만 아니라, 그보다 더 나은 것도 받지 못한다는 사실을 단도직입적으로 밝혀 주는 분명한 말씀이다.

7. 기도에 대한 예수님의 가르침

예수님께서도 기도에 대해 이렇게 말씀하셨다. "그러므로 내가 너희에게 말하노니 무엇이든지 기도하고 구하는 것은 받은 줄로 믿으라 그리하면 너희에게 그대로 되리라"(막 11:24).

누가복음 11장에서도 예수님께서는 이렇게 말씀하셨다. "구하라 그러면 너희에게 주실 것이요 찾으라 그러면 찾을 것이요 문을 두드리라 그러면 너희에게 열릴 것이니 구하는 이마다 받을 것이요 찾는 이가 찾을 것이요 두드리는 이에게 열릴 것이니라 너희 중에 아비된 자 누가 아들이 생선을 달라 하면 생선 대신에 뱀을 주며 알을 달라 하면 전갈을 주겠느냐 너희가 악할지라도 좋은 것을 자식에게 줄 줄 알거든 하물며 너희 천부께서 구하는 자에게 성령을 주시지 않겠느냐."

우리는 예수님의 이 말씀을 대하고도, 확신을 갖고 즐거움으로 기꺼이 기도하고 싶은 생각이 들지 않을 정도로 마음이 강퍅해져 있지는 않은가? 만일 우리가 예수님의 이 가르침대로 기도하려고 한다면 우리의 기도 중 너무나 많은 것들이 수정되어야 한다. 분명히 동서를 막론하고 모든 교회에는 기도하고 찬양하는 사람들이 가득 차 있을 터인데, 왜 그렇게 진전이 없고 기도의 결과들이 드문가? 그 이유는 야고보가 말한 바, "구하여도 받지 못함은 정욕으로 쓰려고 잘못 구함이니라"(약 4:3)라는 말씀 그대로이다. 믿음과 확신이 들어 있지 않기 때문에 그 기도는 죽은 기도이다.

8. 기도는 문제를 내려놓는 것이지 응답을 처방하는 것이 아니다

올바르게 기도하는 사람은 설령 자기가 기도한 것이 주어지지 않을지라도 그 기도가 응답될 것이라는 사실을 결코 의심하지 않는다. 기도할 때 우리는 우리의 필요를 하나님 앞에 내려놓아야지, 그 방법이나 태도나 시간이나 장소를 하나님께 처방해서는 안된다. 우리는 문제를 하나님께 내려놓아야만 한다. 그 이유는 우리가 가장 좋은 것이라고 생각하는 것보다도 훨씬 더 좋은 방법을 하나님께서 우리에게 주고 싶어하실 것이기 때문이다.

사도 바울이 로마서 8장에서 말했듯이 우리는 마땅히 빌 바를 알지 못하는 경우가 종종 있다. 그러나 에베소서 3장에서 바울이 말한 것처럼, 하나님께서는 우리의 온갖 구하는 것이나 생각하는 것에 더 넘치도록 능히 하실 분이신 것을 의심해서는 안된다. 그리고 응답의 정도와 방법과 시간과 장소를 하나님께 맡겨야만 한다. 하나님은 분명히 옳은 것을 행하실 것이기 때문이다.

9. 좌로나 우로나 치우치는 죄

하나님께 참으로 예배하는 자들은 신령과 진정으로 예배하는 자들이다. 하나님께서 자신의 기도를 들어주시지 않는다고 생각하는 사람들은 모두 불신앙으로 하나님께로부터 멀어진 자들이라는 점에서 하나님의 말씀에서 좌로 치우쳐 죄를 짓는 것이 된다. 또한 기도를 하고 나서 하나님께 시간과 장소와 방법과 한도를 정해 주는 사람들은 우로 치우쳐 죄를 짓는 것이며, 결국 하나님을 시험하는 경우가 되고 만다.

그런즉 하나님께서는 계명을 통해 좌로나 우로 치우쳐 범죄하는 것을 금하셨다. 즉 불신앙으로 범죄하거나 하나님을 시험함으로 범죄하는 것을 금하신 것이다. 우리는 단순한 믿음으로 하나님께 나가야만 한다. 좌로나 우로나 치우치지 말고 하나님을 신뢰하며, 하나님께 모든 것을 맡기는 믿음의 자세로 나아가야만 한다.

10. 무엇을 위해 기도해야 할까?

기도할 때 전능하신 하나님께 내려놓아야만 하는 것은 무엇일까? 그것은 무엇보다도 개인적인 고난의 문제들이다. 시편 32편에서 다윗은 "주는 나의 은신처이오니 환난에서 나를 보호하시고 구원의 노래로 나를 에우시리이다"라고 부르짖고 있다. 마찬가지로 시편 142편에서는 "내가 소리 내어 여호와께 부르짖으며 소리 내어 여호와께 간구하는도다 내가 내 원통함을 그 앞에 토하며 내 우환을 그 앞에 진술하는도다"라고 기도했다.

우리는 기도할 때 우리의 부족한 모든 것과 지나친 모든 것을 염두에 두어야 한다. 그리고 그것들을 신실하신 아버지 하나님께 마음껏 토해 놓아야 한다. 그러면 하나님께서 기꺼이 들어주실 것이다.

만일 당신이 당신에게 필요한 것이 무엇인지 모르거나, 필요한 것이 아무것도 없다고 생각한다면 그것은 당신이 최악의 상태에 있다는 증거이다. 우리에게 있는 가장 큰 문제는 바로 우리에게 문제가 없다고 생각하는 것이다. 왜냐하면 그 상태는 곧 우리의 마음이 딱딱하게 굳어져서 우리 안에 있는 것에 대해 무감각해졌다는 증거이기 때문이다.

11. 영혼의 거울인 십계명

우리에게 필요한 것을 보여 주는 것으로 십계명보다 더 나은 거울은 없다. 우리는 우리에게 부족한 것과 우리가 찾아야 할 것을 십계명 속에서 발견할 수 있다. 또한 십계명을 통해 우리는 우리의 믿음이 얼마나 연약하고, 우리의 소망이 얼마나 미미하며, 하나님께 대한 우리의 사랑이 얼마나 보잘것없는가를 알게 된다. 또한 우리가 우리 자신을 찬양하고 높이는 것만큼 하나님을 찬양하고 높이지는 않고 있다는 사실도 깨닫게 된다. 그리고 우리의 마음을 다해 하나님을 사랑하고 있지 않다는 사실도 알게 된다.

이러한 사실들을 알게 될 때 우리는 하나님 앞에 이 모든 것들을 내려놓고 하나님께 부르짖으며 하나님의 도우심을 구해야만 한다. 하나님께서 우리의 기도를 들으시고 우리에게 사랑을 베푸실 것이라는 확신을 갖고 그의 도우심을 바라보아야만 한다.

12. 기도 속에 담겨 있는 놀라운 은사

기도의 위력을 체험해 보지 않은 사람은 기도의 힘이 얼마나 큰지, 또 기도의 효과가 어떠한지를 모른다. 문제가 생기면 기도로 하나님께 나아가는 것이 중요하다. 나는 열심히 기도할 때마다 하나님께서 이미 내 기도를 들으셨고, 내가 기도한 것 이상으로 이미 얻었다는 확신이 생긴다. 때로 하나님께서 응답을 늦추시기도 하지만 언제나 반드시 응답해 주신다.

보잘것없는 인간이 하늘에 계신 전능하신 하나님과 대화할 수 있다는 것은 놀라운 일이다. 그러므로 우리는 두려워하지 말아야 한다. 그리고 기도할 때 우리의 죄와 허물 때문에 마음과 양심까지도 하나님과 멀어져서는 안된다. 또한 의심 가운데 있거나 무서워 겁을 먹어서도 안된다. 우리는 기도할 때 하나님께서 이미 우리의 기도를 들으셨다는 사실을 굳게 믿고 붙잡아야만 한다. 바로 이런 이유 때문에 옛 사람들이 기도를 "마음이 하나님께로 올라가는 것(Ascensus mentis ad Deum)"이라고 정의했다.

관련 성경 구절 : 마가복음 11:22-25

예수께서 대답하여 저희에게 이르시되 하나님을 믿으라 내가 진실로 너희에게 이르노니 누구든지 이 산더러 들리어 바다에 던지우라 하며 그 말하는 것이 이룰 줄 믿고 마음에 의심치 아니하면 그대로 되리라 그러므로 내가 너희에게 말하노니 무엇이든지 기도하고 구하는 것은 받은 줄로 믿으라 그리하면 너희에게 그대로 되리라 서서 기도할 때에 아무에게나 혐의가 있거든 용서하라 그리하여야 하늘에 계신 너희 아버지도 너희 허물을 사하여 주시리라 하셨더라.

리처드 포스터의 묵상

영적 생활에 기도보다 더 중심되는 것은 없다. 기도를 통해 우리가 하나님의 마음과 영원한 친교를 누릴 수 있기 때문이다. 따라서 하나님과 끊임없이 대화하는 기도 생활에 대해서는 배워야 할 것이 너무도 많다.

우리는 문제를 너무 복잡하게 만들지 않도록 주의해야 한다. 부모님께 나아가는 어린아이처럼 우리는 하나님께 나아간다. 물론 두려움도 있지만 친밀함도 있다. 우리는 우리 마음속의 소원들을 사랑하는 아버지께로 가져 간다. 암탉이 새끼들을 모아 날개 아래 품듯이 우리 하나님께서도 우리를 돌보아 주시고 보호해 주시며 위로해 주신다(마 23:27).

그러므로 우리가 기도의 복잡 미묘한 실재를 아무리 많이 공부한다 할지라도, 우리에게 주시기를 기뻐하시고 또 기꺼이 용서해 주시는 사랑하는 아버지(Abba)께 항상 어린아이처럼 나아가자.

장 니꼴라스 그라우

(Jean-Nicholas Grou, 1730~1803)

장 니꼴라스 그라우는 프랑스와 네덜란드에서 살았다. 그는 예수회(Jesuit)의 신부였으며, 1767년 묵상회 기간 중에 하나님과 더 깊이 있는 삶을 시작하게 되었다. 그는 거기에서 하나님의 뜻에 완전히 굴복하고 기도의 영으로 살아가는 법을 배웠다. 그는 대부분의 시간을 영적 성장이라는 주제에 대하여 강연하고 글을 쓰는 데 보냈는데, 특히 기도의 실천은 그의 주된 관심사였다.

여기 실린 글은 그의 유명한 저서인 *How to Pray*(기도하는 법)에서 발췌한 것이다. 여기에서 그는 우리에게 기도하는 법을 가르쳐 주기 위해서 하나님만 바라볼 것을 권하고 있다. 그라우는 우리에게 우리의 많은 방법들을 포기하고 기도의 대상인 하나님께 마음을 집중할 것을 요구한다. 우리는 자주 기도에 실패하곤 하는데, 흔히 기도의 방법이나 형식, 어휘 등의 기도하는 행위 자체에 초점을 맞추기 때문이다. 그라우는 우리에게 입술로 기도하는 것이 아니라 마음으로 기도하게 함으로써 '신령과 진정으로' 기도하는 법을 가르쳐 준다. 그의 글은 간결하고 정확하다. 그러나 열정과 뜨거움으로 가득 차 있다. 그라우의 글을 읽다 보면 그의 말 속에서 하나님의 임재를 느끼게 된다. 이 글은 현대의 독자들을 위해서 요약하여 수정해 놓은 것이다.

21 주 「기도하는 법(How to Pray)」에서 발췌

침묵 기도

1. 하나님만이 우리에게 기도하는 법을 가르치신다

하루는 제자들이 예수 그리스도께 나아와 "주여, 우리에게 기도하는 법을 가르쳐 주십시오" 하고 요청했다. 제자들이 그렇게 요구하도록 영감을 주신 분은 바로 성령이셨다. 성령께서 그들에게 그들 자신의 힘으로는 기도할 수 없음을 깨닫게 하신 것이다. 그리고 그들의 마음을 감동시키셔서 그들에게 기도하는 법을 가르쳐 주실 수 있는 유일한 선생이신 예수 그리스도께 나아가게 하신 것이다. 바로 그때 예수님께서는 그들에게 주기도문을 가르쳐 주셨다.

그리스도인들 중에 제자들과 같은 입장에 놓여 있지 않은 사람은 아무도 없다. 모든 그리스도인은 제자들처럼 겸손하게 주님께 나아와 "주여, 저희들에게 기도하는 법을 가르쳐 주소서" 하고 요청해야만 한다.

오! 우리가 우리의 무지함을 깨닫고 예수 그리스도와 같은 선생이 필요하다는 사실을 확신할 수만 있다면! 우리가 확신을 갖고 주님께 나아가 예수 그리스도 자신을 가르쳐 달라고 요청하고, 그의 은혜로 인하여 하나님과 대화하는 법을 가르쳐 달라고 소망할 수만 있다면!

우리는 이 일에 한시바삐 익숙해져야만 하며 그 속에 담긴 수많은 비밀들을 발견해야만 한다. 제자들이 주님께 배운 기도를 우리도 할 수 있다고 말해서는 안된다. 우리가 그 어휘들을 알고 있을 수는 있지만 은혜가 없으면 그 의미를 깨달을 수 없으며, 그것이 무엇을 나타내는지 요청할 수도 없고 받아들일 수도 없다.

2. 누가 우리를 방해하는가?

우리가 기도의 은사를 받지 못하도록 가로막는 것은 무엇인가? 예수 그리스도께서 우리에게 기도의 은사를 주시려고 한다는 사실을 의심할 수 있는가? 과연 우리가 그것을 사모하고 있는가? 또 그것을 요청하고 있는가? 그리고 그것이 필요하다고 생각하는가? 그것이 무엇인지조차 알지 못하는 그리스도인들이 얼마나 많은가? 또 다른 많은 사람들은 그것을 사모하기는커녕 그것으로 인해 그들의 삶이 새로운 방식으로 바뀌는 것이 싫어서 그것을 두려워하기도 한다.

우리는 몇 가지 형태의 기도문을 암송하고 있다. 또 어떤 기도문은 책에서 찾아볼 수도 있다. 많은 사람들이 거기에서 벗어나지 못한다. 그 기도문을 읽거나 암송한 후에는 더 이상 필요한 것이 없다고 생각한다.

이처럼 우리가 스스로 속고 있다는 사실은 얼마나 슬픈 일인가! 그 모든 기도의 형식에도 불구하고, 그리고 아무리 그 기도 속에 우리의 감정이 아름답게 표현된다 하더라도 우리는 진정으로 기도하는 법을 아는 것이 아니다. 아마 우리는 우리 자신의 방법으로 기도하고 있을지는 몰라도, 그러나 그것은 결코 하나님의 방법으로 기도하는 것이 아니다. 하나님께 기도하는 법을 가르쳐 달라고 하는 것이 기도의 주요 내용인 사람을 어디에서 볼 수 있을까?

우리는 하나님께로부터 기도의 본질에 관한 모든 것을 배워야 한다. 기도의 목적, 기도의 특징, 기도가 요구하는 성향, 그리고 우리의 필요에 따라 개인적으로 기도를 적용시키는 문제에 이르기까지 모든 것을 하나님께서 가르쳐 주셔야만 한다. 기도의 문제에 있어서 우리는 실천과 이론에 대해 동일하게 무지하다.

3. 초자연적인 행위

우리는 일반적으로 기도가 신앙적인 행위임을 알고 있다. 그러나 막상 기도하게 될 때에는 기도가 초자연적인 행위이기 때문에 우리의 능력을 초월하는 것이며, 은혜로 인한 영감과 도움이 없이는 이루어질 수 없다는 사실을 곧잘 잊어버리고 만다. 그래서 사도 바울은 다음과 같이 말했다. "우리가 무슨 일이든지 우리에게서 난 것같이 생각하여 스스로 만족할 것이 아니니 우리의 만족은 오직 하나님께로서 났느니라"(고후 3:5).

우리는 우리 마음속에 무엇인가 부족하다는 것을 느끼고 있는가? 하나님 앞에 설 때에 그것을 자각하고 있는가? 우리는 이러한 내적인 고백을 가지고 기도를 시작하는가? 그렇다고 해서 언제나 소리를 내어 하나님의 도우심을 구해야 한다는 것은 아니다. 오히려 그러한 요구는 우리의 마음속에서 이루어져야만 하며, 그러한 태도는 우리가 드리는 기도의 처음부터 끝까지 지속되어야만 한다.

만일 우리가 하나님께로부터 모든 것, 즉 우리의 좋은 생각이나 느낌까지도 모두 얻을 수 있다고 한다면, 어째서 우리는 아무 준비 없이 냉랭하게 기도하는 데 만족하고 기도에 대해 종종 무뎌져 있거나 무관심한 경우가 많은가? 또 어떤 사람들은 마치 기도가 그들 자신의 노력 여하에 달려 있는 것인 양, 또 기도할 때에 하나님께서 그들의 기도를 지배하시고 인도하시는 것이 불필요한 것인 양 그들의 상상력을 발동시키는 데에 너무

지나치게 애를 쓰는데, 그 이유는 무엇인가?

  기도는 초자연적 행위이므로 우리는 진심으로 하나님께서 우리로 하여금 기도할 수 있게 해달라고 구해야 한다. 그리고 나서 하나님의 인도하심을 받아 고요히 기도해야 한다. 우리는 기도에 의해 하나님의 은혜를 받아야만 하며, 그 결과에 지장을 주지 않고 거기에 협력해야 한다. 만일 하나님께서 우리에게 가르쳐 주시지 않는다면 우리는 기도의 본질에 대해 결코 완전하게 알지 못할 것이다.

4. 완전한 영적 행위

  예수님께서 말씀하셨다. "하나님은 영이시니 예배하는 자가 신령과 진정으로 예배할지니라"(요 4:24). 따라서 기도는 완전한 영적인 행위이며, 지고(至高)의 영이시고 만물을 감찰하시고 만물 속에 내재해 계시는 영이신 하나님께 아뢰는 것이다.

  성 어거스틴의 말처럼 하나님께서는 우리가 우리 자신에게 가까운 것보다 더 우리 가까이 계신다. 이 사실을 아는 것이 기도의 본질이다. 기도할 때에 우리가 어떤 자세를 취하고 어떤 말을 사용하느냐 하는 것은 그 자체로서는 아무런 의미가 없고, 다만 그것이 마음의 감정을 표현할 때에 하나님을 기쁘시게 할 뿐이다. 왜냐하면 기도하는 것은 바로 마음이며, 하나님께서 들으시는 것도 마음의 소리요, 하나님께서 응답하시는 것도 다름 아닌 마음이기 때문이다.

  우리가 마음이라고 하는 것은 우리의 영적인 부분을 말한다. 성경에는 기도가 언제나 마음에 속하는 것이라고 되어 있다. 왜냐하면 하나님께서 가르치시는 것이 마음이고, 하나님께서 지각을 깨우치시는 것도 바로 마음을 통해서 하시기 때문이다.

5. 마음으로부터의 기도

이것이 사실이라면 어째서 우리는 그토록 입술로만 기도하고 마음으로는 거의 기도하지 않고 있는가? 또한 묵상 중에 이것저것 생각하는 데는 그렇게 열심히 애를 쓰면서, 그 생각을 실제 사랑으로 옮기기 위해서는 우리의 의지를 거의 사용하지 않고 있는 이유는 무엇인가? 그리고 우리의 마음을 하나님께 내려놓고 하나님께서 기뻐하시는 일이라면 무엇이든지 실천할 수 있게 해달라고 왜 간구하지 않는가? 그 기도가 겸손에서 우러나오고, 또 우리 자신의 무능력을 깊이 자각하고 하나님을 실제적으로 믿고 신뢰하는 데서 우러나온다면 그것을 나쁜 방법이라고 할 사람이 누가 있겠는가? 기도하는 법을 가르쳐 달라고 간구하는 영혼들에게 성령께서 제시해 주시는 방법이 바로 그러한 것이다.

당신은 다음과 같이 말할지도 모른다. "하지만 하나님 앞에 서 있어도 내 마음속에는 아무 소리도 들려 오지 않습니다. 묵상 중에 발견할 수 있는 것이라고는 공허함과 메마름과 산만함뿐입니다. 그래서 마음을 집중시키고 내 속에서 헌신의 열정을 불러일으키며 산만한 생각들을 몰아내려고 할 때 기도서를 사용하는 것이 내게는 절대적으로 필요합니다." 당신의 마음속에서 아무런 소리도 들리지 않는가? 그렇다면 여러분은 전혀 기도하는 것이 아니다. 입으로 말을 하며 기도하면 좀 덜 그러한가? 여러분이 기도서를 보고서 얻는 좋은 느낌이 단지 당신의 상상력에만 영향을 미친다는 것을 알지 못하는가? 그것은 당신의 말이 아니라 다른 사람의 말이며, 그것을 읽고 있는 동안에만 당신의 것이 될 뿐이다. 일단 그 책을 덮으면 그 전처럼 메마르고 냉랭하게 되어 버리기 때문이다.

'그럼에도 불구하고' 당신은 또 이렇게 말할 것이다. "그럼에도 내가 그 책에 나오는 기도문을 그대로 암송하고 읽고 있는 동안 나는 기도하고 있었습니다." 당신이 그렇게 생각하고 만족할는지 모르지만 그것이 하나님의 생각과 같겠는가? 하나님도 마찬가지로 만족하실까? 마음의 소리에만 귀기울이시는 분께 여러분의 어휘가 무슨 중요성이 있겠는가?

6. 마음의 소리

마음의 소리가 무엇이냐 하면 바로 사랑이다. 하나님을 사랑하라. 그것은 바로 하나님과 늘 대화하는 것이다. 사랑의 씨앗은 기도로 자란다. 이것이 이해되지 아니하면 아직도 사랑하는 것이 아니고 기도하는 것이 아니다. 하나님께 당신의 마음을 열어 달라고 구하고 그 마음속에 하나님의 사랑의 불꽃을 밝히라. 그러면 비로소 기도하는 것이 무슨 의미가 있는지 이해하게 될 것이다.

마음으로 기도한다면, 말이나 의도적인 어휘의 도움 없이도 때때로 혹은 계속적으로 스스로 기도할 수 있다는 것은 분명하다. 여기에는 거의 대부분의 사람들이 이해하지 못하고, 심지어 어떤 사람들은 극구 부인하는 어떤 내용이 있다. 그들은 주장하기를 명확하고 형식적인 행위가 반드시 있어야만 한다고 한다. 하지만 그런 생각은 잘못된 것이다. 그런 사람들은 아직도 하나님께 기도하는 법은 배우지 못한 사람들이다.

사실 우리의 생각은 말로 표현되기 전에 미리 마음속에서 형성이 된다. 그 증거는 우리가 우리의 생각을 정확하게 표현해 주는 적합한 말을 찾을 때까지 한 단어 한 단어를 계속해서 떠올리다가 결국 바른말을 찾아 말한다는 것이다. 우리가 우리 자신을 다른 사람들에게 이해시키기 위해서는 말이 필요하지만 하나님께는 그렇지 아니하다. 마음의 느낌도 마찬가지이다. 마음속에 어떤 느낌이 생기면, 다른 사람들에게 그 느낌을 전달하고 싶거나 그 느낌을 분명하게 밝히고 싶을 때를 제외하고는 말의 도움을 받을 필요가 없다.

왜냐하면 하나님은 우리의 마음 깊은 것까지 아시기 때문이다. 하나님은 우리 마음속 가장 깊은 느낌까지도 아시며, 심지어 우리가 모르는 것까지도 알고 계신다. 그런데 하물며 그것이 하나님께 대한 감정일진대 하나님이 어찌 그것을 알지 못하시겠는가? 은혜로 우리에게 그 생각을 심어 주신 분도 하나님이시요, 우리의 의지로 그것을 택하도록 도와 주신 분도 하나님이시기 때문에 하나님은 다 아신다. 우리의 생각을 하나님께 알리기 위하여 형식적인 행위를 사용할 필요가 없다.

만일 우리가 기도할 때에 그런 형식적인 행위를 사용한다면 그것은 하나님을 위한 것이 아니라 바로 우리 자신을 위한 것이다. 그러한 행위는 우리의 생각을 하나님의 존재 앞에 집중시키는 데 도움이 되기 때문이다. 우리는 연약하기 때문에 종종 그런 행위가 있어야 하는 것은 사실이다. 그러나 그것이 기도의 본질적인 요소는 아니다.

7. 침묵 기도

어떤 사람이 하나님과 매우 친밀하게 연합되어 있어서 외적인 행위가 없어도 내적인 마음의 기도에 열중할 수 있다고 생각해 보자. 그 사람은 자기 속에서 어떤 일이 일어나고 있는지 주의하지 않고서도 침묵과 평안의 순간에 매우 훌륭하게 기도한다. 그것도 하나님의 은혜의 역사로 하나님이 완전하게 이해할 만한 간결하고 직접적인 기도를 드리는 것이다. 그 마음은 아무런 분명한 표현이 없이도 하나님께 대한 열망으로 가득 차게 될 것이다. 우리는 그것을 의식할 수 없을지 몰라도 하나님은 분명히 알고 계신다.

침묵 기도는 모든 관념과 지각이 결여되어 있고 겉으로 보기에는 수동적이지만 사실은 능동적이다. 따라서 비록 한계가 있기는 하지만 신령과 진정으로 드리는 순수한 기도이다. 그것은 하나님께 대하여 충분히 가치 있는 기도이며, 그 기도 속에서 인간이 그 근거로서의 하나님과 연합하게 되며, 피조된 지성이 피조되지 아니한 지성과 연합하게 된다. 이때 요구되는 것은 하나님께 단순하게 주의를 기울이고 그 뜻을 단순하게 적용시키는 것뿐이다. 이것이 소위 침묵 기도이며, 경건의 기도인 동시에 순수한 믿음의 기도이다.

8. 하나님이 여러분의 마음을 가르치고 계신다

내가 지금까지 말한 간결하고 일반적인 기도에 대해서 마음이 끌린다면, 그 기도가 명확한 목적을 갖고 있지 않다든지, 무릎을 꿇고 기도는 하되 아무것도 구하지 않고 일어나는 것 같다든지 하는 이유로 그 기도를 거부하지 말라.

다시 한번 말하거니와 그것은 당신이 잘못 생각하는 것이다. 실제로 당신이 조목조목 다 아뢰었을 때보다 훨씬 더 효과적으로 당신 자신뿐 아니라 당신이 사랑하는 사람들을 위해서 모든 것을 다 아뢴 것이다. 왜냐하면 많은 말은 오히려 우리를 지치게 하고, 하나님의 역사를 방해하기가 쉽기 때문이다.

이런 간단한 설명만 가지고는 기도가 진정으로 무엇인지 아직 이해하지 못했음을 인정해야만 한다. 만일 이 글을 읽은 후 비로소 기도를 새롭게 이해하기 시작했다면 거기에 대해서 하나님께 감사하라. 우리의 마음을 지도하시는 분은 하나님이시며, 내가 여기서 주고자 하는 가르침도 하나님께 받은 것이기 때문이다.

관련 성경 구절 : 마태복음 6:5-13

또 너희가 기도할 때에 외식하는 자와 같이 되지 말라 저희는 사람에게 보이려고 회당과 큰 거리 어귀에 서서 기도하기를 좋아하느니라 내가 진실로 너희에게 이르노니 저희는 자기 상을 이미 받았느니라 너는 기도할 때에 네 골방에 들어가 문을 닫고 은밀한 중에 계신 네 아버지께 기도하라 은밀한 중에 보시는 네 아버지께서 갚으시리라 또 기도할 때에 이방인과 같이 중언부언하지 말라 저희는 말을 많이 하여야 들으실 줄 생각하느니라 그러므로 저희를 본받지 말라 구하기 전에 너희에게 있어야 할 것을 하나님 너희 아버지께서 아시느니라 그러므로 너희는 이렇게 기도하라 하늘에 계신 우리 아버지여 이름이 거룩히 여김을 받으시오며 나라이 임하옵시며 뜻이 하늘에서 이룬 것같이 땅에서도 이루어지이다 오늘날 우리에게 일용할 양식을 주옵시고 우리가 우리에게 죄지은 자를 사하여 준 것같이 우리 죄를 사하여 주옵시고 우리를 시험에 들게 하지 마옵시고 다만 악에서 구하옵소서(나라과 권세와 영광이 아버지께 영원히 있사옵나이다 아멘).

리처드 포스터의 **묵상**

    우리는 말이 없으면 못 사는 세상에 살고 있다. 그래서 우리는 하나님의 존재 앞에 마음과 뜻으로 달려나가기보다는 말만 많이 하는 입술로 달려나가는 경우가 너무나 빈번하다. 거룩하시고 영원하신 하나님 앞에 경건한 묵상과 경외하는 마음으로 나아가는 것이 얼마나 더 좋은가? 니꼴라스 그라우는 우리에게 바로 그러한 체험을 하도록 권하고 있다.

    이 문제와 관련해서 내가 하고 있는 한 가지 조그마한 실험을 나누고 싶다. 때때로 나는 다른 사람들, 즉 아내와 자녀들과 친구들을 위해서 기도할 때에, 심지어 나 자신을 위해서 기도할 때조차 많은 것을 구하는 대신, 한 사람 한 사람을 하나님 아버지 앞에 사랑하는 마음으로 세우려고 애를 쓴다. 그리고 가만히 귀를 기울인다. 때때로 격려의 말이나 위로의 말, 혹은 인도하심의 말을 받게 된다. 어떤 때에는 아무런 말도 하지 않고 하나님과 대화한다. 그래도 살아 계신 하나님의 존재 앞에 내가 분명히 서 있기 때문에 늘 하나님과의 교제가 끊어지지 않는다.

    그라우는 '말이나 의도적인 어휘의 도움이 없이도' 기도할 수 있는 '마음의 소리'에 대해서 말했다. 아마도 내 조그마한 실험이 우리에게 그 의미를 알 수 있게 해주는 희미한 불빛(그야말로 희미한 불빛 밖에는 안된다)을 제공해 주리라 믿는다.

3
덕이 있는 생활

마틴 루터 닛사의 그레고리 리처드 롤
존 칼빈 블레즈 파스칼 누르시아의 베네딕트
토마스 아 켐피스 윌리엄 로 아빌라의 테레사

경건의 전통(덕이 있는 생활)은 개인적인 도덕적 변화와 관계되는 것인데, 이것은 옛 작가들이 '거룩한 습관들'이라고 불렀던 것을 계발시킴으로써 생기는 것이다. 우리는 할 수 없는 것(예를 들면, 원수를 사랑하는 것)을 할 수 있는 능력을 하나님께로부터 받기 위해 우리가 할 수 있는 것(예를 들면, 영적인 훈련에 참여하는 것)을 하고 있다.

여기 실린 모든 글을 꿰는 한 가지 실은 성결을 위한 동기로서의 사랑의 중심성이다. 이 사실은 '사랑의 광대함과 달콤함'을 강조한 리처드 롤의 글과, 영적인 훈련을 위한 최고의 힘으로서의 사랑을 강조한 *Theologia Germanica*(테올로기아 게르마니카)의 통찰 속에 잘 드러나 있다.

아빌라의 테레사와 토마스 아 켐피스의 글은 유혹의 문제와 죄를 극복하는 과정을 다루고 있다. 여성의 입장에서, 또 남성의 입장에서 이러한 근본적인 문제를 다룬 것을 우리가 한눈에 볼 수 있다는 것은 참으로 복된 일이 아닐 수 없다.

닛사의 그레고리와 존 칼빈은 각자 "아틀레티 데이(athleti dei)," 즉 인생의 경주를 위해 훈련하고 있는 하나님의 운동 선수의 관점에서 성결의

문제에 접근하고 있다. 부정을 통한 자기 부인과 긍정을 통한 활력 있는 영적 훈련은 둘 다 몸과 마음과 영을 계발시키는 데 적합한 훈련 프로그램이다.

　블레즈 파스칼은 늘 우리 인간 존재를 뒤쫓고 있는 위대함과 비참함이라는 두 가지 이중적인 본성을 상기시켜 준다. 그는 우리 모두가 느끼는 내적인 모순을 빨리, 혹은 쉽게 화해시키지 않고 있다가, 끝에 가서 결국 '보기를 원하는 사람들을 위한 빛'을 제시해 준다.

　누르시아의 베네딕트는 겸손에 초점을 맞추어서 우리에게 가장 훌륭한 이 덕을 진보시킬 수 있는 간단하고 실제적인 단계를 제시하고 있다. 끝으로 윌리엄 로는 우리의 믿음이 반드시 사랑의 행위로 나타나야만 한다는 사실을 상기시켜 준다. 영적인 훈련들을 통해 우리가 좀더 나은 사랑의 사람으로 변화되지 않는다면 그 훈련들은 그야말로 무가치하게 된다.

　여기에 나오는 믿음의 사람들은 지혜로운 성결의 길을 터득한 사람들이다. 마음을 꿰뚫는 그들의 글을 시간을 들여 묵상해 본다면 큰 유익이 있을 것이다.

마틴 루터

(Martin Luther, 1483~1546)

마틴 루터는 1516년의 *Theologia Germanica*(테올로기아 게르마니카) 서문에서 이 책의 저자는 하나님만이 아신다고 했다. 가장 신빙성 있는 분석에 의하면, 이 책은 "하나님의 친구들"이라고 알려져 있는 14세기 독일 부흥 운동의 산물이라고 한다. 요한복음 15:15에서 예수님이 하신 말씀인, "(내가) 너희를 친구라 하였노니"에서 그 이름을 따온 이 역동적인 운동은 하나님과의 친밀함과 삶의 경건과 그리스도의 명령에 대한 완전한 순종을 강조했다.

1350년 경에 쓰여진 「테올로기아 게르마니카」는 일종의 '소책자(tract)'로 회람되던 글이었는데, 사람들에게 그리스도의 살아 계심과 임재를 경험해야 한다고 촉구했다. 1516년에 마틴 루터가 우연히 그 책의 요약본을 읽어 보고 크게 감명을 받아 즉시 간단한 서문을 써서 비텐베르크에서 인쇄를 하도록 했다. 그로부터 2년 뒤, 루터는 좀더 자세한 내용이 담긴 복사본을 발견하여 미리 썼던 서문의 내용을 정성껏 다듬어 실은 후 1518년에 그것을 출판하였다. 루터는 성경과 성 어거스틴의 글 이외에 「테올로기아 게르마니카」만큼 자기에게 도움을 주었던 책은 일찍이 없었다고 했다.

「테올로기아 게르마니카」가 겨냥한 주된 목표는 우리의 지식과 경험을 '겉사람'에게서 '속사람'으로 옮기는 것이었다. 이 책은 삶의 모든 문제가 사람의 마음에서 나온다고 하신 예수님의 말씀(마 15:19)을 심각하게 받아들일 것을 권고하고 있다. 그러므로 이 책은 14세기와 15세기에 살았던 사람들뿐만 아니라 오늘날 우리에게도 중요한 메시지를 던져 주고 있다.

22주 「테올로기아 게르마니카(*Theologia Germanica*)」에서 발췌

겉사람에서 속사람으로

1. 하나님께서는 질서가 있는 삶을 원하신다

혹자가 말하기를, 하나님 자신께서는 규율이나 척도나 질서를 초월해 존재하시기 때문에 그것들이 없어도 되지만, 만물에게는 규율과 질서와 척도와 도덕적인 고결함을 주신다고 했는데, 그 말은 맞는 말이다.

이 말은 이렇게 이해되어야 한다. "하나님은 질서 있는 삶을 원하신다." 만일 피조물이 없다면, 하나님 자신 속에 그것을 가지고 계실 리가 없다. 왜냐하면 피조물과의 관계가 없다면 하나님 안에서는 우리 인간이 하듯이 질서와 질서의 부재를, 삶의 규율과 규율의 부재를 구분 질 수 없기 때문이다. 그러나 하나님은 그것을 정하셔서 이 구조들이 존재할 수 있게 하셨다.

말과 일과 행동 거지에 관한 한, 우리는 언제나 한편으로는 규율과 의, 다른 한편으로는 무질서, 이 둘 중에 선택을 하도록 되어 있다. 물론 질서

정연함과 의로움이 그 반대의 경우보다 더 낫고 더 고상하다.

2. 못마땅하고 귀찮은 일

네 부류의 사람들이 각기 다른 방법으로 질서와 명령과 규율을 다룬다.

첫 번째 부류의 사람들은 질서 있는 삶을 살되, 하나님을 위해서도 아니요, 특별한 개인적인 욕구가 었어서도 아니다. 다만 그들은 어쩔 수 없기 때문에 그렇게 살아가는 것이다. 그들은 가능한 한 최소한의 일만을 하기 때문에 결국 그 일이 못마땅하고 귀찮은 일이 되고 만다.

두 번째 부류의 사람들은 보상을 받기 위하여 법과 규율을 지킨다. 그들은 그것을 통해 하나님 나라와 영생을 얻는 것이 가능하다고 믿는 사람들이다. 그들은 매우 많은 규율을 지키는 사람이 거룩하다고 생각한다. 그들은 아주 작은 규율이라도 소홀히 하는 사람은 마귀에게 속한 사람들이라고 믿는다. 그들은 이 규율들을 지킴에 있어 진지함과 근면함으로 임하지만, 결국 시간이 흐르면 그 모든 것이 변하여 못마땅하고 귀찮은 일이 되고 만다.

세 번째 부류의 사람들은 악하고 거짓된 사람들로서, 자신들을 완전한 존재로 생각하면서 자기들이 얼마나 완전한 사람들인지 자랑하기에 빠른 사람들이다. 그들은 자기들에게는 어떤 율법이나 규율도 필요하지 않다고 생각하며, '질서'라는 말만 들어도 비웃는 사람들이다.

3. 사랑에서 우러나오는 삶

네 번째 부류의 사람들은 하나님의 조명을 받아 참 빛에 의해 인도함을 받는 사람들이다. 그들은 보상을 기대하며 질서 있는 삶을 살아가는 사람들이 아니다. 그들은 보상이라는 명목으로 그 어떤 것도 기대하지 않으며, 질서 있는 삶을 살다 보면 언젠가 보상을 받게 되리라는 것을 꿈꾸지도 않는다. 그들은 순전히 사랑에서 우러나와서 그렇게 질서 있는 삶을 사는 것이다.

그들은 결과에 연연해 한다든지, 특별한 행위의 결과가 어떻게 될 것이라든지, 얼마나 빨리 보상이 주어질 것인가라든지에 대해서는 전혀 관심이 없다. 그들의 관심은 오직 평안과 내적인 안정 속에서 일이 잘 이루어지기만을 바라는 것이다. 그리고 때때로 어떤 덜 중요한 규율을 소홀히 해야 할 피치 못할 경우가 생겨도 낙망하지 않는다.

물론 그들은 질서와 곧음이 그것이 없는 것보다 더 낫고 고상하다는 사실을 안다. 그래서 그들은 그 규율들을 지키기를 원한다. 그러나 그들의 구원과 행복이 규율을 지키는 데 있지 않다는 사실도 잘 알고 있다. 그러므로 그들은 다른 사람들처럼 염려하지 않는다.

4. 중용을 지키다

네 번째 부류의 사람들은 두 번째와 세 번째 부류의 사람들에게 종종 비난을 받거나 정죄를 당한다. 가령 '보상파'라고도 불리는 삯꾼들(두 번째 부류)은 그들이 너무 부주의하다거나 때로는 불의하기까지 하다고 말한다. 소위 '자유파'라고 할 수 있는 세 번째 부류의 사람들은 "그들이 헛되고 어리석은 것을 믿고 있다"고 비웃는다.

그러나 네 번째 부류인 하나님의 '조명을 받은' 사람들은 최선의 상태인 중용을 지킨다. 하나님께서는 하나님을 사랑하는 자 한 사람이 보상을 바라는 삯꾼 수십만 명보다 더 낫고 더 큰 기쁨이 되기 때문이다. 이것은 또한 그들의 외적인 행위에도 적용이 된다.

하나님의 율법과 그의 말씀과 그의 모든 교훈을 받는 것은 속사람임을 주목하라. 이것들은 우리에게 하나님과 연합되는 방법을 보여 준다. 이 일이 일어나면, 속사람에 의해 겉사람의 틀이 짜이고 가르침을 받게 되어 외부의 법이나 교훈이 필요하지 않다는 사실을 알게 된다. 인간의 법이나 명령들은 겉사람에게 속한 것이기 때문이다. 그것들은 그보다 더 나은 것들을 모를 때 필요한 것들이다. 그것마저 없다면 사람들이 무엇을 해야 할지, 또 무엇을 하지 말아야 할지를 모르기 때문에 결국 개나 소처럼 되고 말 것이다.

5. 그리스도의 영혼에는 두 눈이 있다

누군가가 그리스도의 영혼에는 오른쪽 눈과 왼쪽 눈, 이렇게 두 눈이 있다고 기록해 놓은 것을 생각해 보라. 태초에 이 두 눈이 창조되었을 때, 그리스도의 영혼은 그 오른쪽 눈이 영원과 하나님을 향하도록 함으로써 고정적으로 하나님의 존재와 하나님의 온전하심만을 바라보며 그것에 참여하도록 했다. 이 눈은 온갖 변화와 고통과 소란과 고난과 괴로움과 번민 등, 우리가 제아무리 외적인 삶에서 겪게 되는 모든 어려움을 초월하는 곤경을 당한다 해도 아무런 동요와 방해를 받지 않고 계속해서 시야를 고정시키고 있다.

그러나 그와 동시에 그리스도의 영혼의 왼쪽 눈은 피조 세계를 꿰뚫어 보고 계시며 피조 세계 속에서 우리에게 더 나은 것과 더 못한 것, 더 고상한 것과 덜 고상한 것을 구별해서 보여 주신다. 그리스도의 외적인 존재는 그런 내적인 구분과 일치하도록 이루어졌다.

6. 십자가에 달리실 때

따라서 그리스도의 내적인 존재, 즉 그 영혼의 오른쪽 눈을 통한 시각은 언제나 신성에 충만하게 참여하고 완전한 복락과 기쁨에 참여하였다.

반면에 그의 왼쪽 눈인 겉사람은 고난과 절망과 고통에 온전히 참여하였다. 그러나 이것은 내적인 오른쪽 눈이, 겉사람이 겪어야만 하는 모든 고통과 고난과 괴로움에 의해 전혀 동요되거나 방해를 받거나 손상되지 않은 채 그대로 보존된 상태로 일어났다.

그리스도께서 묶인 채 매를 맞으시고 십자가에 달리셔서 그의 겉사람이 이 모든 고통을 직접 겪으셨을 때, 그의 속사람, 즉 영혼은 오른쪽 눈으로서의 기능으로, 그가 승천하신 후에 경험하신 것과 똑같은 그리고 지금 이 순간에 누리고 계신 것과 똑같은 복락과 기쁨 속에서 안식을 누리셨다.

이로 보건대, 그리스도의 외적인 존재, 즉 왼쪽 눈으로서의 기능을 하는 그 영혼은 외적인 의무의 이행으로 결코 방해를 받거나 약해지지 않는다는 것을 알 수 있다.

7. 영원한 것을 바라봄

피조된 인간의 영혼도 두 눈을 갖고 있다. 한 눈은 영원한 것을 바라볼 수 있는 힘이 있고, 다른 한 눈은 시간과 피조 세계를 바라볼 수 있다. 그래서 내가 위에서 말한 대로, 고상한 것과 덜 고상한 것을 구별할 수 있게 해준다.

그러나 이 두 눈은 우리 영혼의 일부이기 때문에 그들의 기능을 동시에 수행하지는 못한다. 만일 영혼이 그 오른쪽 눈을 통해 영원을 바라보게 되면, 왼쪽 눈은 하던 모든 일을 멈추고 마치 죽은 것처럼 행동해야 한다. 만일 왼쪽 눈이 외부 세계의 것들에 집중하게 되면, 즉 시간과 피조된 존재들에게 빠져들게 되면, 그것은 오른쪽 눈의 시야를 방해하게 된다.

8. 내부에 남아 있는 것

우리는 단순한 진리가 무엇인지 주목해 보고 알아야 한다. 즉 어떤 덕행이나 선행도, 심지어 하나님이 선하다고 고백하시는 것까지도, 만일 그것이 그 사람의 영혼 밖에서 일어난다면 그 사람과 그 사람의 영혼을 고결하게 하거나 선하게 하거나 복되게 하지 못한다는 것이다.

역으로, 죄와 사악함도 마찬가지이다. 선하고 거룩한 사람들에 대해서 물어 보고 들어 보고 정보를 모으고, 그들이 한 일이라든가 겪은 일들이 무엇인지 알아보고, 그들이 어떻게 살았으며, 하나님께서 그들을 통해서 또 그들 안에서 어떻게 역사해 오셨으며, 어떻게 그 뜻을 이루어 오셨는지를 살펴보는 일은 칭찬할 만하다.

그러나 내면적으로 삶의 내용과 방법을 깊이 인식하고 이해하는 것이 백 배 더 낫다. 사람들은 하나님께서 그들 안에서 무엇을 하고 계신지, 또 하나님께서 그들을 어떻게 사용하기를 원하시는지 혹은 사용하지 않기를 원하시는지를 배워야 할 필요가 있다. 따라서 다음과 같은 말은 여전히 일리가 있는 말이다. "떠나는 것이 아무리 좋아도 내부에 그대로 남아 있는 것보다는 못하다."

9. 하나님만을 기다림

영원한 복락은 하나님께만 뿌리를 두고 있고 다른 어떤 것에도 뿌리를 두고 있지 않다는 사실도 주목해야만 한다. 그리고 사람이 구원을 받으려면, 유일하신 하나님을 영혼 속에 모셔야 할 뿐 아니라 한 가지가 더 필요하다.

그러면 당장에 이렇게 질문할 사람들이 있을지도 모르겠다. "그 한 가지가 무엇입니까?" 그 대답은 이것이다. "그것은 하나님의 선하심이거나 그 선하심으로 우리에게 나타나는 것입니다." 그것은 우리가 명명하고 알고 명시하는 이런 저런 특정한 선이 아니라, 모든 좋은 것이며 모든 좋은 것보다 뛰어난 것이다.

이 영원한 선은 영혼 속에 들어올 필요가 없다. 왜냐하면 비록 인식되지는 못했어도 이미 거기에 들어와 있기 때문이다. 우리가 유일하신 하나님 안에 들어가야 한다거나 그 하나님이 우리 안에 들어오셔야 한다고 말하는 것은 우리가 그 하나님을 찾고 느끼고 맛보아야만 한다고 말하는 것과 똑같은 것이다. 하나님은 한 분이시기 때문에 당연히 다양성보다는 통일성과 단일성이 선호되어야 한다.

행복이나 축복은 물질의 부요함에서 오는 것이 아니라 하나님께로부터 온다. 다시 말해서, 행복이나 축복은 어떤 피조된 물질이나 피조물의 일에 달려 있는 것이 아니라 하나님과 하나님의 역사하심에만 달려 있다. 그러므로 나는 하나님과 하나님의 역사하심만을 기다려야 하며, 모든 피조물과 그들의 모든 일, 무엇보다 나 자신부터 버려야 한다.

이 말도 들어 보라. 하나님께서 지금까지 행하신 위대한 역사들과 놀라운 일들, 또는 앞으로 피조 세계를 통해서나 그 안에서 행하실 그 모든 행사들, 심지어 하나님께서 그의 선하심 속에서 자신을 직접 계시하시는 일까지도 그것들이 내 안에서 일어나지 않고 밖에서 맴돈다면, 절대로 나를 복되게 하지 못한다. 왜냐하면 축복이란 하나의 사건으로, 내면의 지식으로, 사랑으로, 그리고 느낌과 맛으로 내 안에 존재하는 만큼만 내게 존재하기 때문이다.

10. 거짓 빛과 참 빛

나는 거짓 빛에 대해서 간단히 말했다. 이제 그것이 무엇인지, 또 어떻게 작용하는지에 대해서 좀더 말하고자 한다.

일단 참 빛과 반대되는 모든 것이 거짓 빛에 속한다. 참 빛의 본질적인 특징은 속임수를 모른다는 것과, 속이려는 의지를 불러일으키지 않는다는 것과, 스스로 속지 않는다는 것이다. 그러나 거짓 빛은 속임을 당하고 계속해서 다른 사람들을 속임수 가운데 몰아넣는다. 하나님께서는 아무도 속이기를 원하지 않으신다. 또 누군가가 속기를 원하지도 않으신다. 이것은 참 빛의 경우에도 변함없이 적용된다.

이제 그 참 빛이 바로 하나님이시며 신성이시고, 거짓 빛은 자연 혹은 자연적인 것이라는 사실을 주목하라. 하나님은 참 빛이시기에 모든 자아와 사리사욕과 방종 같은 것이 없으시다. 반면에 자연의 피조물과 자연의 거짓 빛은 자아라는 이기심과 사욕과 그 파생물들의 욕망을 한껏 채워 준다.

그래서 사람들이 스스로를 자기 본래의 모습이 아닌 다른 존재로 착각하게 되며, 자신이 하나님이라는 망상을 하게 된다. 그러나 인간은 자연에 불과하며 피조된 존재에 불과하다. 그런 망상 속에서 인간은 하나님의 표지가 되는 특성을 자기 자신에게 요구하기 시작한다.

이 사실을 주목하라. 참 빛 속에서 살아가는 사람들은 그들이 소원하거나 선택하는 모든 것들이 모든 피조물이 존재의 깊이 속에서 늘 소원하고 선택해 온 것에 비교해 보면 정말 아무것도 아니라는 것을 인식하고 있다.

이러한 깨달음이 세상적인 것들에 대한 모든 욕망과 의지에서 그들을 해방시켜 주며 하나님께 온전히 복종하게 해준다.

관련 성경 구절 : 요한복음 3:1-8

바리새인 중에 니고데모라 하는 사람이 있으니 유대인의 관원이라 그가 밤에 예수께 와서 가로되 랍비여 우리가 당신은 하나님께로서 오신 선생인 줄 아나이다 하나님이 함께 하시지 아니하시면 당신의 행하시는 이 표적을 아무라도 할 수 없음이니이다 예수께서 대답하여 가라사대 진실로 진실로 네게 이르노니 사람이 거듭나지 아니하면 하나님 나라를 볼 수 없느니라 니고데모가 가로되 사람이 늙으면 어떻게 날 수 있삽나이까 두 번째 모태에 들어갔다가 날 수 있삽나이까 예수께서 대답하시되 진실로 진실로 네게 이르노니 사람이 물과 성령으로 나지 아니하면 하나님 나라에 들어갈 수 없느니라 육으로 난 것은 육이요 성령으로 난 것은 영이니 내가 네게 거듭나야 하겠다 하는 말을 기이히 여기지 말라 바람이 임의로 불매 네가 그 소리를 들어도 어디서 오며 어디로 가는지 알지 못하나니 성령으로 난 사람은 다 이러하니라.

리처드 포스터의 묵상

'테올로기아 게르마니카'라는 이름의 원천이 되는 "하나님의 친구들"이란 운동은 당시에 유행했던 "자유로운 성령의 형제 자매들"이란 다른 운동과 확연하게 대조되었다.

후자의 그룹은 어떤 도덕적인 제한이나 윤리적인 책임에 대해서는 아무런 언급도 없이 오직 성령을 따라야 한다고 주장했다. 그러나 "하나님의 친구들"은 규율과 질서를 도덕적인 삶을 계발시키는 데 없어서는 안되는 필수적인 요소라고 주장하였다. 그러나 치명적인 율법주의는 배격하였다.

분명한 도덕적인 한계라는 맥락 속에서 참된 그리스도인의 자유를 강조한 그들의 사상은 오늘날 우리에게도 절실히 요망된다. 오늘날 많은 사람들이 모든 도덕적인 제한들을 폐지하기를 원한다. 또 어떤 사람들은 율법의 문구에 우리를 얽어매고 싶어한다. 「테올로기아 게르마니카」는 우리에게 보다 탁월한 길을 제시해 주고 있다는 점에서 유용하다. 그것은 바로 분명한 도덕적 관점에 의해서 제시되는 하나님의 은혜와 자비의 길이다.

닛사의 그레고리

(Gregory of Nyssa, 331~396)

닛사의 그레고리는 위대한 '교부들' 중 한 사람이다. 그는 기독교인들에 대한 박해가 거의 끝나갈 무렵인 4세기에 살았다. 그레고리는 세 명의 헬라 갑바도기아 교부들 중의 하나이다. 다른 두 사람은 그레고리의 형제인 성 바질(St. Basil)과 그 두 형제의 친구인 나지안주스의 그레고리(Gregory of Nazianzus)이다.

그는 "교회사를 통해서 일찍이 알려진 사상가들 중에서 가장 능력 있고 가장 독창적인 사상가"라고 일컬어져 왔다. 그의 저작들은 동방 교회의 영성에 커다란 영향력을 미쳐 왔다. 그는 헬라 철학, 특히 플라톤 철학과 스토아 철학에 정통했으나 그의 사상의 기초는 성경에 뿌리를 두고 있다.

그레고리는 성경의 주된 용도가 역사적인 반성에 있는 것이 아니라 덕의 함양에 있다고 믿었다. 그와 다른 두 교부들은 성경과 성경에 나오는 등장 인물들을 통해 우리가 하나님께 더 가까이 나아가는 방법과 우리의 영혼을 하나님께 '올려 드리는' 방법을 가르쳤다. 그는 영적인 생활을 경주로 보았다. 사도 바울이 말한 대로 우리는 "뒤에 있는 것은 잊어버리고 앞에 있는 것을 잡으려고 좇아간다"(빌 3:13)는 것이다.

본문의 내용은 그레고리의 가장 유명한 저작인 *The Life of Moses*(모세의 생애)에서 발췌한 것이다. 이 책은 덕 있는 삶을 살아가기 위한 지침을 주기 위해 쓰여졌다. 그레고리는 온전함이 계속적인 노력을 통해 얻어지는 것이라고 보았다. 그것은 하나님의 무한하신 은혜 속에 뿌리를 둔 영속적인 성장이라는 것이다.

23주 「모세의 생애(*The Life of Moses*)」에서 발췌

경주에 참여함

1. 신성한 경주

경마를 지켜보는 관중들은 승리에 집착한 나머지 자기가 응원하는 말들을 향해 그들이 아무리 열심히 달리고 있을지라도 소리를 질러댄다. 그들은 스탠드에서 눈으로 경주에 참여한다. 경마 선수가 말 등에 납작 엎드려 채찍 대신 두 팔로 허공을 때리며 말을 재촉하고 있을 때에 관중들은 경마 선수를 향해 좀더 열심히 노력해 줄 것을 기대하며 격려한다.

관중들이 이렇게 하는 것은 그들의 행동 자체가 승리에 공헌을 하기 때문이 아니다. 그들은 자신들의 호의, 즉 경기에 참여한 사람들과 말들에 대한 관심을 목소리와 행동으로 열심히 보여 주고 있는 것이다. 나는 나 자신과 나의 가장 소중한 친구와 형제가 이와 똑같은 일을 하고 있다고 생각한다. 당신은 하나님이 위에서 부르신 부름의 상을 얻기 위하여 신성한 경주에 참여하여 가벼운 발걸음으로 뛰며 끊임없이 노력하면서 덕 있는 삶의 경로를 훌륭하게 경주해 나가고 있다. 이제 나는 당신이 활기차게 점점 속도를 증가해 나가기를 권고하고 격려하고 권면하고 재촉한다.

2. 즉각적인 순종

최근에 보내 준 당신의 편지에서 온전한 삶에 대한 몇 가지 지침을 제공해 줄 것을 우리에게 요청하였기에 당신의 요구에 응하는 것이 도리라고 생각하였다. 어쩌면 내 말 속에 당신에게 도움이 될 만한 내용이 없을지도 모르지만, 그래도 이 즉각적인 순종의 예가 당신에게 완전히 무익하지만은 않으리라 믿는다. 수많은 영혼들 위에 교부로 세움을 입은 우리가 이러한 노년의 시기에 청년의 부탁을 수락하는 것이 적절하다고 생각할진대, 청년인 당신에게 우리가 자발적으로 순종하라고 가르친 그대로, 즉각적인 순종의 바른 행위가 당신 속에 확고히 자리잡혀야 한다는 것은 얼마나 더 적절하겠는가?

3. 온전한 생활

그 이야기는 그쯤하기로 하고 이제 우리 앞에 놓여 있는 문제를 다루어 보자. 우리 이야기의 길잡이는 하나님이 되실 것이다. 사랑하는 형제여, 당신은 온전한 삶이 어떤 것인지 개략적으로 보여 달라고 우리에게 요청하였다. 당신의 의도는 분명히 내 말로 인해 드러나는 은혜를 당신 자신의 삶으로 옮기는 것이었다. 그래야만 내 글 속에서 당신이 찾고 있는 바를 발견할 것이기 때문이다.

나는 내 글 속에서 온전함의 개념을 전부 다 수용하는 것과 내 삶 속에서 내 글의 통찰력을 보여 주는 것, 이 두 가지 사실이 똑같이 당황스럽다. 이 둘 모두 내 능력을 초월한 것이기 때문이다. 이 문제에 있어서 비단 나만 그런 것은 아닐 것이다. 수많은 위인들, 덕에 있어서 탁월한 사람들까지도 그와 같은 성취가 불가능한 것임을 인정하고 있다. 그러나 나는 시편 기자의 말처럼 "두려움이 없는 곳에서 두려워 떠는" 사람은 아니라고 믿기에 내가 생각하는 바를 더욱 분명히 당신에게 제시하고자 한다.

4. 덕이 있는 삶의 경로를 경주하다

우리의 지각으로 측정할 수 있는 모든 것의 온전함은 어떤 분명한 경계에 의해서 구획이 정해진다. 예를 들면, 양(量)이라고 하는 것은 계속성과 한계를 동시에 인정한다. 10이라는 숫자를 보는 사람은 그 숫자의 온전함이 그 숫자에는 시작도 있고 끝도 있다는 사실에 놓여 있음을 알고 있다.

그러나 덕의 경우에는 사도 바울에게서 우리가 배운 바처럼, 온전함의 유일한 한계는 그것의 한계가 없다는 사실이다. 왜냐하면 탁월하고 뛰어난 지각을 소유한 그 경건한 사도 바울조차 덕스런 삶의 경로를 좇아 달리면서 아직도 남아 있는 것을 잡으려고 달려가기를 멈추지 않았기 때문이다. 그 경주에서 멈춘다고 하는 것은 바울에게 있어서 안전한 것이 아니었다. 왜 그럴까? 그 이유는 선한 것은 그 본질상 한계가 없고, 다만 그 반대되는 것에 의해서만 제한되기 때문이다. 생명이 죽음에 의해서 제한되고 빛이 어둠에 의해서 제한되는 것과 같은 이치이다. 모든 선한 것은 일반적으로 선과 반대된다고 생각되는 모든 것들과 더불어 끝이 난다.

5. 경주의 중단

생명의 끝이 죽음의 시작이듯이, 선한 경주의 중단은 악한 경주의 시작이다. 따라서 덕과 관련하여 온전함을 이루는 것이 불가능하다는 우리의 진술은 틀린 것이 아니다. 왜냐하면 경계선에 의해서 구획 지어진 것은 덕이 아니라고 지적되어 왔기 때문이다.

나는 덕스런 삶을 추구하는 사람들이 온전함을 얻기는 불가능하다는 사실도 말했다. 이제 이 말의 의미를 설명하려고 한다.

거룩하신 하나님 한 분만이 문자 그대로 기초적이고 본질적인 의미에서 선하시다. 그것은 하나님의 본질이 바로 선이기 때문이다. 하나님은 선이시기 때문에 선하신 바로 그 성품에 의해서 불려지고 식별된다. 그리고 악 외에는 덕을 제한할 것이 아무것도 없으며, 하나님은 어떠한 반대도 인정하시지 않기 때문에 우리는 신의 성품을 무제한적이고 무한하다고 주장할 수 있다. 누구든지 참 선을 추구하는 사람들은 다름 아닌 하나님께 참여하는 것임이 분명하다. 왜냐하면 하나님 자신이 절대적인 선이시기 때문이다. 그래서 본질상 선한 것이 무엇인지를 아는 사람들은 그 선에 참여하기를 갈망하고 그 선에는 아무런 제한이 없으므로, 참여자의 소망 그 자체가 필연적으로 멈추지 아니하고 아무런 제한도 없이 뻗어 나가게 된다.

6. 도달하기 어려운 명령

앞서 말한 대로 온전함이란 제한선으로 구획되는 것이 아니기 때문에 온전함에 도달한다는 것은 당연히 불가능하다. 덕의 한 가지 한계는 바로 한계가 없다는 것이다. 그렇다면 아무런 경계선이 없는 곳에서 어떻게 우리가 추구해야 하는 지점에 도달할 것인가?

비록 나의 논증이 대체로 우리가 추구하는 목표에 도달할 수 없다는 사실을 보여 준다고 할지라도, 우리는 "그러므로 하늘에 계신 너희 아버지의 온전하심과 같이 너희도 온전하라"고 말씀하신 주님의 명령을 무시해서는 안된다. 왜냐하면 본질상 선한 것들의 경우는, 비록 지각 있는 사람들이 모든 것을 다 이룰 수는 없다 할지라도 그 중 일부만을 성취하는 것으로도 많은 것을 얻을 수 있기 때문이다.

7. 도달할 수 있는 온전함

우리는 도달할 수 있는 온전함에서 멀어지지 않고 가능한 한 많은 것을 얻기 위해서 부지런히 힘쓰지 않으면 안된다. 우리가 추구하는 것의 영역 안에서 최대한의 진보를 이루기 위해 힘쓰자. 인간 본성의 온전함은 아마 선에 있어서의 성장 그 자체에 놓여 있는 것 같다.

이 문제에 있어서 성경을 상담자로 사용하는 것이 내게는 유익한 것 같다. 왜냐하면 이사야의 예언 중 한 부분에서 하나님의 음성이 "네 아비 아브라함과 너를 낳아 준 사라를 상고해 보라"고 말씀하고 있기 때문이다. 성경은 덕 있는 삶을 살지 않고 방황하는 사람들에게 이 권면의 말씀을 주고 있다.

8. 정상적인 항로로 돌아옴

바다를 항해하면서 항구로부터 멀어졌던 선원들이 높이 솟아 있는 등대 불빛이나 어떤 산봉우리가 시야에 들어오면, 그 명확한 표지판에 의해 정상적인 항로를 따라 돌아오듯이, 성경도 아브라함과 사라의 본을 통해 선장도 없이 삶의 바다를 표류하는 사람들을 하나님의 뜻의 항구로 다시 인도한다.

인성은 남성과 여성으로 나누어진다. 그리고 선과 악의 자유로운 선택이 남성과 여성 앞에 동등하게 놓여 있다. 바로 그렇기 때문에 각 성(性)에 상응하는 덕의 본보기가 하나님의 음성에 의해 예시되어 있는 것이다. 그래서 각 사람은 자기와 유사한 사람(남자들은 아브라함, 여자들은 사라)을 지켜봄으로써 적절한 본보기를 통해 덕 있는 삶으로 인도함을 받을 수 있다.

9. 선의 피난처

그래서 아마 삶의 모범이 되는 어떤 사람을 기억해 보면 등대에 대한 우리의 필요를 채우기에 충분할 뿐더러, 우리의 영혼을 선의 피난처로 나오게 하는 방법을 보여 주기에도 충분할 것이다.

우리의 영혼이 선의 피난처로 나오게 되면 더 이상 삶의 폭풍우 속에서 겨울을 날 필요도 없고, 정열이라는 연속적인 풍랑에 의해 악의 깊은 물속에서 파선될 염려도 없다. 그런 숭고한 개인들의 일상 생활이 자세히 기록된 것은 바로 이런 이유 때문이다. 그래서 그 뒤를 따르는 사람들이 일찍이 그들이 행했던 바른 행동을 본받음으로써 자신들의 삶을 선하게 영위할 수 있게 된다.

그러면 구체적으로 우리는 어떻게 해야 할까? 어떤 사람은 이렇게 질문할 것이다. "내가 어떻게 그들을 본받는다는 말인가? 나는 아브라함처럼 갈대아인도 아니고, 성경이 모세에 대해서 가르치고 있는 것처럼 애굽의 공주에 의해서 자라지도 아니하였으며, 일반적으로 내게는 이런 문제에 있어서 성경에 나오는 옛 위인들과 상응할 만한 점이 하나도 없는데 그들을 어떻게 본받는다는 말인가? 삶의 환경이 나와는 너무나도 동떨어진 사람을 어떻게 본받아야 할지도 모르는데, 어떻게 나 자신을 그들 중의 하나와 같은 반열에 세울 수 있단 말인가?"

그 사람의 질문에 대한 우리의 대답은 이러하다. 우리는 갈대아인이라는 것 자체를 선이나 악으로 보지 않고, 어떤 사람이 애굽에서 살았거나 바벨론에서 생애를 보냈다고 해서 그가 선한 생활에서 추방된 것이라고 보지도 않으며, 하나님께서 오직 유대에 있는 존경받는 개개인들에게만 알려져 있다고 보지도 않는다. 그리고 사람들이 일반적으로 생각하는 것과는 달리, 시온이 하나님의 거처라고 생각하지도 않는다.

우리에게 필요한 것은, 갈대아인들과 애굽인들에게서 자신을 분리시키고, 바벨론 포로 생활로부터 탈출함으로써 어떻게 복된 생활을 시작할 수 있을 것인가를 역사로부터 간파해 낼 수 있는 지각의 섬세함과 환상에 대한 예민함이다.

10. 하나님의 친구가 됨

덕스런 삶의 방식은 우리가 지금까지 모색해 온 바로 그 목표이기 때문에, 고상한 친구인 당신이 하나님에 의해 식별되고 하나님의 친구가 되어야 할 때가 되었다.

참된 온전은 노예처럼 비굴하게 처벌을 무서워해서 사악한 생활을 피하는 것이 아니다. 또한 어떤 사업 상의 거래에 의해 현금이 쏟아져 들어오는 것처럼, 마치 덕 있는 삶을 살면 뭔가 보답이 있기에 그것을 바라고 선을 행하는 것도 아니다. 오히려 그 반대로, 참된 온전은 우리가 바라는 모든 것들과 약속에 의해 예비되어 있는 모든 것들을 다 무시하고 오직 하나님과의 교제가 단절되는 것만을 두려운 것으로 알며, 오직 하나님의 친구가 되는 것만을 영예롭고 바람직한 일로 여기는 것이다. 내가 말한바 이것이 바로 온전한 삶이다.

당신의 지각이 숭고하고 신성한 것을 향해 올리워질 때, 당신이 발견하는 것은 무엇이든지(나는 당신이 많은 것을 발견하게 되리라고 믿어 의심치 않는다) 틀림없이 그리스도 예수 안에서 공동의 유익을 위한 것이 될 것이다. 아멘.

관련 성경 구절 : 빌립보서 3:12 - 21

내가 이미 얻었다 함도 아니요 온전히 이루었다 함도 아니라 오직 내가 그리스도 예수께 잡힌 바 된 그것을 잡으려고 좇아가노라 형제들아 나는 아직 내가 잡은 줄로 여기지 아니하고 오직 한 일 즉 뒤에 있는 것은 잊어버리고 앞에 있는 것을 잡으려고 푯대를 향하여 그리스도 예수 안에서 하나님이 위에서 부르신 부름의 상을 위하여 좇아가노라 그러므로 누구든지 우리 온전히 이룬 자들은 이렇게 생각할지니 만일 무슨 일에 너희가 달리 생각하면 하나님이 이것도 너희에게 나타내시리라 오직 우리가 어디까지 이르렀든지 그대로 행할 것이라 형제들아 너희는 함께 나를 본받으라 또 우리로 본을 삼은 것같이 그대로 행하는 자들을 보이라 내가 여러 번 너희에게 말하였거니와 이제도 눈물을 흘리며 말하노니 여러 사람들이 그리스도 십자가의 원수로 행하느니라 저희의 마침은 멸망이요 저희의 신은 배요 그 영광은 저희의 부끄러움에 있고 땅의 일을 생각하는 자라 오직 우리의 시민권은 하늘에 있는지라 거기로서 구원하는 자 곧 주 예수 그리스도를 기다리노니 그가 만물을 자기에게 복종케 하실 수 있는 자의 역사로 우리의 낮은 몸을 자기 영광의 몸의 형체와 같이 변케 하시리라.

리처드 포스터의 묵상

　나는 예리한 통찰력으로 완전주의에 대한 현대의 모든 논의를 꿰뚫을 수 있는 그레고리의 방법을 사랑한다. 그는 단순히 다른 것보다 우월한 한 가지 성화 교리에 대해서 염려하고 있는 것이 아니다.

　알다시피 불건전한 완전주의에 대한 치유책은 거룩함에 대한 모든 강조를 다 거부하는 것이 아니라(결국 거룩한 생활은 하나님의 뜻이기 때문에) 오히려 영적 생활의 진보를 강조하는 것이다. 그레고리의 주된 관심은 우리의 덕이 자라는 것이다. 그에게 있어서 덕이란 시련과 갈등과 경주를 통해서 오는 것이다. 그리고 덕의 최종 목표는 우리가 하나님의 친구가 되는 것이다. 그것이야말로 우리의 삶을 헌신할 만한 가치가 있는 일 아니겠는가?

리처드 롤

(Richard Rolle, 1290~1349)

　리처드 롤은 영국의 요오크(York) 교구에 있는 쏜턴(Thornton)이라는 마을에서 태어났다. 그는 영국의 위대한 영적 지도자 중의 한 사람이다. 그는 비천한 가정에서 태어났으나, 어떤 은인의 도움으로 옥스퍼드 대학에 다닐 수 있었다. 그는 탁월한 학생이었으나 석사 학위를 마치기 전에 학교를 그만 두었다. 그것은 학문 세계의 허영심에 빠지고 싶지 않았기 때문이다.
　그는 요오크셔로 돌아와 문자 그대로 은둔자가 되기 위해 가정을 떠났다. 그는 아버지가 입던 우비로 은둔자의 옷을 만들어 입었다. 그리고는 기도로 준비하기 위해서 가까운 교회로 가서 밤을 지새웠다. 거기서 그는 아주 놀라운 기도의 깊은 체험을 하게 되었으며, 그가 밤새워 기도할 때에 옆에 있던 사람들은 그저 놀랄 따름이었다. 나중에 그는 그 교회에서 설교하게 되었는데 그것이 그의 능력 있는 목회의 시작이 되었다.
　그는 일생 동안 도시와 여러 마을을 전전하며 살았다. 때로는 수도원에서, 또 때로는 수녀원에서 살았다. 그는 또한 여러 저작들로 유명해졌는데, 특히 *The Fire of Love*(사랑의 불)는 그의 대표적인 저작이다. 그는 다른 작가들이 흉내내지 못하는 열정과 정력을 가지고 글을 썼다. 그의 사후 이백 년 동안 그는 "은둔자 성 리처드(St. Richard the Hermit)"로서 크게 존경을 받았다. 그의 저작들은 신앙인이나 비신앙인 모두에게 사랑을 받았다.

24 주 「사랑의 불(*The Fire of Love*)」에서 발췌

영적인 불꽃

1. 영혼의 양식인 영적인 불꽃

내 마음이 뜨거워지기 시작하는 것을 처음으로 느꼈을 때 내가 얼마나 놀랐는지 이루 말로 다 표현할 수가 없다. 그것은 상상의 뜨거움이 아니라 정말로 뜨거움 그 자체였다. 내 가슴이 정말로 불타고 있는 것 같았다. 나는 그 뜨거운 열기가 어떻게 솟구쳐 올라왔는지, 그리고 그 새로운 체험이 내게 얼마나 크고 놀라운 평안을 가져다 주었는지 그저 놀라울 뿐이었다. 나는 혹시라도 어떤 물리적인 이유로 진짜 불타고 있는 것은 아닌지 내 가슴을 계속해서 확인하지 않으면 안되었다.

그러나 그것이 전적으로 마음속에서 일어나는 현상이며, 이 사랑의 불꽃이 물질적인 요인이나 죄로 인한 결과가 아니라 창조주 하나님의 선물이라는 사실을 일단 깨닫고 나자 나는 너무도 기뻤고 내 사랑이 더욱더 강렬해지기를 원했다. 그리고 이 영적인 불꽃이 나의 영혼 속에 가져다

준 놀라운 기쁨과 내적인 평안함으로 인해 그러한 소망은 더욱더 간절하게 되었다. 이러한 평안의 불꽃이 붙기 전에는 에덴 동산에서 추방된 우리가 감히 그런 뜨거움을 체험할 수 있게 되리라고는 생각지도 못했으며, 그로 인해 불붙게 된 헌신이 그토록 행복한 것인 줄 전혀 생각지도 못했다. 그것은 마치 진짜 불이 붙고 있는 것처럼 내 영혼을 뜨겁게 불태웠다.

2. 사랑의 광대함과 아름다움

몇몇 사람들이 우리에게 상기시켜 주는 바와 같이 이 세상에는 그리스도에 대한 사랑으로 불타고 있는 사람들이 있다. 우리는 그들이 세상에 얼마나 미련을 두지 않고 생활하는지, 그리고 하나님을 섬기는 데 얼마나 헌신적인지를 보아 그 사실을 알 수 있다. 우리는 손가락을 불에 가까이 갖다 대면 뜨거움을 느낀다. 마찬가지로 사랑으로 불타고 있는 영혼은 진짜 뜨거움을 느낀다. 때때로 그 열기가 더할 수도 있고 덜할 수도 있지만, 그것은 어디까지나 우리의 수용 능력에 달려 있다.

만일 그 뜨거움이 우리가 이 세상에서 알 수 있는 최고도의 상태로 지속된다면, 과연 살아 남을 사람이 있을까? 너무도 강렬한 사랑의 광대함과 아름다움 앞에서, 그리고 이루 말로 형용할 수 없는 뜨거움 앞에서 우리는 틀림없이 죽고 말 것이다. 그러나 그럼에도 우리는 바로 그 일이 일어나기를 열렬히 갈망해야 한다. 그것은 우리의 영혼이 그 모든 뛰어난 지적인 능력에도 불구하고 이 달콤한 불꽃 속에서 호흡하는 것이며, 이 세상과 인연을 끊는 것일 뿐만 아니라, 창조주의 권능을 찬양하는 사람들과 하나가 되는 것이기 때문이다.

3. 불꽃을 꺼뜨리는 것

그런데 이 세상에는 사랑과 반대되는 것들이 있다. 평화로운 마음을 기만하는 세속적이고 야비한 것들이 있다. 그리고 때때로 이 괴로운 세상에서 육체적인 욕구와 인간적인 강한 애정이 따뜻한 사랑 속에 끼여들어 사랑의 불을 방해하고 꺼뜨리기도 한다(그 사랑은 태우기도 하고 밝히기도 하기 때문에 나는 그것을 비유적으로 '불'이라고 부른다). 물론 그것들은 부동의 것은 없앨 수가 없다. 왜냐하면 그것은 늘 내 마음을 붙잡고 있던 것이기 때문이다.

그러나 그것들로 인해서 뜨거운 사랑의 아픔이 잠시 없어지기도 한다. 그 뜨거움이 회복될 때까지 영적으로 내 마음이 얼어붙고, 내게 익숙하던 것을 빼앗김으로 인하여 내 마음이 황폐해짐을 느끼기도 하지만 결국 때가 되면 그 뜨거움은 다시 회복될 것이다. 영적으로나 육적으로나, 나의 전존재가 인식하는 마음의 불꽃을 다시 회복시키고 싶은 때가 바로 그때이다. 마음의 불꽃이 있을 때 무엇보다 우리는 우리 자신이 안전함을 깨닫게 된다.

4. 헌신하기로 확정한 영혼

요즈음 나는 잠자는 것까지도 내게 방해가 되는 것 같다. 내게 있는 남는 시간이라고는 잠자는 시간뿐이다. 깨어 있을 때에는 심지어 추위에 얼어붙어 있을지라도 내 영혼을 뜨겁게 할 수 있다. 나는 나의 영혼을 헌신하기로 확정한 이상, 영혼에 어떻게 불을 붙여야 할지, 그리고 넘치는 소망으로 어떻게 세속적인 것들을 초월해서 영혼을 고양시킬 수 있는지를 알고 있기 때문이다.

그러나 이 영원하고 넘치는 사랑은 긴장이 풀어져 있을 때는 생기지 않는다. 또한 예를 들어, 여행 같은 것을 하고 나서 몸이 몹시 피곤해졌을 때도 이러한 영적인 열정을 느끼지 못한다. 세상적인 이해 관계에 몰두하거나 끝없는 변론에 집착할 때에도 마찬가지이다. 때때로 나는 이처럼 자신이 냉랭해져 감을 느끼곤 한다. 그 냉랭함은 내가 다시 한번 외부의 것들을 모두 버릴 때 비로소 없어지며, 주님 앞에 서기 위해 진정으로 노력할 때 해결된다. 그때에야 비로소 나는 이 마음의 뜨거움에 거하게 된다.

5. 논증으로 알 수 없는 하나님

내가 이 책을 쓴 것은 이 세상의 현자들이나 철학자들을 위한 것이 아니다. 또 끝없는 의문 속에 빠져서 헤어나오지 못하고 있는 신학자들을 위한 것도 아니다. 내가 이 책을 내놓은 것은 지식을 쌓기보다 하나님을 사랑하기 원하는 소박하고 배우지 못한 평범한 사람들을 위해서이다. 왜냐하면 하나님은 논증에 의해서가 아니라 우리의 행위와 사랑을 통해서 알 수 있는 분이시기 때문이다.

물론 그런 문제와 관련된 것들이 대부분 지적인 요소를 요구하고 있기는 하지만 그리스도의 사랑을 생각해 보면 지적인 것은 그다지 중요한 요소가 아니다. 어쨌든 지적인 요소는 이해하기가 불가능하다. 그래서 이 글은 세상에 속한 것들을 모두 잊어버리고 내버리지 않는 전문가들에겐 아무 쓸모가 없다. 그들이 지금 하나님을 바라보고 갈망하는 일에 기꺼이 굴복하지 않는다면 그들에게 이 책은 아무런 의미가 없다.

6. 시간에 속한 것들을 초월하여

그들이 이것을 얻으려면 먼저 세상적인 모든 명예를 버려야 한다. 그리고 모든 헛된 영광과 지식의 과시를 미워해야 한다. 그 다음에 극심한 가난이 닥치게 되었을 때, 기도와 묵상을 통해 하나님의 사랑에 자신을 헌신할 수 있게 된다. 바로 그때 이와 같은 것으로만 창조된 사랑의 불꽃이 마음속에 나타나 그 불을 받도록 준비시켜서 어두움에 속한 것들을 태워 없애고, 또한 매우 아름답고 황홀한 열정의 극치에 이르도록 그들을 준비시키는 것은 놀라운 일이 아니다.

그때에야 비로소 그들은 시간에 속한 것들을 초월하여 무한한 평화의 보좌에 앉게 된다. 아는 것이 많으면 많을수록 자연히 사랑할 수 있는 능력도 더 많아진다. 그러나 사람들이 자신을 스스로 높이 평가한다거나 다른 사람들에게 존경받는 것을 기뻐하지 않을 때에 그렇게 된다. 내가 이 책의 제목을 *The Fire of Love*(사랑의 꽃)라고 붙인 것은 바로 이런 수단을 통해서 모든 사람들을 하나님께로 인도하고 싶기 때문이며, 사랑의 열정적인 성질과 초자연적인 성질을 쉽게 이해시키기 위함이었다.

7. 우리가 사랑해야만 하는 것

이 세상에서 우리와 같은 삶을 살고 있는 사람은 누구나, 우리가 진심으로 하나님께로 돌아서지 않고서는 절대로 영원한 사랑으로 채워질 수 없으며 하늘의 복된 기름으로 기름 부음받지 못한다는 사실을 알고 있다. 하나님의 사랑을 조금이라도 체험하기 위해서는 먼저 하나님께 진심으로 전향해야 하며, 최소한 마음으로라도 모든 세속적인 것들로부터 전적으로 돌아서야 한다. 그 전향은 정식적으로 명령된 사랑의 문제이다. 그 결과, 처음에는 우리가 사랑해서는 안될 것을 사랑하는 것이 아니라 사랑해야만 하는 것을 사랑하게 되며, 그 다음에는 그 사랑해야만 하는 것에 대하여 좀더 우리의 사랑이 환하게 불타게 된다.

물론 하나님께서는 모든 것 위에 우선해서 사랑을 받으셔야 한다. 하늘의 신령한 것들도 무엇보다 먼저 사랑을 받아야 한다. 한편 세상적인 것들은 사랑하지 않거나 필요한 최소한의 것을 제외하고는 사랑하지 말아야 한다. 이것이 분명히 그리스도께로 돌아가는 태도이다. 오직 그분만을 사모하는 것이 그분께로 돌아가는 것이다. 세상적인 '좋은 것들'은 그것들을 사랑하는 사람들을 보호하기보다는 부패시킨다. 그것들을 버린다는 것은 육체적인 욕망을 없앤다는 것이며 악한 것이라면 어떤 것이라도 미워한다는 의미이다. 당신은 세상적인 것들에 대해서 전혀 관계하지 않는 사람들이 있다는 사실을 알게 될 것이다.

8. 어떤 영광을 구할 것인가?

　재물을 모으는 사람들은 세상적인 재물에서 위안을 얻기 때문에 누가 궁극적으로 유익을 얻게 될 것인지 알지 못하며, 그들에게는 기쁘고 평안한 하나님의 사랑을 조금이라도 누릴 만한 자격이 없다. 그럼에도 불구하고 그들은 자신들의 헌신의 대가로 미래의 축복을 어느 정도 이미 경험했다고 생각하며 최소한 그런 말을 하기도 한다. 그러나 그들의 헌신은 거짓된 것이며 진짜 거룩한 것이 아니다.

　그들의 이 거짓된 생각은 그들의 파멸을 가져온다. 왜냐하면 세상적인 보화에 대한 그들의 사랑은 끝이 없기 때문이다. 설상가상으로 그들은 하나님께서 당신의 사랑하는 자들에게 주시는 기쁨에서 떨어져 나갈 것이다. 하나님의 인도를 받지 않는 사랑은 모두 거짓된 사랑이며, 그 사랑을 소유한 사람들도 모두 거짓되다. 악한 사랑을 가지고 세속적인 화려함을 사랑하는 사람들이 전혀 다른 종류의 불이 붙어서 그들 자신을 하늘이 땅에서 먼 것보다 더 멀리 하나님의 사랑의 불과 멀어지게 하는 이유는 바로 그것 때문이다.

　사실, 그런 사람들은 자신이 사랑하는 것을 닮아 간다. 왜냐하면 그들의 기질은 바로 그 시대의 탐욕에서 나온 것이기 때문이다. 그들은 옛 생활 습관을 버리지 못해서 따뜻한 행복보다는 허울좋은 인생의 공허함을 더 좋아하게 된다. 그들은 썩지 아니할 사랑의 영광을 '아름다움'에 대한 덧없는 욕망과 바꾸어 버린다. 그들이 만일 선을 근원부터 황폐시키고 악을 계속해서 자라도록 격려하는 가짜 '사랑의 불'에 현혹되지만 않는다면 아마 이런 일을 할 수는 없을 것이다.

9. 죄의 진정한 뿌리를 근절하자

한편, 여성적인 아름다움이나 폭도와 같은 방종한 삶에는 전혀 관심이 없기 때문에 자기는 틀림없이 구원받을 것이라고 생각하는 사람들도 많이 있다. 이처럼 눈에 보이는 외적인 정숙함 때문에 자신들을 나머지 사람들과는 다른 특별한 성인으로 자처하는 사람들이 많다. 그러나 만일 그들이 그와 동시에 죄의 진정한 뿌리인 탐욕을 근절하지 않는다면 그들의 생각은 잘못된 생각이며 어리석은 생각에 불과하다.

성경에 기록된 바와 같이 돈을 사랑하는 것보다 더 나쁜 것은 없다(딤전 6:10). 우리의 마음이 일시적인 것을 사랑하느라고 시달려서 헌신할 기회를 얻지 못하기 때문이다. 하나님을 사랑함과 동시에 세상을 사랑한다는 것은 같은 영혼 속에 공존할 수 없다. 그 둘 중에서 더 강한 것이 더 약한 것을 몰아내고 만다. 다시 말해서 세상을 사랑하는 사람이 되든가 그리스도를 따르는 사람이 되든가 둘 중의 하나이다. 사람들의 사랑의 강도는 그들이 하는 일을 보아서 알 수 있다.

10. 하나님을 사랑하고자 하는 열심

사탄은 우리가 선하다고 생각하는 많은 사람들을 사로잡고 있다. 자비롭고 성결하고 겸손한 사람들, 게다가 고해성사를 통해 사제들에게 자기 죄를 고백한 죄인들을 사탄은 붙들고 있는 것이다. 사실 인간의 상처가 이런 거룩한 냄새에 의해 가려지는 일은 자주 있는 일 아닌가.

사탄은 바쁘게 일하는 사람을 노릴지도 모른다. 그리고 무리하게 강요하는 설교자를 사로잡으려 할지도 모른다. 그러나 분명히 그 마음이 사랑으로 불타고, 하나님을 뜨겁게 사랑하며, 헛된 영광에 무관심한 사람들은 사탄이 감히 넘보지 못한다. 한편 사악한 자들의 뜨거운 사랑은 언제나 수치스러운 것과 관련된다. 그들은 모든 영적인 활동을 중단했거나 최소한 영적으로 무기력하거나 연약한 자들이다. 그들의 사랑에는 일정한 형식이 없으며 내세에 속한 것들보다는 현세에 속한 것들에, 영혼보다는 육체에 더 많은 사랑을 준다.

관련 성경 구절 : 누가복음 11:33-36

누구든지 등불을 켜서 움속에나 말 아래 두지 아니하고 등경 위에 두나니 이는 들어가는 자로 그 빛을 보게 하려 함이니라 네 몸의 등불은 눈이라 네 눈이 성하면 온 몸이 밝을 것이요 만일 나쁘면 네 몸도 어두우리라 그러므로 네 속에 있는 빛이 어둡지 아니한가 보라 네 온 몸이 밝아 조금도 어두운 데가 없으면 등불의 광선이 너를 비출 때와 같이 온전히 밝으리라 하시니라.

리처드 포스터의 묵상

    나는 다른 사람들을 위해 기도할 때 두 손이 뜨거워지는 것은 종종 체험해 왔지만 롤이 말한 대로 마음속에서 실제로 불타는 느낌은 체험해 본 적이 없다. 그러나 나는 기쁘다. 왜냐하면 롤이 체험한 하나님의 실재에 대한 그의 증언이 참으로 옳고 하나님의 방식에 충실하기 때문이다(사실 그의 신체적인 느낌은 하나님의 실재에 대한 암시에 불과하다). 그리스도 안에 있는 하나님의 신성한 사랑은 깨끗케 할 뿐만 아니라 불태우기도 한다. 이러한 사랑을 묘사하는 데에는 '불'이라는 말보다 더 적절한 것이 없다.

    하나님의 이런 사랑은 값싼 감상적인 말이 아니다. 하나님의 사랑은 본질상 거기에 반대되는 것은 모두 불태워 없앤다. 그리고 하나님의 사랑에 반대되는 것은 아무것도 그 안에 거하지 못한다. 이 사랑은 또한 우리에게 위로를 주고, 우리를 인도하며, 우리를 먹인다. 그리고 우리로 하여금 사랑하는 하나님을 향한 소망으로 불타게 한다. 어느 찬송가 작사자의 적절한 고백처럼 그것은 "나를 버리지 않는 사랑"이다. 아무쪼록 나와 여러분이 하나님의 이 사랑에 점점 더 이끌리어 이 사랑에 의해 인도함을 받고, 이 사랑에 의해 더욱 사로잡히게 되기를 간절히 기원한다.

존 칼빈

(John Calvin, 1509~1564)

　존 칼빈은 프랑스 노용(Noyon)에서 태어나 파리 대학에서 교육을 받았으며, 부유한 귀족 계층에서 성장했다. 그의 아버지는 그가 신학을 공부하기를 원했으나 그는 법률을 공부하고자 했다. 그러나 그는 신학자로서의 날카로운 통찰력과 목사의 심정을 소유하고 있었다. 그는 성직을 임명받지는 않았지만, 1527년 성 마르땡 드 마르뜨빌(St. Martin de Marteville)의 사제보가 되었다. 1534년 그는 개신교로 전향했으며, 그 결과 두 차례나 옥고를 치르기도 했다.
　1536년 그의 나이 26세 때에 그의 유명한 저작인 「기독교강요(Institutes of the Christian Religion)」를 썼다. 1541년까지 그는 스위스의 제네바에 있었으며, 그 도시에 큰 영향력을 끼쳐 많은 추종자를 얻었다. 많은 사람들의 반대가 있기는 했지만, 제네바는 칼빈의 지도하에서 높은 도덕적 수준과 경제적 번영, 그리고 우수한 교육 제도 등으로 유명하게 되었다. 많은 사람들은 그를 장로교회와 개혁교회의 아버지요, 창시자라고 생각한다.
　그는 마틴 루터와 성 어거스틴의 저작들을 통해 깊은 감화를 받았으며, 특히 어거스틴의 예정론에 큰 영향을 받았다. 칼빈보다 하나님의 주권을 더 깊고 분명하게 이해한 신학자는 없을 것이다. 그는 엄격한 절제와 검소한 생활로 유명했다.
　여기 실린 글은 칼빈이 모든 그리스도인의 삶에 없어서는 안될 필수적인 것이라고 생각했던 '자기 부인의 문제'를 다루고 있다. 다른 경건한 신앙인들의 경우와 마찬가지로, 칼빈의 말은 대체로 부정적인 말뿐인 환경 속에서 속박당하고 있는 현대인들의 정신 세계에 신선한 충격을 주고 있다.

25주 「참된 그리스도인의 삶(The True Christian Life)」에서 발췌

자기 부인의 기쁨

1. 그리스도인의 삶의 주요 원리

하나님의 법에는 우리 생활을 규제하기 위한 매우 적합하고 잘 짜여진 계획이 들어 있다. 그리고 그 율법은 매우 중요한 한 가지 원리에 의해서 우리를 인도하시는 하나님을 기쁘시게 해왔다. "우리의 몸을 하나님이 기뻐하시는 거룩한 산 제사로 드리는 것"(롬 12:1)은 우리 신자들의 의무이다. 이것이 바로 진정한 예배이다.

성결의 원리에 따라 살려면 다음과 같은 권면을 따라야 한다. "너희는 이 세대를 본받지 말고 오직 마음을 새롭게 함으로 변화를 받아 하나님의 선하시고 기뻐하시고 온전하신 뜻이 무엇인지 분별하도록 하라"(롬 12:2). 우리가 하나님께 드려지고 봉헌된다는 것은 매우 중요한 원리이다. 그것은 우리가 모든 일을 하나님의 영광을 위하여 생각하고, 말하고, 묵상하며 행해야 한다는 뜻이다.

2. 우리의 참된 유일한 목표

우리가 우리 자신의 것이 아니라 하나님의 것이라면 우리가 행하는 모든 일들이 어떤 목표를 향해 나아가야 하는지는 분명하다. 우리는 우리 자신의 것이 아니므로 우리의 이성이나 의지가 우리의 생각이나 행동을 지배하게 해서는 안된다. 우리는 우리 자신의 소유가 아니므로 육신에 합당한 것만을 추구해서도 안된다. 우리 자신의 소유권이 우리에게 속해 있지 않으므로 우리 자신을 잊고 가능한 한 멀리 우리 자신의 이익을 버려야 한다.

우리는 하나님의 소유이다. 그러므로 하나님께 대하여 살든지 죽든지 해야 한다. 우리는 하나님의 것이다. 그러므로 하나님의 지혜와 하나님의 뜻이 우리의 모든 행동을 다스리게 해야 한다. 우리는 하나님께 속해 있다. 그러므로 우리의 존재의 모든 부분이 우리의 참된 유일한 목표이신 하나님께 드려져야 한다.

3. 가장 무서운 독약

우리는 우리의 소유가 아니고, 우리 자신의 이성에 의해 지배되어서는 안되며, 우리의 마음을 하나님께 굴복시켜야 한다는 사실을 우리가 알게 된 것은 참으로 큰 발전이라 할 수 있다. 우리를 파멸로 이끄는 가장 무서운 독약은 우리 자신과 우리 자신의 지혜와 의지력을 자랑하는 것이다. 그러므로 파멸에서 피할 수 있는 유일한 길은 하나님의 인도하심만을 따르는 것이다.

그 첫 단계로, 우리는 먼저 자신을 버리고 우리의 모든 힘을 하나님을 섬기는 데 드려야 한다. 하나님을 섬긴다는 것은 절대적인 복종을 하는 것뿐만이 아니라, 기꺼이 우리의 죄의 욕망을 버리고 성령의 인도하심에 완전히 굴복하는 것까지도 내포한다.

우리의 생활이 성령으로 변화되는 것을 사도 바울은 심령의 새로운 변화인 중생이라 하였는데, 그것은 참된 생명의 시작이며 이방 철학자들에겐 낯선 개념이다. 이방 철학자들은 이성을 삶과 지혜와 행위의 유일한 지침으로 생각한다. 그러나 기독교 철학은 우리에게 우리의 이성까지도 성령님께 복종시켜야 한다고 말한다. 이 말은 이제는 우리가 우리 자신을 위해서 사는 것이 아니라, 우리 안에 그리스도께서 사시고 그리스도께서 통치하시게 해야 한다는 뜻이다(엡 4:23, 갈 2:20).

4. 큰 유익

그러므로 우리는 우리 자신의 영광을 추구하지 말고, 하나님을 기쁘시게 하고 하나님의 영광을 높여 드리는 데 유익한 것을 추구해야 한다. 우리가 자신을 부인하고 이기적인 모든 욕심을 내어버릴 때 큰 유익이 있다. 그때에야 비로소 우리가 하나님께 전심으로 향할 수 있고 하나님의 계명을 지킬 수 있기 때문이다.

성경이 우리에게 개인적이고 이기적인 모든 욕심을 버리라고 할 때에는 우리 마음속에서 부에 대한 욕망과 권력에 대한 욕구 및 다른 사람들의 호의까지도 배제시킬 뿐 아니라, 잘못된 야망과 인간적인 영광의 갈구 및 다른 은밀한 죄악까지도 추방하라는 것이다. 참으로, 그리스도인들은 삶의 순간순간을 하나님과 함께 생각하고 판단해야만 한다는 사실을 반드시 염두에 두지 않으면 안된다.

5. 자기 부인의 원리

그리스도인들은 모든 행위를 하나님의 법에 맞추어야 하고, 모든 생각을 하나님의 뜻에 복종시켜야 한다. 만일 우리가 모든 일에 하나님을 경외하면 모든 헛된 욕망에서 구원받게 되며, 예수님께서 처음부터 그분의 제자들에게 그토록 열심히 명령하셨던 자기 부인은 마침내 우리 마음의 모든 욕망을 사라지게 할 것이다.

자기를 부인하면 교만, 오만, 허영, 탐욕, 방탕, 사치, 방종 및 자기 사랑에서 생겨나는 모든 죄악에 대한 여지를 남기지 않게 된다. 자기 부인의 원리가 없다면 우리는 최소한의 수치심도 없이 가장 큰 죄악에 빠지게 된다. 설사 우리에게 약간의 선이 있다고 할지라도 그것은 헛된 영광의 추구로 인해 더럽혀지고 만다. 예수님께서 가르쳐 주신 자기 부인의 법칙을 믿지 않는 사람들 중에 기꺼이 선한 생활을 해나갈 수 있는 사람이 있다면 한 번 예를 들어 보라.

6. 하나님 나라에 더 가까운 사람

자기 부인의 원리에 영향을 받지 않고서도 선을 행하는 사람들은 모두 칭찬을 듣기 위해 선을 행하는 것이다. 심지어 선은 그 자체를 위해서 바람직하다고 주장해 온 철학자들조차도 너무나 교만하여 선을 추구하되 다름 아닌 교만을 과시하기 위해 선을 추구하는 것이 명백하다.

하나님께서는 대중적인 인기에 영합하는 사람들이나 교만과 무례로 가득 찬 사람들을 기뻐하시지 않는다. 그래서 하나님께서는 우리에게 "그들은 이 세상에서 이미 자기 상을 받았다"고 말씀하시면서 회개한 세리와 창기가 오히려 그 사람들보다 더 천국에 가깝다고 하셨다(마 6:5).

7. 온갖 악의 치료제

옳은 것을 추구하고 싶어하지만, 그와 동시에 자기 부인의 문제에는 움츠르는 사람에게는 장애물이 한도 끝도 없다. 그런 사람의 영혼 속에 악의 세계가 숨어 있다는 것은 부인할 수 없는 사실이다. 그러나 그리스도인의 자기 부인은 그 모든 악들을 치료할 수 있다. 이기심을 버리고, 하나님을 기쁘시게 하며, 하나님께서 보시기에 옳은 일을 행하는 것을 인생의 유일한 목적으로 삼는 자에게만 구원이 준비되어 있다.

8. 규모 있는 삶

사도 바울은 규모 있는 삶에 대해서 디도에게 다음과 같이 간략하게 말했다. "모든 사람에게 구원을 주시는 하나님의 은혜가 나타나 우리를 양육하시되 경건치 않은 것과 이 세상 정욕을 다 버리고 근신함과 의로움과 경건함으로 이 세상에서 살고 복스러운 소망과 우리의 크신 하나님 구주 예수 그리스도의 영광이 나타나심을 기다리게 하셨으니 그가 우리를 대신하여 자신을 주심은 모든 불법에서 우리를 구속하시고 우리를 깨끗하게 하사 선한 일에 열심하는 친백성이 되게 하려 하심이니라"(딛 2:11-14).

바울은 우리를 자극하기 위해서는 하나님의 은혜가 필요하다고 하면서 진정한 경배를 위해서는 두 가지 주된 장애물이 먼저 없어져야 한다고 역설하였다. 그 첫째는 경건치 않은 것(우리에게는 이런 성향이 많다)이며, 둘째는 이 세상의 정욕(이것은 우리를 집어삼키려 한다)이다.

경건치 않은 것은 각종 미신을 의미할 뿐만 아니라 하나님을 진심으로 두려워하지 못하게 방해하는 것들도 의미한다. 그리고 이 세상 정욕은 육체적인 사랑을 말한다. 바울은 우리에게 율법의 두 돌판과 충돌하는 미신적인 욕망들을 내어 버리라고 권고하고 있으며, 우리 자신의 이성과 의지의 명령도 모두 내어 버리라고 권면하고 있다.

9. 근신함, 의로움, 경건함

바울은 새로운 삶의 모든 행동 양식을 근신함, 의로움, 경건함의 세 부류로 나누었다. 근신함이란 현세의 축복을 순수하고 검소하게 사용하고 가난한 중에도 참고 인내하는 것뿐만 아니라 순결함과 절제도 의미한다.

의로움은 모든 사람이 정당한 권리를 누릴 수 있도록 정의를 수행하는 것이다. 경건함은 우리를 이 세상의 오염으로부터 분리시켜 주며 참된 성결에 의해서 우리를 하나님과 연합시킨다. 근신함과 의로움과 경건함, 이 세가지 선이 굳게 결합될 때 비로소 온전한 그리스도인의 삶이 이루어진다.

10. 온갖 함정으로부터의 구원

모든 육신의 생각을 버리고, 그릇된 욕심을 포기하고 억누르며, 우리 자신을 형제들과 하나님께 기꺼이 드리는 것보다 더 어려운 것은 없다. 그리고 타락한 세상에서 천사들처럼 살아가는 것보다 더 힘든 일은 없다. 우리의 마음을 온갖 함정에서 구원하기 위하여 바울은 복된 영생의 소망에 대해 주의를 환기시키고 있으며, 우리의 소망이 결코 헛되지 않다는 사실로 우리를 격려해 주고 있다.

그리스도께서 한 번 구원자로 나타나신 것처럼 재림 때에도 우리에게 그분이 이룩하신 구원의 복을 보여 주실 것이다. 그리스도께서는 우리의 눈을 멀게 하고 우리로 하여금 올바른 열심을 가지고 천국의 영광을 사모하지 못하도록 방해하는 마력을 내쫓으신다. 그분은 또한 이 세상에서 우리가 나그네와 순례자로 살아가야 할 것과 천국의 유산을 잃어버려서는 안된다는 것을 우리에게 가르쳐 주신다(딛 2:11-14).

11. 우리의 정복자

진정한 자기 부인이 우리를 얼마나 더 조용하고 인내심 있게 만드는지 더 깊이 있게 논의해 보자. 무엇보다도 성경은, 우리가 평안하고 고요한 삶을 원한다면 자기를 부인하고 모든 일을 하나님의 뜻에 맞추는 동시에 우리의 기질까지도 우리의 정복자이신 하나님께 굴복시켜야만 한다는 사실을 우리에게 주지시킨다.

부와 명예를 갈망하고 권력을 추구하며 재물을 쌓는 것과, 겉보기에 허영심과 자만심을 충족시켜 주는 것처럼 보이는 모든 허망한 것들을 모으는 것은 우리의 맹렬한 열정이요 끝없는 욕망이다. 다른 한편 우리는 가난을 두려워하거나 혐오하며 비천함을 싫어한다. 그래서 우리는 어떻게 해서든지 그것들을 피하려고 애쓴다.

우리는 자신의 마음을 따라 행하는 사람들이 얼마나 불안한지, 또한 그들이 얼마나 많은 속임수를 행하는지, 그리고 그들의 야망과 탐욕을 이루기 위해 얼마나 노력하며 애쓰는지, 그리고 가난과 비천을 피하기 위해서 다시금 얼마나 힘을 쓰는지 쉽게 할 수 있다. 하나님을 경외하는 사람들이 그런 함정에 빠지지 않으려면 다른 경로를 택해야만 한다. 그들은 하나님의 축복 없이 번영하는 것은 소망하지도 말고, 심지어 생각하지도 말아야 한다.

관련 성경 구절 : 빌립보서 2:1-11

그러므로 그리스도 안에 무슨 권면이나 사랑에 무슨 위로나 성령의 무슨 교제나 긍휼이나 자비가 있거든 마음을 같이 하여 같은 사랑을 가지고 뜻을 합하며 한 마음을 품어 아무 일에든지 다툼이나 허영으로 하지 말고 오직 겸손한 마음으로 각각 자기보다 남을 낫게 여기고 각각 자기 일을 돌아볼 뿐더러 또한 각각 다른 사람들의 일을 돌아보아 나의 기쁨을 충만케 하라 너희 안에 이 마음을 품으라 곧 그리스도 예수의 마음이니 그는 근본 하나님의 본체시나 하나님과 동등됨을 취할 것으로 여기지 아니하시고 오히려 자기를 비어 종의 형체를 가져 사람들과 같이 되었고 사람의 모양으로 나타나셨으매 자기를 낮추시고 죽기까지 복종하셨으니 곧 십자가에 죽으심이라 이러므로 하나님이 그를 지극히 높여 모든 이름 위에 뛰어난 이름을 주사 하늘에 있는 자들과 땅에 있는 자들과 땅 아래 있는 자들로 모든 무릎을 예수의 이름에 꿇게 하시고 모든 입으로 예수 그리스도를 주라 시인하여 하나님 아버지께 영광을 돌리게 하셨느니라.

리처드 포스터의 묵상

    칼빈은 우리에게 그리스도인의 삶을 말하면서 자기 부인의 문제가 하나님과 신실하게 동행하는 삶에 없어서는 안될 필수적인 것이라고 강조하고 있다. 그가 말하는 자기 부인은 육체를 증오한다든지, 처벌을 위한 처벌을 한다든지, 의지력과 절제를 통해 공덕 쌓는 일을 배척한다든지 하는 것과는 아무런 관련이 없다.

    보다 적합한 이미지는 몸과 마음과 영혼을 발달시키기에 알맞은 훈련에 참여하고 있는 운동 선수에게서 찾을 수 있다. 사실, 고대의 신앙인들의 글을 보면 그들 자신을 하나님을 위한 운동 선수라고 묘사해 놓았다. 그리고 우리도 알다시피 자기 부인은 운동 선수의 훈련 방법 가운데 지극히 정상적인 부분이다. 우리도 운동 선수처럼 자기 부인을 우리의 훈련 체계 속에 정상적인 부분으로 체험해야 한다. 그래야 우리는 "푯대를 향하여 그리스도 예수 안에서 하나님이 위에서 부르신 부름의 상을 위하여 좇아"(빌 3:14)갈 수 있다.

블레즈 파스칼

(Blaise Pascal, 1623~1662)

블레즈 파스칼은 수학의 천재로서 가장 유명하다. 그러나 그의 저작을 보면, 철학자요 신학자로서의 면모가 두드러지게 나타나 있다. 파스칼은 1623년에 프랑스에서 태어났으며, 1626년에 어머니가 돌아가신 후 아버지와 누이에 의해서 양육되었다. 그는 병에 자주 걸렸지만 어린 시절부터 날카로운 통찰력을 지니고 있었다.

31세가 되어서 그는 수학과 과학 분야에서 크게 공헌함으로써 매우 유명해졌다. 그러나 바로 그 해 그의 누이를 만나려고 포트 로얄(Port Royal)에 있는 어느 종교 단체를 방문했다가 거기서 한 설교를 듣고 깊은 신앙적인 체험을 갖게 되었다. 그는 그날이 1654년 11월 23일로 그의 생애의 큰 분기점이 되었다고 회상한다. 그래서 그는 다음과 같은 글을 종이 쪽지에 적어서 자기 외투 안감 속에 넣어 꿰맨 후 남은 여생 동안 지니고 다녔다. 거기에는 이렇게 적혀 있었다. "불. 아브라함의 하나님, 이삭의 하나님, 야곱의 하나님이시며, 철학자들이나 학자들의 하나님이 아닌 분. 확신, 확신, 마음속의 기쁨, 평화. 예수 그리스도의 하나님. 기쁨, 기쁨, 기쁨, 바다 같은 기쁨!"

그때까지 그가 가지고 있었던 모든 의심이 사라져 버렸다. 그 후 6년 간 그는 비록 회원은 아니었지만 그 공동체와 더불어 생활하면서 성경과 교부들에 대해서 연구했다. 서른일곱 살 때 그는 기독교 변증서를 쓰기 시작했으나 그것을 끝마치지 못하고 서른아홉 살에 죽게 된다.

파스칼이 죽은 후 이러한 그의 단상들과 '생각들'을 여기저기서 모아 놓았는데, 그것이 바로 세계적으로 유명한 저서인 *Pensées*(팡세)가 되었다.

26주 「팡세(Pensées)」에서 발췌

교만에 빠짐

1. 놀라운 모순

우리에게는 위대함과 비참함이 동시에 있다. 참 종교란 우리에게 위대함의 원리도 있고, 비참함의 원리도 있다는 사실을 반드시 가르쳐 주어야만 한다. 그것은 또한 그러한 놀라운 모순도 설명할 수 있어야만 한다.

우리를 복되게 하기 위해서 참 종교는 우리가 사랑하지 않으면 안되는 한 하나님이 계시다는 사실을 보여 주어야만 하고, 또 우리의 진정한 복은 그분 안에 거하는 것뿐이며, 우리의 유일한 아픔은 그분에게서 단절되는 것이라는 사실을 보여 주어야만 한다. 또한 우리는 어두움으로 가득차서 하나님을 알 수도 없고 사랑할 수도 없다는 사실을 인정해야만 한다. 그래서 필연적으로 하나님을 사랑하지 않으면 안되는 의무가 있고, 하나님을 떠나 방황하게 하는 죄가 있기 때문에 우리에게 불의가 가득하다는 사실 또한 인정해야만 한다.

그것은 우리가 하나님을 어떻게 반역했으며, 그 결과 우리 자신에게도 어떠한 해악이 있었는지를 설명해야만 한다. 그것은 우리에게 자신의 무기력함을 치유할 수 있는 방법과 또 그 치유법을 얻을 수 있는 수단을 가르쳐 주어야만 한다. 바로 이런 관점에서 이 세상의 모든 종교를 검토해 보고, 기독교가 아닌 다른 종교가 과연 그 요구들을 충족시킬 수 있는지 없는지를 검토해 보도록 하자.

2. 교만과 정욕을 누가 치유할 수 있겠는가?

우리를 위해서 본래 우리 안에 내재해 있는 선 이외에는 아무것도 줄 수 없는 철학자들이 그것을 치유할 수 있겠는가? 과연 그들이 우리가 갖고 있는 근본적인 죄악에 대한 치유책을 발견했는가? 철학이 하나님처럼 높아지려고 하는 우리의 교만을 치유할 수 있겠는가? 인간을 동물과 같은 수준으로 보는 사람들이나, 심지어 내세에서조차 세속적인 쾌락 외에 아무것도 줄 수 없는 회교도들이 우리의 정욕을 치유해 주었는가?

그렇다면 우리의 교만과 정욕을 치유할 수 있는 것은 어떤 종교인가? 요컨대 우리의 참된 선과, 의무와, 우리로 하여금 바른길로 가지 못하게 하는 연약함, 그 연약함의 원인과 또 그 연약함을 치유할 수 있는 처방과, 그리고 그 처방을 얻게 하는 수단을 가르쳐 줄 수 있는 종교는 무엇인가? 다른 모든 종교는 다 실패하고 말았다. 그러므로 하나님의 지혜가 하시는 일을 살펴보도록 하자.

3. 교만에 빠짐

다음은 지혜로우신 하나님의 말씀이다. "다른 사람에게서 진리나 위로를 기대하지 말라. 너를 만든 자가 바로 나 하나님이며, 네가 누구인지 가르칠 수 있는 자도 바로 나뿐이다. 하지만 너는 이제 더 이상 내가 창조한 그대로의 상태가 아니다. 나는 너를 거룩하고 순결하며 온전하게 창조했고, 빛과 지각을 채웠으며, 나의 영광과 기사를 보여 주었다. 그때 너의 눈은 하나님의 위엄을 보았고, 지금 너의 눈을 멀게 하는 흑암 속에 있지도 않았으며, 죽음과 너를 괴롭히는 재난에도 종속되지 않았었다.

그러나 너는 그러한 영광을 대하고 교만에 빠지지 않을 수 없었다. 너는 스스로를 자신의 중심에 놓기를 원했고, 내 도움을 받지 않고 행하고자 하였다. 너는 내 율법을 떠났고, 나와 같이 높아지기를 원했으며, 스스로에게서 행복을 찾고자 했다. 그래서 나는 너를 내버려두었다. 이전에는 너에게 종속되어 있었던 피조물들을 내가 선동하여 네 대적이 되게 하였고, 그 결과 오늘날 너는 짐승과 같이 되고 말았다. 네가 나에게서 너무나 멀리 떠났으므로 너의 창조자에 대한 생각이 네 모든 꺼져 가는 죽은 지식 중에 희미할 정도밖에는 남아 있지 않게 되었다.

감각이 이성이나 그 주인의 통제를 벗어나 너로 하여금 쾌락을 추구하게 하였다. 모든 피조물이 너를 괴롭히고 유혹하며, 강제로 너를 정복하여 다스리거나 때로는 훨씬 더 지독하고 해로운 멍에인 달콤함을 가지고 매혹시킴으로써 너를 지배한다. 오늘날 사람들이 처해 있는 상태가 바로 이러하다. 그들은 내가 지어 준 처음의 본성이 희미해짐으로 행복을 누리지 못하게 되었고, 이제는 그들의 제2의 천성이 되어 버린 우매함과 정욕에 빠져 들어 비참하게 되어버렸다."

4. 많은 모순들의 이유

내가 밝히고 있는 이러한 원리를 통해서, 당신은 모든 인류를 어리둥절하게 하고 또 그들을 수많은 학파로 분리시켜 놓은 많은 모순들에 대한 이유를 발견할 수 있을 것이다. 이제 위대함과 영광에 대한 마음속의 모든 충동을 살펴보자. 그것은 아무리 많은 불행들을 겪는다 해도 억누를 수 없는 것이다. 그리고 그 충동은 반드시 또 다른 본성에 의해 생겨나는 것은 아니라는 사실을 알아보도록 하자.

"당신이 겪는 모든 불행에 대한 치유책을 당신 안에서 찾는 것은 헛된 일이다. 당신의 모든 지식은 당신 안에서는 진리도 선도 도무지 찾을 수 없다는 사실을 깨닫게 해줄 뿐이다. 철학자들이 그런 약속을 하긴 했지만 지키지 못했다. 그들은 당신의 진정한 선이 무엇인지, 또 당신의 진정한 상태가 어떠한지 알지 못한다.

인간의 불행에 대해서 알지도 못하는 그들이 어떻게 치유책을 내놓을 수 있겠는가? 당신이 갖고 있는 가장 큰 병폐는 하나님에게서 멀어지게 하는 교만과, 이 땅에 당신을 묶어 두는 정욕이다. 철학자들이 지금까지 해온 일은 적어도 이러한 병폐 중의 하나가 계속 되도록 한 것뿐이다. 만일 그들이 하나님을 연구의 대상으로 제시했다면 그것은 당신의 교만을 연습하도록 했을 뿐이다. 왜냐하면 그들은 당신이 하나님과 동등하며 하나님과 똑같은 본성을 갖고 있다고 생각하게 했기 때문이다.

한편 위와 같은 주장이 인간의 허영심이라고 생각하는 사람들도 있는데 그들은 당신을 또 다른 심연에 빠뜨린다. 왜냐하면 그들은 인간의 본성이 동물의 것과 같다고 주장하며, 동물들의 본성인 정욕 속에서 선을 추구하라고 가르치고 있기 때문이다. 이렇게 해서는 당신에게 있는 불의를 치료할 수 없다. 철학자들과 같은 현자들도 당신 속에 불의가 있다는 사실을 알지 못하기 때문이다. 오직 나만이 당신이 누구인지 가르쳐 줄 수 있다. 나는 당신에게서 맹복적인 신앙을 요구하지 않는다."

5. 두 가지 가능성

아담과 예수 그리스도. 만일 당신이 하나님과 연합되어 있다면 그것은 본성에 의한 것이 아니라 은혜에 의한 것이다. 그리고 만일 당신이 겸손하다면 본성에 의한 것이 아니라 회개에 의한 것이다. 바로 여기에 두 가지 가능성이 있다. 당신은 지금 창조의 상태가 아니다. 이 두 가지 상태가 이미 밝혀진 이상, 당신이 그것을 인식하지 못한다는 것은 불가능하다.

당신 자신의 충동에 따라 행동하라. 자신을 관찰하라. 그리고 이 두 가지 본성의 선명한 특징들을 알지 못하고 있는 것은 아닌지 살펴보라. 한 가지 단순한 주제에 그토록 많은 모순이 있을 수 있을까? 도무지 이해할 수 없는 일이다. 이해할 수 없는 모든 것이 다 실존하지 않는 것은 아니다. 유한한 것들과 마찬가지로 무한수도 있고 무한한 공간도 있다.

하나님께서 자신을 우리와 연합시키신 것은 믿을 수 없는 일이다. 그것은 우리 자신의 더럽고 추함을 깨닫지 않고서는 도저히 이해할 수 없다. 그러나 당신이 그것을 진심으로 믿는다면 그것을 끝까지 추구하라. 우리는 사실상 너무나 더럽고 추해서 하나님의 자비로 우리가 하나님께 나아갈 수 있게 되었다는 사실을 우리 자신의 힘만으로는 깨달을 수가 없다.

6. 하나님을 사랑하고 아는 것

단지 동물에 불과한 우리는 자신의 연약함을 인정하지 않을 수 없다. 그런데 무슨 권리로 우리가 하나님의 자비를 측정하며, 또 우리 마음대로 한계를 설정해 놓고 그 한계 속에 하나님의 자비를 가두어 둘 수 있는지 알고 싶다. 우리는 사실 하나님께서 어떤 분이신지 아는 것이 너무 없기 때문에 우리 자신이 누구인지조차 알지 못한다. 우리 자신의 상태를 자세히 들여다보면 우리는 혼란에 빠지게 된다. 그래서 하나님께서 우리로 하여금 자신과 교제할 수 있도록 하실 수 없다고 감히 말하게 된다.

그러나 나는 우리가 본래 사랑하고 지각할 수 있는 능력이 있다고 해서, 하나님을 사랑하고 알아야 된다는 그 사실을 하나님께서 우리에게 과연 요구하지 않으실지 묻고 싶다. 적어도 우리가 존재하며 무엇인가를 사랑한다는 것을 안다고 하는 것은 의심할 나위가 없다. 그러므로 만일 우리가 주위가 캄캄한 때에도 무엇인가를 볼 수 있고, 또 세상적인 것들이라도 그 중에서 사랑할 수 있는 대상을 찾을 수 있다면, 하나님께서 자신의 본질 중의 약간만이라도 우리에게 계시해 주실진대 자신의 뜻을 우리에게 전달해 주시고자 하시는 하나님을 기쁘시게 할 수 있는 것이라면 어떤 방법으로든지 왜 그분을 알고 사랑할 수 없겠는가?

인간은 동물에 불과하다고 보는 견해는 비록 굉장한 겸손에 근거해 있는 것처럼 보일지 몰라도 거기에는 분명히 용납할 수 없는 전제가 있다. 만일 그것이, 우리 스스로는 우리가 어떤 존재인지 알 수 없기 때문에 하나님께서 가르쳐 주시지 않으면 안된다는 사실을 우리로 하여금 인정하게 하지 않는다면 그 주장은 진실하지도 않고 합리적이지도 않다.

7. 모순의 해결

"나는 당신에게 내 견해를 무조건 이유 없이 믿으라고 하는 것이 아니다. 또 강제로 당신을 억누르고 싶지도 않다. 또 당신에게 모든 것을 다 설명하고자 하는 것도 아니다. 이러한 모순들을 해결하고 조화시키기 위해서 나는 명백한 증거들을 가지고 내 속에 있는 하나님의 표적들을 분명히 보여 주고 싶을 뿐이다. 그 표적들은 당신에게 내가 누구인지 확신시켜 줄 것이고, 당신이 거부할 수 없는 기적과 증거들로 말미암아 나의 권위를 세워 줄 것이다. 그 결과 당신은 내가 가르치는 것들을 믿게 될 것이며 그것들을 거부할 이유가 없다는 사실을 알게 될 것이다. 오히려 그것들이 참인지 거짓인지를 판단할 수 없는 자신의 무능함을 알게 될 것이다.

하나님의 뜻은 우리를 구원하시고 또 그것을 구하는 자들에게 구원의 길을 열어 주시려는 것이다. 그러나 우리는 스스로가 너무나 무가치한 존재라는 사실을 알기 때문에 하나님께서 어떤 사람들에게는 구원을 베풀지 않으셔도 마땅하다고 할 수밖에 없다. 왜냐하면 사람들의 마음이 굳어짐으로 말미암아 다른 사람들에게 베푸시는 하나님의 은총을 그들은 받을 수가 없기 때문이다."

8. 보고자 하는 자들에게는 빛으로 나타나심

"만일 하나님께서 완고한 자들의 고집을 꺾으려고 하셨다면, 자신을 그들에게 분명히 계시하셔서 그들로 하여금 하나님의 본질을 의심하지 못하게 하심으로써 그들의 완고함을 꺾으실 수도 있었다. 왜냐하면 마지막 날에 하나님께서는 천둥과 번개, 그리고 자연의 대격변과 더불어 이 땅에 임재하실 것이고, 그렇게 되면 죽은 자들이 살아나고 눈먼 자들이 보게 되는 기적이 일어날 것이기 때문이다.

그러나 하나님께서는 그렇게 하시기를 원하지 않으셨다. 너무도 많은 사람들이 하나님의 관대함을 받을 만한 가치가 없어서 하나님께서는 그들이 원치 않았던 선을 그들에게서 박탈해 버리고자 하셨기 때문에 온유하게 임하셨다. 그러므로 하나님께서 반드시 신적인 방법으로, 그리고 모든 사람들을 납득시킬 수 있는 절대적인 방법으로 나타나셔야만 한다는 것은 옳지 않다. 그러나 하나님께서 늘 은밀한 방법으로 나타나셔서 진심으로 그를 찾는 자들조차 알 수 없는 방법으로 오셔야 한다는 것도 옳지 않다. 하나님께서는 오직 진심으로 자기를 찾는 자들에게는 온전히 나타내 보이시기를 원하셨다.

하나님께서는 마음을 다해 자기를 찾는 자들에게는 공공연히 자신을 드러내시고, 또 마음을 다해 자기를 피하는 자들에게는 자신을 숨기시려고 하시면서 자기를 찾는 자들에게는 표적을 보여 주시고, 또 자기를 찾지 않는 자들에게는 표적을 보여 주시지 않음으로써 자신에 대한 우리의 지식을 제한하셨다. 보고자 하는 자들에게는 충분한 빛으로 나타나시지만, 그 반대의 성향을 가진 사람들에게는 그에 상응한 어두움이 있을 뿐이다."

관련 성경 구절 : 요한복음 20:24-31

열두 제자 중에 하나인 디두모라 하는 도마는 예수 오셨을 때에 함께 있지 아니한지라 다른 제자들이 그에게 이르되 우리가 주를 보았노라 하니 도마가 가로되 내가 그 손의 못자국을 보며 내 손가락을 그 못자국에 넣으며 내 손을 그 옆구리에 넣어 보지 않고는 믿지 아니하겠노라 하니라 여드레를 지나서 제자들이 다시 집 안에 있을 때에 도마도 함께 있고 문들이 닫혔는데 예수께서 오사 가운데 서서 가라사대 너희에게 평강이 있을지어다 하시고 도마에게 이르시되 네 손가락을 이리 내밀어 내 손을 보고 네 손을 내밀어 내 옆구리에 넣어 보라 그리하고 믿음 없는 자가 되지 말고 믿는 자가 되라 도마가 대답하여 가로되 나의 주시며 나의 하나님이시니이다 예수께서 가라사대 너는 나를 본 고로 믿느냐 보지 못하고 믿는 자들은 복되도다 하시니라 예수께서 제자들 앞에서 이 책에 기록되지 아니한 다른 표적도 많이 행하셨으나 오직 이것을 기록함은 너희로 예수께서 하나님의 아들 그리스도이심을 믿게 하려 함이요 또 너희로 믿고 그 이름을 힘입어 생명을 얻게 하려 함이니라.

리처드 포스터의 묵상

 우리가 하나님의 형상으로 지음받았다는 사실과 타락하게 되었다는 사실, 이 두 가지를 묵상하면서 파스칼은 우리 인간에게 있는 '위대함'과 '비참함'이라는 상호 모순되는 원리에 대해서 말하고 있다. 그의 견해는 참으로 옳다. 우리가 아는 한, 모든 피조물 중에서 선과 악에 대해서 우리 인간보다 더 큰 가능성을 가지고 있는 것은 아무것도 없다. 우리는 마이크로칩을 발명하는 한편, 핵무기도 발명했다. 그리고 고아원을 세우기도 했지만 아우슈비츠(Auschwitz)도 세웠다. 우리 가운데에는 테레사 수녀도 태어났지만 폴 포트(Pol Pot) 같은 사람도 태어났다.
 그리고 파스칼이 우리에게 상기시켜 주었듯이, 기독교만이 그 모순을 적절히 설명할 수 있으며 그리스도만이 우리를 교만과 정욕에서 벗어날 수 있게 해주신다.

누르시아의 베네딕트

(Benedict of Nursia, 480~543)

4세기 초에 기독교가 국교로 공인되자 불행하게도 교회는 세속화되기 시작했다. 기독교 신앙이 로마 세계와 혼합되어 세계가 기독교화한 것이 아니라 그리스도인들이 세속화한 것이다. 그 반동으로, 많은 열심 있는 그리스도인들이 이 세상으로부터 도피하여 신앙 생활을 하기 위한 수단으로 광야에 들어가 수도원에서 수도사나 수녀가 되었다(물론 어느 정도 시간이 흐르자 이러한 수도원도 쇠퇴하여 갔고 갱신될 필요가 생겼다). 이러한 분위기 속에서 누르시아의 베네딕트는 혼연히 일어나 기독교 세계에 새로운 생명을 불러일으켰다.

베네딕트는 누르시아의 움브리안(Umbrian)이라는 마을의 훌륭한 가문에서 태어났고, 로마에서 교육을 받았다. 그러나 그는 사악한 도시 생활에 염증을 느끼고, 수비아코(Subiaco)라는 산으로 도피해 거기서 은둔자로 살았다. 베네딕트는 경건과 지혜와 겸손으로 널리 알려지게 되었다. 그는 529년에 나폴리와 로마의 중간쯤에 있는 카시노(Cassino)에 몬테 카시노 수도원을 세우고 거기서 남은 여생을 보냈다.

그 수도원에서 그는 그의 유명한 책인 *The Rule*(규율)을 썼는데, 그것은 당시의 방황하는 많은 예언자들과 은둔자들에게 필요한 책무를 일깨워 주는 내용이었다. 베네딕트는 이 책에서 경건한 삶을 살아가는 데 필요한 분명하고 직접적이면서도 효과적인 훈련 지침들을 제시하고 있다. 그의 글들은 중요한 부흥의 시기에 영감을 불어넣었으며, 그의 글에 나타나 있는 지혜와 통찰력으로 인해 오늘날도 여전히 우리들과 가까이 있다.

다음의 글은 *The Rule*(규율)에서 발췌한 것으로써 '겸손'에 대해 다루고 있다. 베네딕트는 '야곱의 사다리' 비유를 사용하여 겸손의 열두 단계를 설명해 준다. 현대의 독자들은 지옥의 실재와 인류의 죄성에 대한 그의 엄숙한 가르침을 듣기가 거북할지도 모른다. 그러나 오늘날과 같은 영적인 상황에서는 그의 가르침이 절실히 요청된다.

27주 「규율(The Rule)」에서 발췌

겸손의 사다리

1. 겸손의 사다리에 올라가라

성경에 말씀하시기를 "누구든지 자기를 높이는 자는 낮아지고 자기를 낮추는 자는 높아지리라" 하셨다. 그러므로 성경에 의하면 우리 자신을 높이는 것이 일종의 교만이라는 것을 알 수 있다. 그래서 시편 기자는 교만하지 않기 위하여 이렇게 선포하고 있다. "여호와여 내 마음이 교만치 아니하고 내 눈이 높지 아니하오며 내가 큰일과 미치지 못할 기이한 일을 힘쓰지 아니하나이다"(시 131:1).

만일 우리가 현재의 생활에서 겸손의 절정에 오르려면 천사가 오르내리는 것을 보았던 야곱의 사다리에 올라가야만 한다. 올라가는 길은 겸손이요, 내려가는 길은 교만이다. 우리의 마음이 겸손하면 천국으로 들림받을 것이다. 왜냐하면 우리의 몸과 영혼은 이 사다리의 양쪽 기둥이요, 각각의 디딤대는 겸손으로 이루어진 받침대이기 때문이다. 우리는 먼저 겸손의 단계들을 이해해야 하고, 그 다음에 구체적인 훈련들을 실행해야 한다.

2. 겸손의 1단계 : 하나님을 경외함

겸손의 제1단계는 우리가 하나님께 대한 경외심을 늘 잃지 않는 것이다. 그리고 하나님의 명령을 잊어버리지 아니하고 늘 마음에 두어야 한다. 하나님을 멸시하는 자들이 그들의 죄의 대가로 어떻게 지옥 불에 던지우게 될 것인가를 생각해 보라. 그리고 하나님을 경외하는 자들에게 영생이 예비되어 있다는 사실을 묵상해 보라. 하나님께서 하늘에서 모든 것을 다 보고 계시며, 하나님의 눈이 언제, 어디서든지 우리를 보고 계신다는 사실을 기억하라. 성경이 우리에게 가르치기를 "여호와께서 우리의 모든 생각을 아신다"고 하셨다. 그렇기 때문에 우리는 악에서 돌이켜 하나님의 뜻이 우리에게 이루어지기를 기도로 간구해야만 한다. 또 성경은 말하기를 "우리에게 옳은 길인 것처럼 보여도 종국에는 파멸로 인도한다"고 했다. 그러므로 하나님께서 언제나 우리 곁에 계신다는 믿음으로 살아가라.

3. 겸손의 2단계 : 하나님의 뜻을 행함

겸손이라는 사다리의 둘째 디딤대는 우리의 뜻과 욕망을 버리고, 그 대신 하나님의 뜻을 행하는 것이다. 예수님께서 말씀하시기를, "내가 온 것은 내 뜻을 행하려 함이 아니요, 나를 보내신 이의 뜻을 행하려 함이로라"고 하셨다. 또한 "자기 뜻대로 행하는 자는 징벌을 받을 것이나 하나님의 뜻을 행하는 자는 면류관을 얻게 될 것이라"고 하셨다.

4. 겸손의 3단계 : 다른 사람들에게 순종

우리를 하늘 나라로 올라가게 하는 세 번째 겸손의 단계는 하나님께 대한 우리의 사랑으로 인해 다른 사람들의 권위에 우리 자신을 모두 복종시키는 것이다. 그렇게 함으로써 우리는 사도 바울이 말한 바 "죽기까지 복종하신" 주님을 본받는 것이 된다.

5. 겸손의 4단계 : 고난을 참고 견딤

겸손의 네 번째 단계는 계명을 지키다가 당하는 어려움을 기꺼이 받아들이고 삶 속에서 겪는 고통과 상처들을 참고 견디는 것이다. 우리가 부름받은 것은 인내하라는 것이며, 낙심하거나 포기하지 말고 믿음 위에 굳게 서라는 것이다. 성경은 말하기를 "끝까지 견디는 자가 구원을 받으리라"고 했다.

믿음이 있는 자는 주님을 위해 당하는 모든 고난을 참고 견뎌야 한다. "이 모든 일에 우리를 사랑하시는 이로 말미암아 우리가 넉넉히 이기느니라"라고 말씀하신 약속을 기억하며 인내해야 한다. 하나님께서는 은이 단련되고 정화되듯이 우리를 불로 연단하실 것이다. 주님께서는 우리에게 "오른편 뺨을 치거든 왼편도 돌려 대며, 속옷을 가지고자 하는 자에게 겉옷까지도 가지게 하며, 억지로 오 리를 가게 하거든 그 사람과 십 리를 동행하고, 저주하는 자에게 오히려 축복하라"고 가르치신다.

6. 겸손의 5단계 : 자백

겸손의 다섯 번째 단계는 하나님께 우리의 허물을 숨김없이 자백하는 것이다. 우리의 악한 생각들과 악한 행동들을 남김없이 다 겸손하게 자백해야 한다. 성경은 말하기를 "네 길을 여호와께 숨기지 말며 그를 신뢰하라"고 했으며, 또 "여호와께 자백하라 그는 선하시며 그 인자하심이 영원하기 때문이다"라고 말씀하셨다. 시편 기자의 말을 기억해 보자. "여호와여 내가 주께 내 죄를 아뢰고 나의 불의를 숨기지 아니하였더니 주께서 나의 죄악을 사하였나이다."

7. 겸손의 6단계 : 만족

겸손의 여섯 번째 단계는 범사에 감사하고 만족하는 것이다. 아무리 악한 일이 생기고 나쁜 일이 생겨도 우리는 그것을 만족하게 여겨야 한다. 범사에 우리는 우리 자신의 비천함을 기억해야 한다. 그리고 늘 낮은 데 처할 줄 알고 온유해야 한다. 우리는 이 세상에서 아무것도 가진 것이 없으나 하나님께서 늘 우리와 함께 계신다는 사실을 알고 있어야 한다.

8. 겸손의 7단계 : 자기 부인

겸손의 일곱 번째 단계는 우리가 가장 비천하고 악한 존재라는 사실을 입으로 시인하고 영혼 깊은 곳에서 그렇게 믿는 것이다. 우리는 스스로 겸손하여 시편 기자의 고백과 같이 "나는 벌레요 사람의 훼방거리요 백성의 조롱거리이니이다"라고 고백해야 한다. 성경은 우리에게 "주의 율례를 배우기 위하여 비천하게 되는 것이 오히려 유익하다"고 했다.

9. 겸손의 8단계 : 공동 규율을 지킴

겸손의 여덟 번째 단계는 수도원의 공동 규율을 지키는 것이다. 그것은 손윗사람들의 규율과 모범에 의해 허용된 것 외에는 아무것도 하지 않음으로써 가능하다.

10. 겸손의 9단계 : 침묵

겸손의 아홉 번째 단계는 말에 조심하여 질문을 받을 때까지는 입을 열지 않는 것이다. 성경은 우리에게 교훈하기를 "말이 많은 곳에 죄가 들어온다"고 했다. 그리고 한 걸음 더 나아가 "말이 많은 사람은 이 땅에 기업

이 없다"고 했다.

11. 겸손의 10단계 : 진지함

겸손의 열 번째 단계는 쉽게 떠들고 웃어대지 않는 것이다. 왜냐하면 성경이 "어리석은 자는 소리 높여 웃고 떠드느니라"라고 가르치기 때문이다.

12. 겸손의 11단계 : 말을 적게 함

겸손의 열한 번째 단계는 적은 말로 지혜롭게 말하는 것이다. 우리는 부드럽고 온화하게 말해야 하며 큰소리로 떠들어서는 안된다. 또 성경이 "지혜로운 자는 말을 적게 하는 것으로 분간하느니라"라고 가르친다.

13. 겸손의 12단계 : 겸비한 모습

겸손의 열두 번째 단계는 마음만 겸비한 것이 아니라 외모까지도 겸비한 것이다. 우리는 언제 어디서나, 하나님의 일을 하든지, 마당에 있든지, 여행을 하든지 간에 하나님을 두려워하는 자세를 잃지 말아야 하며 우리가 어떠한 존재인지 잊어서는 안된다. 복음서에 나오는 세리의 모습처럼 눈을 땅으로 향한 채 "하나님이여 저는 죄인이로소이다. 감히 눈을 들어 하늘을 바라볼 수도 없나이다"라고 고백하는 것이 우리의 태도여야 한다.

14. 생활 방식으로서의 겸손

만일 우리가 이 모든 겸손의 단계에 올라가게 되면 모든 두려움을 내어쫓는 하나님의 온전한 사랑에 도달하게 된다. 그리고 이 모든 겸손의 단계들을 끊임없이 실천하다 보면 결국에는 아주 수월하게 그러한 단계에 이를 수 있게 된다.

때가 되면 그것이 더 이상 습관으로 남아 있지 아니하고 생활 방식으로 굳어지게 된다. 처음 시작할 때는 지옥이 두려워서 시작할지 모르지만, 나중에는 그리스도를 사랑하기 때문에 실천하게 될 것이며 점차 선한 습관들을 개발시켜 나가게 되고 겸손의 미덕을 즐기게 될 것이다.

하나님께서 죄와 악에서 깨끗함을 입은 당신의 일꾼 된 여러분에게 그의 성령으로 말미암아 이 모든 일을 기꺼이 밝히 드러내 주시기를 기원한다.

관련 성경 구절 : 누가복음 18:9-14

또 자기를 의롭다고 믿고 다른 사람을 멸시하는 자들에게 이 비유로 말씀하시되 두 사람이 기도하러 성전에 올라가니 하나는 바리새인이요 하나는 세리라 바리새인은 서서 따로 기도하여 가로되 하나님이여 나는 다른 사람들 곧 토색, 불의, 간음을 하는 자들과 같지 아니하고 이 세리와도 같지 아니함을 감사하나이다 나는 이레에 두 번씩 금식하고 또 소득의 십일조를 드리나이다 하고 세리는 멀리 서서 감히 눈을 들어 하늘을 우러러보지도 못하고 다만 가슴을 치며 가로되 하나님이여 불쌍히 여기옵소서 나는 죄인이로소이다 하였느니라 내가 너희에게 이르노니 이 사람이 저보다 의롭다 하심을 받고 집에 내려갔느니라 무릇 자기를 높이는 자는 낮아지고 자기를 낮추는 자는 높아지리라 하시니라.

리처드 포스터의 묵상

베네딕트는 겸손에 대하여 우리가 놓치기 쉬운 점을 잘 지적해 주었다. 다시 말해서 그는 우리가 겸손한 삶을 살아갈 수 있게 해주는 많은 요소들을 일일이 나열해 주었다.

물론 겸손이란 거기에 집중한다고 해서 얻을 수 있는 덕목은 아니다. 만일 그렇다고 생각한다면, 우스운 일일 것이다. 어쨌거나, 오늘날 우리 현대인들을 괴롭히는 교만하고 자기 중심적인 경향들을 다룰 수 있는 다른 방법은 아무것도 없다고 많은 사람들이 이구동성으로 말하고 있다. 우리는 단지 하나님께서 우리 머리 위에 겸손을 쏟아 부어 주시기를 기다릴 뿐이다. 이것이 바로 이 시대의 교회의 상황이다.

베네딕트는 이러한 영역에서 우리가 할 수 있는 영적인 일이 있음을 보여 줌으로써 위대한 공헌을 하였다. 우리를 겸손의 생활로 전진하게 해주는 마음과 몸과 영의 실제적인 활동이 있다. 하나님의 은혜로 교만한 마음을 깨뜨리고 온유하고 겸손한 삶의 기쁨을 점차적으로 누릴 수 있다고 믿는다.

토마스 아 켐피스

(Thomas à Kempis, 1380~1471)

토마스 아 켐피스는 1399년 그가 19세 되던 해에 어거스틴 수도원에서 수도사가 되었으며, 거기에서 그의 남은 생애를 보냈다. 1429년 부수도원장이 되었는데, 그의 외적인 삶은 그리 괄목할 만한 생애는 아니었다. 그는 그저 소박한 수도사로 살다가 죽었다. 그러나 그의 내적인 삶은 깊고 부요했으며, 그리스도께 대한 순수한 헌신으로 충만했다. 1441년 그는 게르하르트 그루테(Gerhard Groote's)의 일기를 편집했는데, 그것은 그의 생애의 불멸의 업적이 되었다.

여기 실린 글은 고전적인 작품 *The Imitation of Christ*(그리스도를 본받아)에서 요약한 것인데, 어떤 사람들은 이 저작이 그루테(1340-1384)가 쓴 것을 토마스가 편집한 것이라고 믿고 있다. 이 책은 비록 어조가 무겁고 내용이 딱딱한 규범들로 이루어져 있기는 하지만, 내용의 명료성과 인간의 영혼에 대한 통찰력 때문에 수많은 그리스도인들에게 끊임없이 복된 영향을 끼치고 있다. 이 책이 전세계의 기독교 공동체에 미친 영향력으로 인하여 많은 사람들은 이 책을 성경 다음으로 높이 평가하고 있다. 이 글은 우리 모두에게 있는 시험(temptation)과의 투쟁을 다루고 있다. 아무쪼록 이 글이 여러분이 직면하지 않으면 안되는 갖가지 시험을 당할 때 통찰력을 제공하고 큰 격려가 되길 빈다.

28주 「그리스도를 본받아(*The Imitation of Christ*)」에서 발췌

시험에 대처하기

1. 깨어 있으라

세상에 사는 동안 우리는 시험과 환난을 피할 수 없다. 욥기에 기록되어 있는 것처럼 "이 땅에서의 우리의 인생은 전쟁과 같다." 그렇기 때문에 우리는 우리가 당하는 시험에 대해 주의해야 하고 또 관심을 가져야만 한다. 우리는 사탄에게 우리를 속일 기회를 주지 않기 위해서 기도에 깨어 있어야 한다. 왜냐하면 사탄은 결코 자지 않고 "삼킬 자를 찾아 두루 다니기" 때문이다. 이 세상에는 시험을 받지 않아도 될 만큼 거룩한 사람이 한 사람도 없다는 사실을 명심하라. 우리는 결코 시험에서 자유할 수가 없다.

2. 시험의 유익함

시험이 우리에게 고통만을 주는 것같이 보여도 사실 우리에게 유익할 때도 많다. 시험으로 인해 우리가 겸손해지고 깨끗해지며 또 교훈을 받을 수 있기 때문에 시험은 오히려 유익할 때가 많다. 앞서간 모든 신앙의 선배들도 수없이 많은 시험과 환난을 겪었다. 그들은 시험을 받으면서 오히려 그 시험을 이용하여 그들의 영적인 성장을 도모했다. 시험을 성공적으로 이겨내지 못한 사람들은 길가에 버려졌다.

3. 시험의 근원 : 시험을 피할 수 없는 이유

시험에서 완전히 자유한 사람은 아무도 없다. 왜냐하면 시험의 근원이 우리 속에 있기 때문이다. 우리는 죄의 욕망 속에서 태어난다. 한 가지 시험이 지나가면 또 하나의 시험이 다가온다. 우리에게는 늘 시험이 닥쳐온다. 왜냐하면 우리는 에덴 동산에서 우리의 원의(原義, original innocence)를 잃어버렸기 때문이다.

많은 사람들이 시험을 피해 보려고 갖은 노력을 다 해보았으나 결국 실패하고 그 결과는 더욱더 심한 시험에 빠질 뿐이었다. 시험을 피하는 것만으로는 이 전투에서 이길 수 없다. 승리의 비결은 진정한 겸손과 인내뿐이다. 그것만이 원수를 이길 수 있는 유일한 열쇠이다.

만일 우리가 겉으로만 시험에서 멀어지고 그 근본을 치유하지 않는다면 나아지는 것은 거의 없다. 오히려 그 시험이 전보다 더 빠르고 더 강력하게 되돌아와서 상태가 더 악화되는 경우가 많다. 조금씩 조금씩 영혼의 끈질긴 인내를 통해서(하나님의 도우심을 힘입어) 더 나은 승리를 얻을 수 있다. 이 승리가 우리 자신의 결심에 의한 것보다 더 낫다.

4. 시험을 통해 우리 자신을 점검해 볼 수 있다

모든 악한 시험은 불안정한 마음과 하나님께 대한 믿음이 부족한 데서 시작된다. 마치 키가 없는 배가 물결에 이리저리 요동하는 것처럼 정한 마음과 확신이 없는 사람은 시험에 따라 이리저리 흔들린다. 시험을 통해 우리의 불안정한 마음과 하나님께 대한 믿음의 부족이 드러나게 된다. 그리고 시험은 우리가 누구인지를 드러내 준다. 바로 이것 때문에 우리는 시험에 유의하지 않으면 안된다.

5. 시험의 발단과 우리가 그 시험에 넘어지는 이유

시험의 시작 단계에서 주의를 기울인다면 우리는 시험에 더욱 잘 대처할 수 있다. 시험을 좀더 쉽게 극복할 수 있는 길은 처음부터 마음속에 시험이 들어오지 못하도록 막아 버리는 것이다. 유혹이 마음문을 두드리자마자 문전에서 거부하고 안으로 들어오게 해서는 안된다. 사소한 작은 생각 하나가 마음속에 들어와 우리를 시험에 빠뜨릴 수 있기 때문이다.

우리가 시험에 빠지는 과정은 다음과 같다. 먼저 잘못된 생각이 마음속에 들어오도록 허용한다. 그 다음에는 그 생각 때문에 상상력이 발동된다. 그 다음에는 상상 속에서 쾌감을 느낀다. 그리고 마지막으로 그 충동에 못 이겨 악한 행동에 빠지게 된다.

그러므로 시작 단계에서부터 유혹을 막지 아니하면 이런 식으로 조금씩 조금씩 시험에 빠지게 되고 결국 시험에 넘어지게 된다. 시험에 굴복하는 시간이 길면 길수록 우리는 점점 더 약해지고, 우리의 대적은 점점 더 강해진다.

6. 낙망하지 말라 : 하나님이 함께 계신다

시험을 당할 때 낙망해서는 안된다. 오히려 환난의 때에 하나님의 도우심을 구하며 더욱 열심히 하나님을 찾아야 한다. 사도 바울의 확신에 찬 말을 기억하자. "…오직 하나님은 미쁘사… 시험당할 즈음에 또한 피할 길을 내사 너희로 능히 감당하게 하시느니라"(고전 10:13). 그러므로 하나님 앞에서 스스로 겸비하여 그의 손 아래를 피난처로 삼자. 하나님께서는 겸손한 마음을 가진 자를 들어올리사 모든 시련과 환난 가운데서 구원해 주신다.

우리의 삶은 온통 역경으로 가득 차 있기 때문에 이 세상에서는 인내가 필요하다. 우리가 아무리 열심히 애를 쓴다 하여도 투쟁과 슬픔이 없는 삶은 있을 수가 없다. 따라서 시험이 없는 평화를 갈구하거나 역경을 느끼지 못하는 삶을 추구해서는 안된다. 평화는 유혹과 시험을 피함으로써 얻어지는 것이 아니라 그것을 실제로 겪음으로써 얻어진다. 우리가 직접 시련을 당해 보고 시험과 환난을 겪어 볼 때 비로소 평화를 얻게 될 것이다.

7. 시험의 고통

어떤 사람들은 이렇게 말한다. "시험에 굴복할 때 쾌락과 즐거움을 얻는 사람들이 있는데, 어떻게 된 겁니까?" 물론 그들에게 즐거움이 있는 것은 사실이다. 그러나 그 즐거움이 과연 얼마나 오래 지속될까? 그것은 마치 연기와 같아서 금방 사라져 버린다. 기쁨에 대한 기억조차도 이내 사라지고 만다. 그들에게는 결코 안식이 없을 것이며, 그들은 비통함과 피로와 두려움 속에서 살아가게 될 것이다.

그들에게 기쁨을 가져다 줄 것이라고 생각하는 바로 그것이 그들에게 슬픔을 가져올 것이며, 그들에게 즐거움을 가져다 줄 것이라고 생각하는 바로 그것이 고통만을 안겨 줄 것이다. 그들은 눈이 어둡고 감각이 둔해서 그들이 실제로 얼마나 비참한지를 볼 수도 없고 느낄 수도 없다. 그들은 그들의 영혼이 서서히 죽어 가고 있다는 사실조차도 모른다.

8. 참된 기쁨을 얻는 길

참된 기쁨을 얻기를 원한다면 여기에 그 방법이 있다. 모든 세속적인 것들과 모든 저급한 즐거움들을 경멸하라. 그리하면 그 대가로 풍성한 위로가 주어질 것이다. 세상적인 것들을 사랑하는 데서 돌아서는 것과 비례하여 하나님의 위로가 그만큼 더 달콤하고 강력하게 임하게 된다.

그 일이 처음에는 매우 어려울 것이다. 오랫동안 몸에 밴 습관이 그것을 거부할 것이기 때문이다. 그러나 결국 참고 견디다 보면 언젠가는 더 나은 습관이 나쁜 습관을 이기게 될 것이다. 육체의 소욕은 큰소리로 외쳐대겠지만 성령께서 그것을 억제시키실 것이다. 마귀는 계속해서 우리를 흥분시켜 자극하려고 애를 쓰겠지만 우리가 기도하는 순간 마귀는 도망쳐 버릴 것이다. 그러므로 무엇보다 먼저 유익한 일에 힘쓰도록 하라. 그렇게 할 때에 마귀가 접근하지 못하기 때문이다.

9. 뿌리까지 근절하라

이와 같은 싸움에서 굳세고 용감하게 서기 위해 노력한다면 틀림없이 하늘에 계신 하나님의 도우심을 발견할 것이다. 왜냐하면 하나님께서는 하나님의 은혜를 신뢰하는 자들을 기꺼이 도우시고, 우리에게 싸워서 이길 수 있는 환경을 주시기 때문이다. 만일 우리의 영적인 진보가 외적인 의식에만 의존한다면 우리의 헌신은 그다지 오래 지속되지 못할 것이다. 도끼로 뿌리까지 근절하자. 그래야 우리는 무절제한 정욕을 남김없이 제거하고 마음의 평화를 누릴 수 있게 된다.

만일 우리가 일 년에 한 가지씩만이라도 우리의 허물을 뽑아낸다면 우리는 곧 완전해질 것이다. 그러나 종종 우리는 수년 동안 신앙 생활을 하고 난 후인 지금보다도 오히려 처음 영적 생활을 시작했던 그때가 더 선하고 더 순수했다고 생각한다. 열심과 성장은 날마다 증가해야만 한다. 그러나 오늘날에는 사람들이 처음으로 뜨겁게 신앙 생활을 하던 때의 감정을 조금이라도 간직할 수만 있다면 다행한 일이라고 생각한다. 만일 우리가 처음 시작 단계에서 조그마한 자기 훈련을 시행한다면, 나중에는 모든 일을 쉽고 즐겁게 해낼 수 있게 될 것이다.

10. 옛 습관을 버리자

옛 습관을 버리기는 참으로 어렵다. 그러나 자기 자신의 의지와 정반대로 행하기는 훨씬 더 어렵다. 작고 사소한 일들을 극복할 수 없다면 어려운 일들은 언제 극복할 수 있겠는가? 충동이 시작될 때 그것과 싸우라. 그리고 나쁜 습관을 끊어 버리라. 그것을 내버려두면 조금씩 조금씩 더 큰 문제를 일으키게 될 것이기 때문이다. 만일 우리의 선한 노력이 우리 자신에게 얼마나 많은 평안을 가져다 주며, 또 다른 사람들에게 얼마나 많은 기쁨을 가져다 주는지 우리가 알 수만 있다면, 정말 우리는 영적인 성장을 더욱더 갈망하게 될 것이라고 생각한다.

11. 부질없는 잡담에의 유혹

다른 사람과 부질없이 떠들고 잡담하는 일에 너무 열심을 내는 이유를 나는 모르겠다. 왜냐하면 그렇게 쓸데없이 떠들고 나면 다시 마음의 평정을 찾을 때까지 반드시 양심에 손상을 입기 때문이다.

우리가 서로 잡담을 하는 이유는 가벼운 한담을 통해서 서로에게서 위안을 받고 또 번잡한 우리의 마음을 가볍게 하고 싶기 때문이다. 그런데 설상가상으로 우리는 우리가 좋아하는 주제에 대하여, 갖고 싶어하는 것에 대하여, 그리고 특별히 싫어하는 것들에 대하여 가장 자유롭게 한담을 한다.

이 얼마나 잘못된 것인가! 이러한 외적인 위안은 하나님께로부터 오는 내적인 위로를 손상시키는데, 그것은 절대로 작은 손상이 아니다. 그러므로 우리는 시간을 허비하지 않도록 기도하고 경계해야만 한다. 꼭 말을 해야만 할 때라면, 다른 사람들에게 영적으로 유익이 되는 말만을 해야 한다. 나쁜 습관이나 영적인 진보를 무시하는 행위는 종종 우리를 끝없는 잡담에 빠지게 한다.

12. 고난의 유익

때로는 우리에게 고난과 어려움이 있는 것이 유익하다. 왜냐하면 종종 우리는 고난을 당해야 정신을 차리기 때문이다. 그리고 어려움을 겪어야 우리가 이 세상에서 나그네에 불과하다는 사실을 알게 되고, 이 세상이 주는 것은 어떤 것도 믿을 수 없다는 사실을 깨닫게 된다.

때로는 우리에게 욕을 하는 사람들에 대해 참는 것도 유익하며, 때로는 우리가 선한 일을 하고 선한 의도를 가지고 있는데도 남에게 나쁜 사람으로, 또 잘못된 사람으로 오해받는 것도 유익하다. 그러한 고난은 우리로 하여금 겸손하게 한다. 그리고 교만하지 않게 한다.

참으로 사람들이 우리에 대해 나쁜 것만을 말할 때, 그리고 우리가 행한 선한 일에 대해 인정하려 들지 않을 때, 우리는 하나님을 훨씬 더 잘 찾을 수 있다. 그러므로 우리는 우리 자신의 뿌리를 하나님께 깊이 박아서 하나님이 아닌 다른 곳에서 위안을 얻으려고 해서는 안된다.

13. 없어서는 안될 하나님

선한 의도를 가진 사람이 악한 생각에 의해서 고난을 당하거나 시험을 받거나 괴롭힘을 당할 때, 그는 하나님이 정말로 필요하다는 사실을 더 잘 이해하게 된다. 왜냐하면 하나님이 없이는 선한 일을 전혀 할 수 없기 때문이다. 그는 그러한 상황 속에서 자기가 겪는 불행 때문에 슬퍼하고 탄식하며 기도하게 된다. 그리고 더 이상 사는 일이 곤고해져서 죽고 싶어지게 되며, 결국 그 모든 것에서 해방되어 그리스도와 함께 있고 싶어 한다. 이 모든 일이 일어날 때, 그는 완전한 안전과 충분한 평안이 이 세상에서는 존재할 수 없다는 사실을 분명히 알게 된다.

14. 평안을 누리기 위한 네 가지 방법

끝으로, 진정한 자유와 평안을 얻을 수 있는 방법을 가르쳐 주고 싶다. 그 방법으로는 우리가 꼭 해야 할 네 가지가 있다. 첫째, 우리 자신의 뜻대로 하려고 하기보다는 다른 사람의 뜻대로 하려고 노력하라. 둘째, 늘 더 가지려고 하지 말고 덜 가지려고 노력하라. 셋째, 필요하다고 인정되고 중요하다고 생각하는 일에 대해서는 자신을 희생하고 더 낮은 위치에 처하기를 힘쓰라. 넷째, 매사에 언제든지 우리에게서 하나님의 뜻이 온전히 이루어지기를 소망하라. 이 네 가지 방법을 실천하는 사람은 평안과 안식을 누릴 것이다.

관련 성경 구절 : 고린도전서 10:12-13

그런즉 선 줄로 생각하는 자는 넘어질까 조심하라 사람이 감당할 시험밖에는 너희에게 당한 것이 없나니 오직 하나님은 미쁘사 너희가 감당치 못할 시험당함을 허락지 아니하시고 시험당할 즈음에 또한 피할 길을 내사 너희로 능히 감당하게 하시느니라.

리처드 포스터의 묵상

　나는 시험을 받지 않아도 된다고 말할 수 있으면 좋겠는데 나 역시 그렇지 못해서 유감이다. 우리에게는 어떤 것 이상의 것이 있기 때문에 다른 사람들에게 매력적인 것이 우리에게는 더 이상 의미가 없는 것들이 분명히 있다. 그렇지만 그것이 우리에게는 시험이 없다는 것을 의미하는 것은 아니다. 오히려 시험이 더욱더 미묘해졌다는 것을 의미한다. 우리 모두는 예외 없이 시험을 받는다.

　그러나 성경의 영광스러운 말씀은 우리가 시험을 당할 때에 우리 자신만의 힘으로 대처하게 되어 있지 않다고 약속하고 있다. 아브라함과 이삭과 야곱의 위대하신 하나님, 모세와 다윗과 마리아에게 자신을 계시하신 그 하나님께서 우리가 시험을 당할 때마다 늘 도와 주신다. 그리고 영원히 살아 계신 우리의 선지자이신 예수 그리스도께서 우리와 함께 계셔서 우리를 가르치시고 힘을 주시며 사랑해 주신다. 또한 은혜의 성령께서 우리가 시험을 당할 때에 우리에게 가까이 오셔서 지도하시고 강건케 하시며 격려해 주신다. 성경은 "너희 안에 계신 이가 세상에 있는 자보다 크다"고 말씀한다. 우리는 이 말씀을 체험으로 확증할 수 있다. 우리가 넘어지고 쓰러질 때에, 보혜사 성령께서 우리의 구주 예수 그리스도 안에서 하나님 아버지와 더불어 우리와 함께 계신다.

윌리엄 로

(William Law, 1686~1761)

　윌리엄 로는 경건한 영국 교회의 목사였다. 그의 실제 사역은 영적 지도자로서, 하나님과 더욱 친밀하고 더욱 깊은 관계를 맺고 싶어하는 사람들을 지도하는 일이었다.

　여기 실린 글은 그의 대표적인 저서인 *A Serious Call to a Devout and Holy Life*(경건한 삶을 위하여)에서 발췌한 것이다. 이 책은 영국 복음주의의 부흥에 크게 기여한 책으로, 내용이 단순하고 솔직해서 기독교 경건주의 문학의 고전이 되었다.

　여기에서는 특별히 신앙 생활과 실제적인 일상 생활을 구분하려는 태도에 대해서 다루고 있는 부분을 발췌하였다. 로 목사는 기독교가 우리의 신앙과 관계될 뿐만 아니라 우리의 행위와도 관련된다는 점을 납득하게 해준다. 윌리엄 로 목사는 사도 야고보의 정신으로, 우리의 행위와 신앙이 마치 활과 화살처럼 하나로 작용하고 있음을 확증해 준다.

29주 「경건한 삶을 위하여」에서 발췌

척도요, 기준이신 하나님

1. 경건 생활

경건 생활이란 개인적인 기도나 공적인 기도만을 말하지 않는다. 물론 공적인 기도나 개인적인 기도가 경건 생활의 일부이긴 하지만, 경건 생활이란 하나님께 드려지거나 헌신된 삶을 의미한다.

그러므로 경건한 사람들은 자기 자신의 뜻대로 살거나 세상의 방법과 세상의 영을 좇아 사는 사람들이 아니라 하나님의 뜻만을 좇아서 살아가는 사람들이다. 그들은 무슨 일을 하든지 하나님을 생각하고, 무슨 일을 하든지 하나님을 섬기며, 무슨 일을 하든지 하나님의 이름으로 하고 하나님의 영광에 부합되는 방법으로 함으로써 삶의 모든 영역을 거룩하게 한다.

우리는 하나님만이 우리의 기도의 척도요, 기준이 되어야 함을 기꺼이 인정한다. 우리는 기도할 때 전적으로 그분을 신뢰해야만 하고, 또 전적으로 그분을 위해서만 행동해야 한다. 그리고 그렇게 기도해야 할 뿐만 아니라 하나님의 영광에 합당한 목적을 위해서도 기도해야만 한다.

2. 척도요, 기준이신 하나님

만일 우리가 기도 생활이 경건해야 한다고 결론을 내린다면, 우리는 생활의 다른 모든 영역에도 경건해야 한다는 결론을 내려야만 한다.

왜냐하면 하나님을 우리 삶의 다른 모든 활동까지도 다스리시고 측정하시는 분으로 여기지는 않으면서 단지 기도의 척도와 기준으로 삼아서 전적으로 그분만을 신뢰하고 그분의 뜻대로 기도해야만 한다는 것은 어불성설이기 때문이다. 또한 하나님의 뜻을 따르지 않고 하나님의 영광을 위해 행해지지 않는 생활 태도, 즉 재능과 몸과 시간과 돈을 들여서 하는 그런 모든 일들은 단지 어리석은 일이 되고 말며, 우리의 기도 또한 하나님의 뜻에 입각한 것이 아니기 때문에 쓸모없는 것이 되고 말 것이기 때문이다. 그리고 삶은 그렇지 않으면서 기도는 하나님의 뜻에 따라 해야 한다고 주장할 만한 다른 이유가 없기 때문이다.

우리의 삶은 우리가 하는 기도만큼이나 거룩해야 한다. 우리가 지켜야 할 엄격한 의무는 이성에 따라 사는 것이요, 삶의 모든 활동을 하나님께 바치는 것이요, 지혜와 거룩함과 모든 거룩한 대화에 있어서 하나님 앞에서 행하는 것이요, 그리고 모든 일을 하나님의 이름으로, 하나님의 영광을 위해 하는 것이다. 만일 우리의 기도가 우리를 이러한 자리까지 나아가게 하지 못한다면 그 기도는 아무리 지혜롭고 거룩하다 할지라도 아무런 가치가 없게 된다. 오히려 그러한 기도는 어리석은 일이 되고 만다. 그러한 기도는 날아다니고 싶은 생각도 없으면서 날개를 달라고 기도하는 것과 마찬가지이다.

우리가 하나님의 영을 구하기 위해 기도하려면 먼저 그 하나님의 영을 모든 삶의 기준으로 삼아야 한다. 기도할 때에 하나님을 전적으로 신뢰하는 것이 우리의 의무이듯이 삶의 모든 영역에서도 하나님을 전적으로 신뢰하며 사는 것이 우리의 의무이다. 그러나 만일 일상적인 모든 삶의 영역에서 하나님을 신뢰하며 살지 못한다면, 다시 말해서 하나님이 모든 삶의 척도와 기준이 되지 않는다면 우리는 하나님을 전적으로 신뢰하며 살아갈 수 없다. 그것은 마치 기도가 전적으로 하나님을 향해 있지 않으며, 우리가 전적으로 하나님을 신뢰하며 기도할 수 없는 것과 같다.

3. 우스꽝스러운 일들

바로 그런 이유 때문에 많은 사람들의 삶 속에서 우스꽝스러운 일들을 보게 된다. 많은 사람들이 특별한 시간이나 장소에서 경건한 시간을 가질 때에는 엄격하지만, 예배가 끝나거나 교회에서의 집회가 끝나면 좀처럼 교회에 다니지 않거나 전혀 교회에 다니지 않는 사람들처럼 살아간다. 살아가는 방식, 시간과 돈을 소비하는 태도, 염려하고 두려워하는 모습, 쾌락과 방종을 좋아하는 것, 일을 하거나 오락을 즐기는 것 등에서 그들은 세상의 다른 많은 사람들처럼 살아간다. 바로 이것 때문에 세상 사람들이 믿는 자들을 멸시하게 된다. 헌신된 자들의 삶이 자신의 기도를 따라가지 못하기 때문에 조롱을 당하게 되는 것이다.

기도가 끝나면 다음에 기도할 때까지 하나님을 의지해서 사는 것도 끝난다. 또다시 기도할 때까지는 다른 사람들과 똑같은 태도와 욕망을 가지고 살아간다. 바로 이런 이유 때문에 그들은 세상 사람들에게 비웃음을 사게 된다. 그것은 그들이 진정으로 하나님께 헌신된 사람들이 아니라, 바로 이따금씩 기도하는 정도의 신앙을 갖고 있는 사람들처럼 보이기 때문이다.

4. 줄리어스(Julius)의 실패

줄리어스는 바로 그런 사람이었다. 그는 기도 시간을 빠뜨리는 것을 매우 두려워했다. 그가 교회에 나오지 않으면 교회에 있는 모든 사람이 그가 아프다고 생각할 정도였다. 그러나 그는 기도 시간을 제외한 다른 모든 시간은 놀이와 세상 친구들과 세속적인 쾌락을 즐기는 데 허비했고, 죄악된 오락에 빠져 생활하기를 갈망했으며, 쓸데없이 떠들고 한담하기를 즐겼고, 대화나 시간이나 돈을 신앙의 법칙 아래에 두지 않았다.

사람들이 그에게 그 이유를 물으면 그는 가장 방종한 사람이 그러하듯이 변명할 말이 없었다. 왜냐하면 성경의 모든 내용이 방탕한 삶과 무절제한 삶에 정면으로 반대되기 때문이다. 줄리어스처럼 살아가는 사람은 탐욕과 무절제 속에서 살아가는 사람들처럼 예수 그리스도를 믿는 신앙에 따라 살아갈 수가 없다.

만일 어떤 사람이 줄리어스에게 말하기를 자기는 그런 식으로 살면서 여전히 그리스도인으로 행세할 수는 없다고 한다면, 줄리어스는 그 사람이 그리스도인이 아니라고 결론 지을 것이며 그와 교제하지 않을 것이다.

그러나 어떤 사람이 그에게 자기는 세상의 다른 사람들처럼 살아갈 수도 있고, 다른 사람들이 하는 것처럼 즐길 수도 있고, 세상에 순응해서 거의 대부분의 사람들처럼 욕망과 정욕을 만족시키며 살아갈 수 있다고 한다면, 줄리어스는 그 사람이 그리스도인이 아니라거나 그가 사탄의 일을 도모하고 있다고 생각하지 않을 것이다.

그러나 만일 줄리어스가 신약 성경을 처음부터 끝까지 전부 읽는다면 성경의 곳곳에서 그의 삶의 모습들을 정죄하고 있다는 사실을 알게 될 것이다.

5. 커다란 모순

지혜롭고 숭고하고 거룩한 기도를 하면서, 일을 할 때나 놀이를 할 때 그리고 시간을 보낼 때나 돈을 쓸 때는 기도한 대로 살아가지 못하는 것처럼 모순되는 일은 없다. 만일 어떤 사람이 자기가 하는 모든 일을 전적으로 하나님과 관련 지어 행동하는 것처럼 보이면서 그와 동시에 공적이든 사적이든 전혀 기도하지 않는다면 정말 놀라운 일이 아니겠는가?

그러나 그와 똑같이 놀라운 것은, 기도의 시간이나 장소 따위는 세심하게 지키면서, 즉 정해진 경건의 문제에 대해서는 매우 엄격하면서 시간이나 노동이나 재능이나 돈을 사용하는 구체적인 삶의 현장에서는 하나님의 뜻을 완전히 무시하는 것이다. 거룩한 삶이 없이 거룩한 기도를 드리는 것은 기도 없이 거룩한 삶을 살아가는 것만큼이나 커다란 모순이다.

기도 없이 거룩한 삶을 살 수 없듯이 거룩한 삶이 없이는 기도할 수 없다. 시간이나 돈을 어리석게 사용하는 것은 어리석게 기도하는 것이나 똑같은 잘못이다. 삶이 하나님께 드려지지 않는다면 기도가 어떻게 하나님께 상달될 수 있겠는가?

6. 일상 생활을 위한 규범

이 논점은 단순하다. 기독교가 과연 일상 생활에서 지켜야 할 규범들을 제시해 주고 있는가, 아니면 제시해 주고 있지 않은가 하는 것이다. 만일 제시해 주고 있다면, 우리는 마땅히 하나님을 경배할 사람들일진대 우리의 모든 행동은 그 규범들로 다스려져야만 한다. 만일 기독교가 먹고 마시는 문제, 시간과 돈을 사용하는 문제, 세상에서 어떻게 살아갈 것인가 하는 문제, 일상 생활에서 어떤 태도를 취해야 할 것인가 하는 문제, 모든 사람에 대하여 어떤 마음을 가져야 할 것인가 하는 문제, 아픈 사람들과 가난한 사람들과 노인들과 없는 자들에 대하여 어떤 행동을 취할 것인가

하는 문제, 누구를 특별한 사랑으로 대할 것이며 또 누구를 특별히 존경해야 하는가 하는 문제, 원수를 어떻게 대해야 하며 자신을 어떻게 부인해야 하는가 하는 문제 등에 대해서 교훈해 주는 내용이 있다면, 이러한 가르침들을 기도와 관련된 가르침들과는 달리 엄격하게 지키지 않아도 된다는 어리석은 생각을 해서는 안될 것이다.

모든 복음에 공예배를 위한 명령이 단 한 군데도 없다는 사실은 주목할 만하다. 우리는 그것이 성경에서 거의 강조되지 않고 있는 의무라고 말할 수 있다. 교회에 자주 출석해야 한다는 것은 모든 신약 성경에서조차 언급되어 있지 않다. 그러나 우리 삶의 일상적인 행동을 다스리는 믿음을 가지라는 명령은 성경 곳곳에서 구구절절이 찾아볼 수 있다. 우리의 복된 구주 예수 그리스도와 그의 사도들은 일상 생활과 관련된 교훈들을 주는 데 매우 열심이었다. 그들의 가르침은 다음과 같다.

"세상을 버리고 삶의 태도와 방법이 달라져야 한다. 세상의 모든 이익을 버리고, 세상의 사악한 것들을 두려워하지 말며, 세상의 기쁨을 거절하고, 세상의 행복에 가치를 두지 말라. 새로운 세계에 태어난 갓난아이처럼 되어라. 영적으로 깨어서 거룩한 두려움과 또 다른 세계를 바라보는 거룩한 열망을 가지고 순례자로 살아가라. 날마다 자기 십자가를 지고 자기를 부인하며, 애통하는 자가 복이 있다는 말씀을 고백하고 심령이 가난한 자가 누리는 복을 추구하라. 교만을 버리고 재물에 대한 허영심을 버리며, 내일을 위하여 염려하지 말고 가장 겸손한 위치에서 살아가며, 세상에서 환난을 당할 때 기뻐하라. 육체의 정욕과 안목의 정욕과 이생의 자랑을 버리라. 수욕을 참으며 원수를 용서하고 축복해 주며 모든 사람들을 하나님이 그들을 사랑하시는 것처럼 사랑하라. 우리의 모든 마음을 다해 하나님을 사랑하고 곧은 문을 통해 영원한 영광의 삶으로 들어가기를 힘쓰라."

예수님께서 단 한 번도 예배를 드리라고 명령하신 적이 없는데도 불구하고 예배를 드리러 교회에 출석하는 것은 그토록 강조하면서, 복음서 곳

곳에서 명령하고 계신 일상 생활의 기본적인 의무들을 소홀히 하는 것은 참으로 이상한 일 아닌가?

7. 실천적인 삶

자기를 부인하는 것이 구원의 조건이라면 구원받고 싶은 사람은 모두 자기를 부인하는 것이 일상 생활의 일부가 되어야 한다. 겸손이 그리스도인의 의무라면 그리스도인의 매일매일의 삶은 겸손을 나타내 보여야만 한다. 만일 병 든 자와 헐벗은 자와 감옥에 갇힌 자를 돌아보도록 부르심을 받았다면 이러한 사랑이 삶에서 표현되도록 끊임없이 힘써야 한다. 만일 원수를 사랑해야 한다면 우리의 일상 생활이 그 사랑을 나타내 보여야 한다. 만일 감사해야 하고 지혜로워야 하며 거룩하도록 부르심을 받았다면 감사와 지혜와 거룩함이 우리의 삶 속에서 나타나야 한다. 만일 그리스도 안에서 새로운 사람이 되어야 한다면 우리의 새로운 모습을 세상에 나타내 보여야 한다. 만일 우리가 그리스도를 따라가야 한다면 매일매일을 그런 식으로 살아가야만 한다.

관련 성경 구절 : 야고보서 2:14-26

내 형제들아 만일 사람이 믿음이 있노라 하고 행함이 없으면 무슨 이익이 있으리요 그 믿음이 능히 자기를 구원하겠느냐 만일 형제나 자매가 헐벗고 일용할 양식이 없는데 너희 중에 누구든지 그에게 이르되 평안히 가라, 더웁게 하라, 배부르게 하라 하며 그 몸에 쓸 것을 주지 아니하면 무슨 이익이 있으리요 이와 같이 행함이 없는 믿음은 그 자체가 죽은 것이라 혹이 가로되 너는 믿음이 있고 나는 행함이 있으니 행함이 없는 네 믿음을 내게 보이라 나는 행함으로 내 믿음을 네게 보이리라 네가 하나님은 한 분이신 줄을 믿느냐 잘하는도다 귀신들도 믿고 떠느니라 아아 허탄한 사람아 행함이 없는 믿음이 헛것인 줄 알고자 하느냐 우리 조상 아브라함이 그 아들 이삭을 제단에 드릴 때에 행함으로 의롭다 하심을 받은 것이 아니냐 네가 보거니와 믿음이 그의 행함과 함께 일하고 행함으로 믿음이 온전케 되었느니라 이에 경에 이른바 이브라함이 하나님을 믿으니 이것을 의로 여기셨다는 말씀이 응하였고 그는 하나님의 벗이라 칭함을 받았나니 이로 보건대 사람이 행함으로 의롭다 하심을 받고 믿음으로만 아니니라 또 이와 같이 기생 라합이 사자를 접대하여 다른 길로 나가게 할 때에 행함으로 의롭다 하심을 받은 것이 아니냐 영혼 없는 몸이 죽은 것같이 행함이 없는 믿음은 죽은 것이니라.

리처드 포스터의 묵상

　나는 윌리엄 로 목사의 글에 무한한 감동을 받았다. 왜냐하면 그는 기도에 너무나도 분명한 확신이 있었고, 또 일상 생활에서 그의 믿음을 나타내 보이며 살아가는 데에 전적으로 헌신되어 있었기 때문이다. 그는 참된 기도란 절대로 제단 앞에서 끝나는 것이 아니라는 사실을 알고 있었다. 오히려 그 기도는 내적인 인격을 변화시켜서 원수를 사랑할 수 있게 하고, 모든 사람에게 유익을 끼치는 결과를 초래한다는 사실을 확신했다. 일상 생활에 깊은 영향을 끼치지 못하는 기도는 전혀 기도가 아니며, 로 목사의 표현을 빌자면 '입술 운동(lip labor)'에 불과하다.

　기도와 삶의 연결은 너무나도 매력 있는 결합이지만 나는 쉽게 그것을 망각한다. 나는 다음과 같은 양극단에 서도록 늘 유혹을 받는다. 기도만 하고 하나님이 하시는 일을 구경만 하는 것과 내가 직접 나가서 나 혼자 다 해버리는 것이다. 옛 사람들이 기도와 행함(ora et labora)이라고 불렀던 그 두 가지가 아름답게 균형을 이루는 상태에 나는 좀처럼 들어가지를 못한다. 나에게 이 귀중한 교훈을 다시 한번 가르쳐 준 윌리엄 로 목사에게 감사를 드린다. 왜냐하면 그것은 내가 앞으로도 계속해서 배워야 할 것이기 때문이다.

아빌라의 테레사

(Teresa of Ávila, 1515~1582)

테레사 드 세페다 이 이후마다(Teresa de Cepeda y Ahumada)는 1515년에 스페인의 아빌라에서 태어났다. 테레사는 스무 살 때 카르멜회의 성육신 수녀원(the Carmelite Convent of the Incarnation)에 들어갔다. 그녀는 그 수녀원에서, 특히 스물여덟 살에서 서른 살 사이에 많은 중병에 걸려 투병 생활을 하였다. 그녀는 그 수녀원에서 매우 경건한 삶을 살았으며, 가끔씩 초자연적인 체험을 하기로 유명했다.

1555년에 테레사는 소위 '두 번째 회심'을 경험했는데 그것이 결정적으로 그녀의 영적 생활을 바꾸어 놓았다. 그녀는 환상을 더 자주 경험하기 시작했는데, 특히 주목할 만한 것으로는 그리스도께서 창으로 그녀의 심장을 찌르는 환상을 자주 본 것이었다. 그녀는 영적 상담자의 인도하에, 묵상 생활에 온전히 헌신하는 새로운 카르멜회 수도원들을 설립하는 계획에 적극 참여하기 시작했다. 나중에 십자가의 요한(John of the Cross)이 그녀의 이 계획에 동참하였다.

테레사는 영적인 자서전을 통해 저술 경험을 쌓기 시작했는데, 그녀에게 우아하면서도 단순한 문체로 영적 생활에 관한 글을 쓰는 재능이 있다는 사실이 이내 사람들의 주목을 받게 하였다. 기도에 관한 그녀의 가장 유명한 저작은 *Interior Castle*(영혼의 성)이란 책인데, 이 책은 그녀가 환상을 보며 기록한 것이다. 그 책에서 테레사는 한 성의 바깥에서부터 시작하여 많은 방을 거치면서 영혼이 하나님과 완전히 연합할 수 있는 장소인 그 성 한가운데 있는 방으로 나아가려고 애쓰는 영혼의 순례길을 묘사하고 있다. 번연의 「천로역정」과 마찬가지로 풍유를 사용하여 우리 모두가 직면하는 영적인 여로를 묘사하고 있다. 그 길에는 방해도 많고 기쁨도 많다.

30주 「영혼의 성(Interior Castle)」에서 발췌

진보를 이루려는 노력

1. 유해한 죄를 피하려고 노력함

이 장은 이미 기도 생활을 시작해서 첫 번째 단계, 혹은 첫째 방을 떠나기 원하는 사람들과 관계가 있다. 그러나 그들은 그 첫째 방을 떠날 힘이 없거나 떠날 결심을 못할 수도 있다. 그들에게는 죄의 계기들을 피하는 데 어려움이 있을 수 있는데 그것은 매우 중대한 상황이다. 그들이 기도의 첫 번째 단계인 유해한 죄를 피하려고 노력하는 것은 비록 그것이 잠깐 동안이라 할지라도 큰 자비가 아닐 수 없다.

어떤 면에서는 이 사람들이 시작 단계에서 만족하고 있는 사람보다 더 많은 어려움에 직면할 수도 있다. 그러나 그들은 그만큼 더 진보한 것이어서 타락할 위험이 더 적고, '성' 안에 더욱 깊이 들어갈 수 있는 소망이 더 커졌다고 할 수 있다. 하나님께서는 우리가 하나님께 가까이 나오기를 무척 원하시기에 쉬지 않고 우리를 가까이 오라고 부르신다. 이 단

계에 있는 많은 영혼들은 하나님의 음성이 너무나 달콤하다는 것을 알지만, 즉시 그 음성에 응답할 수 없음을 슬퍼한다. 그래서 그들이 초보자들보다도 더 많은 고통을 겪는 것이다.

2. 하나님께서 우리의 영혼을 감찰하신다

하나님께서는 다른 훌륭한 사람들이나 설교나 좋은 서적들을 통해서 우리에게 호소하신다. 때때로 하나님은 우리의 질병이나 시련을 통해서 우리에게 기도하기를 명하신다. 그러한 기도가 아무리 연약할지라도 하나님은 그 기도를 귀중히 보신다. 하나님께서는 우리의 영혼을 감찰하셔서 우리의 소원을 알고 계신다. 만일 우리의 소원이 선하다면 우리가 실패할 리 없다. 그럼에도 영혼에 대한 사탄의 공격은 심각하다. 이것이 바로 이 단계에 있는 영혼이 초보자보다 더 많은 고통을 당하는 또 다른 이유이다. 전에는 그 영혼이 귀멀고 눈멀어 저항할 의지도 없었지만, 이제는 듣고 보고 저항하기 시작해서 승리를 눈앞에 두고 있는 사람과 같다.

마치 치명적인 독을 가지고 사람을 무는 독사처럼 사탄이 이 세상의 세속적인 쾌락을 가지고 영혼을 공격하는 것도 바로 이 단계이다. 사탄은 영혼을 속여서 그런 쾌락들이 영원히 계속될 것처럼 생각하도록 미혹한다. 사탄은 세상에서 인정되는 높은 지위를 그 영혼에게 상기시킨다. 그리고 당신이 지금 시작한 삶의 방식에 동조하지 않는 많은 친구들과 친척을 앞세워서 방해할 수도 있다.

3. 놀라운 포용력

"오, 예수님! 가엾은 영혼 속에 악령들이 가져오는 혼란이 얼마나 심각한지요! 그리고 그 괴로움은 얼마나 큰지요! 계속해서 나아가야 할지, 아니면 다시 기도의 시작 단계인 첫째 방으로 돌아가야 할지 알지도 못하니 그 혼란과 괴로움이 너무나 큽니다."

그러나 주님께서 우리에게 놀라운 포용력으로 복을 주셔서 우리의 갈 길을 도와 주셨다! 세상적인 쾌락이 우리가 마땅히 추구해야 하는 것에 비해 얼마나 보잘것없는 것인가를 깨닫지 못한 잘못을 '이성'이 우리의 영혼에게 경고해 주고 있다. 그리고 참다운 만족을 찾기 위해서 우리가 마땅히 해야 할 일이 무엇인지 '믿음'이 우리의 영혼에게 가르쳐 주고 있다.

또한 '기억'을 통해 우리의 영혼은 그 모든 쾌락의 종말이 어떠했으며, 한때 그 쾌락에 참여했던 모든 사람들, 즉 그 쾌락 속에서 큰 만족을 누린 것처럼 보이던 모든 사람들이 지금은 죽어 무덤 속에 있다는 사실을 잘 알고 있다. 한때 번영했던 사람들이 지금은 땅 속에 있으며 우리는 그들의 무덤 위를 거닐고 있다.

'의지'를 통해 우리의 영혼은 하나님을 사랑하는 마음을 갖게 된다. 하나님 안에서 우리의 영혼은 사랑의 행위와 사랑의 증표를 수없이 보았기 때문이다. 특히 의지를 통해 우리의 영혼은 참 사랑이신 하나님께서 결코 우리를 떠나지 않으시며, 우리가 어디를 가든지 우리와 동행하시고 우리에게 생명과 존재 자체를 주신다는 것을 알 수 있다.

그 다음에는 '지각'이 나선다. 지각을 통해 우리의 영혼은 우리가 아무리 오래 살아도 하나님보다 더 나은 친구를 가질 수 없다는 사실을 깨닫는다. 이 세상에는 사탄이 그려 넣는 거짓과 쾌락이 가득 차 있으며, 그 거짓과 쾌락에는 시련과 염려와 괴로움이 수반된다. 우리의 영혼이 이 단계에서 뒤로 후퇴하면 다시는 안전과 평안을 찾지 못할 것이라는 사실도 이 지각이 우리 영혼에게 상기시켜 주는 것이다. 이런 유의 묵상들은 사탄을 이길 수 있게 해준다.

4. 우리에게 있는 헛된 습관

그러나 오, 나의 주 하나님, 우리에게 있는 헛된 습관과 그 길을 따르는 다른 모든 사람들로 인해 모든 것이 얼마나 파멸하게 되었는지요! 우리의 믿음은 죽어 있어서 우리는 믿음이 우리에게 말해 주는 것보다 더 많이 눈에 보이는 것을 요구하고 있다. 그런 것들을 추구하는 사람들이 결국에는 불행한 운명을 맞이할 수밖에 없는데도 불구하고 그러한 일을 하고 있는 것이다!

이 모든 것은 기도의 여로 초반에 우리를 무는 죄악이라는 독사의 짓이다. 독사에 물린 사람처럼 우리의 전신은 독이 올라 부어 오른다. 오직 하나님의 크신 자비만이 우리를 보호할 수 있다. 우리의 영혼은 이 무렵 분명히 큰 시련을 겪게 될 것이다. 특히 우리 영혼의 성격과 습관이 더욱더 진보할 준비가 되어 있다는 사실을 사탄이 안다면 더욱 그러할 것이다. 지옥의 모든 권세가 힘을 모아 영혼의 진보를 방해할 것이기 때문이다.

5. 우리는 굳게 결심하지 않으면 안된다

그래서 우리가 바른길을 가고 있는 사람들과 연합하는 것이 매우 중요하다. 기도의 여로에 우리와 함께 보조를 맞추고 있는 사람들뿐만 아니라 이미 앞서가고 있는 사람들과도 연합해야 한다. 하나님께 가까이 나아간 사람들에게는 우리를 하나님께 더욱 가까이 가게 할 수 있는 능력이 있다. 그것은 어떤 의미에서 그들이 우리를 그들과 함께 데려가기 때문이다.

우리가 싸우고 있는 전투에서 패하지 않도록 굳게 결심하자. 만약 우리가 우리의 생명과 평안을 기꺼이 잃어버릴 각오가 되어 있고, 어느 것도 우리를 첫째 방으로 다시 돌아가도록 유혹하지 못한다는 사실을 알게 되면, 사탄은 이내 우리를 괴롭히는 일을 그만둘 것이다. 그러나 여간 굳게 결심하지 않으면 안된다. 우리의 대적은 사탄이기 때문이다. 따라서 이 전투에서 십자가보다 더 나은 무기는 없다.

6. 위로에 만족해서는 안된다

중요한 점 한 가지를 반복하지 않으면 안된다는 생각이 든다. 그것은 시작 단계에서 우리가 초기에 받게 되는 위로에 절대로 만족해서는 안된다는 것이다. 그렇게 하는 것은 마치 우리의 집을 모래 위에 세우는 것과 같다. 이 단계에서 당신은 아름다운 성을 짓기 시작하는 것이기 때문에 일시적인 위로가 아니라 튼튼한 미덕 위에 그 성을 지어야 한다.

또한 이 단계에 위로가 없다고 불평해서도 안된다. 오히려 예수님께서 그분의 양 어깨에 짊어지신 십자가를 끌어안고, 이 십자가가 바로 당신이 져야 할 십자가라는 사실을 깨달아야만 한다. 우리가 누리는 자유의 분량은 우리가 겪을 수 있는 고통의 분량과 같다.

하나님께서 당신에게 내적인 위로를 주셔야만 시련을 더 잘 견딜 수 있다고 생각하는 잘못을 저지를 수도 있다. 명심해야 할 것은 우리에게 가장 좋은 것이 무엇인지 하나님께서 아신다는 사실과, 우리는 우리에게 가장 좋은 것을 요구할 수 없다는 사실이다. 기도의 초보자들은 힘쓰고 애쓰며, 굳은 결의를 가지고 부지런히 스스로를 준비시켜서 자신의 뜻과 하나님의 뜻을 일치시켜야 한다. 기도의 초보자들이 해야 할 일은 이것뿐이다. 이 능력은 영적 여로에서 성취할 수 있는 가장 위대한 일이다.

7. 낙심하지 말라

우리가 시작 단계에서 방황하여 주님께서 우리의 뜻대로 해주시기를 원하고 우리의 욕망이 명령하는 대로 주님께서 우리를 인도해 주시기를 원한다면, 어떻게 우리가 굳건한 기초 위에 건축을 하고 있다고 할 수 있겠는가? 우리는 우리가 시험을 받아야 하고, 심지어 악한 독사가 우리를 무는 것도 바로 주님의 뜻이라는 사실을 기억하지 않으면 안된다. 우리가 떨쳐 버릴 수 없는 악한 생각들로 괴로워하고 출구를 찾을 수 없는 영적

광야에 들어가게 될 때, 하나님께서는 우리에게 장차 우리가 어떻게 경계를 해야 하는가를 가르쳐 주시며, 우리가 하나님께 범죄한 것에 대해서 진심으로 슬퍼하는지의 여부를 알 수 있게 해주신다.

그러므로 때때로 실패한다 해도 낙심하지 말라. 더 나아가, 진보하려는 노력을 절대로 멈추지 말라. 하나님께서는 당신의 넘어짐을 통해서도 당신에게 좋은 것을 주실 것이기 때문이다. 나는 자기가 가진 해독제가 자기를 구원할 만큼 강력하다는 것을 입증하기 위해서 기꺼이 독을 마신 어떤 사람에 대해서 알고 있다. 때때로 하나님께서는 우리의 죄성을 보여 주시기 위해서, 그리고 그 죄의 결과로 어떤 해가 생기는가를 보여 주시기 위해서 우리로 타락하게 하신다. 우리의 죄는 우리를 다시 하나님께로 인도하여 더욱 분투하게 하는 결과를 가져올 수도 있다.

8. 조용히 기도의 시간을 시작하라

그러므로 우리는 우리 자신을 신뢰하지 말고 하나님을 신뢰하자. 하나님의 자비하심을 전적으로 의지하고 혼자 전투에 임하지 말자. 유혹이 시작되는 것을 느끼면 자신의 불타는 노력으로 반격하지 말고, 오히려 조용히 기도와 묵상의 시간을 시작하라. 처음에는 어렵겠지만 얼마 후면 이 일을 쉽게 긴 시간 동안 해낼 수 있을 것이다.

기도하기 위해서 하던 일을 중단해야 한다고 생각하지 말라. 우리가 기도의 영으로 계속하기만 하면 하나님께서 우리의 일하는 모든 시간을 유익하게 바꾸어 주실 것이다. 우리가 직면하게 되는 유혹을 이길 수 있는 방법은 처음부터 기도하는 것밖에는 없다. 우리가 패배하는 오직 한 길은 돌아서는 것이다.

9. 이 성으로 들어가는 문은 기도이다

어떤 이들은 돌아서는 것이 그렇게 위험한 것이라면, 차라리 시작하지 말았어야 더 나을 뻔했다고 생각할 수도 있다. 그러나 아예 시작을 하지 않은 것이 훨씬 더 위험하다는 사실을 명심하라. 우리가 이 성에 들어갈 수 있는 문은 바로 기도이다. 우리가 먼저 이 성에 들어가서 우리 자신의 죄성과 하나님께서 우리를 구속해 주신 것이 얼마나 큰 하나님의 은혜인지를 깨닫지 못한 채 천국에 들어갈 수 있다고 생각하면 큰 착각이다.

우리의 행위는 믿음과 연합되지 않는다면 아무런 가치가 없고, 또 우리의 믿음이 행위와 연합되지 않는다면 그것 또한 의미가 없다. 아무쪼록 하나님께서 우리에게, 우리가 하나님으로 하여금 얼마나 많은 희생을 치르게 했는지를 볼 수 있는 힘과, 종이 주인보다 크지 않다는 사실을 깨달을 수 있는 힘과, 우리가 하나님의 영광을 즐거워하기를 원한다면 믿음의 행위가 있어야 한다는 사실을 알 수 있는 힘을 주시기를 기도한다. 우리가 계속해서 시험에 들지 않으려면 기도해야만 한다.

10. 삼위 하나님과의 교통

이 일곱 번째 거처에서는 하나님과의 연합이 다른 방법으로 이루어진다. 즉 선하신 하나님께서 이제 우리 영혼의 눈에 덮여 있는 비늘을 제거하기를 원하시는 것이다. 비록 이상한 방법이긴 하지만, 하나님께서 우리에게 베푸신 은총 가운데 어떤 것들을 우리의 영혼의 눈으로 보고 이해하게 하신다.

우리의 영혼이 그 거처에 들어가게 되면, 지극히 복되신 성삼위 하나님께서 지적인 환상을 통해서 진리를 분명히 나타내 보이심으로써 우리에게 자신을 계시하신다. 첫째로 영광의 광채로 우리의 영혼이 불타오르고, 그 다음에는 삼위 하나님이 뚜렷이 구별되고, 또 놀라운 지식으로 우리의 영혼이 삼위 하나님이 한 본체시고 한 능력이시며, 한 지식이시고 한 하나님이시라는 매우 심오한 진리를 깨닫게 된다.

여기서 성삼위 하나님께서는 우리의 영혼과 대화하시고 말씀하시며, 복음서에 나와 있는 주님의 말씀들을 설명해 주신다. 그리고 예수님과 아버지 하나님과 성령님께서 하나님을 사랑하고 하나님의 계명을 지키는 영혼에게 찾아오셔서 거처를 함께하신다.

11. 자신의 힘을 사용하지 말라

당신의 노력이 아무리 위대하게 보여도, 그 노력을 통해서는 그 성의 아무 거처에도 들어갈 수 없다. 성의 주인이신 하나님께서 친히 당신을 그 곳으로 인도하셔야 가능한 일이다. 그러므로 어떤 저항을 만난다 해도 절대로 자신의 힘을 써서는 안된다는 점을 충고하고 싶다.

일단 이 성의 생활을 누리는 데 익숙해지면 범사에 평안을 얻을 것이다. 심지어 많은 수고가 요구되는 일이라 할지라도 마찬가지이다. 그 성으로 돌아갈 수 있다는 소망이 있기 때문이다. 그 소망은 아무도 빼앗아 갈 수 없는 것이다.

관련 성경 구절 : 디도서 3:1-8

너는 저희로 하여금 정사와 권세 잡은 자들에게 복종하며 순종하며 모든 선한 일 행하기를 예비하게 하며 아무도 훼방하지 말며 다투지 말며 관용하며 범사에 온유함을 모든 사람에게 나타낼 것을 기억하게 하라 우리도 전에는 어리석은 자요 순종치 아니한 자요 속은 자요 각색 정욕과 행락에 종 노릇한 자요 악독과 투기로 지낸 자요 가증스러운 자요 피차 미워한 자이었으나 우리 구주 하나님의 자비와 사람 사랑하심을 나타내실 때에 우리를 구원하시되 우리의 행한 바 의로운 행위로 말미암지 아니하고 오직 그의 긍휼하심을 좇아 중생의 씻음과 성령의 새롭게 하심으로 하셨나니 성령을 우리 구주 예수 그리스도로 말미암아 우리에게 풍성히 부어 주사 우리로 저의 은혜를 힘입어 의롭다 하심을 얻어 영생의 소망을 따라 후사가 되게 하려 하심이라 이 말이 미쁘도다 원컨대 네가 이 여러 것에 대하여 굳세게 말하라 이는 하나님을 믿는 자들로 하여금 조심하여 선한 일을 힘쓰게 하려 함이라 이것은 아름다우며 사람들에게 유익하니라.

리처드 포스터의 묵상

　어떤 이유에서인지 아빌라의 테레사의 글은 늘 내가 읽기에 어려웠다. 아마 그것은 기도 생활을 여러 개의 방과 단계를 가진 성으로 비유하였기 때문인지도 모른다. 우리가 습관적으로 하나님과 연합하여 '영적인 결혼'을 경험할 때까지 그 각각의 단계는 우리를 더욱 깊이 있는 기도 생활로 이끈다.

　나는 내가 세 번째 방이나 다섯 번째 단계에 이르기는커녕, 여전히 현관 문 앞에 있다는 것을 종종 느끼곤 한다. 테레사는 내가 경험하고 싶어하는 모든 것을 이미 훨씬 더 뛰어넘은 것 같다.

　그럼에도 우리가 테레사를 통해서 배울 수 있는 위대한 사실은 우리의 영적 생활에서도 그와 같은 진보를 이룰 수 있다는 것이다. 우리가 끊임없이 기도의 습관을 발전시켜 나갈 때, 한때 우리를 끈질기게 따라다녔던 유혹들이 더 이상 전과 같은 힘을 발휘할 수 없게 될 것이다. 이것은 우리가 알아야 할 놀라운 실재이다. 바로 테레사가 우리를 이 실재로 이끌어 준다.

4
성령 충만한 생활

토마스 켈리　　제노아의 캐서린　　조지 폭스
로욜라의 이그나티우스　　장 피에르 드 코사드
아이작 페닝턴　　존 번연

 성령 은사의 전통(성령 충만한 생활)은 우리에게 오셔서 우리의 노력에 활력을 불어넣으시고 능력을 주시는 성령님께 초점이 맞추어진다. 그것은 그리스도인이 누리는 큰 축복 중의 하나이다. 4부에 등장하는 저자들은 이처럼 하나님과 인간의 협력을 탐구하고 있다.

 성령의 역사에 복종한다는 의미는, 특히 제노아의 캐서린이 말한 "나는 내 집 열쇠를 모두 사랑의 하나님께 드렸다"는 개인적인 간증 속에 잘 드러나 있다. 그리고 그와 똑같은 영적인 민감성을 "성령께서 우리 안에서 역사하시며 호흡하시기를 기다리라"고 말한 아이작 페닝턴의 권고 속에서 찾아볼 수 있다.

 성령의 밀접함(the immediacy of the Spirit)에 대해서 깊이 공감하고 있는 저자는 장 피에르 드 코사드와 토마스 켈리 두 사람이다. 드 코사드의 유명한 말인 지금 '이 순간의 성례(the sacrament of the present moment)'는 내가 좋아하는 문장인 "깃털과 같이 가볍고, 물과 같이 유동적이며, 어린아이와 같이 순진한 영혼은 공중에 떠다니는 풍선처럼 순간순

간 주시는 하나님의 은혜에 반응한다"라는 그의 말로 다시 한번 강조되고 있다. 그리고 토마스 켈리의 거의 모든 문장이 "성령의 계속적이고 새로운 긴급성"에 대한 이러한 의식을 담고 있다.

　조지 폭스는 하나님의 능력을 끊임없이 의식하며 살아갔다. 그래서 그는 우리에게 "성령 안에서 노래하고, 성령 안에서 기도하며, 밤낮으로 주님을 찬양하라"고 권고한다. 그리고 로욜라의 이그나티우스는 우리에게 영 분별에 대한 건전한 지침을 준다. 끝으로 존 번연은 개인적인 체험에 근거해서 성령의 은사를 검증하고 사용하는 것에 대해 말해 준다.

토마스 켈리

(Thomas Kelly, 1893~1941)

토마스 켈리는 1893년에 오하이오의 한 퀘이커 교도의 집안에서 태어났다. 그는 해버포드(Haverford)와 하버드에서 교육을 받았으며, 학문적으로 뛰어난 명성을 얻었다. 켈리는 초창기에 두 개의 중요한 사역에 참여했다. 1917-18년에 독일의 죄수들을 대상으로 사역한 것과, 1924-25년에 베를린의 한 퀘이커 공동체에서 목회를 한 것이 바로 그것이다. 그 후에 그는 고국에 돌아와 얼햄(Earlham) 대학과 하와이 대학에서 가르쳤다. 1936년는 해버포드에서 철학을 가르치기 시작했으며, 1941년에 죽기까지 거기에서 근무했다.

해버포드에서 공부할 당시 켈리는 교수에게 이렇게 말했다고 한다. "저는 제 인생을 하나의 기적으로 만들어 보겠습니다." 그는 이처럼 인생의 목표를 높이 정하고 모든 분야에서 탁월한 지식을 소유하기를 원했다. 사람들은 그가 힘이 소진할 때까지 최선을 다해 노력했다고 말한다. 적어도 그가 1937년에 더 이상의 긴장과 노력을 할 수 없을 정도로 극한에 이르는 체험을 할 때까지는 그러했다. 그의 노력은 단순히 하나님에 관한 지식을 얻는 데 있는 것이 아니라, 하나님과의 친분을 더 돈독하게 쌓아가는 데 있었다.

그의 동료들은 켈리를 가리켜 진정으로 헌신한 사람으로 인정했으며, 특히 그의 저작인 *A Testament of Devotion*(헌신의 약속)과 *The Eternal Promise*(영원한 언약)는 그것을 읽는 모든 사람에게 지속적인 영향을 미쳤다. 루푸스 존즈(Rufus Jones)는 *A Testament of Devotion*(헌신의 약속)에 대해서 이렇게 말했다. "위대한 경건 서적은 사실 그리 흔치 않다. 그런데 이 책은 가장 훌륭한 고전들과 더불어 내가 마음놓고 추천할 수 있는 책이다."

이 책은 원래 다섯 번에 걸쳐 진행된 강연으로 구성되어 있다. 여기에 실린 부분은 첫 번째 강연인 "The Light Within(내주하는 빛)"에서 발췌한 것이다.

31주 「헌신의 약속(A Testament Of Devotion)」에서 발췌

찬양의 거룩한 성소가 되기

1. 놀라운 마음의 성소

마이스터 에크하르트(Meister Eckhart)는 이렇게 말했다. "당신이 있는 곳이 교회든 독방이든 간에 똑같은 사고의 틀이 세상 속에서도 작용한다. 그것은 세상의 소란함이나 변덕스러움 속에서도 마찬가지이다."

우리 모두의 마음속 깊은 곳에는 놀라운 마음의 성소가 있다. 그 곳은 거룩한 곳이며, 하나님의 임재의 중심이며, 하나님의 음성이 들려오는 곳이다. 그 곳은 우리가 끊임없이 돌아갈 수 있는 곳이다. 영원은 우리의 마음속에 있다. 그것은 세파에 시달린 우리의 삶에 물밀듯 밀려와서, 놀라운 미래에 대한 암시로 우리의 마음을 따뜻하게 하며, 우리를 하나님이 계신 본향으로 초청한다.

그것은 하나님의 얼굴을 조명하여 우리의 얼굴 위에 새로운 그림자와 새로운 영광을 드리우는 빛이다. 그것은 우리가 막지만 않는다면, 생명을 불러일으키는 씨앗이 된다. 그것은 마음의 성소에 나타난 하나님의 현현(顯現)이며, 우리의 마음 한가운데 계신 하나님의 임재이다. 바로 여기에 주무시고 계신 그리스도께서 계신다. 우리가 그분을 흔들어 깨울 때, 그분은 이 세상의 형체와 행동으로 옷 입으신 영혼이 되신다. 그래서 그분이 우리 모두의 마음속에 내주해 계신 것이다.

2. 마음속의 은밀한 장소들

하나님의 빛에 대한 우리 영혼의 기본적인 반응은 마음속에서 우러나오는 찬양과 기쁨과 감사와 경배와 복종과 청종이다. 마음속의 은밀한 장소들은 더 이상 우리의 소란한 작업장이 아니다. 그 곳은 찬양과 헌신의 거룩한 성소가 된다. 우리의 삶의 깊은 샘 속에서 우리를 찾아내신 하나님께 우리의 마음을 고정시키기만 하면, 우리는 그 곳에서 완전한 평화를 누리며 살아갈 수 있다.

그리고 하나님께서 찾아오시는 사이사이에 마음의 성소를 세상 속에 옮겨 놓을 수 있게 된다. 세상의 소란함과 변덕스러움 속에서 마음의 성소가 힘을 발휘하게 되는 것이다. 우리의 의지의 샘들이 강력한 감동을 받아 하나님을 마음껏 노래하며 사랑하게 되고, 시대를 분별하지 못하는 사람들과 모든 피조물들을 새롭고 힘있게 사랑하게 된다.

3. 영혼의 지하 성소

그러나 빛은 희미해지고, 의지는 약해지며, 단조로움이 다시 찾아든다. 우리가 이런 어두움을 견딜 수 있을까? 아니다. 우리는 견디려고 시도해서도 안된다. 우리는 그것들을 통해 훈련시키고자 하시는 하나님의 뜻을 배워야 한다. 그리고 그분의 은혜에 대한 이 첫 번째 교훈을 통과해야만 한다. 영원한 마음의 빛은 우리의 황홀한 체험이 없어져도 소멸하지 않으며, 가물거리는 불빛처럼 우리의 심리적인 상태에 따라 좌우되지 않는다.

신앙 생활의 기초에는 하나님과의 만남에 대한 희미해져 가는 기억이 아니라 끊임없이 새로워지는 밀접함이 놓여 있다. 이제 좀더 깊은 경건의 비밀을 찾아보기로 하자. 그것은 한층 더 깊은 영혼의 지하 성소이며, 거기에서는 내주하는 하나님의 빛이 결코 희미해지지 않고 영원한 불꽃으로 계속해서 타오른다. 그리고 하나님의 계시가 생수의 샘처럼 끊임없이, 날마다, 시간마다, 꾸준히 솟아나와 우리를 변화시킨다.

4. 끊임없이 지향하는 은밀한 습관들

여기서 권고하고 싶은 것은 마음의 내적인 실행과 습관들이다. 또한 내주해 계신 빛에 대하여 끊임없이 우리의 존재의 깊이를 지향하고자 하는 은밀한 습관들도 권고하고 싶다. 그것은 일상적인 세상사로 매우 바쁜 가운데서도 영속적으로 머리 숙여 경배하기 위하여 우리의 내적인 삶을 이끌어 가는 방법이다. 또한 가장 깊은 수준의 마음의 내적인 실행들과 우리의 마음이 마치 나침반의 바늘처럼 영혼의 북극성을 향해 흔들리도록 할 것을 권고하고 싶다.

그 바늘처럼, 내주해 계신 빛이 삶의 가장 참된 안내자가 되어, 우리 자신과 우리의 친구들 속에 있던 생각지도 못했던 새로운 결점들을 우리에게 보여 주는 동시에 사람들 사이에 선의를 갖고 살아가는 삶과 그 능력의 생각지도 못했던 새로운 가능성을 보여 준다. 그러나 더 깊은 의미에서, 우리 안에 내주해 계신 하나님께서 은밀한 설득을 통해 우리를 권고하셔서 하나님께 있는 놀라운 내적인 빛으로 우리를 인도하신다. 그 결과, 우리는 그분만을 굳게 붙잡고 언제나 내주해 계신 빛의 광채를 통해 온 세상을 바라보게 되며, 사람들을 대할 때 마음속 중심으로부터 우러나오는 자발성과 기쁨을 갖고 반응하게 된다.

5. 영원에 뿌리를 두고 있는 역사

내적인 지향과 내적인 경배와 청종의 이러한 실행은 단지 특별한 종교적 단체나 소수의 종교적 교단, 혹은 특별한 '내면의 영혼(interior souls)'이나 은퇴하여 수도원에 있는 수사들만을 위한 권고가 아니다. 이 습관은 신앙의 핵심이다. 내가 알기로, 그것은 갈릴리에서 사역하신 예수님의 내적인 삶의 비결이었다. 예수님은 그의 제자가 되고 싶어하는 모든 사람들에게서 이 비결이 새롭게 발견되기를 기대하신다. 그것은 놀라운 친교와 보편적인 무형의 교회를 창조하며, 새로운 수준에서 살아가는 단체와 존중심에 근거한 사회, 그리고 영원에 뿌리를 두고 있는 역사(history)와 천국의 식민지들을 만들어 낸다.

내주해 계신 빛, 곧 내주하신 그리스도께서는 단순한 교리가 아니며, 특별히 소수 종교 단체에 속하여 단순한 신앙으로 받아들여지기도 하고 거부되기도 하는 존재가 아니다. 그는 모든 그리스도인들과 기독교 단체들을 위한 살아 있는 준거(準據)의 중심이다.

실천은 이론이나 교리가 아닌 신앙으로 먼저 나타난다. 그리고 그리스도인의 실천은 외적인 행위로 소진되지 않는다. 그것들은 뿌리가 아니라 열매인 것이다. 실천하는 그리스도인은 무엇보다도 그 영혼이 마음의 성소로 끊임없이 돌아가도록 실천하는 사람이 되어야 하며, 세상을 그 빛 가운데로 가져와서 그것을 재평가할 뿐만 아니라, 온갖 소란과 변덕으로 죽 끓듯 하는 세상 속에 그 빛을 가져와 그것을 재창조하는 사람이 되어야 한다. 이제 이런 실천에 대한 경건한 탐사를 본격적으로 시작해 보자.

6. 막후에서

한꺼번에 두 가지 수준 이상에서 우리의 정신적인 생활을 영위하는 방법이 있다. 첫 번째 수준에서는 생각하고, 토의하고, 보고, 계산하며, 모든 외부의 사건들이 요구하는 바에 대처할 수 있다. 그러나 보다 깊은 수준인 마음속 깊은 곳, 즉 막후에서는 기도와 찬양, 노래와 경배, 그리고 하나님의 숨결에 대한 부드러운 수용이 있을 수 있다.

이 두 가지 수준 사이에는 유익한 상호 작용이 있지만, 역시 강조점은 보다 깊은 수준에 두어야 한다. 그 곳에서 우리의 영혼이 거룩하신 하나님의 임재 속에 거하게 되고, 첫 번째 수준의 모든 문제들을 하나님의 빛 가운데로 영원히 가져와서 하나님이 임재해 계신 곳에 붙잡아 매어 둠으로써, 그것들을 좀더 새롭고 혁신적인 방법으로 다시 바라보게 되기 때문이다. 또한 사랑과 믿음이라고 하는 자발적이고, 예리하며, 단순한 방법으로 그 문제에 대처하게 되기 때문이다.

7. 내적 지향의 정신적인 습관들

그렇다면 우리가 어떻게 그런 삶과 능력을 소유하여 중단 없는 기도 생활을 영위할 수 있을까? 그것은 우리의 영혼의 심연에서 부르시는 하나님께 기도와 내적인 경배와 복종으로 우리의 모든 존재를 향하게 하는 일을 조용히 계속해서 실천함으로써 가능하다.

내적 지향의 정신적인 습관들이 형성되어야만 한다. 수주, 혹은 수개월, 혹은 수년 동안의 실천, 시행 착오와 실패, 그리고 복귀가 있어야 비로소 은밀히 하나님께로 향하는 마음속의 움직임이 제법 꾸준히 일어날 수 있다. 로렌스 형제(Brother Lawrence)가 발견한 것처럼 그 일은 단순하긴 하지만, 우리가 그 과정에서 꾸준함을 얻는 데까지는 오랜 시간이 걸릴지도 모른다.

지금 당장 시작해 보라. 의자에 앉아 이 글을 읽으면서 당신의 전존재를 철저하고도 기쁘게 포기하여, 내주해 계신 하나님께 조용히 그리고 기꺼이 드려 보라. 은밀한 찬양의 탄성 속에서, 비록 그 빛이 희미할지라도 겸손한 경외심을 가지고 그 빛을 향해 돌이키라. 그와 함께 감각과 의미를 가진 외부 세계와 계속해서 접촉하라. 여기에는 마음을 비우는 그 어떤 훈련도 없다. 친구들과 더불어 걷고, 말하고, 일하고, 웃어도 된다. 그러나 막후에서는 단순한 기도와 내적인 경배의 생활을 유지하는 데 계속해서 힘써야 한다. 내적인 기도가 당신이 잠들기 전에 하는 마지막 행동이 되게 하고, 잠에서 깨어난 후에 행하는 최초의 행동이 되게 하라.

8. 조용히 돌아가라

처음 시작하는 날, 그 주간 그리고 그 달에는 모든 것이 서툴고 고통스러울 것이다. 그러나 그 보상은 엄청나게 클 것이다. 서투른 이유는 첫 번째 수준에서 우리가 경계하고 노력하며, 우리의 의지를 재확인하는 일을 계속해서 해야 하기 때문이다. 고통스런 이유는 우리가 너무 자주 실수하고 하나님을 너무나 오랫동안 망각하기 때문이다. 그리고 보상이 큰 것은 이미 생명이 시작되었기 때문이다.

실수와 망각이 너무 잦다면, 다시 자신을 추스려 자기 반격에 나서는 일을 지체하지 말라. 그리고 당신이 서 있는 바로 그 위치에서 조용히 용서를 구하는 기도를 드림으로써 다시 시작해 보라. 상한 마음 그대로 하나님께 나아가 경배드리면서 이렇게 말하라. "하나님의 도우심이 없으면 저는 이 모양 이 꼴입니다." 절대로 낙심하지 말고, 조용히 하나님께로 돌아가 그의 임재하심 속에서 잠잠히 기다리라.

9. 동시성의 첫째 징조

처음 내적인 기도를 하다 보면 우리의 주의력이 외부의 것들과 내주하시는 빛 사이에서 왔다갔다하는 것을 경험할 것이다. 그래서 어느 한 편에 몰두하다 보면 다른 하나를 잃어버리게 된다. 그러나 우리가 추구하는 것은 그 둘 사이에 어느 하나를 취하는 것이 아니라 그 둘을 동시에 취하는 것이다. 그것은 순간순간을 잡아매는 예배이자, 생명력 있는 기도이며, 삶의 모든 순간의 계속적인 흐름이자 배경이 된다.

  이러한 동시성의 첫째 징조는, 하나님을 한동안 망각했다가 회복하는 순간 우리가 그분을 완전히 망각하지는 않았다는 의식이 있을 때 주어진다. 여기서 일어나는 것은 깨어진 기도의 회복이 아니라 원기를 되찾기 위한 복귀이다. 하나님의 사랑의 물결은 계속해서 흐르고 있었다. 그러나 그 동안 우리가 그 물 위에서 아무렇게나 떠다녔다고 한다면, 이제는 수영을 하고 있는 셈이다.

10. 하나님의 거룩하신 뜻 가운데 유순하게 됨

  그러나 동시성과 변함없는 기도가 시작되는 시기는 왔다가 사라질 수도 있다. 때로는 오랜 기간 동안 교대로 우리의 관심을 분산시키다가 다시 영광스런 능력으로 돌아오기도 한다. 또한 우리는 받은 은사를 빼앗기는 내적인 훈련에 복종하는 법도 배우게 된다. 이는 우리의 기도가 성숙해진 것에 대해 눈꼽만큼이라도 영적인 교만이 있게 되면, 우리가 더 큰 신임을 얻을 만한 가치가 있을 때까지 하나님께서 우리를 낮추시는 것이 유익하기 때문이다.

  은밀한 기도의 시작은, 우리가 주도권을 갖고 우리의 의지로 우리의 습관을 형성한다는 강한 의식을 가지고 출발한다. 그렇지만 성숙한 기도를 경험하면서 우리는 우리 안에 예비된 능력을 힘입어 하나님의 거룩하신 뜻과 만나고, 그것의 가르침을 받으며, 깨끗함을 입고, 훈련을 받고, 소박해지고, 유순해지는 것을 깨닫게 된다. 왜냐하면 우리가 하나님의 놀라운 역사에 기꺼이 참여할 준비가 될 때, 하나님께서 직접 우리 영혼의 가장 깊은 곳에서 역사하시고, 점차 우리를 다스리시기 때문이다.

11. 새로운 기술은 없다

우리의 영혼이 보다 깊은 수준에서 하나님 안에 계속적으로 거하는 이 단계에 들어서기 위해 필요한 새로운 기술이란 없다. 내적인 기도의 과정들은 점점 더 복잡해지는 것이 아니라 오히려 더 단순해진다. 처음 몇 주 동안에는 간단한 말로 속삭이듯이 시작하면 된다. 그리고 그 말을 자연스럽게 명확한 말로 만들어 보라. "오직 주님의 것입니다. 오직 주님의 것입니다"라고 하든지 아니면 시편의 한 구절을 인용하여 "오 하나님, 내 영혼이 주를 찾기에 갈급하나이다"라고 할 수도 있다.

그 말을 마음속으로 계속해서 반복하라. 왜냐하면 우리의 기도가 습관이 되어 하나님을 지향하는 두 번째 수준으로 나아가기까지는 처음에 표면적인 수준에서 의식적인 협력이 필요하다. 이런 내면의 기도를 좀더 오래 훈련하다 보면 더욱 지속적인 찬양과 순종의 습관이 형성되며, 마음속 깊은 곳에서 편안히 주님의 말씀을 청종하게 된다. 비록 말은 하지 않더라도 자연스럽게 우리의 전심을 중심 되신 하나님께 쏟을 수가 있게 된다.

그리고 영원이라는 엑스레이 광선을 통해 삶의 어두운 부분을 밝히 볼 수 있게 될 뿐만 아니라, 하나님의 은혜로 우리의 의지를 그분 안에서 완전히 포기하게 된다. 왜냐하면 그 빛의 인도하심은 비판적이고 신랄하며, 좌우에 날선 검보다 더 예리하기 때문이다. 하나님은 모든 것을 다 요구하시지만, 동시에 모든 것을 다 주신다.

관련 성경 구절 : 요한복음 6:32-40

예수께서 이르시되 내가 진실로 진실로 너희에게 이르노니 하늘에서 내린 떡은 모세가 준 것이 아니라 오직 내 아버지가 하늘에서 내린 참 떡을 너희에게 주시나니 하나님의 떡은 하늘에서 내려 세상에게 생명을 주는 것이니라 저희가 가로되 주여 이 떡을 항상 우리에게 주소서 예수께서 가라사대 내가 곧 생명의 떡이니 내게 오는 자는 결코 주리지 아니할 터이요 나를 믿는 자는 영원히 목마르지 아니하리라 그러나 내가 너희더러 이르기를 너희는 나를 보고도 믿지 아니하는도다 하였느니라 아버지께서 내게 주시는 자는 다 내게로 올 것이요 내게 오는 자는 내가 결코 내어 쫓지 아니하리라 내가 하늘로서 내려온 것은 내 뜻을 행하려 함이 아니요 나를 보내신 이의 뜻을 행하려 함이니라 나를 보내신 이의 뜻은 내게 주신 자 중에 내가 하나도 잃어버리지 아니하고 마지막 날에 다시 살리는 이것이니라 내 아버지의 뜻은 아들을 보고 믿는 자마다 영생을 얻는 이것이니 마지막 날에 내가 이를 다시 살리리라 하시니라.

리처드 포스터의 묵상

나는 토마스 켈리의 글을 처음으로 접했던 때를 늘 기억하려고 애쓴다. 비가 내리는 2월의 어느 날 아침에 워싱턴 D.C.의 공항에서 비행기를 기다리고 있을 때였다. 그때 가슴을 찌르는 듯한 그의 말이 완전히 나를 사로잡았다.

"우리는 이러한 삶의 깊은 중심을 발견한 것처럼 보이는 사람들을 보아 왔고 또 알고 있다. 그 삶의 깊은 중심 속에서는 까다로운 삶의 요구들이 하나로 통합되고, 긍정(Yes)뿐만 아니라 부정(No)도 자신 있게 말할 수 있다."

비가 창밖을 두드리고 있었고, 눈물이 내 외투에 떨어지고 있었다. 거룩한 곳이 따로 없었다. 내가 앉아 있는 의자가 바로 거룩한 곳이었고, 제단이었다. 그와 같은 경험은 처음이었다. 조용히 나는 기도했다. 켈리가 말한 '하나님의 중심(the Divine Center)'에서 우러나오는 긍정 혹은 부정을 말할 수 있는 능력을 달라고 간구했다.

하나님께서 당신에게도 토마스 켈리의 글을 통해 같은 은혜를 내려 주시기를 기도한다.

제노아의 캐서린

(Catherine of Genoa, 1447~1510)

캐서린은 매우 유력한 신앙의 집안에서 태어났다. 그녀의 아버지는 나폴리의 총독이었고, 그 아버지의 가계에서는 두 사람이나 교황을 역임했다. 1463년에 그녀는 길리아노 아도르노(Guiliano Adorno)와 결혼했다. 그녀의 남편은 부유하기는 했지만 세속적인 사람이어서 그녀와 공통점이라고는 거의 없었다.

그녀는 10년 동안 세상적인 허영을 좇아 살다가 회심하여 경건한 묵상 생활을 하게 되었다. 그녀의 남편은 재산을 모두 허비하여 결국 얼마 남지 않은 재산을 가지고 그녀와 함께 제노아에 있는 빈민들과 함께 살게 되었다. 그 후 길리아노는 성 프란시스 제3교단의 일원이 되었으며, 캐서린과 함께 가난한 자들과 환자들을 돌보며 지냈다. 1479년 그들은 근처의 병원에서 전임 사역자로 일하기 시작했고, 그로부터 일 년 후 길리아노가 죽자 캐서린은 병원의 원감이 되었다.

제노아의 캐서린은 영적으로 매우 깊이 있는 여인이었다. 그녀는 하나님을 사랑하는 만큼 이웃을 사랑했으며, 그것은 어느 누구도 필적할 수 없을 정도였다. 그래서 그녀가 생명력과 열정이 넘치는 글들과 창의적이고 영감 있는 글들을 썼음에도 불구하고, 사람들은 그것보다도 그녀를 구제하고 봉사하는 자선가로 추앙하고 있다. 그녀의 가장 중요한 저서로는 *Life and Teachings*(생명과 교훈), *Dialogues*(대화록) 등이 있는데, 여기 실린 글은 그의 저서 *Life and Teachings*(생명과 교훈) 중에서 발췌한 것이다. 이 글을 통해 알게 되겠지만, 그녀는 하나님의 순수한 사랑과 그 사랑을 받아들이는 데 대한 인간의 갈등을 날카로운 통찰력으로 분석하고 있다.

32주 「생명과 교훈(Life and Teachings)」에서 발췌

하나님을 섬김

1. 조금씩 조금씩

피조물은 날마다 하나님께서 주시는 것 외에는 아무것도 알 수 없다. 만일 하나님께서 하시고자 하는 것을 피조물이 미리 안다면 결코 마음이 평안할 리가 없다. 때때로 나는 나의 사랑이 완전하다고 생각했다. 그러나 나중에 더 분명히 깨닫고 보니 나에게 많은 결점이 있었다는 사실을 알게 되었다. 처음에는 그 결점들을 깨닫지 못했는데, 그 이유는 하나님께서 나로 하여금 나 자신과 다른 사람들에게 인내하도록 하기 위하여 나를 겸손하게 하시고자 조금씩 조금씩 그 사실을 깨달을 수 있도록 작정하셨기 때문이다.

매일같이 나는 내 눈 속에 있는 티가 하나님의 순수한 사랑에 의해 제거되고 있음을 느낀다. 우리는 우리 눈 속에 있는 티를 보지 못한다. 왜냐하면 그것들이 보인다면 앞이 보이지 않게 되기 때문이다. 그래서 하나님께서는 우리로 하여금 우리가 완전하다고 생각하도록 하신다. 그러면서 하나님께서는 끊임없이 우리 눈 속의 티를 제거해 주신다. 이따금씩 나는 내가 성장하고 있다고 생각하지만 결국에는 아직도 가야 할 길이 멀다는 사실을 알게 된다. 내 눈 속에 있는 티는 하나님의 진리의 거울과 하나님의 순결한 사랑의 거울에 비추어 볼 때 드러나게 된다. 그 거울을 통해 보면 내가 바르다고 생각했던 모든 것이 구부러져 보인다.

2. 나의 집 열쇠

우리의 자아는 너무나 교활하고, 우리 마음속에 깊이 뿌리박혀 있으며, 많은 이유와 핑계로 그 자체를 방어하기 때문에 그것과 더불어 싸우려고 하다 보면 결국 패배하고 만다. 그래서 마침내 구제라든가, 필요라든가 정의라는 미명하에 우리의 뜻대로 행하게 되고 만다. 그러나 하나님의 사랑은 그 속에 숨길 것이 없기 때문에 아무런 숨김없이 밝히 드러내시기를 기뻐하신다.

나는 이 사랑을 체험해 왔다. 참으로 나는 매일같이 하나님께 대한 생각으로 가득 채워져 있음을 느끼며, 내 안에 더욱 커다란 불길이 솟고 있음을 느낀다. 그것은 마치 사랑 그 자체이신 하나님께 나의 집 열쇠를 드려서 필요한 모든 일을 마음껏 하실 수 있도록 하는 것과 같다. 나는 이 사랑에 너무도 강하게 사로잡혀 있기 때문에 내 안에서 일어나고 있는 이 역사를 묵상해 볼 때, 설사 내가 지옥에 떨어진다 할지라도 그 지옥 자체까지도 내게는 모든 사랑과 위로로 여겨질 정도가 되었다.

3. 하나님 외에는 평안이 없다

나는 순간마다 내 마음이 점점 더 하나님께로 고정되는 것을 느낀다. 그것은 처음에는 자유롭게 거리를 활보하다가 다음에는 집안에 갇히고,

그 다음에는 방안에 갇히고, 그 다음에는 좀더 작은 구석방에 갇히고 그리고 그 다음에는 지하실 골방에 갇히고, 결국에는 몸이 묶이고 눈이 가리워진 채 더 이상 피할 곳이 없게 된 사람과 같다. 이 모든 일을 사랑과 큰 긍휼로 행하시는 하나님 외에는 평안이 없기 때문에 나는 지금 너무나도 만족한 위치에 와 있다.

4. 자아를 깨뜨리고 살자

하나님과 죄는 평화롭게 병존해서 존재할 수 없다. 삶의 정황들을 정말로 있는 그대로 심사숙고해 본 결과, 나는 자아를 내세우지 않고 살아가고 싶은 소망을 갖게 되었다. 하나님께서 우리의 영혼에 빛을 비춰 주실 때, 자아가 끊임없이 그 빛을 방해하기 때문에 우리의 영혼은 더 이상 그 자아와 더불어 살고 싶어하지 않게 된다. 그래서 그 영혼은 전적으로 하나님께 드려지기를 소원하여 하나님의 부드러운 사랑의 뜻이 아니면 행하려 하지 않게 된다. 그렇게 될 때에 우리의 영혼은 비로소 순전하고 온전하며 신실한 일들을 해내게 된다. 이러한 일들이 바로 하나님을 기쁘시게 하는 것들이다.

나는 나 자신이 하나님께로 향하기로 결심했기 때문에 하나님의 원수가 곧 나의 원수가 되어야만 한다는 사실을 알게 되었다. 그런데 내 속에 있는 자아보다 더 큰 하나님의 원수는 없다는 사실을 깨닫고 난 후 나는 내 속에 있는 자아를 다른 어느 것보다도 더 미워하지 않을 수 없게 되었다. 참으로 나의 자아와 성령 사이에는 끊임없는 전투가 있기 때문에, 나는 자아를 내 속에서 끄집어내서 그것을 아무것도 아닌 무익한 것으로 여기기로 결심했다.

5. 자기를 부인하자

나는 사람들이 자신들의 악한 성향과 싸우며 거기에 저항하려고 애쓰는 것을 보아 왔다. 그런데 그들이 악한 생각들과 싸우면 싸울수록 점점 더 거기에 굴복하게 되는 것을 경험했다. 그래서 나는 그들에게 이렇게 말했다.

"당신이 당신의 죄와 결점에 대하여 슬퍼하는 것은 옳습니다. 만약 하나님께서 나를 붙잡고 계시지 않는다면 저도 여러분과 함께 슬퍼할 텐데, 그럴 수 없습니다. 여러분은 여러분 자신을 보호할 수 없고 나는 나 자신을 보호할 수 없습니다. 우리는 다만 우리의 참된 자아를 보호해 주실 수 있는 하나님께 우리 자신의 문제를 맡기고 포기하는 수밖에 없습니다. 그래야만 하나님께서 우리가 스스로 할 수 없는 일을 해주실 수 있기 때문입니다."

우리 자신을 부인하는 일에 대하여 나는 그들에게 이렇게 말했다. "빵을 먹어 보십시오. 빵을 먹으면 그 빵이 몸 속에 들어가 몸에 자양분을 공급할 것입니다. 그리고 그 찌꺼기는 배설될 것입니다. 왜냐하면 그 찌꺼기는 더 이상 몸에 필요하지 않기 때문입니다. 빵보다 몸이 더 중요합니다. 빵은 하나의 수단으로 창조되기는 했지만 우리 몸 속에 계속 남아 있어서는 안됩니다. 마찬가지로 우리는 우리의 몸 속에 있는 모든 악한 성향들을 제거해야만 합니다. 그것들이 우리 안에서 계속 살아갈 수는 없습니다. 그것은 바로 우리가 죽지 않기 위함입니다."

6. 하나님을 섬기는 데 만족하라

하나님께서는 우리에게 순식간에 그의 빛을 비춰 주서서 우리로 하여금 우리에게 필요한 모든 것을 알게 하신다. 하나님께서는 우리를 온전케 하시려고 계획하신 것 중에 필요한 것 이상을 주시지 않는다. 그러나 우리는 이 빛을 찾을 수 없다. 이 빛은 하나님께로부터, 오직 그분의 뜻에 따라서 우리에게 주어진다. 우리는 그 빛이 어떻게 오는지, 또 그 빛이 있다는 사실을 어떻게 아는지조차 모른다. 만일 우리가 하나님께서 알려 주시는 것 이상을 알려고 한다면 아무것도 성취하지 못할 것이다. 우리는 하나님께서 우리에게 생명을 부여하실 때까지 돌처럼 가만히 기다리는 수밖에 없다.

그러므로 나는 하나님께서 내게 알게 하시고자 하는 것 이상의 것을 알려고 애쓰지 않는다. 나는 하나님께서 내게 주신 지각에 맞추어 살아가며 그것이 내 마음에 자리잡을 수 있게 한다. 우리가 모든 것을 올바로 보려면 먼저 우리 눈에서 우리 자신의 생각들을 뽑아 버려야 한다. 만일 우리가 태양을 너무 오랫동안 응시하면 눈이 멀고 마는 것과 마찬가지로 교만은 너무 많이 알고자 하는 사람들의 눈을 멀게 한다.

하나님께서는 자신 안에서 쉬면서 쉽게 요동하지 않는 영혼을 찾으시면, 하나님의 방법으로 그 영혼 안에서 일하신다. 그리고 그 영혼은 하나님께서 자기 안에서 위대한 일들을 행하시도록 자신을 내맡긴다. 하나님께서는 그러한 영혼에게 예비해 두신 보물 창고의 열쇠를 주시며, 그 영혼을 완전히 흡수하는 그분의 충만하신 임재의 기쁨을 누리게 하신다.

7. 하나님의 지혜로운 전략

우리에게 있는 이기심은 하나님의 생각과 너무나도 반대되기 때문에, 하나님께서는 지혜로운 전략을 세우시지 아니하고는 우리에게 그의 뜻을 행하도록 권유하실 수가 없다. 그래서 하나님께서는 이 생에서조차 세상이 줄 수 있는 것보다 훨씬 더 큰 것을 주겠다고 약속하셨으며, 세상이 알지 못하는 위로를 주겠다고 약속하셨다. 생각건대 하나님께서 이렇게 하시는 이유는, 우리가 얼마나 세상 향락을 즐기는 삶을 살고 있는지 하나님께서 잘 알고 계시기 때문이다. 하나님께서는 마치 우리가 작은 장난감

하나를 가지고 놀다가 여러 개의 또 다른 장난감을 주지 않으면 그것을 놓지 않는 어린아이와 같다는 사실을 잘 알고 계신다.

8. 천국의 삶을 꿈꾸라

이 땅에서 한 일에 대한 보상으로 천국에서 우리가 받게 될 것이 무엇인지 알 수만 있다면, 우리는 천국의 것들 이외의 것에 더 이상 마음을 빼앗기지 않을 것이다. 그러나 하나님께서는 우리가 믿음으로 바라보기를 원하시고 이기적인 동기로 선을 행하기를 원치 않으시기 때문에, 우리가 할 수 있는 믿음의 분량만큼 조금씩 조금씩 천국에의 꿈을 우리에게 주신다. 이러한 방법으로 하나님께서는 더 이상 믿음이 필요하지 않을 때까지 우리에게 장차 완성될 천국에 대해 좀더 큰 소망을 갖게 하신다.

반면에, 만일 우리가 죽어서 사후의 삶이 죄로 인해 비참하고 영원히 고통을 당할 수밖에 없다는 사실을 어떻게든지 알게 된다면, 틀림없이 우리 모두는 그것이 두려워서 단 한 가지라도 죄를 짓느니 차라리 죽임을 당하는 것이 낫겠다고 생각하게 될 것이다. 그러나 하나님께서는 우리가 지옥이 두려워서 죄를 피하는 것을 원치 않으시기 때문에, 주님과 더불어 옷 입고 주님께 전심으로 향하는 사람들에게는 내세에 대하여 부분적으로 보여 주신다.

9. 흔들리지 않는 신앙

다음과 같은 기도가 우리의 기도가 되기를 기원한다. "오 하나님, 제 눈이 주님만을 바라보기 원합니다. 안에서나 혹은 밖에서 무슨 일이 일어나든지 제 눈이 주님께로 고정되기를 원하오며 변치 않기를 원합니다."

하나님을 신뢰하는 사람들은 자기 자신에 대해 염려할 필요가 없다. 나의 영적인 자녀들이여, 그대들에 대해 생각해 볼 때 하나님의 순전한 사랑이 그대들의 모든 필요에 대해 관심을 갖고 있다는 사실을 나는 알고 있다. 내가 그대들을 위해 하나님께 아무것도 구할 필요가 없는 이유는 바로 하나님의 이 따스한 사랑이 있기 때문이다. 내가 할 수 있는 일이라고는 하나님 앞에 그대들을 올려 드리는 것뿐이다.

관련 성경 구절 : 누가복음 16:19-31

한 부자가 있어 자색 옷과 고운 베옷을 입고 날마다 호화로이 연락하는데 나사로라 이름한 한 거지가 헌데를 앓으며 그 부자의 대문에 누워 부자의 상에서 떨어지는 것으로 배불리려 하매 심지어 개들이 와서 그 헌데를 핥더라 이에 그 거지가 죽어 천사들에게 받들려 아브라함의 품에 들어가고 부자도 죽어 장사되매 저가 음부에서 고통 중에 눈을 들어 멀리 아브라함과 그의 품에 있는 나사로를 보고 불러 가로되 아버지 아브라함이여 나를 긍휼히 여기사 나사로를 보내어 그 손가락 끝에 물을 찍어 내 혀를 서늘하게 하소서 내가 이 불꽃 가운데서 고민하나이다 아브라함이 가로되 애 너는 살았을 때에 네 좋은 것을 받았고 나사로는 고난을 받았으니 이것을 기억하라 이제 저는 여기서 위로를 받고 너는 고민을 받느니라 이뿐 아니라 너희와 우리 사이에 큰 구렁이 끼여 있어 여기서 너희에게 건너가고자 하되 할 수 없고 거기서 우리에게 건너올 수도 없게 하였느니라 가로되 그러면 구하노니 아버지여 나사로를 내 아버지의 집에 보내소서 내 형제 다섯이 있으니 저희에게 증거하게 하여 저희로 이 고통받는 곳에 오지 않게 하소서 아브라함이 가로되 저희에게 모세와 선지자들이 있으니 그들에게 들을지니라 가로되 그렇지 아니하니이다 아버지 아브라함이여 만일 죽은 자에게서 저희에게 가는 자가 있으면 회개하리이다 가로되 모세와 선지자들에게 듣지 아니하면 비록 죽은 자 가운데서 살아나는 자가 있을지라도 권함을 받지 아니하리라 하였다 하시니라.

리처드 포스터의 묵상

캐서린은 하나님을 사랑하는 것을 넘어서서 '하나님의 방법들'까지도 사랑했다. 우리가 하나님의 은혜와 긍휼과 권능과 견고함을 사랑하는 것과, 그의 방법들을 사랑하는 것은 완전히 별개의 문제이다.

우리의 방법과 하나님의 방법이 얼마나 다른지 생각해 보자. 우리는 한눈에 띄는 헌신의 행위와 갑작스런 믿음의 도약을 중시하지만 하나님께서는 조금씩 조금씩 일어나는, 겉으로 보기에 대수롭지 않은 변화에 관심을 모으신다. 우리는 자신의 이익에만 관심이 있지만 하나님께서는 우리에게 "자신의 이익을 포기하라"고 말씀하신다. 우리는 하나님을 우리 삶의 변두리로 몰아내기를 원하지만 하나님께서는 우리의 중심을 원하신다. 우리는 일을 즉시 처리하기 원하지만 하나님께서는 영원히 참고 기다리신다.

바로 이런 방법으로 하나님께서 일하신다. 우리가 이러한 하나님의 방법과 일치하게 되고, 그 방법에 따라 충실하게 되면, 그 방법이 전적으로 선하다는 사실을 알게 된다.

조지 폭스

(George Fox, 1624~1691)

    17세기 영국 청교도 운동의 와중에서 태어나 성장기를 보낸 조지 폭스는 퀘이커교(교우회)의 창시자요, 가장 두드러진 지도자가 되었다. 그의 유명한 잡지인 *Journal*(저널)을 보면, 대담하고 열정적이며 선지자적인 그의 모습이 잘 드러나 있다. 그는 소문에 의해서가 아니라 직접적인 체험에 의해서 하나님을 알고 있는 사람으로서 확신을 갖고 행동했던 인물이었다. 그는 "자기에게 없는 것을 공언하는" 사람들을 정면으로 공박했다. 그는 결코 거드름을 피우거나 겉치레를 하지 않았다. 그는 또한 수천 명의 사람들을 그리스도께 인도하여, 그들 속에서 가르치시고 능력을 주시는 그리스도를 직접 친밀하게 체험하여 알게 했다.

    그의 *Journal*(저널)이 불같이 타오르는 공인으로서의 조지 폭스를 보여 준다면, 그의 *Letters*(편지들)는 사랑이 많은 목회자로서의 모습을 보여 준다. 폭스는 40년 동안에 3천 통이 넘는 편지를 썼고, 그것은 대부분 단체에게 보낸 것이다. 이 따뜻하고 실제적인 편지들은 전영역의 목회적 관심을 보여 주고 있어서, 기도와 예배 생활로부터 가정 생활과 상업 생활에 대한 관심까지 두루 알 수 있게 해준다. 여기에 발췌한 내용은 확신 있고 완전한 그리스도인의 삶으로 초청하는 폭스의 사랑스런 부름을 우리에게 어렴풋이나마 들려준다.

33 주 「조지 폭스의 편지들(*The Letters of George Fox*)」에서 발췌

하나님의 능력 안에서 행함

1. 살아 계신 하나님

그분은 살아 계신 하나님이십니다. 땅에 풀과 나물로 옷을 입히시고, 나무들로 자라게 하셔서 우리를 위해 먹을 것을 내게 하시며, 바다의 물고기들로 호흡을 갖고 살아가게 하십니다. 그분은 하늘의 새들로 새끼를 낳게 하시고, 수사슴과 암사슴 같은 피조물들 그리고 모든 짐승들로 번성케 하셔서 우리의 음식물로 주시기도 합니다. 그분은 살아 계신 하나님이십니다. 태양을 통해 우리를 따뜻하게 하시고, 우리가 추울 때 자양분을 주십니다. 그분은 살아 계신 하나님이십니다. 눈과 서리를 녹여 주시고, 비를 내려 식물에 물을 주십니다. 그분은 살아 계신 하나님이십니다. 하늘과 땅, 구름을 만드시고, 반석에서 샘이 솟게 하시며, 땅과 바다의 경계를 정하셨습니다. 그분은 빛과 어둠을 나누셨으며 빛을 낮이라, 어둠을 밤이라 칭하셨습니다. 그분은 물과 뭍을 나누셨고, 그 물들이 하나로 모

이게 하셨으며, 그 물을 바다라 칭하시고 그 마른 땅을 육지라 칭하셨습니다.

이 일을 행하신 그분은 예배를 받으시기에 합당하십니다. 그분은 살아 계신 하나님이십니다. 우리에게 호흡과 생명과 힘을 주시며, 짐승과 가축을 주셔서 우리의 식물과 옷이 되게 하십니다. 그분은 살아 계신 하나님이십니다. 그래서 그분은 마땅히 경배를 받으셔야 합니다. 그분은 만왕의 왕이시며, 만주의 주이십니다. 온 인류의 호흡이 그분의 손에 있습니다.
〔편지 292호〕

2. 하나님의 능력 안에서 행함

전능하신 주 하나님 안에서 나의 자녀 된 여러분, 여러분 모두가 하나님의 전능하신 능력으로 명하심을 받고 인도하심을 받는 것이 곧 나의 기쁨입니다. 우리에게 말씀하시는 하나님의 음성과 그 소리와 그 말씀의 능력을 우리는 알아야 합니다. 능력이 없는 말씀은 단순성을 파괴하고 형식을 중시하여, 진리에 대한 순종과는 거리가 멀기 때문입니다.

그러므로 진리의 능력 안에서 행하십시오. 그리하면 주 하나님의 이름이 여러분 가운데서 영광을 받게 되고, 그분의 명성이 여러분 안에서 그리고 여러분 가운데서 나타나게 될 것입니다. 또한 온 세상이 깜짝 놀라게 되고, 주님의 이름이 그분의 지혜로 인도함을 받는 그분의 백성들의 질서 있는 삶 속에서 찬양을 받으시게 될 것입니다.

여러분 가운데 다툼이 없도록 하십시오. 누구든지 가장 높은 자리를 탐하지 말고 오히려 마음을 낮추어 피차 겸손하십시오. 그리고 서로에 대하여 오래 참으십시오.

그러므로 모든 성도들이여, 여러분 안에 있는 하나님께 속한 것만을 생각하십시오. 그리고 생명의 아버지께로 나아가십시오. 그러면 아버지께서 여러분에게 식물과 의복과 건강을 주셔서 여러분의 삶이 풍성해지고,

여러분의 영혼이 기름진 꼴로 기뻐할 것이며, 하나님과 더불어 그 풍성한 부요하심을 먹을 수 있게 되고, 위로부터 오는 일용할 양식인 "생명의 떡"(요 6:35)을 누리게 될 것입니다. 〔편지 79호〕

피차 오래 참음과 화평과 사랑 안에 거하고 서로 하나가 되십시오. 그리고 하나님의 능력과 생명과 지혜 속에서 하나님께 복종할 뿐만 아니라 서로에게 복종하십시오. 그러면 그 안에서 여러분이 주 하나님께 대하여 좋은 밭과 같이 되고, 백합이나 꽃들이나 새싹들처럼 살아 계신 하나님께로부터 여러분에게 흘러넘치는 유쾌한 소나기와 생명의 물줄기를 맛보게 될 것입니다. 그것을 통해 전능하신 주 하나님의 임재와 축복을 여러분 모두가 체험하게 될 것입니다. 〔편지 183호〕

3. 성령 안에서 노래함

사랑하는 성도 여러분, 좋은 말과 훌륭한 연설에 현혹되지 말고, 여러분 속에 있는 진리를 굳게 붙잡으십시오. 그래야 여러분이 생명의 떡이시요, 천국에서의 영원한 삶의 보증이 되신 그리스도 위에 굳건히 설 수 있습니다.

성도 여러분, 여러분이 세상의 노래들과 가요들을 버렸다면, 이제 성령 안에서 은혜로 노래하십시오. 여러분의 마음으로 주님께 올려 드리는 곡조를 만드십시오. 세상의 형식적인 기도를 버렸다면, 이제 항상 성령 안에서 기도하십시오.

세상 사람들이 주는 사례와 그들의 친절한 말, 그리고 세상적인 삶을 버렸다면, 여러분은 범사에 예수 그리스도를 통해서 하나님께 감사하십시오.

마음은 하나님을 떠나 있으면서도 입술로만 하나님을 찬양하는 세상의 방식을 버렸다면, 이제 여러분은 밤낮으로 늘 하나님을 찬양하십시오.

세상의 금식을 버렸다면, 여러분은 죄악의 사슬을 풀어 주고 압제당하는 자를 해방시키는 주님의 금식을 지키십시오. 그러면 여러분의 건강이 증진되고 여러분의 빛이 아침 해처럼 빛나게 될 것입니다. 〔편지 167호〕

4. 진리는 감옥 속에서도 살아 역사합니다

진리에 대한 증거나 기타 여러 가지 사정으로 자신의 나라에서 고통당하는 성도 여러분, 여러분의 신실함과 교회를 향한 충성심을 들을 때마다 나는 무척 기쁩니다. 왜냐하면 교회의 머리는 그리스도이시며, 교회는 하나님 안에 있으며, 여러분은 그의 살아 있는 지체들이기 때문입니다. 그러므로 여러분이 어느 곳에 있든지, 감옥 안에 있든지 감옥 밖에 있든지, 두세 사람이 그의 이름으로 모이는 곳이 바로 교회이며, 머리이신 그리스도께서 그 가운데 살아 계십니다. 그분은 선지자로서 그분의 왕국의 비밀들을 교회에게 열어 보이시고, 감독으로서 그의 살아 있는 지체들을 친히 돌보시며 그의 빛과 은혜와 진리와 성령과 복음 안에서 그들을 보호해 주십니다. 또한 목자로서 하늘의 양식으로 우리를 먹이시고, 제사장으로서 친히 자신을 드려 온 세상의 죄를 위한 희생 제물이 되심으로 그의 교회를 깨끗하게 하시고, 씻으시며, 정결하게 하십니다. 그러므로 이 직무를 행하시며 여러분의 마음속에서 여러분을 다스리시는 그리스도를 체험해 보기 바랍니다. 〔편지 368호〕

낮의 자녀요 빛의 자녀인 여러분은 노래하며 기뻐하십시오. 왜냐하면 여러분이 칠흑같이 어두운 밤이라고 느낄지라도 주님께서는 여전히 그 순간에 활동하고 계시기 때문입니다. 진리는 가시밭에서 자라는 장미나 백합처럼, 산꼭대기에 핀 꽃들처럼, 그리고 언덕 위에 뛰노는 어린 양들처럼 역경 속에서도 번성하는 것입니다.

아무리 큰 폭풍우가 몰아치고 홍수가 나고 비가 쏟아진다 해도 절대로 두려워하지 마십시오. 왜냐하면 거룩한 씨, 곧 그리스도께서 모든 것을 다스리시고 통치하시기 때문입니다.

그러므로 신실한 믿음을 갖고 담대히 진리를 수호하십시오. 진리는 감옥 속에서도 살아 역사하기 때문입니다. 양털을 잃을까 봐 걱정하지 마십시오. 왜냐하면 다시 자랄 것이기 때문입니다. 그리고 비록 어린 양이 맹수의 뿔 아래나 야수의 발굽 밑에 놓여 있을지라도 그 어린 양을 따르십시오. 어린 양이신 그리스도께서 결국에는 그 모든 것을 무찌르고 승리하실 것이기 때문입니다. 〔편지 227호〕

5. 모든 사람들에게 진리를 행하십시오

이것은 주 하나님께서 여러분 모두에게 주시는 말씀입니다. 의롭게 행하십시오. 여러분이 상인이든 농부이든 상관없이, 여러분이 어떤 직업을 갖고 있든지 간에 의롭게 살아야 합니다. 범사에 모든 사람에게 의롭고 정당하고 진실하고 거룩하고 공평하십시오. 그것은 모든 사람 안에서 행하시는 하나님의 방법과 하나님의 증거와 하나님의 지혜를 따르는 것이며, 여러분의 삶 속에서 역사하시는 하나님의 생명을 따라 행하는 것입니다.

여러분의 직업이 무엇이든지 간에 진리의 능력과 하나님의 지혜 안에서 살아가십시오. 그것이 이 땅 위의 모든 사람들에게 역사하시는 하나님의 공평하신 원리에 응답하는 것입니다. 그러므로 여러분의 삶이 설교가 되게 하고, 여러분의 빛이 밝게 빛나게 함으로써 여러분의 일이 드러날 뿐만 아니라 하늘에 계신 아버지께서 영광을 받으시게 하십시오. 바로 이것이 하나님께 드리는 찬양입니다. 그렇게 할 때 여러분은 공의를 행하며, 인자를 사랑하며, 겸손히 하나님과 동행하라고 하신 하나님의 요구에 응답하는 것이 됩니다.

그러므로 하나님의 생명과 다함이 없는 천국에 속한 것들에 부요해지도록 노력하십시오. 이 세상의 것들에 부요해지려고 하는 사람은 수많은 함정들과 해로운 정욕에 빠지게 될 것입니다. 따라서 이 세상에 속한 것들을 사고, 팔고, 소유하고, 사용하는 사람은 마치 그것이 없는 것처럼 살아가야 합니다. 그리고 하나님의 능력과 성령 안에서 세상을 다스리는 주인이 되어야 하며, 사랑의 빚 외에는 피차 아무 빚도 지지 않았다는 사실을 깨달아야 합니다. 그리하여 진리 안에서 하나님을 섬기고, 같은 세대의 다른 사람들을 섬겨야 합니다. [편지 200호]

6. 약속한 바를 생각하십시오

사랑하는 성도 여러분, 말을 할 때나 일을 할 때나 사람을 고용할 때에, 다른 사람에게 한 말이나 약속을 어기지 않도록 주의하십시오. 다른 사람에게 어떤 말이나 약속을 할 때에 먼저 그것을 지키거나 실천할 수 있는지 생각하십시오. 그래서 모든 일에 여러분이 '예' 한 것은 '예'가 되게 하고, '아니오' 한 것은 '아니오'가 되게 하십시오. 그것이 바로 그리스도께서 맹세 대신에 정하신 것입니다.

그러므로 여러분 모두는 '예, 예' 하기 전에 먼저 실천할 수 있는 것인가를 깊이 생각해 보아야 합니다. 그것은 경솔하고 성급한 모든 말과 약속으로부터 여러분을 보호해 줄 것입니다. 왜냐하면 생각 없이 경솔하게 한 말들은 빛과 생명, 그리고 영원한 은혜의 언약 속에 들어 있지 않기 때문입니다.

그리스도께서 이렇게 말씀하셨습니다. "너희가 만일 불의한 재물에 충성치 아니하면 누가 참된 것으로 너희에게 맡기겠느냐"(눅 16:11). 그러므로 여러분이 마음속에 참 하늘에 속한 재물을 쌓아 두기를 원한다면, 이 땅의 재물에 대해서도 개인들간에 의로움과 신실함이 있어야만 합니다. 하나님께 대한 내적인 신실함이 외적인 일을 행할 때에 이웃에 대한 신실함으로 나타나게 됩니다. [편지 380호]

7. 빛나는 새벽별

사랑하는 이 세상의 모든 성도 여러분, 비록 여러분에게 주님 한 분 외에는 의지할 자가 없어도, 주님은 여러분의 힘과 생명이 되시니 그분에게 당신의 소원과 기도를 드리기 바랍니다. 그분은 온갖 풍랑과 폭풍우 속에서도 여러분의 머리를 그의 영원하신 능력으로 지키시는 분입니다. 폭풍우가 몰아치는 한밤중에도 거처를 떠나서는 안됩니다. 여러분의 거처는 바로 거룩한 씨, 그리스도 예수, 우리 주님이시기 때문입니다.

그 거룩한 씨 안에서 밝은 새벽별이 나타나 어두운 밤을 몰아내는 것을 여러분은 보게 될 것입니다. 그 새벽별은 밤이 있기도 전에 있었던 영원한 낮으로 여러분을 인도할 것입니다.

그러므로 어둠을 내어 쫓는 이 밝은 새벽별을 여러분의 마음속에서 느껴 보기 바랍니다. 〔편지 280호〕 (이 글은 하워드 메이시(Howard R. Macy)가 현대의 독자들을 위해 축약하여 고쳐 쓴 것임.)

관련 성경 구절 : 이사야 58:1-9

크게 외치라 아끼지 말라 네 목소리를 나팔같이 날려 내 백성에게 그 허물을, 야곱 집에 그 죄를 고하라 그들이 날마다 나를 찾아 나의 길 알기를 즐거워함이 마치 의를 행하여 그 하나님의 규례를 폐하지 아니하는 나라 같아서 의로운 판단을 내게 구하며 하나님과 가까이 하기를 즐겨하며 이르기를 우리가 금식하되 주께서 보지 아니하심은 어찜이오며 우리가 마음을 괴롭게 하되 주께서 알아주지 아니하심은 어찜이니이까 하느니라 보라 너희가 금식하는 날에 오락을 찾아 얻으며 온갖 일을 시키는도다 보라 너희가 금식하면서 다투며 싸우며 악한 주먹으로 치는도다 너희의 오늘 금식하는 것은 너희 목소리로 상달케 하려 하는 것이 아니라 이것이 어찌 나의 기뻐하는 금식이 되겠으며 이것이 어찌 사람이 그 마음을 괴롭게 하는 날이 되겠느냐 그 머리를 갈대같이 숙이고 굵은 베와 재를 펴는 것을 어찌 금식이라 하겠으며 여호와께 열납될 날이라 하겠느냐 나의 기뻐하는 금식은 흉악의 결박을 풀어 주며 멍에의 줄을 끌러 주며 압제당하는 자를 자유케 하며 모든 멍에를 꺾는 것이 아니겠느냐 또 주린 자에게 네 식물을 나눠 주며 유리하는 빈민을 네 집에 들이며 벗은 자를 보면 입히며 또 네 골육을 피하여 스스로 숨지 아니하는 것이 아니겠느냐 그리하면 네 빛이 아침같이 비췰 것이며 네 치료가 급속할 것이며 네 의가 네 앞에 행하고 여호와의 영광이 네 뒤에 호위하리니 네가 부를 때에는 나 여호와가 응답하겠고 네가 부르짖을 때에는 말하기를 내가 여기 있다 하리라.

리처드 포스터의 묵상

　조지 폭스의 이야기들은 아무리 들어도 싫증이 나지 않는다. 그는 항상 "우리들 가운데 살아 계시고 임재해 계신 그리스도"께 대하여 깨어 있었기 때문이다. 아무리 절망스런 상황 속에서도 그는 "주님의 능력이 모든 것을 다스리신다"고 선포하곤 했다.

　한번은 폭스가 야외에서 설교를 하고 있을 때, 술 취한 병사 하나가 그의 목에 칼을 들이대고 설교를 멈추라고 요구했다. 그때 폭스는 그 사람을 똑바로 쳐다보며 이렇게 외쳤다. "찌를 테면 찔러 봐라. 네 칼은 내게 지푸라기에 불과하다." 그러자 하나님의 권능이 극적으로 그 병사에게 임했다. 그는 뒷걸음질을 치더니 땅에 엎드러졌고, 결국 회심하였다.

　폭스의 유산은 우리에게 용기와 신실함을 준다. 그리고 자기가 살던 시대에 자신이 했던 것처럼 "이 땅 위에서 진리에 대해 담대하라"고 우리에게 권고하고 있다.

로욜라의 이그나티우스

(Ignatius of Loyola, 1491~1556)

이그나티우스는 스페인 바스크(Basque) 지방의 로욜라라는 자기 가족 소유의 성(城)에서 태어났다. 그의 가정은 오랜 세월 동안 귀족 계층에 속해 있었다. 그래서 이그나티우스는 그의 생애 초기에 세련된 교육을 받은 흔적을 여실히 보여 주었다. 그는 왕궁에서 열리는 도박, 각종 운동 경기, 로맨스 등 모든 환락에는 빠짐없이 참석하였으며, 세상적으로 매력 있는 일이라면 마다하지 않고 참여하였다.

1517년 그는 군에 입대하였으며, 1521년 5월에 프랑스와의 소규모 국경 분쟁에 참전하여 다리에 부상을 입었다. 그는 건강을 회복하기 위하여 로욜라로 돌아왔으나 자신이 책을 읽는 것 외에는 아무것도 할 수 없다는 사실을 깨닫게 되었다. 그는 우연히 *The Life of Christ*(그리스도의 생애)라는 책을 읽게 되었는데, 그 책을 읽고 나서 회심하게 되었다. 그는 또한 *The Imitation of Christ*(그리스도를 본받아)와 성 프랜시스의 이야기들도 읽게 되었다. 그는 "나도 프랜시스처럼 살 수 없을까?"라는 물음을 스스로에게 던지고 결론을 내렸다. 그래서 예루살렘으로 순례를 하기로 결심하고 세상의 모든 부를 초개와 같이 버리고 굵은 베옷을 입었다.

그러나 그가 탄 배가 만레사(Manresa)에 억류되는 바람에 하는 수 없이 거기서 일 년을 머물 수밖에 없었다. 그 기간 동안 그는 여러 가지 깊고 신비한 체험들을 하게 되었으며, 그것이 그의 믿음을 다른 사람들과 나누게 된 계기가 되었다. 그는 또한 만레사에 머무는 동안 *The Spiritual Exercises*(영신 수련)라는 책의 많은 부분을 저술하였다. 그는 그 글들을 가지고서 예루살렘으로의 여행을 계속했다. 영적인 수련 방법에 대한 간단하면서도 심오한 지침들로 인해 그는 후에 유명해졌다. 그의 이 "훈련들"은 예수회의 수련을 위한 표준이 되었고 오늘날까지도 쓰이고 있다.

34주 「영신 수련(*The Spiritual Exercises*)」에서 발췌

영혼에서 일어나는 운동

1. 서로 다른 운동

다음은 우리의 영혼 속에서 일어나는 서로 다른 운동들을 지각하고 이해하는 몇 가지 규칙들이다. 즉 좋은 것들은 받아들여야만 하고, 나쁜 것들은 버려야만 한다는 것이다.

우리의 대적 마귀는 대개 죽어 마땅한 죄를 지으며 전전하는 사람들에게 외형적인 쾌락을 제시하는 일에 익숙해 있다. 따라서 마귀는 사람들을 좀더 수월하게 사로잡아 더 많은 죄와 악을 범하도록 하기 위해서 육감적인 즐거움과 쾌락을 상상하도록 종용한다.

그러나 선한 영은 우리에게서 정반대의 역사를 한다. 선한 영은 이성의 올바른 판단을 통해서 양심의 가책을 갖도록 일깨우는 역할을 한다. 이것은 자신을 죄로부터 부단히 정화하려고 애쓰는 사람들과 우리 주 하나님을 섬김에 있어서 날로 나아지는 사람들 안에서 일어난다. 이러한 사람들에게 악령이 근심과 슬픔을 불러일으키고 거짓된 추론에 근거한 장애물들을 설치함으로써 그들로 하여금 영혼이 더 이상 자라지 못하게 하는 것은 흔히 있는 일이다.

반면에 선한 영의 역사는 우리에게 용기와 힘을, 위로와 눈물을, 영감과 화평을 주어 일을 수월하게 해줄 뿐만 아니라, 모든 장애물들을 제거해 줌으로써 우리의 영혼이 선한 일에 더욱 진보할 수 있게 해주는 것이 그 특징이다.

2. 사랑의 감동으로 흘리는 눈물

창조주 하나님에 대한 사랑으로 불타오르게 하여 이 세상에 있는 그 어떤 피조물도 그 자체를 위해서가 아니라, 오직 만물을 지으신 창조주 안에서만 사랑할 수 있도록 역사하는 내적인 운동이 있다. 그 운동으로 인해 우리의 영혼이 자극을 받을 때 그것을 가리켜 위로(consolation)라고 할 수 있다. 또 우리가 주님의 사랑에 감동되어 눈물을 흘릴 때, 그것이 죄에 대한 슬픔 때문이든지, 우리 주 그리스도의 수난 때문이든지, 아니면 하나님께 대한 예배와 찬양에 직접 관련된 어떤 다른 이유 때문이든지 간에 우리는 그것을 가리켜 위로라고 할 수 있다. 끝으로 믿음과 소망과 사랑이 성장하는 것도 위로요, 하늘에 있는 것들에 관심을 갖게 하고 우리 주 그리스도 안에 있는 평안과 고요함으로 영혼을 감동시키며 그 영혼의 구원에 관심을 갖게 하는 내적인 기쁨이 성장하는 것도 위로라고 할 수 있다.

이 규칙과 반대되는 모든 것을 가리켜 황량함(desolation)이라고 할 수 있다. 그것은 영혼의 어둠이요, 마음의 소란이며, 세상적이고 비천한 것에 이끌리는 마음이요, 많은 혼란에서 야기되는 불안함이며, 믿음과 소망과 사랑의 상실을 가져오는 유혹들이다. 우리의 영혼이 완전히 무감각해지고, 미지근해지고, 슬퍼하게 될 때, 즉 창조주 하나님에게서 분리될 때에도 그것을 가리켜서 황량함이라고 할 수 있다. 위로가 황량함의 반대이 듯, 위로에서 흘러나오는 생각들도 황량함에서 흘러나오는 생각들과 정반대이다.

3. 변함없이 굳게 서라

황량한 시기에도 우리는 변하지 말아야 한다. 오히려 황량함이 찾아오기 하루 전날 우리를 인도했던 굳은 결의와 결심 위에, 또는 위로의 시기에 가졌던 각오 위에 변함없이 굳게 서야 한다. 선한 영이 위로의 시기에 우리를 안내하고 위로하듯이, 황량함의 시기에 악령이 인도하고 권유하기 때문이다. 악령의 권유를 따르는 사람은 결코 옳은 결정으로 인도하는 바른길을 찾을 수 없다.

비록 황량한 시기에 우리가 일찍이 결심한 것을 바꾸어서는 안되겠지만, 그 황량함에 대항하여 우리의 행동을 더욱 강화하는 것이 오히려 크게 유익할 수 있다. 기도와 묵상과 자기 성찰에 더욱 힘을 기울이고, 적절한 방법으로 고행을 늘리는 것이 그 방법이 될 수 있다.

황량함에 처한 사람은 자기에게 닥친 괴로움을 오래 참음으로 인내하려고 애를 써야만 한다. 또한 그는 주님의 위로하심이 곧 임할 것으로 믿고, 그 황량함을 이겨내기 위해 부지런히 힘써야 한다.

4. 우리의 영혼이 황량해지는 이유

우리의 영혼이 황량해지는 것은 세 가지 이유에서이다. 첫째는 우리가 영적 훈련에 미온적이고, 게으르며, 태만하기 때문이다. 이것은 우리 자신의 잘못 때문에 영적인 위로가 우리에게서 거두어지는 경우이다.

둘째는 하나님께서 우리의 가치를 시험해 보시기 위함이며, 아울러 우리가 후히 주시는 하나님의 위로와 특별한 은혜의 보상 없이도 하나님을 예배하고 찬양하는 일에 어느 정도 진보를 이루었는지 시험해 보시기 위함이다.

셋째는 하나님께서 우리에게 진정한 지식과 이해를 주시기 위함이다. 다시 말해서, 위대한 헌신이나 뜨거운 사랑, 눈물이나 그 밖의 다른 영적인 위로를 얻거나 보유하는 것이 우리의 능력에 있는 것이 아니라 우리 주 하나님의 은사요, 은혜임을 우리가 진정으로 깨닫도록 하시기 위함이다. 또한 하나님께서는 다른 사람에게 속한 것을 우리의 것으로 주장하는 것을 원하지 아니하시고, 교만과 허영으로 우리의 지성이 높아지는 것을 허락하지 아니하시며, 헌신이나 다른 영적인 위로에 속한 것들을 우리의 것으로 돌리는 것을 금하신다.

5. 풍족한 은혜

위로 가운데 있는 사람은 장차 황량한 시기가 올 때 어떻게 처신할 것인가를 생각하고 그때를 대비하여 새로운 힘을 비축해 두어야 한다.

위로 가운데 있는 사람은 또한 될 수 있는 대로 자신을 낮추고 겸비한 자세를 갖도록 주의해야 한다. 그는 이전에 하나님의 은혜와 위로하심이 없이 황량한 시기에 처했을 때 자기가 얼마나 하찮은 사람으로 느껴졌었는가를 기억해야만 한다.

반면에 영적으로 황량한 시기에 있는 사람은, 창조주 하나님이 주시는 풍족한 은혜와 능력을 사용하여 자신의 모든 대적들과 넉넉히 싸울 수 있다는 사실을 기억해야만 한다.

6. 결의에 찬 모습을 보여 줌

우리의 대적은 힘 앞에서는 약하고, 우리의 의지가 박약해지면 강해진다. 우리가 결의에 찬 모습을 보여 주면 용기를 잃고 도망친다. 마찬가지로 우리가 용기를 잃고 후퇴하기 시작하면 대적의 분노와 격분과 앙심이 무한정으로 커지게 된다.

영적인 생활을 영위하는 사람이 대적의 유혹에 용기 있게 맞서서 대적이 제시하는 것과 정반대로 행하면 그 즉시 대적은 용기를 잃고 도망쳐 버린다. 반대로 우리가 거센 유혹의 와중에서 용기를 잃고 도주하기 시작하면 이 땅 위의 어떤 야수도 우리의 대적만큼 사나웁지는 못할 것이다. 우리의 대적은 점증하는 악의를 가지고 악한 일을 꾀하기 때문이다.

7. 부정한 연인

대적 마귀는 또한 숨어서 나타내기를 꺼려하는 부정한 연인처럼 행세한다. 이 사기꾼은 악한 의도를 가지고 선한 아버지의 딸이나 선한 남편의 아내를 유혹할 때, 자기의 말이나 제안이 비밀에 붙여지기를 원한다. 그 악한 남자는 선한 딸이 자기 아버지에게, 또 선한 아내가 자기 남편에게 자기의 속이는 말과 비열한 의도를 누설하면 몹시 불쾌해 한다. 그 이유는 자기 계획이 성공을 거두지 못할 것이라는 사실을 분명히 알기 때문이다.

마찬가지로, 대적 마귀는 간계와 속임수로 의로운 영혼을 유혹할 때, 자기의 간계와 속임수가 비밀에 붙여지기를 원한다. 마귀는 자기의 속임수와 악한 계획이 그것을 간파하고 있는 고해 신부나 다른 영적인 사람에게 노출되는 것을 대단히 싫어한다. 왜냐하면 일단 그의 속임수가 명백히 밝혀지면 그의 악한 계획이 수포로 돌아갈 것임을 누구보다 자신이 더 잘 알고 있기 때문이다.

또한 대적 마귀의 행동은 자기가 원하는 곳을 정복하여 약탈하기를 소원하는 군사 지도자와 같다. 마치 군대의 사령관이 진을 치고 공격할 요새의 힘과 방어력을 연구한 후에 가장 약한 부분을 공격하는 것처럼, 우리의 대적도 우리의 신학적, 기본적, 도덕적 덕성들을 다각도로 연구한다. 그래서 영원한 구원과 관련하여 우리에게 가장 취약하고 결핍된 부분이 발견되면 그 즉시 공격하여 강습으로 우리를 무너뜨린다.

8. 광명의 천사

우리의 영혼에 진정한 행복과 영적인 기쁨을 가져오고, 대적이 주는 슬픔과 혼란에서 우리를 자유케 하는 것은 하나님과 그의 천사들에게 속해 있다. 외형상의 심각한 이유들과 교활한 수단들, 그리고 끊임없는 속임수를 제시함으로써 그 기쁨과 영적인 위로에 대항하여 싸우는 것이 대적 마귀의 본성이다.

또한 광명의 천사로 가장하여 처음에는 우리의 영혼과 협력하는 척하다가 결국에는 자기를 위해 일하는 것이 악한 자의 특징이다. 처음에는 선하고 거룩한 생각을 제시하다가 나중에는 조금씩 조금씩 우리의 영혼을 자기의 숨겨 둔 속임수로 끌어들여 자기의 목적을 달성하려 하는 것이 대적 마귀의 특징이다.

시험에 빠진 사람은 자기에게 제시되었던 선한 생각들이 어떻게 발전되었는지를 나중에 검토해 보는 것이 좋다. 그 생각들의 처음은 어떠했는지, 대적 마귀가 어떻게 자기가 누리던 행복과 영적인 기쁨에서 조금씩 조금씩 타락하여 마침내 그릇된 생각을 갖게 했는지 상고해 보아야 한다. 이렇게 터득하고 주목하게 된 지식과 경험을 가지고 앞으로는 대적의 상습적인 속임수에 대항하여 스스로를 경계하는 것이 바람직하다.

9. 열린 문

영적인 성장을 하고 있는 사람들에게 선한 천사의 행동은 마치 물방울이 스펀지에 떨어지는 것처럼 부드럽고, 가볍고, 달콤하다. 반면에 악령의 행동은 물방울이 바위 위에 떨어지는 것처럼 날카롭고, 시끄럽고, 혼란스럽다. 영적인 상태가 날로 더 악해지는 사람들에게는 이 두 가지 영들의 행동이 반대로 나타난다.

이러한 행동의 차이는 영혼의 성향 때문에 일어나는데, 그 성향은 위에 언급한 영들과 유사한가 아니면 그 반대인가에 달려 있다. 영혼의 성향이 영들의 성향과 반대일 경우, 영들이 시끄럽고 소란한 잡음을 내며 영혼에 들어가기 때문에 쉽게 발견된다. 반면에 영혼의 성향과 영들의 성향이 비슷하면, 사람이 열린 문을 통해 자기 집에 들어가는 것처럼 소리 없이 들어간다.

관련 성경 구절 : 베드로전서 5:6-11

그러므로 하나님의 능하신 손 아래서 겸손하라 때가 되면 너희를 높이시리라 너희 염려를 다 주께 맡겨 버리라 이는 저가 너희를 권고하심이니라 근신하라 깨어라 너희 대적 마귀가 우는 사자같이 두루 다니며 삼킬 자를 찾나니 너희는 믿음을 굳게 하여 저를 대적하라 이는 세상에 있는 너희 형제들도 동일한 고난을 당하는 줄을 앎이니라 모든 은혜의 하나님 곧 그리스도 안에서 너희를 부르사 자기의 영원한 영광에 들어가게 하신 이가 잠깐 고난을 받은 너희를 친히 온전케 하시며 굳게 하시며 강하게 하시며 터를 견고케 하시리라 권력이 세세 무궁토록 그에게 있을지어다 아멘.

리처드 포스터의 묵상

이그나티우스의 영적 수련 방법은 4주에 걸쳐 할 수 있도록 구성되어 있다. 첫째 주는 하나님의 사랑의 빛 안에서 자신의 죄를 깊이 묵상하는 것이고, 둘째 주는 그리스도의 생애에 초점을 맞추는 것이며, 셋째 주는 그리스도의 죽음에 초점을 맞추고, 마지막으로 넷째 주는 그리스도의 부활에 초점을 맞추는 것이다.

대다수의 독자들이 *The Spiritual Exercises*(영적인 훈련)란 책의 다양하고 자세한 내용에 대해 마음이 편치 않을 것이다. 그러나 나는 이 4주로 된 리듬을 당신에게 소개하고 싶다.

우리는 우리의 끊임없는 불순종과 하나님의 무한한 자비하심을 더욱 깊이 묵상할 필요가 있다. 우리는 예수님의 생애에 대해서 더욱 깊이 묵상해야 한다. 그 생애가 우리에게 '예수님의 발자취'를 좇아갈 수 있는 길을 제시하고 있기 때문이다. 우리는 예수님의 죽음에 대해서 보다 충분하게 묵상해야 한다. 그것이 우리를 자유하게 하기 때문이다. 우리는 예수님의 부활에 대해서도 더욱 심오한 경험을 해야 한다. 그것이 범사에 그리스도께 순종할 수 있는 힘을 주기 때문이다.

장 피에르 드 코사드

(Jean-Pierre de Caussade, 1675~1751)

장 피에르 드 코사드의 생애에 대해서는 단지 몇몇 사실들을 제외하고는 알려진 것이 거의 없다. 그는 17세기 후반과 18세기 전반에 프랑스에서 살았다. 그는 학자와 설교자로서 명망이 결코 없지 않았으나 예수회 요람에는 그에 대해 단 한 번밖에는 언급해 놓지 않았고, 생전에 그가 출판한 유일한 저서인 *Spiritual Instructions on the Various States of Prayer*(여러 가지 기도의 정황에 대한 영적인 교훈)라는 책만 하더라도 익명으로 출판되어서 얼마 동안은 그와 동시대의 다른 인기 있는 사람의 것으로 알려져 있었다.

그의 이름을 대변해 줄 수 있는 두 개의 표현이 있다. 하나는 "하나님의 섭리에 대한 자기 부인"으로 그 말 속에는 하나님의 뜻과 방법에 우리 자신을 역동적으로 굴복시킨다는 뜻이 담겨 있다. 또 다른 하나는 "바로 지금 이 순간의 성례"로서 이 말은 우리를 향한 하나님의 뜻이 무엇이든지 간에 그것을 오늘 이 시간에 수행해야 할 뿐만 아니라 바로 지금 이 순간에 수행해야 한다는 뜻이다.

우리가 하나님의 마음속에 깊이 들어가고자 한다면, 인생의 시련과 역경 속에서 끊임없이 하나님의 사랑하시는 뜻을 찾아 그 뜻에 기쁘게 자신을 복종시켰던 드 코사드에게서 위로와 소망을 얻게 될 것이다.

여기 실린 글은 *The Sacrament of the Present Moment*(바로 지금 이 순간의 성례)에서 발췌한 것이다.

35주 「바로 지금 이 순간의 성례(*The Sacrament of the Present Moment*)」에서 발췌

바로 지금 이 순간에

1. 병 든 의사들과 건강한 환자들

하나님의 명령, 하나님의 기쁨, 하나님의 의지, 하나님의 역사와 은혜, 이 모든 것은 하나이며 동일하다. 이 땅에서의 이러한 신성한 능력의 목적은 온전함이다. 그것은 각자의 영혼 속에서 아무도 모르게 형성되고 자라나고 성취된다. 신학은 그것이 각자의 영혼 속에서 일으키는 기적들을 해설하는 이론들과 논증들로 가득 차 있다. 우리는 그 모든 사색들을 이해할 수 있다. 그리고 그것들을 통해서 설득력 있게 토의하고 기록하며 사람들을 가르치고 교훈할 수 있게 된다. 그러나 신성한 목적을 마음속에 품고 있는 사람들에게 이 사실만을 적용한다면 우리는 아주 건강한 환자들을 치료하고자 하는 병 든 의사들과 같다고 할 수 있다.

순종하는 마음으로 약을 복용하면 그 약이 어떻게 작용하는지, 또 어떤 효과가 있는지 전혀 몰라도 그 환자의 질병을 치료할 수 있듯이, 하나님

의 명령과 하나님의 뜻은 믿음의 사람들이 겸손하게 준행할 때 그들이 알지도 못하는 사이에 그들을 향한 하나님의 목적을 성취한다. 우리를 뜨겁게 하는 것은 불에 대한 과학적인 지식이나 불의 효과가 아니라 불 그 자체이듯이, 우리를 거룩하게 하는 것은 하나님의 명령과 하나님의 뜻 자체이지 그것이 어떤 기원을 갖고 있는지, 또 어떤 목적을 갖고 있는지에 대한 사색의 결과가 아니다.

갈증을 해소시키기 위해서는 물을 마시면 된다. 그러나 갈증에 관한 책을 읽으면 갈증이 해소되기는커녕 갈증이 더 심해질 뿐이다. 그러므로 우리가 거룩해지기를 갈망한다면, 사색만 해가지고는 결코 그것을 붙잡을 수 없다. 우리는 하나님께서 우리에게 하라고 명령하시는 것이나 겪지 않으면 안된다고 요구하시는 모든 것들을 겸손한 마음으로 받아들여야 한다. 하나님께서 순간순간마다 우리에게 명령하시는 것은 우리에게 있어서 가장 거룩하고 가장 선하며 가장 신성한 것이다.

2. 바로 지금 이 순간의 하나님의 명령

우리가 알아야 하는 것은 바로 지금 이 순간 하나님께서 어떤 뜻을 갖고 계신가 하는 것이다. 은혜는 우리가 글을 읽거나 그 밖의 다른 일을 할 때에 우리의 마음 중심에서 역사하시는 하나님의 뜻이자 하나님의 명령이다. 하나님의 명령은 우리를 새롭게 만드는 힘이 있다. 그러나 그것을 무시하는 이론이나 학문은 죽은 문자에 불과하다. 그것은 지성을 채워 줄 수는 있을지 모르지만 감성은 텅 비게 할 뿐이다. 소박하고 아는 것이 없는 아이라 할지라도, 그 아이의 고난을 통해서나 역경 중에 보여 주는 그 아이의 숭고한 행동을 통해서 그 아이의 영혼 속에 흘러넘치는 하나님의 뜻은, 그 아이가 머리 속에서 생각하지도 못하는 사이에 그 아이의 마음속에서 이미 하나님의 신비로운 목적을 성취하고 있는 것이다. 아무리 학문적인 사람이라고 할지라도 하나님의 영감을 받아 연구하지 아니하고 단지 호기심으로 영적인 책을 연구한다면, 그는 죽어 있는 문자들만을 읽고 있는 것이며 점점 더 무미 건조하고 무딘 사람이 되고 마는 것이다.

하나님의 명령과 하나님의 뜻은 그것을 추구하거나 순종하는 모든 영혼의 생명과 같은 것이다. 어떤 식으로든지 하나님의 뜻은 그 마음을 유익하게 하며 그 영혼의 양식이 된다. 이러한 복된 결과는 어떤 특정한 상황에 의해서 생기는 것이 아니라 바로 지금 이 순간 하나님께서 명령하시는 것에 의해 생긴다. 방금 전에 최선의 것이었던 것이 지금은 더 이상 최선의 것이 아니다. 왜냐하면 방금 전의 하나님의 뜻은 바로 지금 이 순간의 하나님의 뜻과는 다르기 때문이며, 하나님의 뜻은 그때그때 실천해야 할 의무를 새롭게 하기 때문이다. 그러므로 지금 해야 할 일이 무엇이든지 간에 그것은 바로 우리의 영혼을 가장 거룩하게 만드는 하나님의 뜻이다.

3. 열매가 익다

만일 지금 이 순간 책을 읽는 것이 하나님의 뜻이라면 그 독서는 그 나름의 신비로운 목적을 달성한다. 그러나 묵상을 하기 위해 독서를 그만두는 것이 하나님의 뜻이라면 먼저 마음의 변화가 생길 것이고, 다음에는 독서가 해롭거나 무익한 것이 될 것이다. 만일 하나님의 뜻이 죄를 자백하거나 그 밖에 오랜 시간을 요구하는 일을 하기 위하여 묵상하는 것을 허락지 않는 것이면 우리 마음속에 하나님께서 원하시는 일을 하도록 하기 위해 예수 그리스도가 확고히 자리잡으시게 될 것이다.

우리 마음속이 예수 그리스도로 신비하게 가득 차게 되면 그것이 바로 하나님의 목적이 성취되는 것이요, 하나님의 은혜와 하나님의 뜻이 열매 맺는 것이다. 이 열매는 앞서 지적한 바와 같이 끊임없이 하나님에 의해 보충되는 연속적인 우리의 의무를 그때마다 잘 감당할 때 형성되고 성장하며 열매 맺는다. 따라서 그 의무를 잘 수행하는 것이 언제나 우리가 할 수 있는 최선의 일이다. 우리는 하나님의 뜻에 결코 저항해서는 안되며 완전한 신뢰 속에서 무조건 자아를 포기해야만 한다.

　이러한 하나님의 뜻은 그것을 주저함 없이 전적으로 신뢰하는 사람들, 그것만을 사랑하고 찾는 사람들, 매순간마다 하나님께서 명하시는 것이 최선의 것이라는 흔들리지 않는 믿음과 확신을 갖고서 신앙 생활을 하는 사람들, 하나님의 명령이 가져다 줄 수 있는 물질적인 이익들을 다른 것들과 비교하기 위하여 쓸데없이 정도를 이탈하여 멀리 떨어져 나가지 않는 사람들에게 무한히 지혜로우며 능력이 있으며 사랑을 베푸는 것이다.

4. 우리의 존재 중심에 계시는 예수 그리스도

　하나님의 뜻은 만물 속에 현존하며, 실재하며, 선으로서 존재한다. 이것은 사람들의 영혼에도 적용된다. 하나님의 인도함을 받지 않는 모든 것은 헛된 것이다. 그 모든 것이 공허, 허영, 빈말, 천박함, 죽음 등일 뿐이다. 하나님의 뜻은 영과 육에 어떤 일이 일어난다 할지라도 결국은 영과 육의 구원이며 온전함이며 생명이다. 때로는 하나님의 뜻이 마음에 고통이 되거나 고민거리가 되고 육신에 질병과 죽음을 가져온다 할지라도 하나님의 뜻은 언제나 둘도 없이 소중한 것이다. 하나님의 뜻이 빠진 떡은 독약과 같고, 하나님의 뜻이 담긴 떡은 진정한 생계의 수단이 된다. 하나님의 뜻에 벗어난 독서는 우리를 눈멀게 하고 혼란시킬 뿐이지만, 하나님의 뜻대로 하는 독서는 우리의 어두운 눈을 밝힌다.

　하나님의 뜻은 만물 속에 들어 있는 온전함과 선과 진리이다. 우주적인 존재이신 하나님처럼 하나님의 뜻도 만물 속에 명백히 나타나 있다. 우리의 마음과 육신이 얻게 될 유익을 따져볼 필요가 없다. 그것은 전혀 무의미하다. 하나님의 뜻은 우리의 존재 중심에 예수 그리스도의 형상을 이룰 수 있는 능력을 공급해 주는 원천이다. 하나님의 뜻에는 한계가 없다.

5. 바로 지금 이 순간의 하나님의 목적

하나님의 행위는 피조물들을 쓸모가 있는지 없는지에 따라 구별하지 않는다. 하나님의 행위가 없으면 아무리 훌륭한 것도 하찮은 것이 되며, 하나님의 행위가 있으면 아무리 하찮은 것도 중요한 것이 된다. 사색, 묵상, 기도, 내적인 침묵, 직관, 경건의 시간 또는 여러 가지 활동이 우리가 스스로 원해서 하는 것이든 그렇지 않은 것이든 간에 바로 지금 이 순간 하나님께서 우리에게 원하시는 것은 최상의 것이다. 우리 영혼은 모든 것을 바라볼 때 아주 무관심하다는 듯이 보아야 하며 만물 속에 들어 있는 하나님만을 보아야 한다. 그리고 하나님께로부터 말미암지 않은 어떤 능력이나 선행에 의해서가 아니라 오직 하나님 안에서만 소망을 갖고 양육받으며 살아가기 위해 하나님께서 원하시는 뜻을 따라 모든 것을 취하거나 버려야 한다.

매순간, 그리고 모든 것과 관련 지어서 우리는 바울 사도처럼 "주여 무엇을 하리이까?"라고 겸손히 물어야 한다. 우리로 하여금 주님께서 원하시는 것만 하게 해달라고 기도해야 한다. 그리고 성령이 원하는 것과 우리 육신이 원하는 것이 다를 때에는 "주님, 제가 주님의 뜻만을 따르겠나이다"라고 자신을 포기해야 한다. "간구와 중보, 마음속으로 하는 기도와 소리를 내어 하는 기도, 행동이나 침묵, 믿음이나 지혜, 특별한 성례나 일반적인 은혜, 이 모든 것이 아무것도 아닙니다. 그 이유는 주님의 목적은 모든 것 속에 들어 있는 진리요 선뿐이기 때문입니다"라고 고백해야 한다. 아무리 숭고하고 고상하다 할지라도 그것은 나의 헌신의 목적이 될 수 없고 오직 하나님의 목적만이 나의 헌신의 목적이 될 수 있다. 왜냐하면 은혜의 목적은 지성의 온전함이 아니라 마음의 온전함이기 때문이다.

6. 신비한 연합

우리의 영혼을 거룩하게 하는 하나님의 현존은 우리가 하나님의 뜻에 복종할 때 우리의 마음속에 거하시는 거룩하신 삼위일체 하나님이시다. 묵상을 통해 우리에게 오시는 하나님의 현존은 우리에게 신비한 연합을 가져다 준다. 하나님의 명령에 속한 다른 모든 것과 하나님의 뜻이 명하고 있는 다른 모든 것들처럼, 하나님의 현존은 우리를 하나님과 연합시켜 주는 가장 완전한 수단으로서 늘 우선되어야 한다.

우리가 하나님을 누리고 하나님을 소유하는 것은 하나님의 뜻과 연합됨으로써 가능하다. 다른 수단에 의해 하나님을 소유하는 것은 기만이다. 하나님과 연합하는 것은 어떤 특정한 태도나 양식에서 하는 것이 아니라 수많은 다른 방법 가운데서 오직 한 가지 방법이 있는 것이다. 그리고 하나님께서 우리에게 선택해 주시는 그것이 바로 최선의 것이다. 그러나 그것들 모두는 하나님의 명령이거나 하나님의 목적에 의한 것이기 때문에 다 사랑해야 하고 또 다 존중해야 한다. 왜냐하면 그것들은 특별히 선택되어서 개개인의 영혼에 적용되어 하나님과의 연합을 가져오기 때문이다. 따라서 우리의 영혼은 하나님께서 선택해 주신 것을 준수해야 하며, 이 복된 하나님의 뜻을 더 선호해야 한다. 그리고 그것을 다른 것과 마찬가지로 사랑하고 존중해야 한다.

7. 하나님의 뜻을 제한해서는 안된다

예를 들면, 나를 향한 하나님의 목적이 내가 소리 내어 기도하고, 사랑하는 감정을 갖고, 또 신비로운 일에 대한 통찰력을 갖는 것이라고 할지라도, 다른 사람들의 신앙 생활의 모습 중 조용한 묵상과 하나님 앞에 자신을 숨기지 않는 솔직함 등도 사랑해야 한다. 그러나 나로서는 일단 지금 내게 주어진 의무를 잘 감당함으로써 나 자신을 하나님과 연합시켜야 한다. 마치

정적주의자들(quietists, 17세기 후반 스페인의 신비주의적인 그리스도인들)처럼 우리를 온전하게 하는 것이 하나님의 명령이며, 하나님께서 정해주시는 수단이 우리 영혼에 최선의 것이라고 해서 다른 모든 수단들을 무시하고, 어떤 특정한 행동은 부인하면서 모든 신앙심을 위축시켜서는 안된다. 우리는 하나님의 뜻을 제한하거나 한계를 지어서는 안된다.

우리는 하나님께서 우리와 대화하시기 위해 어떤 방법을 택하시든지 그것을 받아들여야 한다. 그리고 하나님께서 그분 자신을 다른 사람들과 연합시키시기 위해서 어떤 방법을 택하시든지 그것이 하나님을 기쁘게 하는 일이라면 존중해야 한다. 따라서 평범한 모든 사람들에게는 각 사람에 따라 차이가 있기는 하겠지만 한 가지 일반적인 방법이 있다. 그리고 그 한 가지 방법은 다양한 신비 체험을 이룬다. 평범한 모든 사람들은 다음과 같은 말로 서로를 칭찬하고 존중해야 한다. "각자 자기의 길을 따라 같은 목표에 도달합시다. 그리고 뜻을 같이 하고 우리 모두에게 다양하게 역사하시는 하나님의 명령을 좇아 연합합시다." 신앙의 위인들의 전기나 영적인 서적들을 잘못 생각하거나 오해함이 없이 읽어야 한다는 것은 바로 이런 관점에서이다.

8. 하나님께서 언제 우리의 전부가 되실까?

위와 같은 이유 때문에 하나님의 명령 없이 책을 읽거나 영적인 강연을 개최하는 것은 절대로 안된다. 만일 독서나 영적인 강연이 그들이 지금 당장 해야 할 의무라고 한다면, 하나님의 명령은 그들을 잘못 인도하지 아니할 것이므로 사람들은 자신들이 배운 것과 모순되는 사실 속에서도 다시 한번 확신을 얻게 될 것이다. 그러나 하나님의 뜻이 그러한 독서나 영적인 강연이 지금 당장 해야 할 의무가 아니라고 한다면, 그러한 것들은 언제나 순탄하게 이루어지지 않을 것이며 결국은 혼란과 불안을 초래하게 될 것이다.

하나님 없이는 어디서도 명령이 있을 수 없다. 그렇다면 우리가 지금 현재의 시련과 환난을 견딜 만한 우리 자신의 능력이나 우리 자신의 자유에 얼마나 오랫동안 계속해서 관여할 수 있을까? 하나님께서 우리에게 둘도 없이 소중하게 될 때는 언제일까? 모든 것을 그들 나름의 진정한 빛에 비추어 보고 그것에 얽매이지 않고 그 위에 서서 하나님과 순수하게 살아가도록 하자.

관련 성경 구절 : 창세기 22:1-12

그 일 후에 하나님이 아브라함을 시험하시려고 그를 부르시되 아브라함아 하시니 그가 가로되 내가 여기 있나이다 여호와께서 가라사대 네 아들 네 사랑하는 독자 이삭을 데리고 모리아 땅으로 가서 내가 네게 지시하는 한 산 거기서 그를 번제로 드리라 아브라함이 아침에 일찍이 일어나 나귀에 안장을 지우고 두 사환과 그 아들 이삭을 데리고 번제에 쓸 나무를 쪼개어 가지고 떠나 하나님의 자기에게 지시하시는 곳으로 가더니 제삼일에 아브라함이 눈을 들어 그 곳을 멀리 바라본지라 이에 아브라함이 사환에게 이르되 너희는 나귀와 함께 여기서 기다리라 내가 아이와 함께 저기 가서 경배하고 너희에게로 돌아오리라 하고 아브라함이 이에 번제 나무를 취하여 그 아들 이삭에게 지우고 자기는 불과 칼을 손에 들고 두 사람이 동행하더니 이삭이 그 아비 아브라함에게 말하여 가로되 내 아버지여 하니 그가 가로되 내 아들아 내가 여기 있노라 이삭이 가로되 불과 나무는 있거니와 번제할 어린 양은 어디 있나이까 아브라함이 가로되 아들아 번제할 어린 양은 하나님이 자기를 위하여 위하여 친히 준비하시리라 하고 두 사람이 함께 나아가서 하나님이 그에게 지시하신 곳에 이른지라 이에 아브라함이 그 곳에 단을 쌓고 나무를 벌여 놓고 그 아들 이삭을 결박하여 단 나무 위에 놓고 손을 내밀어 칼을 잡고 그 아들을 잡으려 하더니 여호와의 사자가 하늘에서부터 그를 불러 가라사대 아브라함아 아브라함아 하시는지라 아브라함이 가로되 내가 여기 있나이다 하매 사자가 가라사대 그 아이에게 네 손을 대지 말라 아무 일도 그에게 하지 말라 네가 네 아들 네 독자라도 내게 아끼지 아니하였으니 내가 이제야 네가 하나님을 경외하는 줄을 아노라.

리처드 포스터의 묵상

나는 우리 개개인의 삶의 순간순간마다 하나님께서 역사하심을 강조한 드 코사드의 견해를 사랑한다. 신비주의적인 작가들의 글은 대체로 알맹이가 없이 공허하고 가벼운 내용이기 쉬운데, 그의 *The Sacrament*(성례)라는 글은 바로 이러한 특징 때문에 다른 신비주의적인 글과는 구별된다. 드 코사드의 영성은 너무나 현실적이며 또한 실제적이다. 그는 우리 삶의 순간순간들과, 그 순간순간들을 구성하고 또 거기에 성례적인 의미를 부여해 주는 일상적인 의무들을 소재로 삼고 있다. 바로 지금 이 순간에 해야 할 일에 순종하는 것이 바로 거룩에 이르는 길이다.

그는 보통의 제자들이 도저히 흉내내지 못하는 삶의 방식을 말하고 있지 않다. 그는 다음과 같이 말한다. "우리의 온화하신 사랑의 주님은 결코 어렵거나 특별한 일을 요구하시려고 우리를 초청하시는 것이 아니라는 사실을 모든 영혼에게 끊임없이 강조하십니다. 하나님께서는 참으로 당신의 마음만을 요구하십니다. 모든 사람은 동일한 사랑과 동일한 복종과 동일하신 하나님과 그분의 역사를 갈망할 수 있습니다." 드 코사드는 여러분과 나와 같은 평범한 사람들을 위한 영성을 제시해 주고 있다.

아이작 페닝턴

(Isaac Penington, 1617~1680)

아이작 페닝턴은 런던 시장의 아들이었다. 그는 1658년 퀘이커 교도들의 모임인 교우회에 가입하였다. 그는 그리스도를 따르는 열렬한 신자였으며, 흔들리지 않는 확신을 전파하다가 여섯 번씩이나 수감될 정도로 강한 믿음을 소유했던 사람이었다. 그는 기성 교회에서 규정해 놓은 예배 모임과는 다른 방식으로 예배를 드리려고 하다가 5년이나 감옥 속에서 살았다. 퀘이커 교도들에게는 예배가 기도문과 성례와 설교가 아닌 침묵을 의미했다.

그는 또한 법정에서 서약하기를 거부했다. 왜냐하면 그는 성경에서 하나님께서 맹세하기를 금지한다고 믿었기 때문이다. 그 결과 그와 그의 아내는 그들의 모든 재산을 다 잃어버렸다. 그 다음 몇 해 동안 그가 겪었던 곤경을 통해 그는 고난을 통한 성장을 이해할 수 있게 되었다. 페닝턴은 그 시대에 그가 겪었던 것과 유사한 고통을 오늘날 겪고 있는 모든 사람들에게 빛과 진리와 위로를 제시해 준다.

여기 실린 글은 그가 그의 친구들에게 보낸 몇몇 편지들 가운데서 가려 뽑은 것이다. 이 편지 글 속에는 그의 자상함과 동정심과 변함없는 믿음이 잘 나타나 있다.

36주 「영적인 미덕에 관한 편지 글(Letters on Spiritual Virtues)」에서 발췌

성령의 숨결을 기다림

1. 성령의 숨결을 기다리라

친구여, 하나님의 능력이 마음속에 느껴지고 그것으로 인해 영혼이 순결한 삶의 길을 알게 될 때 그것을 증거한다고 하는 것은 분명 놀라운 일이오. 분명히 그 능력을 체험한 사람은 하나님의 사랑을 받을 것이오. 그러므로 우리는 우리가 하는 모든 일에 성령의 인도함을 받을 수 있도록 부지런히 힘쓰며 기다려야만 하오. 그래야 우리는 하나님께 대적하는 모든 것을 버리고 하나님께 속한 것을 행할 수 있으리라 믿소.

또한 미끄러져서 뒤로 넘어지지 않도록 지켜 주시고 원수들의 함정에 빠지지 않도록 우리를 보호해 주시는 하나님의 은총을 증거하는 것도 놀라운 일이오. 왜냐하면 원수에게는 많은 방법과 많은 도구들이 있어서 우리의 마음을 함정에 옭아 넣어 진리에서 떠나게 하기 때문이오. 그렇게 되면 우리의 영혼은 그릇된 소망의 잠에 빠지게 되고 참된 삶과 능력을

맛보지도 못하고 누리지도 못할 거요.

오 친구여, 아버지 하나님께로 나아가는 길에 대해 늘 느끼며 체험하고 있지 않소? 그렇다면 영혼을 하나님 앞에 날마다 쳐 복종시켜서 성령의 숨결을 기다리지 않으면 안되오. 그리고 계속해서 그분의 자비를 간구하고 날마다 그분의 길을 더 분명히 보여 주시도록 기도하시오. 그리고 그대의 앞길을 가로막는 모든 곤경에서 힘을 주시도록 간구하시오. 그대의 영혼 속에서 은밀하게 도우시는 하나님의 역사와 때를 따라 도우시는 하나님의 은혜로 말미암아 우리는 하나님의 나라를 향해 점점 더 가까이 나아가게 될 것이오.

2. 하나님의 처소로 나아가는 길

육체의 정욕을 피하고 주님을 신뢰하시오. 우리는 비록 보잘것없고 연약하지만, 또 우리보다 더 영리해서 그들의 꾀로 우리를 속이는 사람들의 꾐에 넘어가기도 하지만, 그리고 그들의 논쟁에 대해 일일이 대답할 수는 없지만 우리는 우리의 영혼 속에 거하시는 하나님의 순수한 진리의 영을 느낄 수는 있소. 그러한 삶이 그대의 마음속에서 체험되기만을 소망하고, 그대의 영혼이 하나님의 능력에 의해 새롭게 되고 변화되기만을 기대하시오.

오 사랑하는 친구여, 바로 그럴 때에 하나님께서 용납해 주시고 사랑해 주시며 따스하게 돌봐 주실 거요. 하나님의 인자하심이 날마다 그대에게 임할 것이며, 그대의 마음속에는 진정한 만족이 넘칠 것이오. 이 진리를 마음속에 굳게 간직하시오. 거기는 사탄의 모든 계교와 거짓 선생들의 도모가 미치지 못할 것이오. 그대는 고난 중에 그의 자녀를 도우시는 주님의 능력을 느낄 수 있을 것이며, 하나님의 기쁘신 뜻에 따라 찬양의 기쁨을 맛볼 수 있을 거요.

그리고 그대는 음부의 권세가 이기지 못할 것이라는 하나님의 약속이 참되다는 것을 체험하게 될 것이오. 그러므로 다른 사람들을 의지하거나 지혜로운 자들의 도모를 따르지 말고 주님께서 찾아오신다고 생각되는 곳에 서 있도록 하시오. 그러면 주님께서는 매일같이 반복해서 그대를 찾아오실 것이며, 그의 처소로 나아가는 길을 점점 더 많이 가르쳐 주실 것이며, 의와 생명과 안식과 평화가 있는 곳으로 그대를 영원히 인도하실 것이오.

3. 생명나무 실과를 먹으라

오 친구들이여! 생명나무의 실과를 먹으시오. 그리고 생명의 과실과 하나님께서 그대의 마음속에 계시해 주시고 보여 주신 순전한 능력을 먹고 힘을 얻으시오. 그대의 진정한 양식이 어디에서 오는지 알고 있소? 그리고 그 맛을 기억하고 있소? 그렇다면 그것을 굳게 붙드시오. 그리고 비록 다른 쪽 눈에는 좋게 보일지 모르지만 그대를 지혜롭게 해준다는 그 실과는 절대로 건드리지 마시오.

오 친구여, 그리스도 예수 안에 있는 단순함에 거하시오. 그리고 예수 그리스도 안에서 체험한 단순한 진리에 거하시오. 바로 거기에서 그대는 그대의 양식을 구분해 낼 수 있을 거요. 그 양식의 이름은 성경 속에 여러 개가 있지만 그것은 결국 모두 하나이며 똑같은 것이오. 빵과 우유, 생수, 포도주, 고기 그리고 하늘에서 내려오신 그분의 피요. 그것들은 모두 동일한 양식인데, 다만 우리의 수용 능력에 따라 때로는 보다 약하게, 때로는 보다 강하게 여러 방법으로 우리에게 주어지는 것뿐이오. 그래서 그렇게 이름이 달라진 것이오.

4. 그대의 거처에 거주하라

진리를 알지 못하는 지혜와는 멀어지도록 하시오. 생명의 원리를 굳게 잡고 하늘 나라의 씨앗에 유념하시오. 그리고 태초부터 있었던 것을 먹고 사시오. 그것이 진정한 고기가 아니겠소? 그것이 또한 진정한 음료가 아니겠소? 주님께서는 그대를 이 생명과 능력의 약속 장소로 인도하셔서 말로 표현할 수 없는 것들을 알게 하시고, 깨닫게 하시며, 느끼게 하신다오.

오 친구여, 그대의 거처에 거주하시오. 그리고 하나님께서 이 거처로 가져 오시는 양식을 먹고 사시오. 그것은 순수하고 살아 있는 것이며, 그대가 거기에 속한 것을 먹고 마시면 그대의 혼과 영이 점점 더 하나님 안에서, 그리고 하나님을 향하여 아름답게 살게 된다오. 주 하나님께서 그대를 보호해 주시고 지켜주시길 기원하며, 그대가 하나님께 대항하는 모든 세력에 대해서 승리하고 또 다스릴 수 있기를 위해 기도하며, 그대가 주님과 교제하는 것을 방해하는 모든 것에 대해 승리할 수 있기를 진심으로 기도드리오.

5. 부드러운 손길로 서로를 도우라

친구들이여, 우리의 생명은 사랑과 화평과 온유함이오. 우리는 서로의 짐을 지고, 서로의 잘못을 용서해 주며, 서로를 판단하거나 비난하지 말도록 부르심을 받았소. 우리는 서로를 위해 기도해 주며, 실족하거나 넘어지는 사람이 있다면 부드러운 손길로 서로를 도와서 일으켜 세워 주어야 하오.

오, 친구들이여! 이러한 심령을 가지도록 하시오. 이러한 심령으로 행하고 인도함을 받도록 기다리시오. 그러면 그대들은 주님의 포근한 손길을 누리게 되고, 온유하고 부드럽게 행하게 될 것이며, 서로서로 사랑하며 더불어 화평하게 될 것이오. 그러면 그대들은 주님을 찬양할 수 있을 것이며, 그대들을 방해하던 모든 것들은 어린 양의 보혈과 통치로 이겨낼 수 있을 것이오. 그대들을 유혹하던 사탄의 세력은 부활하신 어린 양의 생명이 그대들을 통치하기 시작하는 순간 짓밟히게 될 것이오.

자, 이제 그대들의 마음과 행동을 주시해 보시오. 서로서로를 온유하고 부드럽게 살피시오. 우리는 우리 자신의 힘만으로는 서로를 도울 수 없음을 알아야 하오. 왜냐하면 우리가 섬겨야 하는 주님만이 모든 사람 가운데서 또 모든 사람들을 위해 돕는 일을 하실 수 있기 때문이오. 그러므로 진리를 굳게 붙드시오. 그 진리를 마음속에 간직하고 섬기며 향유하도록 하시오. 그리고 진리를 더럽히지 않도록 조심히 행하시오. 그대가 살고 있는 곳에서 다른 사람들에게 그 진리가 맛을 내게 하시오. 그대를 다스리고 통치하는 온유하고 순결하며, 부드럽고 의로운 생명이 그대를 통해서 그대와 대화를 나누는 모든 사람의 눈에 비춰어 빛을 발하게 되기를 기도하겠소.

6. 동정의 눈길

우리에게 닥치는 십자가와 내적, 외적 고통들을 누가 감당할 수 있겠소? 주님께서는 자기의 연약함을 깨닫고 무거운 십자가를 지고서도 날마다 주님께 도움을 의지하는 사람을 붙잡아 주신다오.

사랑하는 친구여, 그대의 외적인 시련이 고통스럽고 괴로운 것임을 잘 알고 있소. 주님께서는 그 시련을 통해서 그대를 성장시키시고, 그대의 지위를 유지할 수 있게 해주신다오. 그대가 이것을 알고 느끼는 일에 거할 수 있다면 정말 좋겠소. 주님께서는 그대의 고통을 동정 어린 눈으로 바라보시며, 또 그 고통을 통해 선한 일을 이루실 수 있다오. 주님께서는 시련을 통해 그대에게 생명과 지혜를 가져다 주시며, 언젠가는 그대에게 그대를 괴롭히고 슬프게 하는 것을 다스릴 수 있는 힘을 주실 거요.

그러므로 그대의 처지를 슬퍼하거나 불평하지 마시오. 그대의 어려운 상황을 보지 말고 고난의 폭풍우가 몰아닥칠 때 그대에게 참을 수 있는 인내심을 주시고, 그 모든 역경을 이겨내게 하시고, 또 성숙하게 하시는 주님을 바라보시오. 주님께서 그 전능하신 팔로 우리를 돕지 않으신다면 우리는 얼마나 자주 넘어지겠소? 하나님께서 고난과 역경이 있을 때마다 그대를 도우신다면 그대는 불평할 이유가 전혀 없을 것이며, 오히려 그의 이름을 칭송해야 할 거요.

하나님께서는 무한히 선하시며, 은혜로우시며, 온유하신 분이라오. 하나님께서는 자기 백성의 고통을 외면하지 않으신다오. 나는 그대에 대한 온유한 사랑으로, 하나님 아버지께로 향한 호흡과 더불어 이것을 그대와 나누고 싶소. 그리하여 하나님의 기뻐하시는 식물이 교만이나 폭력의 발길에 짓밟히지 아니하고 더욱 무성하게 자라나 번성할 수 있도록 해야 하오(진리 안에서, 그리고 진리를 위하여 그대를 진심으로 사랑하는 친구로부터).

7. 성령으로 깨어 있으라

친구여, 그대가 진리를 느끼기 시작하고 하나님의 성령의 진리로 감동되면 마음속에 기도에 관한 몇 가지 의문이 일어날 거요. 그대가 너무도 오랫동안 육신의 생각과 불경건한 본성에 따라 살아왔고, 성령의 인도하심을 받지 않았기 때문에 그대는 기도의 습관에 대해서 몇 가지 의문이 생길지도 모르오.

기도의 능력을 의심하는 사람들은 주님께서 그들의 영안을 여셔서 그들에게 기도를 가르쳐 주셔야만 비로소 의문이 풀릴 거요. 진리가 바로 여기에 있소. 모든 참된 기도는 성령 안에 있고, 또 성령으로 말미암는 것이오.

기도에 관한 하나님의 약속은, 응답받는 기도란 바로 믿음 안에서 성령님께 드리는 기도를 말한다는 것이오. 그 기도는 육신이나 의지나 인간의 지혜에서 나오는 기도가 아니오. 그러므로 기도에 유의하고 기도에 참여한다는 것은 하나님의 영의 활기를 불어넣으시는 능력과 활동 속에서 기도가 하나님께 속한 것이 되게 한다는 뜻이오. 왜냐하면 죽은 사람은 하나님을 찬양할 수도 없고, 또 하나님께 진심으로 기도할 수도 없기 때문이오.

  우리는 생명력 없이 기도해서는 안되오. 그리고 우리를 기도하도록 부르시고 가르치시며, 또 우리를 위해 중보로 기도해 주시는 하나님의 영이 없이는 기도할 수 없소. 진정한 기도는 기도하는 사람의 시간이나 의지나 능력에 맞추는 기도가 아니라 하나님의 영으로 내주해 계시는 하나님의 선물이오. 그것은 우리의 것이 아니라 우리에게 주어진 것이오. 그러므로 우리의 책임은 성령을 사모하는 것과, 성령이 우리 안에서 호흡하시고 역사하시며, 우리에게 아버지 하나님을 부를 수 있는 힘을 주시고, 또 성자이신 예수 그리스도의 이름과 생명을 통하여 아버지 하나님께 기도할 수 있는 힘을 주실 수 있도록 기다리는 것이라오.

관련 성경 구절 : 요한복음 6:52-59

이러므로 유대인들이 서로 다투어 가로되 이 사람이 어찌 능히 제 살을 우리에게 주어 먹게 하겠느냐 예수께서 이르시되 내가 진실로 진실로 너희에게 이르노니 인자의 살을 먹지 아니하고 인자의 피를 마시지 아니하면 너희 속에 생명이 없느니라 내 살을 먹고 내 피를 마시는 자는 영생을 가졌고 마지막 날에 내가 그를 살리리니 내 살은 참된 양식이요 내 피는 참된 음료로다 내 살을 먹고 내 피를 마시는 자는 내 안에 거하고 나도 그 안에 거하나니 살아 계신 아버지께서 나를 보내시매 내가 아버지로 인하여 사는 것같이 나를 먹는 그 사람도 나로 인하여 살리라 이것은 하늘로서 내려온 떡이니 조상들이 먹고도 죽은 그것과 같지 아니하여 이 떡을 먹는 자는 영원히 살리라 이 말씀은 예수께서 가버나움 회당에서 가르치실 때에 하셨느니라.

리처드 포스터의 묵상

 이 글은 페닝턴이 어떤 때는 개인에게, 또 어떤 때는 여러 사람에게 써 보낸 편지이다. 이처럼 편지로 영적인 지도를 해주는 관습은 신약 성경의 서신서와 그 이전 시대로까지 거슬러 올라갈 수 있는 오랜 전통이다. 그런데 오늘날은 그 전통이 거의 사라져 버린 것 같다. 그로 인해 우리는 그만큼 손해를 보는 것이다.

 "성령의 인도하심을 부지런히 사모해야 한다"는 페닝턴의 권고를 따르다 보면 아마도 우리는 우리의 도움을 필요로 하는 사람에게 영적인 권고나 격려의 편지를 써 보내라고 속삭이는 소리를 듣게 될지도 모른다.

존 번연

(John Bunyan, 1628~1688)

존 번연은 영국의 베드포드(Bedford)에서 2마일 떨어진 엘스톤(Elston)이라는 교구에서 태어났다. 그의 아버지는 그와 마찬가지로 가난한 땜장이었다. 그러나 비록 짧은 기간이기는 했지만 용케도 그를 학교에 보내었다. 그 후 그는 찰스 1세와 의회와의 내전이 벌어졌을 때 의회군에 들어가 2년 간 복무했다.

1660년, 번연은 자격증도 없이 설교를 한다고 해서 12년 동안이나 베드포드 형무소에서 옥고를 치렀다. 그리고 감옥에 있는 동안 구두끈을 만들어 가족을 부양했다. 그가 그의 자서전적인 책으로 펴낸 *Grace Abounding to the Chief of Sinners*(죄인 중의 괴수에게 넘치는 풍성한 은혜)는 바로 그 감옥 속에서 쓴 것으로, 그의 회심과 사역에의 소명, 그리고 거기에 따른 수감을 다루고 있는 책으로 1666년에 초판이 발행되었다. 1672년 출옥한 후, 그는 베드포드에 있는 침례교회의 목사로 임명되었으나 다시금 전과 동일한 죄목으로 6개월 동안 옥고를 치렀다. 그의 가장 유명한 저서인 1678년에 출판된 *The Pilgrim's Progress*(천로역정)을 쓴 것이 바로 그때였다. 이 책은 기념비적인 고전으로서, 초판이 인쇄된 이후 성경 다음으로 발행 부수가 많은 책이다.

여기 실린 글은 *Grace Abounding to the Chief of Sinners*(죄인 중의 괴수에게 넘치는 풍성한 은혜)에서 발췌한 글로서, 사역으로의 부르심을 번연 자신이 설명해 놓은 것이다. 그의 글은 복음을 전하라는 하나님의 부르심을 받은 자로서 그가 겪은 고통과 고뇌를 잘 드러내 주고 있다. 번연은 복음 전도 사역을 맡고 있는 사역자들을 위한 몇 가지 중요한 주제들도 다루고 있다. 사도 바울처럼 그는 하나님의 도구로 쓰임받는다는 것이 한편으로는 고통스럽고, 또 한편으로는 영광스럽다는 사실을 알고 있었다.

37주 「죄인 중의 괴수에게 넘치는 풍성한 은혜」에서 발췌

은사 활용

1. 사역으로의 부르심

하나님의 말씀을 전하는 일과, 하나님께서 나로 하여금 어떻게 이 일을 하게 하셨는지에 대해서 한두 마디 말하고 싶다. 나는 5, 6년 동안 주님께 대하여 깨어 있었다. 그리고 우리 주 예수 그리스도께서 얼마나 귀중하신 분인지 알고 있었다. 그분을 위해서 살아야 할 필요성을 알게 되었고, 나의 영혼을 그에게 맡길 수 있었다.

판단력이 뛰어나고 삶이 경건한 성인들 중의 몇몇 사람은 하나님께서 나를 귀하게 여기셔서 복된 하나님의 말씀을 이해하도록 하셨다고 생각한 것 같다. 또한 그들은 하나님께서 내게 어느 정도 능력을 주셔서 내가 말씀에서 본 바를 다른 사람들에게 유익하게 표현할 수 있다고 생각한 것 같다. 그래서 그들은 내게 그들의 모임에 와서 권면의 말씀을 해달라고 부탁했다.

처음에 나는 그 일을 내가 할 수 있는 일이라고 생각하지 못했다. 그러나 그들은 계속해서 요청했다. 마침내 나는 승낙을 하고 그리스도인들만 모인 작은 모임에서 두 번 발씀을 전했는데 매우 약하고 힘없이 전하였다. 나는 그들 앞에서 내가 받은 은사를 시험해 보았는데 내가 말씀을 전할 때면 그들이 복을 받고 있는 것 같았다. 후에 많은 사람들이 내게 말하기를 위대하신 하나님의 관점에서 그들이 도움을 얻고 위로를 받았노라고 했다. 그들은 내게 이러한 은사를 주신 자비의 하나님께 감사를 드렸다.

교회는 계속해서 나의 설교를 요구했다. 그래서 나는 하나님께 금식하며 엄숙히 기도한 후, 믿는 자들과 아직까지 믿음을 갖지 않은 자들 모두에게 하나님의 말씀을 정규적으로 전하도록 임명을 받았다.

2. 은사를 활용함

이때쯤 해서 나는 구원받지 못한 사람들에게 설교하고 싶은 강한 충동을 느끼기 시작했다. 그것은 스스로 영광을 받기 위해서가 아니라, 그 당시 나의 영원한 운명에 관한 사탄의 불화살로 인하여 내가 특히 고통을 당하고 있었기 때문이었다. 나는 내가 받는 설교의 은사를 활용하지 않고는 견딜 수가 없었다. 그래서 그 은사를 활용하기로 하고 그대로 추진하였다.

나는 성령님께서 은사와 능력를 가진 사람들이 그것을 땅에 묻어 두는 것을 원하지 않으시고, 오히려 그 은사를 활용하도록 그들에게 명령하시고 일깨우시며, 능력 있고 준비된 사람들을 일하도록 내보내신다는 사실을 깨닫기 시작했다. 그래서 비록 내가 성인의 반열에 들기에는 너무도 하찮은 사람이었지만 이 일에 착수하지 않을 수 없었다.

두렵고 떨렸지만, 나는 하나님께서 거룩한 진리의 말씀 속에서 내게 보여 주신 바 그 축복의 복음을 나의 믿음의 분량대로 전하기 위해 내게 주신 은사를 사용했다.

내가 이 일을 하고 있다는 소문이 나자 말씀을 듣기 위해 사람들이 도처에서 수백 명씩 몰려왔다.

3. 하나님의 도구

처음에는 하나님께서 나를 통해 누군가의 마음속에 말씀하시리라고는 생각지도 못했다. 그리고 여전히 나는 스스로를 무가치하게 여겼다. 그러나 내 설교를 통해 깨어난 사람들이 나를 사랑했으며 나를 존경하게 되었다. 나는 그것이 내 설교 때문이 아니라고 주장했지만, 그들은 여전히 내 설교를 듣고 나서 변화되었다고 공공연히 선언하였다. 사실 그들은 나로 인해 하나님께 찬양했다. 비록 나는 가련하고 무가치한 존재였지만 그들은 나를 자기들에게 구원의 길을 보여 준 하나님의 도구로 생각하였다.

그리고 그들의 삶이 변화하기 시작한 것과, 그들의 마음이 그리스도를 더욱더 알기 위해 열심인 것과, 하나님께서 나를 그들에게 보내 주심을 기뻐하고 있다는 사실을 알고 나서 나는 하나님께서 나를 통해 그의 일을 축복해 주셨다고 결론을 내리기 시작했다. 그래서 나는 기뻐했다. 그렇다. 하나님께서 나의 설교를 통해 변화시킨 사람들의 눈물이 나의 위로요, 나의 격려였다.

4. 감옥 속에서의 사역

나는 말씀을 선포하다가 하나님께서 나로 하여금 하나님의 말씀이 죄인들과 함께 시작하는 곳에서 시작하도록 인도하신다는 것을 깨닫게 되었다. 즉 모든 육체는 저주를 받아 마땅하며, 모든 사람은 세상에 올 때 죄로 인해 하나님의 저주를 받아 마땅함을 분명히 선포해야 한다는 것이었다. 나는 이런 부분의 사역을 쉽게 완수했다. 왜냐하면 율법에 대한 두려움과 죄에 대한 죄책감이 내 양심을 무겁게 짓누르고 있었기 때문이다.

나는 내가 느낀 것을 설교했다. 그리고 나 자신의 가엾은 영혼을 신음하게 하고 두려워하게 했던 그것도 설교했다. 참으로 나는 죽은 자들로부터 그들에게 보내어진 사람 같았다. 나는 스스로 감옥에 갇혔으며, 또 감옥에 갇힌 자들에게 설교했다. 그런데 내 양심 속에는 그들에게 조심하라고 간청했던 그 불을 가지고 있었다.

솔직히 말해서, 나는 매번 죄책감과 두려움이 가득 찬 상태로 강단에 올라서지만, 말씀을 선포하는 동안만큼은 자유하게 된다. 그러나 강단에서 내려오면 다시금 나는 전과 다름없이 죄책감과 두려움에 사로잡히게 된다. 그럼에도 불구하고 나는 하나님께서 나로 하여금 이 일을 계속하게 하시고, 분명히 강한 손으로 나와 함께 하신다는 것을 믿는다.

5. 염려로 가득 찬 나의 마음

나는 설교할 때마다 하나님께 감사하며, 하나님의 말씀으로 인해 영혼들을 구원해 달라고 하나님께 간절히 기도해 왔다. 왜냐하면 원수가 와서 하나님의 말씀을 사람들의 양심에서 빼앗아 가서 열매 맺지 못하게 할 것이 두려웠기 때문이다. 나는 하나님의 말씀을 전할 때 어떤 특정한 사람이 특정한 죄에 대해서 자신이 죄인임을 깨닫도록 하려고 애를 썼다.

또한 설교를 하고 난 다음에 내 마음은 혹시나 하나님의 말씀이 돌밭에 떨어지는 빗물처럼 되지나 않을까 염려하는 마음으로 가득 차곤 했다. 그래서 나는 종종 마음속으로 이렇게 기도했다. "오 주님, 오늘 제 설교를 듣는 사람들이 죄가 무엇인지, 죽음이 무엇인지, 하나님의 저주가 무엇인지 알게 하여 주시고, 또한 하나님의 은혜와 사랑과 자비를 알 수 있게 해 주시옵소서. 그들이 어떤 상황에 처해 있든지, 그리스도께서 그들의 주님이심을 깨닫게 하여 주시옵소서."

그 당시, 특히 내가 아무 공로 없이 그리스도 안에 있는 삶에 대해서 설교할 때, 때때로 하나님의 천사가 내 뒤에 서서 나를 격려하고 있는 것 같은 생각이 들 때가 있었다. 내 영혼에 부어 주신 위대한 능력과 하늘의 증거로 인해 나는 이 놀라운 교리를 애써 펼쳐 보이려고 했으며, 그것을 설명하고 또 청중들의 양심에 붙잡아 매두려고 노력했다. 왜냐하면 이 교리가 내게는 진리일 뿐만 아니라 진리 이상의 것으로 여겨졌기 때문이다.

때때로, 내 설교를 듣고 영적으로 깨어난 사람들 가운데 나중에 다시 죄에 빠지게 되는 사람들이 있다. 내게는 그들을 잃는 것이 내 친자식을 잃는 것보다 더 무서운 일이다. 나는 하나님께 아무 거리낌이 없이 이렇게 말할 수 있다. "나 자신의 구원을 잃는 두려움을 제외하고는, 그 어떤 것도 그것만큼 내 마음을 아프게 한 것은 없다고."

6. 영적인 자녀를 해산하는 수고

나는 때때로 어쩌다가 던진 한 마디가 나머지 전체 설교보다 더 큰 감명을 준다는 사실을 발견했다. 그리고 내가 한 일은 아무것도 없다고 생각했는데, 아주 작은 것이 발전되어 하나님의 모든 사역을 성취시키는 경우도 보아 왔다. 또 정말로 청중을 사로잡았다고 생각했는데, 사실은 아무도 낚지 못했던 경우도 종종 있었다.

사실상, 나는 설교할 때 큰 고통을 겪는다. 그것은 영적인 자녀를 해산하는 수고이기 때문이다. 나는 열매가 없는 경우는 결코 만족하지 않는다. 열매가 없는 경우는 누가 아무리 나를 칭찬해 준다 해도 아무런 의미가 없다. 그러나 열매가 있다면 누가 나를 정죄한다 해도 상관이 없다.

만일 사람들이 단지 의견을 받아들이기만 할 뿐 그리스도와 그의 구원의 가치에 대해 무지하다면 나는 결코 만족하지 않는다. 나는 죄에 대해, 특히 불신앙의 죄에 대해 분명히 깨닫고 그리스도로 말미암아 구원받기 위해 불붙은 마음들이 복 있는 영혼이라고 생각한다.

7. 수많은 유혹들

그러나 이 일에도 다른 어느 것과 마찬가지로 갖가지 유혹이 내게 있었다. 때로는 낙망하기도 하고, 때로는 어느 누구에게도 아무런 도움을 주지 못할 것이라는 두려움과 아무런 깨달음도 주지 못하리라는 두려움에 떨기도 했다. 그럴 때마다 나는 이상하게도 정신이 희미해짐을 느꼈다. 또 어떤 때에는 회중 앞에서 모욕을 당하는 생각으로 괴로움을 겪기도 하였다.

또 때로는 하나님의 말씀 가운데 어떤 예리한 부분에 대해 막 설교를 하려고 하는데 사탄의 집요한 공격을 받기도 하였다. "뭐, 네가 그것을 설교하겠다고? 그것이 너를 정죄하고 있는데? 네 영혼도 그런 죄에서 깨끗하지 못하면서? 너는 절대로 그것을 설교해서는 안돼. 정 설교를 하려면 그 죄책에서 벗어나 도망칠 수 있는 문을 열어 놓아야만 할걸? 기어코 설교를 한다면 결국 너는 네 영혼에게 죄책을 지우는 것이며, 거기에서 결코 빠져 나올 수 없을 거야."

나는 이런 사탄의 무시무시한 유혹에 대해서 동의하지 않고, 비록 그것이 나의 양심에 무거운 죄책을 지워 주었지만 죄와 범죄에 대해서 발견하는 즉시 그 곳에서 경고하며 설교해 왔다. 진리를 불의 속에 가두어 둠으로써 당신 자신을 구원하는 것보다, 자신이 정죄를 받더라도 다른 사람들에게 전할 것을 분명히 전하는 것이 훨씬 낫다. 이 일에도 도우시는 하나님께 영광을 돌려 드린다.

8. 교만에 대한 강력한 응징

내게 다가온 하나님의 말씀에는 하나님께서 내게 주신 은사에 관한 예리하고 통찰력 있는 말씀도 있었다. 예를 들면, "내가 사람의 방언과 천사의 말을 할지라도 사랑이 없으면 소리 나는 구리와 울리는 꽹과리가 되고"(고전 13:1)와 같은 말씀이다. 울리는 꽹과리는 곡조를 만들어 마음을 뜨겁게 할 수 있는 악기이기는 하지만, 생명이 들어 있지는 않다. 그리고 멋진 음악을 만들어 낼 수는 있지만 언젠가는 부서져서 없어지게 된다.

은사는 있지만 구원하는 은혜가 없는 사람들이 다 그러하다. 그리스도께서는 은사를 받은 사람들을 사용하셔서 교회에 있는 사람들의 영혼에 영향을 끼치신다. 뿐만 아니라 하나님께서는 은사를 받은 사람들을 사용하신 후에 그들의 생명을 거두어 가실 수도 있다. 그것은 교만한 자들과 헛된 영광을 구하는 자들에게 임하는 하나님의 강력한 응징이다. 내가 소리 나는 대로 울리는 구리라고 해서 자랑할 것인가? 최소한의 하나님의 생명을 가진 사람이 이러한 악기보다 더 많은 것을 갖고 있지는 않을까?

9. 영광의 전조적 은혜

비록 은사가 그 본래의 목적인 다른 사람들을 세우는 데 있어서 유익하기는 하지만, 만일 하나님께서 그 은사를 사용하시지 않는다면 그것은 공허한 것이 되고 말며 영혼을 구원할 수 있는 힘을 상실하고 만다. 그리고 은사를 가졌다고 해서 그것이 곧 하나님과의 개인적인 관계를 의미하지는 않는다.

이를 통해서 내가 깨닫게 된 것은 은사가 위험한 것이라는 사실이다. 물론 그 자체가 위험하다는 것이 아니라 그 은사에 수반되는 교만과 자만심의 해악들 때문에 위험하다는 것이다. 이러한 은사를 갖고 있는 사람들은 무분별한 그리스도인들의 박수 갈채로 인해 쉽사리 사탄의 정죄에 빠지고 만다.

은사는 바람직하다. 그러나 은혜가 풍성하고 은사가 적은 것이 은사가 풍성하고 은혜가 없는 것보다 더 낫다. 성경은 주님께서 은사와 영광을 주신다고 말하지 않고 은혜와 영광을 주신다고 말한다. 주님께서 참된 은혜를 주시는 자는 복이 있다. 왜냐하면 참된 은혜가 영광의 분명한 전조이기 때문이다.

관련 성경 구절 : 디모데전서 4:9-16

미쁘다 이 말이여 모든 사람들이 받을 만하도다 이를 위하여 우리가 수고하고 진력하는 것은 우리 소망을 살아 계신 하나님께 둠이니 곧 모든 사람 특히 믿는 자들의 구주시라 네가 이것들을 명하고 가르치라 누구든지 네 연소함을 업신여기지 못하게 하고 오직 말과 행실과 사랑과 믿음과 정절에 대하여 믿는 자에게 본이 되어 내가 이를 때까지 읽는 것과 권하는 것과 가르치는 것에 착념하라 네 속에 있는 은사 곧 장로의 회에서 안수받을 때에 예언으로 말미암아 받은 것을 조심 없이 말며 이 모든 일에 전심 전력하여 너의 진보를 모든 사람에게 나타나게 하라 네가 네 자신과 가르침을 삼가 이 일을 계속하라 이것을 행함으로 네 자신과 네게 듣는 자를 구원하리라.

리처드 포스터의 묵상

우리는 모든 직업이 신성하다는 사실을 언제나 인정해야만 한다. 그러나 하나님의 경륜 속에서 복음을 전파하는 사역이야말로 특히 중요하다. 바울은 그것을 다음과 같이 간결하게 진술했다. "전파하는 자가 없이 어찌 들으리요"(롬 10:14). 복음을 선포하는 일은 거룩한 일이요, 고상한 소명이다. 성경은 말하기를 그러한 자가 "두 배나 존경을 받아야 할 자"라고 했다(딤전 5:17).

불행히도 우리는 설교 사역이 평범한 일이 되고, 품격이 떨어지며, 극도로 조롱을 당하는 시대에 살고 있다. 참으로 슬픈 일이 아닐 수 없다. 그러나 용기를 가져야 한다. 하나님께서는 지금도 새로운 지도자들, 고결하고 겸손한 지도자들을 길러 내고 계신다. 하나님께서 관심 갖고 키우시는 지도자들은 세례 요한처럼 외롭지만 담대하며, 수적으로는 많지 않지만 사도와 같은 사람들이다.

5
사랑이 넘치는 생활

윌리엄 템플   존 울먼   해나 휘톨 스미스
제레미 테일러   엘리자베스 오코너   존 웨슬리
지에나의 캐서린   디트리히 본회퍼

사회 정의의 전통(사랑이 넘치는 생활)은 독실한 신자들을 위한 일련의 경건 훈련이 아니다. 그것은 개인과 기관, 그리고 사회의 완전한 변혁을 추구하기 위해 자유로이 모인 사람들을 향한 나팔 소리이다. 우리는 고난의 사랑을 용기 있는 행동과 결합해야만 한다. 우리는 모든 압제에 대항해야 하며 모든 자유의 수호자가 되어야 한다. 우리는 목소리 없는 자들의 목소리가 되어야 하고, 권력자와 특권 계층 앞에서 그들의 이익을 대변해야 한다. 사회 정의에 관하여 다루고 있는 5부의 글들을 통해 저자들은 그 방법을 우리에게 보여 주고 있다.

윌리엄 템플과 존 울만은 둘 다 자신들을 그들이 속해 있던 사회의 변화를 추구하는 대리자로 간주했다. 울만은 사람들에게 '압제의 멍에를 깨뜨리기' 위하여 '부에 대한 욕망'을 버리라고 호소했다. 템플은 변화의 방법을 두 가지 차원에서 제시했다. 첫째는 '기독교 원리'를 분명히 표명하는 것이고, 둘째는 그리스도인으로서 정상적인 시민 생활을 하면서 기존의 질서를 그 원리에 더욱 가깝게 재형성하는 것이다.

존 웨슬리는 우리가 선을 행할 수 있음에도 불구하고 그렇게 하지 못하는 '태만 죄'에 대해서 경고한다. 해나 휘톨 스미스는 우리에게 "제가 해야만 합니까?" 식의 의무에서 나온 섬김이 아니라, "제가 해드릴까요?"

식의 사랑에서 나온 섬김을 실천할 것을 권유하고 있다.

제레미 테일러는 "당신의 출생 배경이나 부모, 직업이나 현재 종사하고 있는 일 등, 그것들 중 어떤 것이 비천한 상태에 있더라도 결코 부끄러워하지 말라"고 권고하고 있다. 그리고 엘리자베스 오코너는 돈이라는 까다로운 문제를 가지고 "우리가 지금까지 돈에 쏟아 온 정력을 우리 자신들을 위해 되찾아야 한다"고 권고한다.

끝으로 지에나의 캐서린과 디트리히 본회퍼, 이 두 저자는 기독교 공동체 문제를 다루고 있다. 캐서린은 하나님의 백성들인 교회가 어떻게 자리매김을 해야 할 것인지를 보여 준다. 즉 교회는, "천국 길을 가는 순례자들, 곧 하나님의 피조물들이 중도에 지쳐서 쓰러지지 않도록 생명의 떡과 보혈을 대접하기 위하여 존재한다"는 사실을 볼 수 있게 해준다. 또한 본회퍼는 교회에 대해 이렇게 가르치고 있다. "기독교는 예수 그리스도로 말미암은, 예수 그리스도 안에 있는 공동체를 의미한다. 이 이상 혹은 이 이하의 기독교 공동체는 없다."

여기에 나오는 저자들은 한결같이 실제적인 체험에서 우러나온 글을 썼다. 각 저자로부터 우리가 배울 점이 많이 있다.

윌리엄 템플

(William Temple, 1881~1944)

윌리엄 템플은 켄터베리(Canterbury) 대주교인 프레데릭 템플(Frederick Temple)의 아들로서, 엑스터(Exeter)에 있는 대주교의 관저에서 태어났다. 그는 럭비(Rugby)와 옥스포드의 벨리얼 칼리지(Balliol College)에서 교육을 받았다.

그리고 1904년부터 1910년까지 옥스포드의 퀸스 칼리지(Queen's College)에서 명예 강사로 철학을 강의하였다. 1910년부터 1921년까지는 켄터베리 대주교에 속한 본당 목사를 역임했고, 1921년부터 1928년까지 맨체스터의 감독으로 봉사했다. 1928년부터 1942년까지는 요크의 대주교를 역임하였으며, 1942년부터 1944년, 그가 죽을 때까지 켄터베리의 대주교를 역임했다.

많은 사람들이 템플을 현대 개신교의 탁월한 지도자 가운데 한 사람으로 간주해 왔다. 그를 알고 있는 모든 사람들은 그가 위대하지만 겸손한 사람이라고 생각했다. 때 이른 죽음으로 인해 훨씬 더 큰 업적을 이루지는 못했지만, 그는 강연과 설교와 저작들을 통해 수많은 사람들에게 많은 감화를 주었다.

그는 에큐메니칼 운동의 선구자였으며, 지칠 줄 모르는 교회의 개혁자였다. 그는 교회의 대(對) 사회 운동에 대해서 탁월한 지도력을 발휘하였으며, 세상에 대하여 예언자적인 목소리를 낸 사람이었다. 한번은 그가 이렇게 말한 적이 있다. "우리는 서로를 대할 때에 우리와 다른 사람들을 논박하거나 그들에게 우리 자신의 전통을 강요하기보다는 그들을 이해하기 위해서 더욱 힘써야 합니다."

다음에 발췌한 글은 '사회 속에서의 교회의 역할'이라는 매우 중요한 문제를 다루고 있다. 이 글에서 템플은 인간의 본성과 사회의 구조에 관한 날카로운 통찰력을 보여 주고 있다.

38주 「기독교와 사회 질서(Christianity And Social Order)」에서 발췌

사회에 대한 교회의 영향력

1. 사회에 대한 교회의 영향력

교회가 사회에 대하여 영향력을 끼치는 방법은 대체로 두 가지로 요약할 수 있다. 첫째는, 교회가 그리스도인의 원리를 선포하고, 현존하는 사회 질서가 어떤 점에서 그 원리와 상반되는지를 지적해야만 한다는 것이다. 둘째는, 그리스도인 시민들에게 각자 시민으로서 살아가면서 현존하는 질서를 그 원리와 좀더 부합되도록 고쳐 나가는 과업을 전수해 주어야만 한다는 것이다.

이러한 점에서 전문적인 지식과 실제적인 판단이 요구된다. 예를 들어, 교량 하나를 건설하려고 할 때, 교회가 기술자에게 안전한 다리를 건설하는 것이 그의 의무라는 것을 상기시켜 줄 수는 있지만, 다리를 건설하는 방법이라든지 그의 설계가 이 요구 조건에 부합되는지에 관해서는 말할 수 있는 자격이 없다.

어떤 특정한 신학자가 물론 유능한 기술자일 수도 있다. 그럴 경우 그는 다리의 안전성에 대해 판단을 내릴 자격이 있을 수 있다. 그러나 그것은 그가 유능한 기술자이기 때문에 그렇게 할 수 있는 것이지, 그가 신학자이기 때문에 그런 자격이 있는 것은 아니다. 그의 신학적인 기술은 그것과는 아무런 상관이 없다.

2. 그리스도인의 원리

이것은 가장 중요한 쟁점이면서도 잦은 오해를 불러일으키는 문제이기도 하다. 기독교가 정말로 진리라면, 그것은 보편적으로 적용되는 진리여야 한다. 모든 일이 기독교 정신으로 이루어져야 하고 그리스도인의 원리를 따라 행해져야 한다.

개혁을 바라는 사람들은 이렇게 말한다. "그렇다면 실업 문제에 대한 기독교의 해결책을 제시해 보시오." 그러나 그런 것은 있지도 않고, 또 있을 수도 없다. 기독교 신앙은 그 자체만으로는 그 구성원들에게, 복잡한 경제 체제 속에 살고 있는 수많은 사람들이 어떻게 특정한 경제 사상이나 정치 사상에 의해 영향을 받을 것인가에 대해서는 말해 주지 않는다.

현상을 유지하고 싶은 사람들은 이렇게 말할 것이다. "그렇다면 이 일에서 손을 떼시오. 당신들의 고백으로 보아 이곳은 당신들에게 어울리는 자리가 아니오." 이 말에 대해 교회는 이렇게 대답해야 한다. "물론 내가 당신들에게 해결책을 말해 줄 수는 없소. 하지만 만성적인 실업을 안고 있는 사회는 병 든 사회라는 점은 말해 줄 수 있소. 해결책을 찾기 위해 당신들이 할 수 있는 모든 일을 다 하지 않고 있다면, 당신들은 하나님 앞에서 죄를 짓고 있는 거요."

교회가 그 의무를 다할 때 양편으로부터 공격받을 가능성은 다분하다. 즉 교회가 단순히 그 원리들을 제시하고 그 원리들이 침해받을 때 그것을 지적하기만 해도 교회가 '정치적'이 되었다는 말을 듣게 될 것이다. 또한 특정한 정책을 지지하는 사람들은 교회가 자기들의 정책을 지지하지 않는다는 이유 때문에 교회가 무익하다는 말을 하게 될 것이다. 만일 교회가 그 본연의 임무에 충실하면, 그 두 가지 비난을 무시하고 가능한 한 모든 시민들에게 깊은 영향을 끼칠 수 있게 되며, 또한 모든 정파에 계속해서 영향력을 행사할 수 있게 될 것이다.

3. 우리가 속해 있는 세상의 중심

전통적인 기독교의 교리 중에서 가장 인기가 없는 부분이라고 할 수 있는 원죄 문제를 여기서 다루고자 한다. 원죄는 다음과 같이 간단한 말로 표현할 수 있다. 우리의 가치 척도는 사물들이 우리에게 영향을 끼치는 방식이라고 할 수 있다. 우리 각자는 우리가 속해 있는 세상의 한복판에 자리를 잡고 있다. 그러나 나는 세상의 중심이 아니다. 그리고 선과 악의 준거도 아니다. 그것은 내가 아니라 바로 하나님이시다.

달리 표현하자면, 처음부터 내가 하나님의 자리에 앉은 것이다. 그것이 바로 나의 원죄이다. 내가 말을 할 수 있기 전부터 나는 원죄를 짓고 있었다. 다른 모든 사람들도 마찬가지이다. 내가 어쩔 수 없었기 때문에 이 문제에 대해서는 사실 내게 '죄책'이 없다. 그러나 내가 그 원죄를 피하지 않는 한, 나는 태어날 때부터 나 자신을 포함하여 다른 모든 사람들에게까지 재앙을 불러오는 그런 상태에 놓여 있다.

교육을 통해 시야를 넓힘으로써 자기 중심주의로 인한 재앙을 줄일 수 있을지도 모른다. 그러나 그것은 나를 준거의 중심으로 그대로 내버려둔 채 단지 시야의 지평만을 넓히기 위해 탑 위에 올라가는 것과 같다. 자기 중심주의에서 나를 해방시키는 유일한 방법은 전심으로 헌신하고 나의 의지를 완전히 하나님께 드리는 길밖에 없다. 그것은 그리스도의 삶과 죽음을 통해 나타난 하나님의 신성한 사랑에 의해서만 이루어질 수 있다.

4. 그리스도인의 사회적 이상 같은 것은 없다

정치적인 문제들은 종종 사람들의 현재의 모습과 관련되어 있을 뿐, 마땅히 되어야 할 모습과는 관련이 없다. 한편 교회의 사명은 사람들의 삶에 질서를 부여하고 그들로 하여금 마땅히 되어야 할 모습으로 나아갈 수 있도록 돕는 것이다. 마땅히 되어야 할 모습을 이미 갖추었다고 생각하는 것은 언제나 재앙을 초래한다.

사람들이 전적으로 악하다는 것은 나의 신념이 아니다. 또는 나는 사람들이 선하기보다는 오히려 악하다고 생각지도 않는다. 여기서 내가 주장하는 바는, 우리가 전적으로 선하지는 않다는 사실이고, 우리의 선조차도 자기 중심주의로 감염되어 있다는 사실이다. 그렇기 때문에 우리가 힘을 얻으면 얻을수록 그만큼 유혹에 노출되어 있는 것이다.

원죄에 대한 교회의 믿음은 우리로 하여금 매우 실제적인 입장을 취하도록 해야 하고, 유토피아를 건설하려는 일에서 우리를 자유케 해야 한다. 왜냐하면 그리스도인의 사회적 이상 같은 것은 없어서 우리가 살고 있는 사회를 가능한 한 거기에 가까이 맞추려고 할 필요가 없기 때문이다. 결국 어느 누구도 자기 이외의 다른 사람에 의해서 묘사된 그런 '이상적인 사회'에서는 살고 싶어하지 않는다.

더구나 거기에 도달하는 데에는 절망적인 문제가 있다. 이상적인 사회에 대한 묘사를 글로 읽고, 내가 살고 있는 사회를 이상적인 사회로 변화시키기 위해서 어떤 일부터 시작할 수 있을까 생각할 때면, 아일랜드에 살았던 한 잉글랜드 사람에 대한 얘기가 생각난다. 어떤 잉글랜드 사람이 한 아일랜드 사람에게 이렇게 물었다. "로스코몬으로 가려면 어느 길로 가야 합니까?" "정말로 로스코몬으로 가고 싶으신가요?" 아일랜드 사람이 되물었다. "그렇습니다. 그러니까 그리로 가는 길을 묻고 있지 않습니까?" 잉글랜드 사람이 대답했다. "아, 제가 만일 로스코몬에 가고 싶다면 여기서 출발하지 않을 것입니다." 아일랜드 사람이 말했다.

비록 기독교가 그 어떤 이상(理想)도 제시하지 않고 있지만, 그것은 오히려 훨씬 더 가치 있는 것을 제시하고 있다. 즉 가능한 모든 상황 가운데서 행동에 옮길 수 있는 원리들을 제시하고 있는 것이다. 이제 그런 원리들에 대해서 우리의 관심을 기울여 보자.

5. 인간에게서가 아닌 하나님에게서

모든 그리스도인의 사고는 인간에게서 출발하는 것이 아니라 하나님에게서 출발해야 한다. 그리스도인의 확신의 기초는 하나님이 세상의 창조주이시며, 하나님의 뜻이 아니었다면 이 세상은 시작될 수도, 그리고 지금까지 지속될 수도 없다는 사실에 있다. 하나님이 세상에 필요한 것과 동일한 방식으로 세상이 하나님께 필요한 것은 아니다. 하나님이 없다면 세상도 없을 것이다. 그러나 세상이 없어도 하나님은 여전히 그 모습 그대로 계실 것이다(아마 세상을 만들려고 하실 것이다). 하나님은 그의 사랑 때문에 세상을 만들지 않을 수 없으셨다. 세상은 하나님의 필요에서가 아닌, 그분의 사랑에서 비롯된다.

세상을 만드실 때에 하나님께서는 수많은 물질들을 창조하셨다. 그것들은 언제나 하나님이 정하신 법칙을 따라서 움직여야 하는 전자(電子)와 같은 것이다. 그러나 하나님께서는 남자와 여자와 같은 피조물도 만드셨다. 그들은 하나님께서 정하신 법칙을 어길 수 있었고 또 종종 그러했다. 하나님께서는 그의 피조물 가운데 자유로운 복종을 하나님께 드림으로써 하나님의 사랑에 같은 사랑으로 응답할 수 있는 존재를 있게 하시기 위해서 사람들을 창조하신 것이다.

여기에는 사람들이 천성적으로 자기 중심적인 인생관을 가질 수 있고, 점차적으로 그 이기적인 마음이 굳어지게 될 위험이 내포되어 있었다. 그 위험은 그대로 실현되었다. 그래서 사람들을 여기에서 구원하시고자 하나님께서 이 땅에 내려오셔서 인간의 삶과 죽음을 통해 신성한 사랑을 나타내 보여 주셨다. 그렇게 보여 주신 사랑으로 하나님께서는 우리를 점차 자신에게로 이끌고 계신다.

역사에 대해서 지난 세대의 다른 어떤 영국 사람보다도 더 많이 알고 있었던 액튼 경(Lord Acton)은 신중한 말로 이렇게 선언했다. "부활하신 그리스도께서 인류를 위해 행하신 구속의 사역은 실패한 것이 아니라 점점 왕성해지고 있다." 모든 사람들을 자신에게로 이끄시는 이 사역은 역사의 종말까지 끝나지 않을 것이다. 하나님의 나라는 지금 이곳의 현실이지만 그것은 영원한 질서 속에서만 완성될 수 있다.

6. 우리의 참된 가치

인간에 대한 기본적인 사실은 두 가지로 묘사된다. 첫째는 우리가 하나님의 형상으로 만들어졌다는 것이고, 둘째는 그 형상이 동물의 본성 위에 인쳐진 것이라는 사실이다. 이 두 가지 사이에는 끊임없는 긴장이 있어서 영원한 비극이 되고 있다.

우리의 존엄성은 우리가 하나님의 자녀요, 하나님과 교통할 수 있는 존재이며, 십자가 위에서 베푸신 하나님의 사랑의 대상이요, 하나님과의 영원한 교제를 위해서 지음받은 존재라는 사실에 있다. 우리의 진정한 가치는 우리 자신에게 있는 어떤 가치가 아니라 하나님께 대하여 가지는 가치이다. 그 가치는 전적으로 값없이 주시는 하나님의 사랑으로 우리에게 부여된 것이다.

우리의 모든 삶은 이 존엄성의 관점에서 규정되고 이끌어져야 한다. 국가는, 전체주의 국가에서 하는 것처럼 우리가 국가의 목적을 위해서 기여하는 한도 내에서만 가치가 있다고 생각해서는 안된다. 국가가 시민을 위해서 존재하는 것이지 시민이 국가를 위해서 존재하는 것은 아니다. 그러나 우리 또한 스스로가 가치의 중심인 것처럼 생각하거나 그렇게 살아서는 안된다. 우리의 목적은 우리 자신이 아니다. 우리의 가치는 하나님께 대한 가치이고, 우리의 목적은 "하나님을 영화롭게 하고 영원토록 그를 즐거워하는 것이다."

7. 거룩과 사랑의 형상

우리는 자기 중심적이다. 그러나 이것이 우리의 본성에 대한 온전한 진리는 아니다. 이에 대하여 우리는 항상 충분한 증거들을 가지고 있다. 다행스럽게도 우리에게는 자기 중심주의로는 결코 얻을 수 없는 역량과 업적들이 있다.

비록 손상되기는 했지만 하나님의 형상, 곧 거룩과 사랑의 형상이 아직도 우리에게 남아 있다. 그것은 우리의 소망의 원천이다. 그러나 그것은 손상을 입었기 때문에 우리의 사악함의 원천이 되기도 한다. 그것이 온전한 상태에 있을 때, 우리는 하나님의 형상에 응답할 수 있다. 그리고 "예수 그리스도의 얼굴 속에 있는 하나님의 영광에 대한 지식의 빛"을 볼 수 있게 된다. 그래서 "얼굴을 가리우지 아니하고 주님의 영광을 비춰 주는 거울로서, 주님과 같은 형상으로 변하여 영광에서 영광에 이르게 된다."

이것이 우리가 나아가야 할 목적지이다. 그리고 우리의 사회 생활도, 신중하게 계획되는 한, 그러한 목적을 염두에 두고 규정되어야 한다. 우리는 지금 있는 그대로의 모습으로 다루어져야 하지만 언제나 하나님의 목적 속에서 우리가 마땅히 되어야 할 모습에 비추어 취급되어야 한다. 왜냐하면 사회의 질서인 율법은 우리를 그리스도에게로 인도하는 선생이기 때문이다.

관련 성경 구절 : 로마서 13:1-7

각 사람은 위에 있는 권세들에게 굴복하라 권세는 하나님께로 나지 않음이 없나니 모든 권세는 다 하나님의 정하신 바라 그러므로 권세를 거스르는 자는 하나님의 명을 거스름이니 거스르는 자들은 심판을 자취하리라 관원들은 선한 일에 대하여 두려움이 되지 않고 악한 일에 대하여 되나니 네가 권세를 두려워하지 아니하려느냐 선을 행하라 그리하면 그에게 칭찬을 받으리라 그는 하나님의 사자가 되어 네게 선을 이루는 자니라 그러나 네가 악을 행하거든 두려워하라 그가 공연히 칼을 가지지 아니하였으니 곧 하나님의 사자가 되어 악을 행하는 자에게 진노하심을 위하여 보응하는 자니라 그러므로 굴복하지 아니할 수 없으니 노를 인하여만 할 것이 아니요 또한 양심을 인하여 할 것이라 너희가 공세를 바치는 것도 이를 인함이라 저희가 하나님의 일꾼이 되어 바로 이 일에 항상 힘쓰느니라 모든 자에게 줄 것을 주되 공세를 받을 자에게 공세를 바치고 국세 받을 자에게 국세를 바치고 두려워할 자를 두려워하며 존경할 자를 존경하라.

리처드 포스터의 묵상

 템플이 이 글에서 보여 주고 있는 정말로 귀한 생각은 사회 질서가 그리스도인의 윤리적, 도덕적 환경에 의해서 영향을 받고 형성되어야 한다는 것이다. 이것은 특정한 정치적인 의제를 통해서가 아니라 그리스도인의 원리를 명확히 표명함으로써 이루어진다.

 그렇다면 그리스도인의 원리는 무엇인가? 여기 그 예들을 열거해 보고자 한다. 사랑의 법의 우월성, 원죄의 실재성, 모든 인간 생명의 무한한 가치 등이 그것이다. 이러한 것들이 다른 것들과 더불어 어떻게 대중의 삶을 형성하는 데 도움을 줄 수 있는지는 쉽게 알 수 있다.

존 울먼

(John Woolman, 1720~1772)

존 울먼은 격동의 시대에 신실함으로 큰 목소리를 발했던 경건한 사람이었다. 뉴저지에서 농사를 짓는 퀘이커 교도의 가정에서 태어난 그는 식민지 아메리카의 소용돌이 속에서 살았다. 그 시대는 영국에 대한 반란이 임박한 시기였고, 노예 무역이 만연하였으며, 인디언들과 전쟁을 하던 시기였다. 또한 많은 사람들이 빈곤으로 고통을 받던 시기이기도 했다. 울먼의 소박하고 꾸준한 복종의 삶은 그 모든 문제를 다루었다.

후기의 작가들이 그를 가리켜 '성인'이니 '예언자'니 하는 것을 그가 들었다면 깜짝 놀랐을 것이다. 왜냐하면 그는 오직 참 목자이신 그리스도만을 가능한 한 가깝게 따르려고 힘썼을 뿐이기 때문이다.

울먼은 *Journal*(일지)의 서두를 이렇게 시작하고 있다. "나는 하나님의 선하심에 대한 나의 경험을 기록할 때에 종종 몇 가지 힌트를 남겨 놓고 싶은 사랑의 충동을 느끼곤 했다." 16년이 넘도록 기록된 그의 일기를 통해 우리는 울먼이 어떻게 점차적으로 하나님의 광대한 사랑을 깨달아 갔는지, 또 그 자신의 따뜻한 사랑이 모든 사람과 전 피조물에 대하여 어떻게 성숙해 갔는지를 알 수 있다. 그는 사랑으로 엄격하고도 고결한 삶과 용기 있는 증인의 삶을 살았다. 그의 삶은 지금 우리에게도 여전히 도전이 되고 있다.

다음에 발췌한 내용은 하나님의 선하심을 자신의 삶 속에 폭넓고도 철저하게 융합시킨 그의 모습을 예증해 주는 시작에 불과하다.

39주 「존 울먼의 일지(The Journal of John Woolman)」에서 발췌

압제의 멍에를 깨뜨리라

1. 참 목자의 음성

진리의 능력으로 말미암아 내 마음이 외적인 호사스러움에 대한 욕망을 제법 많이 버리게 되었다. 그리고 값이 비싸지 않으면서도 진정으로 편리한 것들에 만족하는 것을 배웠다. 그 결과 비록 수입은 적지만, 수없이 얽히고설킨 복잡한 것들에서 자유로운 삶의 방식이 내게는 가장 적합한 것으로 보였다.

나는 수지 타산이 맞는 몇 가지 사업 제의를 받기도 했다. 그러나 그 제의를 받아들이기에는 나의 길이 분명하게 보이지 않았다. 왜냐하면 그 사업이 내가 거기에 종사하는 데 필요한 것 이상으로 많은 외적인 걱정거리와 방해물을 내게 안겨 주는 것이라고 생각했기 때문이었다.

나는 주님의 축복을 받은 겸손한 사람은 작은 것을 가지고도 살아갈 수 있는 것을 보았고, 반면 마음이 일단 호사스러운 것에 고정되면 사업상의

성공이 마음의 욕구를 충족시는 것이 아니라, 흔히 부의 증가와 더불어 부에 대한 욕구도 증가하는 것을 보았다. 그 어떤 것도 참 목자의 음성에 꾸준히 귀를 기울이는 것을 방해하지 않도록 하기 위해서, 외적인 것들에 시간을 보내는 것이 내게는 마음의 근심이 되었다.

2. 사람을 두려워하면 함정에 빠진다

세상적인 지혜에 대해서는 어리석은 자가 되고, 진리의 단순성을 공박하는 사람들의 감정을 건드리는 것을 두려워하지 아니하며, 나의 주장을 하나님께 위탁하는 것이 다른 사람들의 감정에 동요하지 않는 유일한 방법이다.

사람을 두려워하면 함정에 빠진다. 즉 마땅히 해야 할 일을 주저하게 되고, 시련의 때에 물러서게 됨으로써 우리의 손이 약해지고, 우리의 영혼이 사람들 속에 파묻히며, 우리의 귀가 참 목자의 음성을 듣는 데 우둔해진다. 따라서 우리가 의인의 길을 바라보게 될 때, 그러한 모습들은 우리가 따라야 할 길이 아닌 것처럼 보인다.

내가 이 글을 쓰는 동안 내 마음에 옷을 입히는 것이 있다. 그것은 모든 표현을 뛰어넘는 사랑이다. 그리고 내 마음이 거룩한 경쟁을 격려하기 위해서 활짝 열리는 것을 느낀다. 그것은 그리스도인의 견고함을 진보시키기 위함이다. 깊은 겸손은 견고한 성벽과 같다. 우리가 그 안으로 들어갈 때 안전과 참된 고귀함을 느낀다. 하나님의 어리석음이 사람보다 지혜롭고 하나님의 약함이 사람보다 강하다. 우리 자신의 지혜로 옷 입지 아니하고 피조물의 비천함을 아는 것, 그 속에서 우리는 우리에게 건강과 활력을 주는 능력이 솟아나는 것을 발견하게 된다.

3. 겸손에 거하라

사랑하는 성도 여러분, 먼저 여러분은 겸손에 거하십시오. 그리고 외적인 이득에 대한 안목에 너무 깊이 사로잡히지 않도록 주의하십시오. 여러분이 일편단심으로 주님만을 바라볼 때 여러분은 보호를 받을 것이며, 여러분의 길이 안전할 것입니다.

사람들의 마음이 내적인 참 평안의 길에 익숙해지려고 하기보다 외적인 것들을 추구하는 데에 쏠리고, 이익을 추구하거나 이 세상과 벗하려는 일에 열심을 갖게 되면, 삶의 참 위로가 없는 가운데 헛된 그림자 속을 걷는 인생이 되고 맙니다. 그들의 본보기는 종종 다른 사람들을 해롭게 하고, 그렇게 거두어진 그들의 재물은 그들의 자녀들에게 위험한 함정이 되는 예가 아주 많습니다.

그러나 사람들이 진정으로 그리스도를 따르는 일에 헌신하고 성령의 영향 아래 거하게 되면, 그들의 안정성과 견고함이 하나님의 복을 받음으로 말미암아 때때로 그들 주변의 부드러운 식물 위에 내리는 이슬과 같고, 그들의 영적인 무게가 다른 사람들의 마음속에 은밀히 작용하게 됩니다.

4. 자발적으로 싸움을 멈출 수 있는 상태

우리가 부당하게 침입을 당할 때, 자신의 힘으로도 침입자들을 이길 수 있는 가능성이 있음에도 불구하고 자발적으로 싸움을 멈출 수 있는 그런 상태에 도달하려면 대단한 자기 부인(否認)과 자신을 하나님께 드리는 전적인 포기가 요구된다. 정당하게 그 상태에 도달하는 사람들이라면 누구든지 우리 구주 예수 그리스도께서 우리를 위하여 자기의 생명을 내어 주신 그 정신을 어느 정도 느낄 수 있을 것이다.

수많은 우리 신앙의 선조들과 지금 살고 있는 많은 사람들이 하나님의 선하심으로 말미암아 이 복된 교훈을 배웠다. 그러나 주로 교육을 통해 종교를 갖게 되었고, 세상을 향하여 못박히신 그 십자가에 대해 충분히 알지 못하는 다른 많은 사람들은 하나님을 전적으로 신뢰하는 기질과는 전혀 다른 기질을 보여 준다.

5. 지체 없는 공의

(다음의 글은 울먼이 미국 독립 전쟁이 있기 수년 전에, 퀘이커 교도들이 노예 제도를 거부하는 데 직접적인 도움을 주었던 그의 연설에서 발췌한 것이다.)

나의 마음은 종종 하나님의 존재의 성결함과 그의 심판의 공의를 상고하게 됩니다. 그럴 때면 나의 영혼이 경외심으로 휩싸이게 됩니다.

이 땅에 있는 많은 노예들이 억압을 받고 있습니다. 그들의 부르짖음이 지극히 높으신 하나님의 귀에 상달되었습니다. 하나님의 심판의 성결함과 확실성은 너무도 명백해서 하나님이 우리 편을 들어 치우치실 수가 없습니다. 하나님께서는 그 무한하신 사랑과 선하심으로 시시각각 우리의 지각을 열어 이 노예들에 대한 우리의 의무를 촉구하시기 때문에 지금은 지체할 때가 아닙니다.

만일 우리가 지금 하나님께서 우리에게 요구하시는 것을 알면서도, 몇몇 사람들의 사사로운 이익을 고려한다거나 불변의 기초 위에 서 있지 아니한 일부 교우 관계에 대한 배려 때문에, 우리의 의무를 확실하고도 꾸준하게 행하기를 소홀히 하면서 여전히 어떤 특별한 다른 수단을 통해 그들이 구원받기를 기다린다면, 하나님께서 이 문제에 대해서 우리에게 응답하시되 그 의로우심으로 인해 무서운 일들로 응답하실 것입니다.

6. 소중한 거처

기도의 장소는 소중한 거처이다. 성도들의 기도가 귀중한 향기라는 것을 이제 알았기 때문이다. 그리고 나에게는 나팔이 주어졌는데, 그것은 성도들이 그 소리를 듣고서 초청을 받아 이 소중한 거처에 모여들도록 하기 위함이다. 이 소중한 거처에서 성도들의 기도가 귀중한 향기가 되어 하나님과 어린 양의 보좌 앞에 올라가게 된다. 나는 이 거처가 큰 소란과 동요가 있는 세상에서도 안전하고 내적으로 평안한 곳임을 알았다.

이 날에 순전한 복종으로 드리는 기도는 소중한 장소이다. 나팔 소리가 울려퍼진다. 그 소리는 교회를 향한 소리로, 교회는 순전한 내적인 기도의 장소가 운집된 곳인데, 그 곳은 안전하다.

7. 여러 가지 질문에 대한 탐색

우리의 생존을 위해서 하나님께서 식물과 음료를 주셨다. 그러나 우리가 하나님이 계획하신 것과 똑같은 종류, 똑같은 정도로 식물과 음료를 사용할 수 있을까? 나는 지혜롭지 않게 설정된 목표를 달성하기 위하여 과도한 노동을 함으로 나의 육체를 손상시키고 있지는 않은가?

나는 과부와 고아들을 방문할 때 이기적인 생각을 떠나 순수한 자선의 원칙에 따라 그 일을 하고 있는가? 나는 종교적인 모임에 참석할 때에 이런 생각을 하게 된다. 우선은 내가 정말 성실함과 분명한 책임감을 갖고 모임에 가는 것인지에 대해 자문하게 되고, 다음에는 관례 때문에 가는 것은 아닌지, 혹은 다른 사람들과 동행함으로써 나의 동물적인 본성이 느끼는 어떤 감각적인 즐거움 때문에 가는 것은 아닌지 묻게 된다. 그리고 그것이 종교인으로서의 나의 명성에 보탬이 되는지를 묻게 된다.

8. 그 이상도 이하도 말하지 말라

진리의 영이 내게 보여 주시는 것, 그 이상도 이하도 말하지 않는 것이 나의 매일의 관심사였다. 나는 나의 증거가 그리스도의 십자가에 순전하게 복종하지 않는 사람들의 마음을 즐겁게 하는 것이 되지 않도록 하기 위해서 스스로를 철저히 경계하였다.

9. 압제의 멍에를 깨뜨리라

새로이 내 마음속에 생긴 확신이 있다. 그것은 주님께서(그의 모든 역사 위에 따뜻한 사랑이 흘러넘치고 압제당하는 자들의 부르짖음과 신음소리에 그의 귀가 열려 있어서) 사람들의 마음속에 은혜로 역사하심으로 그들을 부에 대한 욕망에서 건져내시고, 낮고 천한 삶의 자리로 인도하여 내셔서 참된 의의 표준을 구하러 가는 길을 분명히 볼 수 있게 해주신다는 것이다. 또한 주님께서 압제의 멍에를 깨뜨리실 뿐만 아니라 외적으로 고통을 당할 때에 그들의 힘과 도움이 되신다는 사실이다.

10. 존 울먼은 죽었다

(다음에 발췌한 글은 그가 중병에 걸렸을 때 보았던 환상을 기록해 놓은 것이다.)

그때 나는 부드러운 음악의 선율과 같은 한 음성을 들었다. 그것은 내가 지금까지 들었던 그 어떤 소리보다도 더 순결하고 조화로운 것이었다. 나는 그것이 한 천사가 나머지 천사들에게 말하는 소리였다고 믿었다. 그 말은 "존 울먼은 죽었다"는 것이었다. 나는 그 천상의 소리가 무엇을 의미하는지 굉장히 궁금하였다.

그 다음에 나는 영에 이끌려 광산으로 갔다. 거기서는 가난하고 압제받는 사람들이 그리스도인이라고 불리는 사람들을 위하여 풍부한 보물들을 캐고 있었다. 나는 그들이 그리스도의 이름을 모독하는 소리를 듣고 몹시 슬펐다. 내게는 그리스도의 이름이 너무도 소중했기 때문이다. 그 후에 나는 이들 이방인들을 압제했던 사람들이 다름 아닌 그리스도의 제자들이었다는 말을 들었고, "만일 그리스도가 이런 식으로 우리를 학대하도록 그들에게 지시했다면 그리스도는 포악한 독재자임에 틀림없다"라고 압제받는 사람들끼리 말하는 것을 듣게 되었다.

그러는 동안 내내 그 천사의 노래가 내게는 풀 수 없는 수수께끼로 남아 있었다. 나는 그 말 뜻이 알고 싶어서 견딜 수 없었다.

(어느 정도 육체적으로 회복이 된 후에)… 마침내 나는 말할 수 있는 입을 예비하신 하나님의 능력을 체험했다. 그리고 나서 입을 열었다. "내가 그리스도와 함께 십자가에 못박혔나니 그런즉 이제는 내가 산 것이 아니요 오직 내 안에 그리스도께서 사신 것이라 이제 내가 육체 가운데 사는 것은 나를 사랑하사 나를 위하여 자기 몸을 버리신 하나님의 아들을 믿는 믿음 안에서 사는 것이라"(갈 2:20). 그제서야 그 비밀이 밝혀졌다. 그리고 회개한 죄인 한 사람으로 인하여 천국에서는 큰 기쁨이 있다는 사실을 깨달았다. "존 울먼은 죽었다"라는 말은 바로 나 자신의 의지가 죽었다는 말에 지나지 않았다.(하워드 메이시가 현대의 독자들을 위하여 간추린 것임.)

관련 성경 구절 : 시편 40:4-8

여호와를 의지하고 교만한 자와 거짓에 치우치는 자를 돌아보지 아니하는 자는 복이 있도다 여호와 나의 하나님이여 주의 행하신 기적이 많고 우리를 향하신 주의 생각도 많도소이다 내가 들어 말하고자 하나 주의 앞에 베풀 수도 없고 그 수를 셀 수도 없나이다 주께서 나의 귀를 통하여 들리시기를 제사와 예물을 기뻐 아니하시며 번제와 속죄제를 요구치 아니하신다 하신지라 그때에 내가 말하기를 내가 왔나이다 나를 가리켜 기록한 것이 두루마리 책에 있나이다 나의 하나님이여 내가 주의 뜻 행하기를 즐기오니 주의 법이 나의 심중에 있나이다 하였나이다.

리처드 포스터의 묵상

나는 「존 울먼의 일지」를 언제 처음 읽었는지, 또 몇 번이나 읽었는지, 또 얼마나 많은 판을 거듭해서 읽었는지 기억이 나지 않는다. 나는 성경 이외의 글 중에서 울먼의 일지보다 내게 더 많은 의미를 주었던 것은 없다고 확신할 수 있다.

울먼이 정확하게 지적한 문제들은 오늘날 우리가 씨름하고 있는 문제들로서 군국주의, 인종 차별주의, 소비주의 등이다. 그리고 그는 사랑과 용기, 부드러움과 굳건함 등을 이런 문제들과 절묘하게 조화시켜서 다루고 있다.

나는 존 울먼에게서 많은 것을 배웠다. 하지만 그 중에서 가장 귀한 것은 그리스도인의 행보에 담긴 깊은 사회적인 의미를 깨달은 것이다. 울먼은 우리에게 큰 우상 숭배에 대해서 경고해 줄 뿐만 아니라 작은 충성에 대해서도 가르쳐 준다. 그것은 우리가 다루는 문제가 과도한 헌신의 문제이든 사업상의 윤리 문제이든 동일하다. 이 모든 문제에 있어서 울먼은 우리에게 우리의 마음을 '사랑으로 확대시킬 것'을 가르쳐 준다.

해나 휘톨 스미스

(Hannah Whitall Smith, 1832~1911)

해나 휘톨 스미스는 퀘이커 교도로 1832년에 필라델피아에서 태어났다. 그녀의 저서인 *The Christian's Secret of a Happy Life*(그리스도인의 행복한 삶의 비결)는 유명한 고전이 되었는데, 여기 실린 글은 이 책에서 발췌한 것이다. 1870년에 출판된 이 책은 그것이 쓰여진 시대의 사람들을 격려하는 일종의 봉화(烽火)였으며, 계속해서 사람들에게 영감을 불어넣어 그리스도와 더불어 더욱 기쁘게 살아갈 수 있는 지침이 되고 있다. 이 책은 지금까지 이백만 부 가까이 팔렸다.

휘톨 스미스는 결코 예수님의 완고한 종이 아니었다. 오히려 그녀의 삶은 완전한 복종에서 얻어질 수 있는 기쁨을 표현했다. 휘톨 스미스에 의하면, 행복한 삶의 '비결'은 성경의 약속들을 절대적으로 신뢰하는 것이다. 그녀의 목표는 학자들을 감동시키는 것이 아니라 더욱 헌신된 삶을 갈망하는 평범한 사람들의 삶을 고양시키는 것이었다.

그녀의 글은 매우 실제적이어서 보통 사람들의 일상적인 삶의 갈등들을 직접적으로 다루고 있다. 그녀의 성서 신학은 사람들의 삶의 이야기 속에서 그리고 그것으로부터 구성한 것이다. 여기에 발췌한 글은 그리스도인의 봉사가 짐으로 느껴지는 문제를 솔직하게 다루고 있다. 우리가 하나님을 위해 일하면서 기쁨을 잃어버린다면 어떻게 해야 하는가? 이 문제에 대해서 해나 휘톨 스미스는 우리에게 탁월한 권고를 해주고 있다.

40주 「그리스도인의 행복한 삶의 비결」에서 발췌

봉사의 기쁨을 회복하라

1. 의무감에서 나오는 "해야만 합니까?"

그리스도와 함께 하나님 안에 숨겨져 있는 이 생활을 시작하자마자, 가장 큰 변화가 일어나는 영역이 있다면 그것은 아마 봉사의 문제일 것이다.

그리스도인의 일반적인 삶의 모든 형태 가운데 봉사의 문제는 다소간 속박의 경향을 띠기 쉽다. 즉 순전히 의무감에서 봉사를 하거나, 봉사를 하나의 시련이나 십자가로 생각하는 경향이 있다는 것이다. 처음에는 즐거움이나 기쁨으로 생각되던 어떤 일들이 시간이 흐르면서 피곤한 일이 되고, 믿음으로 수행하기는 하지만 마음속으로는 내키지 않아 억지로 하게 되며, 전혀 봉사를 할 필요가 없다거나 적어도 그렇게 자주 봉사할 필요는 없다는 소원을 겉으로 드러내거나 마음속에 간직하게 되는 경우가 많다.

그래서 우리의 영혼은 사랑에서 우러나오는 "해드릴까요?" 대신에 의

무감에서 나오는 "해야만 합니까?"라고 묻게 된다. 처음에는 수월해 보이던 멍에가 피부를 스쳐서 아프게 한다. 즉 짐이 가벼운 것이 아니라 무겁게 느껴지기 시작한다.

2. 단조롭고 고된 일상적인 그리스도인의 일

어느 사랑하는 그리스도인이 내게 이런 말을 한 적이 있다. "제가 처음 회심했을 때는 기쁨과 사랑이 충만하여 제가 주님을 위해서 무언가 할 수 있다는 사실 때문에 그저 기쁘고 감사했습니다. 그래서 물불 가리지 않고 열심히 일했지요. 그런데 얼마 후 처음 기쁨이 사라지고 사랑의 불길이 식어지자, 그 동안 열심을 냈던 것이 후회가 되기 시작했어요. 어느 틈엔가 제 자신이 점차적으로 봉사하기를 아주 싫어하고 그 자체를 짐으로 여기는 사람들의 대열에 들어서 있다는 것을 알게 된 것이죠.

제가 시작한 일이기 때문에 아무런 예고도 없이 포기하는 것이 쉽지는 않았습니다. 그러나 아무튼 점점 포기하고 싶다는 생각을 하게 되었습니다. 그 동안 저는 환자들을 심방해서 기도해 주어야 했고, 기도회에 참석해서 이야기를 해야 했어요. 요컨대, 그리스도인이 해야 하는 일이면 무엇이든지 늘 참석할 준비가 되어 있어야 했던 것이죠. 그런 모든 부담이 나를 계속해서 짓눌렀던 거예요.

마침내, 제가 시작하였고 제게 요구되는 그런 종류의 그리스도인의 삶을 산다는 것이 제게는 이루 말할 수 없는 짐이 되고 말았습니다. 그래서 차라리 어떤 형태로든 육체 노동을 하는 편이 더 쉬웠을 것 같다는 생각을 하게 되었지요. 말하자면, 단조롭고 고된 일상적인 그리스도인의 일을 하라고 강요당하는 것보다는 차라리 하루 종일 두 손과 두 무릎을 바닥에 대고 청소하는 일이 더 좋았을 뻔했다는 거죠. 사실 저는 주방에서 일하는 하녀들이나 세탁통 옆에서 빨래하는 여자들을 부러워했습니다."

3. 변치 않는 짐

이 말이 어떤 이들에게는 좀 과장된 것처럼 들릴지 모르겠다. 그러나 친애하는 그리스도인이여, 이 사람의 고백이 당신이 직접 겪은 경험담을 생생하게 묘사하고 있지는 않은가? 당신은 일상적인 일을 하러 가는 노예처럼 단지 의무이기 때문에 해야만 한다는 식의 생각을 하면서 일을 하러 갔다가, 그 일을 끝마치는 순간 마치 고무공이 튀어나오는 것처럼 진정한 기쁨과 흥미가 샘솟는 듯한 경험을 한 적이 없었는가?

물론 당신은 이렇게 생각하는 것이 잘못된 것임을 알고 있었고, 또 철저히 그 사실을 부끄러워했을 것이다. 그러나 당신은 여전히 피할 길을 찾지 못하였다. 당신은 당신의 일을 사랑하지 않은 것이다. 그리고 만일 당신이 안심하고 그렇게 할 수 있었다면, 당신은 기꺼이 그것을 전적으로 포기했을 것이다.

이것이 당신의 경우를 묘사하고 있지 않다면 아마 다른 설명이 필요할 것이다. 당신이 자신의 일을 이론적으로는 분명히 사랑한다고 하지만, 그 일을 하면서 그 일에 따르는 책임과 걱정거리가 너무나 많다는 것을 발견하고는, 당신 자신의 능력이나 적합성 여부에 대해서 너무 많은 염려와 불안을 느낀 나머지, 그 일이 무거운 짐이 되어 일을 시작하기도 전에 그 짐에 짓눌리고 심신이 지치게 된다. 그리고 또한 일의 결과에 대해서도 계속해서 고민하게 되고, 그 결과가 원하던 방향과 달라지면 몹시 괴로워하게 된다. 그래서 그것이 저절로 변치 않는 짐이 된다.

4. 우리가 하고 싶은 일들

우리의 영혼이 복된 믿음의 생활 속에 완전히 들어가게 되면 이 모든 형태의 속박에서 완전히 자유하게 된다. 우선, 어떤 종류의 봉사도 그 영혼에게 기쁨이 된다. 왜냐하면 그 뜻을 주님께서 맡아 다스리도록 복종시킴으로써 하나님께서 그 영혼 속에서 선하신 기쁨을 계획하시고 행하실 뿐만 아니라, 그 영혼이 하나님께서 원하시는 것들을 진정으로 하고 싶다는 느낌을 갖게 되기 때문이다.

심지어 그 일들이 하기 어려운 일이거나 우리의 몸을 지치게 하는 것일지라도, 우리가 하고 싶어하는 일을 하는 것은 언제나 큰 즐거움이다. 만일 우리의 의지가 진정으로 어느 한 가지 일에 고정이 되면, 그 길목에 놓여 있는 장애물들을 전혀 무관심하게 대하게 되고 우리를 방해하는 어떠한 반대나 어려움도 웃음으로 넘기게 된다.

세상의 재물을 추구하거나 세속적인 야망을 이루기 위하여 세상적인 목적을 향해 기꺼이 줄달음질치며, 거기에 관련된 '십자가'에 관한 생각은 전적으로 경멸하는 사람들이 얼마나 많았던가! 비록 사랑하는 아들과 수년 간 헤어져 살기도 하며, 또 그를 위해 고난의 삶을 살아가면서도, 그 아들이 국가를 위해 봉사하는 일에 유용하게 쓰이는 어떤 권력의 자리에 오르는 것을 보면, 자축을 하며 그 아들이 얻은 명예를 기뻐하는 어머니가 이 땅에 얼마나 많은가!

그러나 바로 그 아들들과 어머니들에게, 그리스도를 섬기는 일로 가정과 친구들과 세상적인 안락함에 대해서 똑같이 희생하라고 요구하면, 그들은 그 십자가가 너무나 무거워서 질 수 없다고 생각하고 그렇게 말할 것이다.

5. 사랑으로 우리를 속박함

그것들을 십자가라고 생각하는가, 그렇지 않은가 하는 것은 전적으로 우리가 사물을 보는 관점에 달려 있다. 나는 세속적인 사람이 돈을 벌기 위해서 너무나 기쁘게 일하는 반면, 그리스도인이 그리스도를 위하여 어떤 일을 할 때 침울한 기색을 하고 눈물을 흘리는 것을 생각하면 부끄러움이 앞선다.

그리스도인의 삶에서 우리에게 필요한 것은 다른 사람들이 자신이 원하는 것을 행하고 싶어하는 것만큼 믿는 사람들이 하나님의 뜻을 행하기를 원하게 하는 일이다. 이것이 복음의 근본 취지이다. 그것은 하나님께서 우리에게 의도하신 바요, 약속하신 것이다. 히브리서 8:6-13에서 하나님은 새 언약에 대해서 설명하시면서 그것이 더 이상 시내 산에서 맺은 옛 언약, 즉 사람을 힘으로 속박하는 밖으로부터 주어진 율법이 아니요, 사랑으로 우리를 속박하는 마음에 새겨진 율법이라고 말씀하셨다.

하나님께서는 "내 법을 저희 생각에 두고 저희 마음에 이것을 기록하리라"고 말씀하셨다. 이것은 오직 우리가 하나님의 율법을 사랑하게 될 것이라는 뜻이다. 마음에 기록된 것은 우리가 사랑해야만 하기 때문이다. "내 법을 저희 생각에 두었다"는 말씀은 분명히 하나님께서 그 선하시고 기쁘신 뜻대로 우리 안에서 역사하신다는 것과 동일한 의미이며, 우리가 하나님의 뜻대로 행하고 하나님의 복된 명령에 복종한다는 뜻이다. 그것은 그렇게 하는 것이 우리의 의무이기 때문이 아니라 하나님께서 원하시는 것을 우리가 스스로 행하고 싶기 때문이다.

6. 하나님께서 역사하시는 방법

이보다 더 효과적인 방법은 아마 생각할 수 없을 것이다. 자녀들을 키우면서 우리는 다음과 같은 생각을 얼마나 자주 해보았는가! '아, 내가 저 아이들 속에 들어가서 내가 원하는 것을 그대로 하게 할 수만 있다면, 저들을 키우기가 한결 수월할 텐데!' 반면 심술궂은 사람들을 대할 때면, 우리가 원하는 바를 제시하는 것을 매우 조심스럽게 회피하면서 어떤 식으로든 그들로 하여금 그것을 제안하도록 설득해야만 한다. 왜냐하면 그렇게 해야만 그 어떤 반대에도 부딪히지 않게 되기 때문이다.

실제적인 경험을 통해 우리는 이러한 경우을 얼마나 자주 발견하였는가! 본질상 목이 곧은 백성인 우리는 외부에서 오는 율법에는 언제나 다소간 반역하지만, 안에서 용솟음쳐 나오는 똑같은 율법은 기쁨으로 포용한다.

그러므로 하나님께서 역사하시는 방법은 우리의 심령을 사로잡는 것이며, 우리의 의지를 통제하고 관리하여 우리를 위해 그것을 운용하시는 것이다. 그렇게 되면 복종이 쉬워지고 기쁨이 되며, 봉사하는 것 자체가 완전한 자유가 된다. 마침내 그러한 그리스도인은 이렇게 고백하지 않을 수 없게 된다. "이처럼 행복한 봉사가 또 있단 말인가! 세상에 이런 자유가 있다는 것을 누가 상상이나 할 수 있었겠는가?"

7. 완전한 통제

그러므로 사랑하는 그리스도인이여, 만일 당신이 봉사의 문제로 인하여 속박을 당하고 있다면, 당신에게 필요한 일은 당신의 의지를 주님의 손에 완전히 내어 맡기고 주님께서 그것을 완전히 주장하시도록 복종하는 것뿐이다. 범사에 "예, 주님, 그렇습니다!"라고 말하고 하나님께서 당신 안에서 역사하실 수 있도록 그분을 신뢰하며, 복되고 사랑할 만하고 가장 사랑스러운 하나님의 뜻에 일치하도록 당신의 모든 소원과 열정을 가지고 나오라.

나는 이 일이 완전히 불가능해 보이는 경우들 가운데서 종종 일어나는 것을 보아 왔다. 한번은 어떤 여자가, 옳다는 것은 알고 있으면서도 몹시 싫어했던 어떤 조그만 봉사 행위에 대해서 수년 동안 심한 반감을 가져온 사례가 있었다. 나는 그녀가 절망의 나락 속에서 아무런 감정도 없이 그 문제에 대한 그녀의 뜻을 주님의 손에 올려 드리면서 하나님께 이렇게 말하는 것을 보았다. "주님의 뜻을 이루소서, 주님의 뜻을 이루소서!" 그러자 한 시간도 못 되어 그토록 반감(反感)을 주었던 바로 그 일이 그녀에게 더 없이 복되고 소중한 일로 보이기 시작했다.

8. 우리의 짐을 져 주시는 주님

앞에서 말한 대로 많은 그리스도인들이 이론적으로는 하나님의 뜻을 사랑하면서도 거기에 관련된 무거운 짐을 지고 다닌다. 놀라운 믿음의 삶은 이 문제에 대해서도 자유케 한다. 믿음의 삶에는 아무런 짐도, 아무런 근심도 없기 때문이다. 주님은 우리의 짐을 대신 져 주시는 분이기에 우리는 주님께 자신의 모든 염려를 내려놓아야 한다. 실제로 주님께서는 이렇게 말씀하신다. "아무것도 염려하지 말고 구하는 것을 내게 알려 주기만 하면, 내가 그 모든 것을 다 보살펴 주겠다."

아무것도 염려하지 말라고 주님께서는 말씀하셨다. 당신의 봉사 문제도 마찬가지이다. 왜 그런가? 우리는 너무나 무기력해서 우리가 아무리 염려한다 해도 결국 우리의 봉사가 무익한 것이 되고 말기 때문이다. 우리가 봉사하기에 적합한가, 적합하지 않은가를 생각하는 것이 우리와 무슨 상관이 있는가? 주인에게는 자기의 일을 위하여 자기가 원하는 도구를 쓸 수 있는 권리가 분명히 있다. 그리고 어떤 도구가 쓰임받을 권리가 있는 것인지, 아닌지를 결정하는 것은 명백히 도구의 권한이 아니다. 그것은 하나님의 소관이다. 그리고 하나님께서 우리를 쓰시고자 선택하신다면, 물론 우리는 거기에 적합한 사람임에 틀림없다. 그리고 우리가 정말 알아야 할 것은, 도구로서의 우리의 적합성은 우리의 완전한 무기력에 있다는 것이다. 하나님의 능력은 우리의 능력 속에서 완전해지는 것이 아니라 우리의 약함 속에서 완전해진다. 우리의 능력은 단지 방해가 될 뿐이다.

관련 성경 구절 : 히브리서 8:6-13

그러나 이제 그가 더 아름다운 직분을 얻으셨으니 이는 더 좋은 약속으로 세우신 더 좋은 언약의 중보시라 저 첫 언약이 무흠하였더면 둘째 것을 요구할 일이 없었으려니와 저희를 허물하여 일렀으되 주께서 가라사대 볼지어다 날이 이르리니 내가 이스라엘 집과 유다 집으로 새 언약을 세우리라 또 주께서 가라사대 내가 저희 열조들의 손을 잡고 애굽 땅에서 인도하여 내던 날에 저희와 세운 언약과 같지 아니하도다 저희는 내 언약 안에 머물러 있지 아니하므로 내가 저희를 돌아보지 아니하였노라 또 주께서 가라사대 그날 후에 내가 이스라엘 집으로 세울 언약이 이것이니 내 법을 저희 생각에 두고 저희 마음에 이것을 기록하리라 나는 저희에게 하나님이 되고 저희는 내게 백성이 되리라 또 각각 자기 나라 사람과 각각 자기 형제를 가르쳐 이르기를 주를 알라 하지 아니할 것은 저희가 작은 자로부터 큰 자까지 다 나를 앎이니라 내가 저희 불의를 긍휼히 여기고 저희 죄를 다시 기억하지 아니하리라 하셨느니라 새 언약이라 말씀하셨으매 첫 것은 낡아지게 하신 것이니 낡아지고 쇠하는 것은 없어져 가는 것이니라.

리처드 포스터의 묵상

이 글에서 해나 휘톨 스미스는 거의 보편적인 문제를 다루었다. 때때로 우리 모두는 무거운 의무감을 느끼곤 한다. 완전해야 한다는 부담감이 우리를 억누르기도 한다. 봉사가 우리를 고양시키고 격려하기보다는, 질질 끌고 다니다가 힘을 소진시키고 만다.

이러한 문제에 대해 그녀는 다음과 같이 답변한다. "계속해서 예수님을 사랑하라. 예수님이 당신 안에서 역사하실 수 있도록 하라. 예수님이 우리에게 '해야만 한다'는 의무감이 아니라 '하고 싶다'는 은혜로 충만히 채워 주시기를 소원하라."

그녀의 답변은 완전하지는 않지만 분명히 정곡을 찌르는 것이다. 제자도에 있어서, 예수님과의 날로 깊어가는 사랑의 관계보다 더 핵심적인 것은 없다. 그 사랑의 관계는 결과적으로 우리에게 모든 사람들을 사랑할 수 있는 힘을 주고, 이 땅에서 하나님의 역사를 이루고자 하는 소망을 준다.

제레미 테일러

(Jeremy Taylor, 1613~1667)

영국의 캠브리지에서 태어나 교육을 받은 제레미 테일러는 뛰어난 학식으로 말미암아 일약 유명해졌다. 그는 1633년에 안수를 받고 성직자가 되었으며, 나중에 찰스 1세의 왕실 목사가 되었다. 이런 관계 때문에 그는 1645년에 의회파에 의해 수감되기도 했다. 그는 1658년에 아일랜드로 이주했다가 왕정 복고 이후 다운(Down)과 코너(Connor)의 감독으로 선임되었다.

그는 생생하고, 예증적인 수많은 저작들을 남겨 놓은 저술가였으며, 그의 유작은 8절판 열다섯 권을 충분히 채울 수 있을 정도의 분량이었다. 그는 수많은 경건 서적들과 학문 서적들뿐만 아니라 그리스도의 생애를 대화체식 영어로 저술한 최초의 사람이기도 하다. 그는 *Holy Living*(거룩한 삶)과 *Holy Dying*(거룩한 죽음)이라는 저서로 널리 알려지게 되었다. 이 두 권의 책은 그리스도인 작가들뿐만 아니라 고전으로서 일반 독자들을 보다 깊은 희생과 겸손의 삶으로 인도하는 실제적인 지침서였다.

여기에 실은 글은 *The Rule And Exercises of Holy Living*(거룩한 삶의 규칙과 훈련)에서 발췌한 글로서 인간의 행동에 대한 테일러의 광범위한 통찰력을 보여 주고 있다. 그는 인식을 위한 우리의 내적인 갈등과 인식을 하기 위해 우리가 사용하는 많은 책략들을 매우 명료하게 간파하고 있다. 그가 사용한 '규칙(rules)'이라는 말이, 자존감을 주는 언어에 더 익숙한 일부 현대인 독자들에게 낯설게 들리거나 불쾌하게 들릴 수도 있다. 그러나 테일러가 이해한 겸손의 중요성은 오늘날 우리에게 더욱 요구되는 것이다.

41 주 「거룩한 삶의 규칙과 훈련」에서 발췌

겸손의 은혜

1. 당신 자신을 현실적으로 직시하라

겸손의 은혜는 다음의 규칙들을 통해 훈련된다.

첫 번째, 당신에게 생긴 어떤 외적인 환경으로 인해 당신 자신을 과대평가하지 말라. 비록 당신에게 주어진 재능들로 인해 다른 사람보다 어떤 것을 더 잘한다고 할지라도(마치 어떤 말이 다른 말보다 더 빨리 뛰는 것처럼), 그것이 당신 자신을 위한 것이 아니라 다른 사람들의 유익을 위한 것이라는 점을 명심하라. 당신이 한낱 인간임을 명심하고, 올바른 선택을 하는 것 외에 당신의 공로가 될 만한 것이 당신 안에 아무것도 없다는 사실을 기억하라.

두 번째, 겸손은 자신을 비판하거나, 누더기 옷을 입거나, 가는 곳마다 굴종적인 자세로 다니는 것을 의미하지 않는다. 겸손은 자신을 현실적으로 직시하는 것이다. 즉 당신이 무가치한 사람이라는 것이다. 음식도 없이 길을 떠나면 배가 고프다는 것을 믿는 것만큼 확실히 당신이 무가치한 사람임을 믿으라.

2. 은밀히 선행을 베풀라

세 번째, 당신이 자신에 대해 이러한 생각을 가졌으면 다른 사람들이 당신에 대해 동일한 생각을 가질 때 만족하라. 당신이 스스로를 지혜롭지 못한 사람이라고 생각하고 있다면, 다른 사람들이 당신에게 지혜롭지 못하다고 말할 때 화를 내지 말라. 당신이 정말로 당신 자신에 대해서 그런 생각을 갖고 있다면, 다른 사람들도 똑같이 그런 생각을 갖고 있기를 기대하라. 스스로에 대해서 낮게 생각하면서 다른 사람들이 높여 주기를 기대한다면 그것은 위선이다.

네 번째, 은밀히 선행을 베푸는 사랑을 키우라. 선행을 베풀 때 다른 사람들이 보지 않는 곳에서 하고 그 선행으로 인하여 높임을 받으려 하지 말라. 칭찬을 듣지 않고 지내는 것에 만족하고, 다른 사람들이 멸시하거나 경시할 때 그것을 문제시하지 말라. 당신 자신이 무가치하다는 것을 알면, 아무도 당신을 깎아 내릴 수 없다는 것을 기억하라. 일단 그 사실을 알게 되면, 다른 사람의 어떤 멸시도 당신의 마음을 상하게 하지 못할 것이다.

3. 결코 부끄러워하지 말라

다섯 번째, 당신의 출생 배경, 부모, 직업, 그리고 현재 종사하고 있는 일 등, 이것들 중 어떤 것이 비천한 상태에 있더라도 결코 부끄러워하지 말라. 그것들에 관해서 다른 사람들에게 말할 경우가 생길 때 부끄러워하지 말고 다른 사람들이 당신을 어떻게 생각하든 상관하지 말고 기꺼이 말하라. 보헤미아의 초대 왕인 프리미슬라우스의 일화가 있다. 그는 자기가 만든 구두를 늘 옆에 간직했다. 그는 그것을 볼 때마다 늘 자신의 비천한 출신을 기억하곤 했다.

여섯 번째, 직접적이든 간접적이든 다른 사람들의 칭찬을 유도하거나 찬사를 부추기는 말은 절대로 하지 말라. 칭찬을 받을 의도로 말하지 말라. 그렇다고 해서 대화 도중에 다른 사람이 당신을 칭찬할 때 대화를 중단하지는 말라. 다만 칭찬을 받으려는 것이 대화의 목적이 되어서는 안된다는 것을 명심하라.

4. 하나님께 다시 돌려 드리라

일곱 번째, 당신이 한 일에 대해서 칭찬을 받게 될 때, 그 칭찬에 연연하지 말고 그 칭찬을 하나님께 돌려 드리라. 그 재능을 주시고, 그 행동을 복되게 하시며, 그 계획의 도움이 되시는 하나님께 그 칭찬을 다시 돌려 드리라. 다른 사람의 유익을 위하여 당신을 도구로 삼으신 하나님께 늘 감사를 드리라.

여덟 번째, 선행과 겸손의 사람으로 명성을 떨치라. 당신에 관한 얘기를 듣는 사람들이 당신의 선행에 대해서 듣게 되면 유익이 된다. 그들은 당신의 겸손을 하나의 본보기로 삼아 유익을 얻게 된다. 그러나 당신이 교제하는 사람들 내에서는 조심하라. 당신이 시선을 두는 바가 좋은 평판이어서는 안된다. 그것을 당신의 이웃을 돕는 도구로 사용하고, 당신 자신의 유익을 위해서 쓰지 말아야 한다. 다른 사람들이 볼 수 있을 정도로 그 얼굴이 환하게 빛났지만, 그것을 자신을 위한 거울로 삼지는 않았던 모세 같은 사람이 되라.

5. 허영의 물

아홉 번째, 당신이 받는 칭찬을 자랑하지 말라. 당신이 다른 사람들의 눈에 띨 만한 재능들을 가지고 있다면, 그것들을 주신 하나님을 기뻐하고, 그것들을 거룩한 존경심과 합하여 선한 것이 악한 것으로 변질되지 않도록 하라. 일단 칭찬을 들으면, 그 칭찬이 당신 자신이 아닌 다른 목적을 위해 쓰이도록 구체적인 일에 착수하라. 그러나 교만이 틈타서 그 칭찬이 오히려 손해가 되지 않도록 조심하고 경계하라.

열 번째, 여섯 번째 규칙에서처럼, 다른 사람들에게 당신의 장점에 대해서 말하게 할 목적이나 의도를 가지고 자신의 결점을 말해 달라고 요청하지 말라. 사람들 중에는 다른 사람들로 하여금 자신들의 선을 칭송하게 하기 위하여 일부러 겸손한 체하는 사람들이 더러 있다. 그들의 속셈은 오직 남들의 칭찬을 낚는 것뿐이다. 그러나 허영의 물을 마심으로써 배가 부풀어 터져 죽게 될 때까지 그 낚시 바늘을 삼키는 자들은 바로 그들 자신이다.

6. 악마의 속삭임

열한 번째, 누군가에게 경멸을 당하거나 멸시를 받을 때, 당신은 실제로 칭찬을 받을 만한데 사람들이 당신의 가치를 간과했다고 생각하거나, 그들 자신의 시기심 때문에 당신을 칭찬하지 않은 것이라고 생각하여 은밀한 분노를 품지 말라. 당신의 편을 드는 아첨꾼들을 찾아다니려고 애쓰지 말라. 이는 그들의 헛된 소리들과 공허한 칭찬들 속에서 자신을 과대평가하기 쉽기 때문이다.

열두 번째, 교만을 부추기는 악마의 속삭임은 절대로 받아들이지 말라. 느부갓네살의 경우가 좋은 실례이다. 그는 악마의 부추김을 받아, "이 큰 바벨론은 내가 능력과 권세로 건설하여 나의 도성을 삼고 이것으로 내 위엄의 영광을 나타낸 것이 아니냐?"라고 하였다.

어떤 이들은 위대해지기를 꿈꾸며, 장내에 가득한 군중들로부터 박수갈채를 받는 장면을 마음에 그리는 동시에, 청중들을 사로잡는 연설을 하는 자신의 모습을 상상하고, 큰 재물을 획득하는 것을 소망하며 시간을 보낸다. 이 모든 것은 마음속의 진정한 소원을 드러내는 교만의 연막에 불과하다. 그것이 직접적으로 악한 것은 아니지만, 내적인 악의 불씨가 되며 겸손을 얻는 것과는 전혀 상관이 없다.

7. 경멸에의 욕구

열세 번째, 다른 사람들의 선을 기쁘게 받아들이면서 그들을 칭찬하는 일에 적극적으로 참여하라. 어떤 식으로든 그들을 경멸하거나, 칭찬에 인색하거나, 칭찬을 반대하고 싶은 욕구에 굴복하지 말라. 어떤 식으로든 다른 사람에 대한 좋은 소식을 듣는 것이 당신의 가치를 떨어뜨린다고 생각해서는 안된다.

열네 번째, 다른 사람들이 맡은 일을 잘해서 좋은 수입을 얻는 것을 보거나 들을 때, 비록 당신이 그렇게 못할지라도 함께 기뻐하라. 마찬가지로 다른 사람의 일은 인정을 받고 당신의 일은 거절된다 해도 불평하지 말고 만족하라.

8. 장점에 주의를 집중하라

열다섯 번째, 다른 사람과 자신을 비교함으로써 자신이 다른 사람에 대해 갖고 있는 인상을 좋게 하고, 당신 자신에 대해 갖고 있는 평가를 낮추지 못한다면, 절대로 다른 사람과 자신을 비교하지 말라. 사도 바울은 우리에게 자신보다 남을 더 낫게 여기라고 권면하고 있다. 따라서 우리 자신의 약점을 보다 분명히 보기 위해서 우리 주변에 있는 사람들의 장점에 주의를 집중하는 것이 유익하다.

주위를 둘러보면 나보다 더 학식 있는 사람, 나보다 더 검소한 사람, 나보다 더 순수한 사람, 나보다 더 인정 있는 사람, 또 나보다 덜 교만한 사람들을 보게 된다. 내가 겸손해지려면 그들의 좋은 장점들을 간과하거나 무시하지 않고 오히려 그 장점들을 본받으려고 노력할 것이다.

진정으로 겸손한 사람은 다른 사람들의 장점을 칭찬하는 눈으로 바라볼 뿐만 아니라 다른 사람들의 약점도 너그러운 마음으로 바라본다. 진정으로 겸손한 사람은 다른 사람들이 죄를 범했을 때, 그 사람이 미처 알지 못했거나 유혹에 빠져 잘못된 것이지, 만일 그가 자기처럼 좋은 혜택과 도움을 받았더라면 절대로 그런 일을 저지르지 않았을 것이며, 어쩌면 선한 일을 더 많이 행했을 것이라고 생각하는 사람이다.

사도 바울은 자신을 가리켜 "죄인 중의 괴수"라고 했다. 우리도 자신을 그렇게 바라보아야 한다. 그러나 이 규칙은 조심해서 사용해야 한다. 다시 말하면, 이 말은 절대로 다른 사람들에게 하지 말고 자신에게만 해야 한다는 것이다. 왜냐하면 당신이 그렇게 느끼는 이유(자신이 지은 죄에 대해서 알고 있는 것)가 당신이 알고 있는 것과 판이하게 다른 사람들에게 알려져 있기 때문이다. 그리고 그들이 그 말을 들으면, 하나님께서 당신에게 행하신 모든 일에 대해서 당신이 하나님께 드리는 찬양을 의심하게 되기 때문이다. 당신이 그러한 생각을 혼자 간직하고 있으면, 하나님께 공개적으로 훨씬 더 많은 찬양과 감사를 드릴 수 있게 된다.

9. 미덕은 거짓말을 감추기 위한 거짓말을 경멸한다

열여섯 번째, 당신이 저지른 잘못을 계속해서 변명하려고 애쓰지 말라. 당신이 어떤 실수를 저질렀거나, 중요한 것을 간과하였거나, 무분별하게 행동했다면, 솔직히 고백하라. 미덕은 거짓말을 감추기 위한 거짓말을 경멸하기 때문이다. 당신에게 죄가 없다면(그것이 수치스러운 것이 아니라면), 그 문제에 관해서 다른 사람들의 의견을 바꾸려고 과도하게 신경 쓸 필요가 없다. 다른 사람들의 비판에 대해 인내심을 갖고 참는 법을 배우라. 원수의 거친 말이 친구의 상냥한 말보다 더 큰 동인(動因)이 될 수 있다.

열일곱 번째, 당신에게 있는 모든 약점과 잘못, 그리고 불완전함에 대해서 하나님께 감사를 드려야 한다. 그것이 하나님의 은총이요, 교만을 꺾고 겸손을 장려하기 위한 도구라는 것을 인정하라. 하나님께서 당신의 부풀어오르는 교만을 줄이기로 결정하셨다면, 당신이 좁은 길로 지나가는 것을 더 수월하게 하시기 위해서 그렇게 하셨다는 것을 기억하라.

10. 하나님께 가장 중요한 것

열여덟 번째, 다른 사람들이 당신보다 덜 유능하다는 생각을 갖게 하려고 그들의 약점을 드러내지 말라. 그리고 당신의 뛰어난 솜씨를 의기양양하게 자랑하지 말고, 그것을 다른 사람들보다 자신을 높이기 위해 사용하지 말라.

키로스(Cyrus)는 자기가 친구들보다 더 잘한다고 생각하는 스포츠에서는 절대로 경쟁을 하지 않고, 대신에 자기가 상대방보다 더 못한다고 생각하는 스포츠에서는 언제나 겨루려고 했다는 일화가 있다. 그는 경기에서 이김으로써 자신의 우월성을 입증하기를 원한 것이 아니라, 오히려 자기보다 뛰어난 사람들에게서 배우는 데 주안점을 두었다. 또한 그와 동시에 승리에 대한 그들의 기쁨에 동참하고 싶어했다.

열아홉 번째, 하나님께 가장 중요한 것은 우리가 우리 자신과 우리에게 있는 모든 것을 다 하나님께 드리는 것이다. 그렇게 하려면, 우리는 우리에게 일어나는 모든 일을 하나님의 뜻으로 알고 기꺼이 참아야 하며, 우리가 어떤 상태에 있든지 만족해야만 하고, 또한 기꺼이 모든 변화를 받아들일 각오가 되어 있어야 한다.

11. 훈련에 의해 성숙됨

겸손은 하나님의 선물로 시작된다. 그러나 우리가 습관을 들임에 따라 겸손은 성숙해진다. 즉 겸손은 훈련에 의해 성숙된다. 위에 언급한 모든 규칙들을 다 취하면, 겸손의 은혜를 확립하고 성숙시킬 수 있다. 뿐만 아니라 그것들은 교만을 줄이는 데에도 유익한 도움과 도구가 된다.

12. 겸손의 은혜를 성숙시키는 훈련

종종 하나님 앞에 나아가 죄를 고백하되, 그것이 기나긴 인생 중에 한 번은 화를 불쑥 냈고, 또 한 번은 참지 못했다는 식의 드문드문 저지른 죄들이라고 생각하지 말라. 대신에 그 죄들을 하나로 묶어서 당신의 인생 전체를 대변하는 것이라고 생각하라. 만일 어떤 사람의 잘못이 그의 일생이라고 하는 기나긴 거리에 흩어져 있다면, 그 사람이 생각보다 선하게 보일 수 있을지도 모른다. 그러나 그 사람의 과오들과 어리석은 잘못들을 한 군데 모아 놓고 보면, 그는 사악하기 이를 데 없는 비참한 사람처럼 보일 것이다. 소망스럽게도 이 훈련이 당신의 영혼에 진정으로 적용된다면, 겸손의 은혜를 성숙시키는 데 유용하게 쓰일 것이다.

관련 성경 구절 : 누가복음 14:7-11

청함을 받은 사람들의 상좌 택함을 보시고 저희에게 비유로 말씀하여 가라사대 네가 누구에게나 혼인 잔치에 청함을 받았을 때에 상좌에 앉지 말라 그렇지 않으면 너보다 더 높은 사람이 청함을 받은 경우에 너와 저를 청한 자가 와서 너더러 이 사람에게 자리를 내어 주라 하리니 그때에 네가 부끄러워 말석으로 가게 되리라 청함을 받았을 때에 차라리 가서 말석에 앉으라 그러면 너를 청한 자가 와서 너더러 벗이여 올라 앉으라 하리니 그때에야 함께 앉은 모든 사람 앞에 영광이 있으리라 무릇 자기를 높이는 자는 낮아지고 자기를 낮추는 자는 높아지리라.

리처드 포스터의 묵상

테일러는 *Holy Living*(거룩한 삶)이라는 책의 서문에서 거룩한 삶을 계속해서 발전시키는 데 쓰일 수 있는 '미덕의 도구들'에 대해서 말하고 있다. 겸손을 만들어 내는 약속과 절제 활동 등이 바로 그런 도구들이다.

이런 것들은 미덕을 발전시키기 위해서 하나님께서 정하신 도구들이다. 그러므로 우리는 그것들을 규칙적으로 사용하지 아니하고 겸손의 정신이 우리 안에서 성장하기를 기대할 수 없다. 참으로 이것은 모든 미덕에 다 해당된다. 그러므로 테일러에 의하면, 우리가 계속해서 해야 할 일들 중의 하나는 끊임없이 "올바른 미덕의 도구들을 찾아서 사용하는 것이다."

엘리자베스 오코너

(Elizabeth O'Connor, 1921~)

1947년에 있었던 성령 운동은 고든 코스비(Gordon Cosby)가 목회하는 워싱턴 D.C.의 구세주 교회(The Church of the Saviour)의 탄생을 가져왔다. 이 교회는 바깥 세상에 대하여 철저한 믿음의 증거를 보여 주었다. 엘리자베스 오코너는 그 교회의 초창기 회원 중의 하나였으며, 후에 그 교회의 직분자가 되었다. 그녀의 글에는 그들의 이야기가 등장하곤 해서 바깥 세상 사람들에게 그들 가운데 역사하신 하나님의 놀라운 임재를 알려주었다.

오코너는 재능 있는 작가였다. 영적인 순례에 대한 그녀의 통찰력은 수많은 남녀들에게 도움을 주었고, 하나님과 동행하는 그들의 삶이 더욱 깊어지게 하였다. 그녀의 글은 격려와 영감을 줄 뿐만 아니라 도전과 응전을 제공하기도 한다.

다음에 발췌한 글은 구세주 교회의 초기 믿음의 공동체에게 보내었던 여러 통의 편지로 구성된 책에서 나온 것이다(*Letters to Scattered Pilgrims*). 비록 이 편지들이 초창기 교회들의 믿음과 헌신을 자극하고 성숙시키기 위해서 쓰여진 것이긴 하지만, 이 땅에 흩어져 살고 있는 모든 순례자들에게, 특히 매우 중요한 돈 문제에 대해서 신선한 권면의 메시지를 던져 주고 있다.

42주 「흩어져 있는 순례자들에게 보내는 편지」에서 발췌

돈에 관한 가르침

1. 돈을 취급하는 일

종종 '부정 이득(filthy lucre)'이라고 불리는 돈 문제는 구세주 교회의 초창기부터 우리가 즐겨 나누는 대화의 주제가 되어 왔습니다. 어쩌면 우리는 예수님만큼이나 많이 돈 문제에 대하여 이야기하고 있을지 모르겠습니다. 노소 빈부를 막론하고 처음 교회를 설립하였던 회원들은 올바르게 연합된 믿음의 공동체를 이루는 과정에서 교인의 규율을 위해 많은 노력을 기울였습니다. 왜냐하면 그것이야말로 그들 자신과 앞으로 교인이 될 사람들에게 적어도 돈을 취급하는 부분에 있어서는 구체적인 지침을 줄 수 있다고 믿었기 때문입니다. 그 규율의 초안에는 이런 내용이 있었습니다. "우리는 교회의 사업을 위해 총수입의 10분의 1을 바치는 일에 헌신한다."

10분의 1이라는 숫자에 대해서는 이미 성경적인 선례가 있었지만, 우

리 초창기 회원들은 이런 식의 헌금이 다른 사람들뿐만 아니라 자신들에게도 의미 있는 방법으로 사회의 불의를 저지할 수 있는 초석이 될 것이라고 믿었습니다.

그들의 헌법과 규율의 초안이 지난 세대의 탁월한 신학자였던 라인홀드 니버(Reinhold Niebuhr)에게 제출되었고, 그는 기꺼이 그것들을 읽고 논평을 해주기로 동의했습니다. 그의 유일한 제안은 돈에 관한 규율 문제였습니다. 당시 니버는 이렇게 말했습니다. "나는 당신들이 어쩔 수 없는 경우가 아니라면 십일조를 더 이상 내려갈 수 없는 경제적인 하한선으로 정해 놓고 십일조가 아니라 비례적인 헌금에 헌신하는 것이 좋겠다고 생각합니다." 그래서 그 규율이 재작성되었고 오늘날에도 그 여섯 개의 믿음의 공동체에서 각기 그것을 다음과 같이 채택하고 있습니다.

"우리는 수입의 십일조로부터 시작하여 비례적으로 헌금하기로 그리스도와 우리 서로에게 서약한다."

2. 비례적인 헌금

총수입의 10분의 1이 얼마인지 알기 위해서 우리가 모두 회계사가 될 필요는 없습니다. 그러나 우리가 비례적인 헌금에 대한 우리의 헌신을 이해하려면 각자 하나님 앞에서 무릎을 꿇는 사람이 되어야 합니다.

비례적이라면 무엇에 대해 비례적이라는 말입니까? 우리 가정의 축적된 부에 비례한다는 것입니까? 가정마다 다르긴 하지만 우리의 수입과 수입에 대한 수요에 비례한다는 것입니까? 우리가 살면서 갖는 안전 의식과 염려의 정도에 비례한다는 것입니까? 고통당하는 자들을 도외시하지 않는 예민함에 비례한다는 것입니까? 우리의 정의감과 모든 부에 대한 하나님의 소유권에 대해서 비례한다는 것입니까? 우리의 차세대들을 위한 청지기 의식에 비례한다는 것입니까? 이외에도 예를 들자면 한이 없습니다. 물론 대답은 이 모든 것에 대해서 비례한다는 것입니다.

이런 비례적인 헌금은 우리로 하여금 단지 교회에 다니는 것이 기독교라고 착각하지 않도록 해주며, 우리가 해야 할 일을 이웃에게 미루지 않도록 해줍니다. 양심적으로 우리는 각 교인과 정식 교인이 자신이 처한 개인적인 상황에서 비례적인 헌금이 무엇을 의미하는지 결단하기 위해서 성령의 인도하심을 받아 활동하기를 소원합니다. 물론 우리는 우리 자신과 다른 사람들에 대하여, 우리가 억압받는 자들과 일체감을 가지고 우리 자신의 미래를 위하여 보다 깊은 수준에서 하나님을 신뢰하는 법을 배울 때 비례적인 헌금이 증가할 것을 기대해 왔습니다.

3. 제한선이 무너지다

대체로 그 규율은 우리에게 좋은 공헌을 해왔습니다. 수년 동안 우리는 정식 교인들에게는 10분의 1을, 그리고 정식 교인이 아닌 사람들에게는 20분의 1을 최저한도로 제시해 왔습니다. 많은 사람들이 최저한도의 헌금에 갈등을 하다가 더러는 떠나기도 했습니다. 그러나 어떤 사람들은 그 한도와 상관없이 우리의 공동체에 엄청난 재산을 바치기도 했습니다. 그 결과, 선교의 제한선이 무너지게 되었고 우리 도시가 안고 있는 고통이 어느 정도 경감되었습니다.

때때로 그 헌금이 지나친 경우도 있었고, 무아지경에서 바친 경우도 있었으며, 충동적인 경우도 있었습니다. 때로는 다이아몬드 약혼 반지가 헌금 접시에 올려지기도 하고, 교회 앞에 은 식기 세트가 나타나는가 하면, 젊은 부부가 그 동안 모은 전재산인 수천 달러짜리 수표를 바치기도 했습니다.

4. 십일조가 복되도다

내가 처음으로 십일조 규율에 대해서 설명을 들은 것은, 기독교 신앙의 초보자로서 구세주 교회에 새신자로 출석했을 때 거기서 수강했던 "그리스도인의 성장" 시간이었습니다. 그 강의가 끝나고 다른 강의를 들었던 교인들과 함께 짧은 예배를 드리게 되었습니다. 그 작은 예배당에 이런 가사의 찬송이 울려 퍼졌습니다. "우리의 마음을 그리스도인의 사랑으로 묶어 주는 끈이 복되도다(Blessed be the tie that binds our hearts in Christian love)". 일찍이 그런 말을 들어본 적이 없는 나는 그 말이 "십일조가 복되도다(Blessed be the tithe…)"라는 말로 들렸습니다. 나는 집으로 가서 믿지 않는 가족들에게 십일조 규율에 대해서 설명하면서 이런 촌평을 달았습니다. "십일조에 대해서 노래까지 부르던데요."

그 다음 주일에 우리 모두는 그 이상한 사람들을 보러 갔습니다. 그리고 그들이 계획하고 있었던 일들에 대해서도 들었습니다. 고든 코스비 목사님이 그의 연례 설교인 돈 문제에 관한 설교를 하고 있었습니다. 그 설교는 그 당시에도 지금만큼이나 매혹적이었습니다. 그 해가 다가기 전에 우리 가정은 십일조를 드리기 시작했습니다. 그리고 수양관으로 쓸 농장을 구입할 때가 되었을 때 우리는 담보물을 잡히고 다른 모든 사람들과 함께 가서 할부로 갚기로 하고 차용할 수 있는 돈을 빌렸습니다.

그것은 우리의 영혼이 너무나 빨리 회심했기 때문이 아니라 무언가 중요한 일이 일어나고 있다는 사실을 감지하고 있었기 때문입니다. 그래서 우리도 그 일에 동참하기를 원했던 것입니다. 우리는 당시 하나의 공동체가 진정으로 억압받는 사람들과 고통당하는 사람들에 대해서 관심을 가지면 무엇이든지 할 수 있다는 한 사람의 비전에 완전히 사로잡혀 있었습니다.

5. 우리 자신을 위해서 되찾는 일

돈에 관한 최근의 설교에서 고든 목사님은 여느 때와는 달리 강력한 어조로 돈을 버리는 것이 우리를 억누르는 어둠의 권세들에게 승리하는 것이라고 말했습니다. 그는 우리가 돈에게 부여한 힘을 우리 자신을 위해서 되찾는 일에 대해서 말했습니다.

"돈은 우리 대부분의 사람들의 고민거리입니다. 우리가 물질 문제를 다른 차원에서 다룰 수 있을 때까지는 그리스도인의 믿음에 있어서 진보할 수 없습니다. 예수 그리스도께 신실하다는 것은 물질이 무슨 의미가 있는 가를 이해하는 문제입니다."

그는 계속해서 말하기를 가난한 자들은 헌금할 것이 없어서 고통을 당한다고 했습니다. 돈에 관한 고든의 가르침과 설교는 두말할 나위 없이 신생 공동체들이 물질적인 삶의 영역에 있어서 나아가야 할 방향에 큰 영향력을 끼쳤습니다. 신생 공동체들은 십일조 교인들이라고 하는 작은 핵(核)을 가지고 시작하였기 때문에 튼튼한 재정적인 기반 위에서 출발하였습니다. 그 공동체에 모인 헌금은 그 헌금이 들어온 그 해를 넘기지 않고 선교 사역을 확장시키는 데 모두 다 사용되었습니다. 만일의 경우를 대비해서 따로 저축해 둔 적은 한 번도 없었습니다. 우리는 모세가 이스라엘 백성들을 속박에서 인도해 낼 때 그들에게 내렸던 명령을 신실하게 지켰습니다. "아무든지 아침까지 그것을 남겨 두지 말라"(출 16:19).

6. 우리의 생활 수준을 안정시키는 일

돈 문제와 관련하여 제기되는 문제들에 대한 우리의 집단적인 스타일과 적나라한 모습에도 불구하고, 우리는 '하향 이동성(downward mobility)'을 그다지 많이 얻지 못했음을 알고 있습니다. 우리는 우리의 생활 수준을 안정시키는 일에는 성공을 거두었으면서도 헌금 생활에 있어서는 여전히 지난날의 방식을 고집하고 있습니다. 우리 믿음의 공동체의 재정이 전통적인 수준에 비해서 상당히 커지긴 했지만, 회중의 잠재적인 헌금 수준의 극히 일부에 불과하다는 것을 우리는 충분히 인식하고 있습니다.

우리는 온전한 포기의 헌금을 드리려고 할 때, 여전히 두려움과 씨름합니다. 우리의 의지는 거의 예외 없이 믿음의 공동체의 건물에 한 번도 헌신해 본 적이 없는 사람들의 의지나, 가난한 자들을 한 번도 염두에 두지 못했던 사람들의 의지와 매한가지인 것처럼 보입니다. 그것은 우리가 죽음을 생각함으로써 생기는 위협에 직면했을 때, 가족의 전통적인 정의(定義)와 보다 좁은 영역의 자아 정체감으로 후퇴하는 것을 보여 주는 것일 수도 있습니다. 물질적인 생활에 관한 한, 우리 중 대다수는 우리가 바라는 만큼 자유롭지 못하다는 사실을 말하지 않을 수 없을 것입니다. 4반세기 전까지만 해도 우리 눈에 철저한 복종으로 보였던 것이 오늘날에는 더 이상 철저한 복종으로 보이지 않게 되었습니다.

7. 우리가 알고 있는 얼굴들

제3세계와 워싱턴의 빈민가에 살고 있는 우리의 고통받는 형제와 자매들을 알게 된 것이 우리의 세계관을 완전히 바꾸어 놓았습니다. 실업자의 통계 수치는 우리가 알고 있는 얼굴들로 구성되어 있습니다. 우리는 가난한 자들의 곤경을 새로운 시각으로 바라볼 수 있게 되었을 뿐만 아니라, 과거의 우리의 신실함이 실제적인 기적을 일으킬 수 있는 한 가지 방법을 하나님께 제공해 드렸다는 데 대한 깨달음을 가지고 바라볼 수 있게 되었습니다.

우리의 새로운 믿음의 공동체 내에는 개인적인 고된 여정 속에서, 또한 민족으로서 '궁핍과 죽음'이라는 옛 질서로부터 천천히 이주해 나오는 과정 속에서, 이 시대에 신실하게 산다는 것이 무슨 뜻인지 마음에 증가하는 부담을 가지고 의문을 던지는 사람들이 여기저기 흩어져 있습니다. 개인적으로든, 집단적으로든 우리는 돈과 관련된 문제와 한 번 더 씨름하고 있습니다. 더러는 가슴이 명하는 것과 머리가 명하는 것이 종종 상반되기 때문에 내적인 갈등을 경험하기도 합니다.

우리가 성경 말씀을 진지하게 받아들이기 시작할 때 비로소 "하나님과 재물을 겸하여 섬기지 못하느니라"(마 6:24)고 하신 말씀이 개인적인 고백이 됩니다. 우리는 우리의 작은 믿음의 행위에 대해서 하나님께서 칭찬해 주시기를 기대하곤 합니다. 그러나 그 대신 하나님의 영이 찾아오셔서 미처 갈 준비가 되어 있지 않은 곳으로 우리를 인도하십니다.

8. 우상 숭배

우리가 가난한 자들과 그들의 궁핍을 적나라하게 접하게 되면, 성경에 나오는 젊은 부자 관원의 이야기와 과부와 그 과부의 적지만 정성 어린 헌금 이야기는 우리의 어린 시절의 믿음을 키워 주는 이야기로서의 기능을 상실하고, 그들은 혁명적인 지도자, 곧 우리가 구세주라고 부르는 분의 반체제 문화의 문학 속에 나오는 인물들이 되고 맙니다. 우상 숭배에 관한 첫 번째 계명과 성경의 모든 기록들은 우리 자신의 원초적인 자아를 적나라하게 드러내는 것에서 시작합니다. 우리 중의 어떤 이들은 우리가 갖고 있는 우상들의 얼굴을 들여다보고 그 중의 하나가 돈이라는 사실을 발견하였습니다.

우리는 수없이 많은 다른 교인들과 더불어 예수님께서 구원하신다고 말은 하고 있지만, 실제로는 우리를 구원하는 것이 바로 돈인 것처럼 행동하고 있지는 않은지 자문해 보게 됩니다. 우리는 돈이 권력을 주고, 돈이 부패시키며, 돈이 이야기를 한다고 말합니다. 금으로 부어 만든 송아지를 가지고 있었던 옛날 사람들처럼 우리는 돈에게 우리 자신의 정신적인 힘을 부여해 왔으며, 거기에 팔다리를 달아 주었을 뿐만 아니라, 돈이 우리를 위해 일할 수 있다고 스스로 최면을 걸어 왔습니다. 더 나아가 돈을 비밀한 장소에 신주처럼 모셔 놓고 돈에게 마음과 지성을 부여했을 뿐만 아니라 우리에게 평안과 자비를 주는 힘까지도 주었습니다.

9. 개인적인 답변

서로 함께 공동체 속에 있고 싶어하는 사람들 사이에 돈과 재물이 끼여 들어올 수 있는 방법이 있다고 생각합니까? 모든 삶에는 금보다 더 귀한 자원이 있다는 것과, 우리의 감성과 지성과 노동만 있으면 어떤 일이든지 해낼 수 있다는 사실을 진정으로 믿고 있습니까? 만약 세상은 올바르고, 돈이 있어야만 살 수 있는 것들이 있고, 돈이 있어야만 풀어놓을 수 있는 영적인 은사들이 있으며, 돈을 가져야만 제거할 수 있는 장애물이 있다면 어떻게 하겠습니까?

이런 식의 질문들은 끊임없이 제기될 수 있습니다. 그리고 우리는 결국에 가서는 개인적인 답변이 될 수밖에 없는 해답들을 찾느라고 끊임없이 갈등하게 됩니다. 왜냐하면 우리는 영적인 순례길에서 각기 다른 위치에 있기 때문이며, 돈을 가지고 해야 하는 일에 관해서 복음이 우리에게 어떤 메시지를 던져 주느냐에 대한 이해가 서로 다르기 때문입니다.

관련 성경 구절 : 마태복음 6:19-24

너희를 위하여 보물을 땅에 쌓아 두지 말라 거기는 좀과 동록이 해하며 도적이 구멍을 뚫고 도적질하느니라 오직 너희를 위하여 보물을 하늘에 쌓아 두라 거기는 좀이나 동록이 해하지 못하며 도적이 구멍을 뚫지도 못하고 도적질도 못하느니라 네 보물 있는 그 곳에는 네 마음도 있느니라 눈은 몸의 등불이니 그러므로 네 눈이 성하면 온몸이 밝을 것이요 눈이 나쁘면 온몸이 어두울 것이니 그러므로 네게 있는 빛이 어두우면 그 어두움이 얼마나 하겠느뇨 한 사람이 두 주인을 섬기지 못할 것이니 혹 이를 미워하며 저를 사랑하거나 혹 이를 중히 여기며 저를 경히 여김이라 너희가 하나님과 재물을 겸하여 섬기지 못하느니라.

엘리자베스 오코너

리처드 포스터의 묵상

나는 구세주 교회에서 하는 사역에 많은 빚을 지고 있다. 한 번은 내가 복음 사역을 거의 포기할 단계에 이르렀을 때 뜻하지 않게 얻은 고든 코스비와의 만남에서 그가 생명력 있는 말씀을 내 영혼 속에 들려준 것이고, 또 한 번은 그로부터 수년 뒤에 엘리자베스 오코너의 글이 그 교회의 미래에 대한 소망을 내 속에 불어넣은 것이다.

나는 수많은 교회들이 자기 성장과 번영이라고 하는 양철로 만든 꼬마 신들(little tin gods)을 좇아 매진하고 있는 것을 보곤 한다. 그 때마다 나는 모든 외적인 신앙에 대해서 "이가봇(영광이 없다)"이라고 외치고 싶은 쓰라린 충동이 생기곤 한다.

그러나 오코너의 이야기는 전혀 다르다. 그것은 정직한 갈등 속에서의 제자도와 헌신에 대한 이야기이다. 내게 힘이 되었던 것은, 교회가 세속적인 성장의 종교적인 대응물이 아니라 구속(救贖)의 교제가 실제로 이루어지는 곳임을 믿게 된 것이었다. 나는 구세주 교회를 주신 하나님께 깊이 감사드린다. 그리고 하나님의 인도하심으로 그 이야기를 기록한 엘리자베스 오코너에게 깊이 감사드린다.

존 웨슬리

(John Wesley, 1703~1791)

존 웨슬리는 새뮤얼 웨슬리와 수산나 웨슬리에게서 태어난 열아홉 명의 자녀들 중의 하나였다. 그의 아버지는 영국 국교회 목사였고, 그의 어머니는 하나님과 자녀들 모두에게 헌신적인 사람이었다. 존 웨슬리는 옥스퍼드에 있는 그리스도 교회 대학(Christ Church College)에 다녔으며, 후에 영국 국교회의 목사가 되었고, 링컨 대학의 특별 연구원이 되었다. 옥스퍼드에 있는 동안 그는 친구들과 함께 그룹을 만들어 서로에게 경건한 삶을 살도록 격려하였다. 경건한 삶을 살기 위한 그들의 엄격한 생활 태도를 보고 그 대학에 다니던 다른 사람들이 그들을 엄격한 형식을 중시하는 "메서디스트 교도(Methodists: 감리교 신자)"라고 부르게 되었다.

웨슬리는 깊은 신앙의 사람으로 성장했지만 여전히 마음속에 무언가 부족한 것이 있었다. 1738년 5월 24일, 그가 어떤 기도 모임에 참석했을 때 그 모임의 인도자가 루터가 쓴 로마서의 서문을 읽고 있었다. 웨슬리 자신의 기록에 의하면, 바로 그때 처음으로 그가 하나님이 자기 같은 사람까지도 사랑하신다는 사실을 깨닫게 되었으며, 복음이 자기 마음속에 깊이 뿌리박히게 되었다고 한다. 그때부터 그의 마음은 "이상할 정도로 뜨거워졌으며" 특별한 그의 설교 사역이 시작되었다. 그는 특히 영국 시골 지역의 평민들에게 많은 설교를 했다.

역사가들은 말하기를, 웨슬리가 18세기 영국의 평민들에게 복음을 증거함으로써 그 나라를 피의 혁명에서 구해 냈다고 한다. 생전에 그가 영국에 끼친 영향은 실로 극적인 것이었다. 그러나 그가 죽은 후 많은 감리교 목사들이 그의 메시지를 가지고 미국 땅을 누비고 다닐 때 그가 미국에 끼친 영향은 훨씬 더 극적인 것이었다. 여기 실린 글은 그의 유명한 저서인 *Christian Perfection*(그리스도인의 온전함)에서 발췌한 것이다. 이 책에서 웨슬리는 온전해지기를 원하는 사람들에게 실제적인 충고를 해주고 있다. 웨슬리에게 있어서 온전함이란 죄 없는 상태를 의미하는 것이 아니라, 마음과 정성과 뜻과 힘을 다하여 온전히 하나님을 사랑하고자 하는 소망을 의미한다.

43주 「그리스도인의 온전함(Christian Perfection)」에서 발췌

서로 사랑함

1. 교만의 위험

은혜로 인하여 죄에서 구원함을 받은 사람들에게 해주고 싶은 첫 번째 충고가 있다면 교만하지 않도록 늘 깨어 기도하라는 것이다. 왜냐하면 교만이라는 것은 우리가 가진 소유가 우리의 것인 양 착각하게 할 뿐만 아니라, 우리에게 없는 것까지도 있다고 생각하게 만들기 때문이다. 예를 들면, 어떤 사람이 자기의 지식을 하나님께서 주신 것이라고 생각한다면 겸손한 것이다. 그러나 그 다음 순간 자기가 다른 모든 사람보다 더 많은 지식을 가지고 있다고 생각한다면 그것은 위험한 교만이 된다.

우리는 종종 다른 사람의 충고나 책망이 필요 없다고 생각한다. 그러나 지식이 많다고 해서 반드시 은혜가 많은 것은 아니라는 것을 늘 명심해야 한다. 지혜는 있지만 사랑이 없는 사람이 있을 수 있고, 지혜는 없지만 사랑이 있는 사람도 있다. 하나님께서는 우리 모두를 한 몸의 지체들로 지혜롭게 묶어 주셨기 때문에 우리는 다른 사람에게 "나에게는 네가 필요 없어"라는 말을 해서는 안된다.

심지어 불신자들에게서는 배울 것이 없다고 생각하는 것까지도 매우 크고 중대한 잘못이다. 은혜의 개념 속에는 지배하고 통치한다는 의미가 들어 있지 않다. 이것을 깨닫지 못하면 많은 잘못을 저지르게 되고 결국에는 교만에 빠지게 된다. 교만은 그 모양이라도 버려야 한다. 그리스도 예수 안에 있는 겸손한 마음을 품고 겸손의 옷을 입으라. 그리고 모든 언행에 겸손이 나타나게 하라.

겸손하게 행하는 한 가지 방법은 우리의 잘못을 솔직히 시인하는 것이다. 생각이나 말이나 행동이 잘못되었다는 것을 발견하면 언제라도 그 즉시 잘못을 인정해야 한다. 그것이 하나님의 의를 손상시킨다고 생각해서는 안된다. 오히려 그것이 하나님의 의를 드러내는 것이다. 비난을 당할 때 솔직하고 정직하게 행하고, 피하려고 하거나 가장하려고 하지 말라. 오히려 있는 그대로 드러내 보이라. 그럴 때에 복음은 방해를 받지 않고 찬양을 받게 될 것이다.

2. 열정의 위험

우리는 또한 교만의 아류라고 할 수 있는 열정도 주의해야 한다. 여기서 말하는 열정이란 자기가 경험한 꿈과 음성과 환상이 하나님께서 주신 특별한 계시인 것처럼 생각하며, 모든 것을 하나님께서 주신 것이라고 성급하게 생각하는 경향을 말한다. 그러한 것들은 하나님께로부터 온 것일 수도 있지만 마귀에게서 온 것일 수도 있다. 그러므로 영을 다 믿지 말고 오직 영들이 하나님께 속하였나 시험해야 한다고 한 말씀(요일 4:1)처럼 하나님의 기록된 말씀으로 모든 것을 시험해 보고 그 앞에 모든 것을 엎드려 복종케 해야 한다.

우리가 성경에서 조금이라도 멀어지면 그때마다 열정에 빠질 위험이 있다. 우리는 성경의 명백한 의미에서 멀어져서는 안된다. 그리고 그 의미를 항상 성경에 기록된 문맥 속에서 찾아야 한다. 하지만 그와 동시에, 이성과 지식과 인간의 학문을 멸시해서는 안된다. 그 모든 것이 하나님의 은사요, 어떤 목적을 이루시기 위해 주신 것이기 때문이다.

열정을 틈타 우리를 유혹하는 한 가지 일반적인 사실은 수단이 없이 목적을 기대하는 것이다. 예를 들면, 성경을 연구하거나 하나님의 백성들과 의논하지도 아니하고 지식을 얻으려고 한다거나, 끊임없이 기도하거나 늘 깨어 있지도 않으면서 영적인 능력을 기대한다거나, 기회가 있을 때마다 하나님의 말씀에 귀를 기울이지도 않으면서 하나님의 축복을 기대하기가 쉽다는 말이다.

열정을 틈타기 쉬운 또 하나의 유혹은 "은혜 안에서 자라나고자 하는 욕구"일 수도 있다. 어떤 사람들은 이것 때문에 끊임없이 '새로운' 은혜를 추구하게 되고, 하나님을 사랑하고 이웃을 사랑하는 새로운 차원이 아닌 어떤 다른 것을 추구하게도 된다. 사람들은 "그리스도와 하나가 된다"든지 "그리스도와 함께 죽는다"고 하는 것이 어떤 의미가 있는지를 발견했을 때 새로운 은혜를 체험했다고 생각한다. 우리는 성경의 교훈을 새롭게 발견하여 마음에 새길 때 그것이 '새로운' 은사라고 결론 지어서는 안된다. 이러한 모든 것들은 이미 우리가 의롭다 칭함을 받았을 때에 소유한 것이며, 남아 있는 것이라고는 다만 좀더 깊이 있게 그것들을 체험하는 것뿐이다.

우리는 사랑이 하나님의 가장 고귀한 은사라는 사실을 언제나 기억해야만 한다. 우리가 받은 모든 계시와 은사는 사랑과 비교해 볼 때 극히 작은 것에 불과하다. 신앙에 있어서 사랑보다 더 고귀한 것은 아무것도 없다. 만일 우리가 사랑 이외의 어떤 다른 것을 찾으면, 실로 얼토당토않는 일이 되고 만다. 지금 이 순간 이후로 계속해서 고린도전서 13장에 묘사된 사랑 이외의 것에 뜻을 두지 않겠다고 다짐하라. 그것보다 더 고귀한 것은 있을 수 없다.

3. 반율법주의와 율법폐기론의 위험

세 번째로 우리가 주의해야 할 것은 신자의 생활에는 율법이 전혀 필요하지 않다고 믿는 반율법주의이다. 그리스도께서 친히 도덕법의 모든 점을 인정하셨다는 사실을 생각지 아니하고 다만 "그리스도는 율법의 마침이 된다"는 위대한 진리를 오해하면 우리도 반율법주의에 빠질 수 있다. 우리는, "나는 하나님을 사랑하니까 거룩한 삶은 필요 없다"라든지, "나는 늘 기도하니까 개인 기도를 위한 정해진 시간은 필요하지 않다"라든지, "나는 영적이기 때문에 자기 반성이 필요하지 않다"라는 따위의 생각은 하지 않도록 주의해야 한다.

오히려 우리는 이렇게 고백해야 한다. "주의 입의 법이 내게는 천천 금은보다 승하니이다… 내가 주의 법을 어찌 그리 사랑하는지요 내가 그것을 종일 묵상하나이다"(시 119:72, 97). 우리는 방종을 주의해야 하며, 자기 부인이나 금식이나 절제를 흉내내는 것 또한 주의해야 한다. 우리는 "오직 믿기만 해라, 믿기만 하면 돼" 하고 외칠 수만은 없다. 그리고 또한 성경의 가르침대로 살아가려고 애쓰는 사람들을 '율법주의자'라고 몰아붙여서도 안된다. 우리는 "행함으로 믿음이 온전케 된다"는 사실을 기억해야만 한다.

4. 태만 죄의 위험

태만 죄란 기회가 있음에도 불구하고 선을 행치 않는 것을 말한다. 우리는 이러한 죄를 짓지 않도록 주의해야 한다. 그리고 선을 행하는 데 열심을 내어야 한다. 가능한 한 이웃 사람들의 몸과 영혼을 위해 할 수 있는 모든 것을 적극적으로 하라. 게으르거나 태만하지 않도록 틈을 주지 말라. 조금의 시간이라도 허비하지 말고 늘 바쁘게 행하라. 당신이 손수 해야 할 일이 생기면 그것이 무엇이든지 간에 전력을 다해 하라.

또한 말을 할 때는 천천히 하라. "말이 많은 곳에 죄가 넘친다"는 말도 있다. 너무 많이 말하거나 너무 오랜 시간 동안 말하려고 하지 말라. 한 시간 이상 동안 유익한 대화를 나눌 수 있는 사람은 많지 않다. 특히 경건한 '잡담'이나 신앙적인 '한담'은 피해야 한다.

5. 하나님 이외의 다른 것을 원하는 위험

하나님 이외의 다른 것을 더 소망하는 것도 주의해야 한다. 예수님께서 말씀하시기를 "…네 눈이 성하면 온몸이 밝을 것이요"(마 6:22)라고 하셨다. 먹음직스럽게 보이는 음식이나 우리의 오관을 즐겁게 하는 것, 얼핏 보기에 좋은 것이나 우리의 상상력을 자극시키기에 충분한 것, 금전이나 칭찬이나 권력 따위에 대한 욕망이 우리를 지배하게 해서는 안된다. 우리에겐 이러한 욕망들을 느낄 수 있는 능력이 있긴 하지만 억지로 느끼려고 할 필요는 없다. 그리스도께서 우리를 자유케 하셨으므로 우리는 그 자유 위에 굳게 서야만 한다.

자신을 부인하고 날마다 자기 십자가를 지고 그리스도를 좇는 모범을 모든 사람에게 나타내 보이라. 그리고 하나님께 더 가까이 나아가지 못하게 하는 어떤 즐거움에도 관심이 없음을 다른 사람들로 하여금 알 수 있도록 하고, 우리를 하나님께 더 가까이 나아가게 하는 것이라면 어떤 고통도 개의치 않음을 다른 사람들로 하여금 알게 하라. 오로지 모든 일에 하나님을 기쁘시게 하는 일이 우리의 목적임을 다른 사람들에게 알게 하라. 즐거움이나 고통, 부유함이나 가난함, 명예나 불명예를 상관하지 말고 마음속 깊은 곳에서 우러나오는 목소리로 이렇게 노래하자. "이 모든 것이 내게는 동일합니다. 이제 나는 주님 안에서 살 수도 있고, 죽을 수도 있습니다."

6. 분열의 위험

그리스도의 교회를 분열시키는 분쟁을 조심하라. 서로 사랑하지 못하는 것(고전 12:25)은 외적으로 나타난 분리의 문제의 기본을 이루고 있는 내적인 분열이 표출된 것이다. 우리를 분열시키는 모든 것을 주의하라. 그리고 분쟁을 일으키는 영을 조심하라.

그러므로 "나는 바울에게 속했다"라든지 "나는 아볼로에게 속했다"라는 말을 삼가라. 이것이 바로 고린도 교회의 분열을 초래한 원인이었기 때문이다. "이분이 우리 목사님이신데 우리 나라에서 가장 훌륭한 설교자이십니다. 이분은 우리에게 계셔야만 합니다. 당신들은 다른 목사님들이 있지 않습니까?" 하는 태도도 버려야만 한다. 왜냐하면 이러한 모든 것들이 분열을 초래하며, 하나님께서 하나 되게 하신 공동체를 파괴하기 때문이다.

어떤 설교자를 경멸하거나 깎아내려서는 안된다. 그리고 어느 특정인을 다른 사람보다 높여서도 안된다. 그래야 그 사람과 하나님의 의가 모두 손상을 입지 않게 되기 때문이다. 그리고 어떤 목회자가 일관성이 없다거나 표현이 부정확하다고 해서 과중한 부담을 주어서는 안된다. 심지어 당신이 옳고 그에게 어떤 잘못이 있다 하더라도 그렇게 해서는 안된다.

형제들의 의견이 당신과 일치하든, 하지 않든 간에 그들과 분리하겠다는 생각은 아예 버리라. 어떤 사람의 의견이 당신의 말과 모든 점에서 일치하지 않는다고 해서 그가 범죄하고 있다고 말할 수 없다. 어떤 한 의견만이 하나님의 일을 하는 데 필수적이라고 할 수는 없다. 당신의 의견에 반대하는 사람들에 대해 인내하라. 당신이 보는 대로 사물을 보지 않는 사람들을 정죄하지 말라. 큰일이건 작은 일이건 당신의 의견을 반박하는 것이 자신의 의무인 것처럼 생각하는 자들도 정죄해서는 안된다.

화를 잘 낸다거나 성미가 급하다거나 잘못을 잘 시정하려 들지 않는다거나 하는 것도 주의하라. 다른 사람의 자그마한 비난에도 쉽게 분노하는 것 또한 주의하라. 그리고 당신의 말을 받아들이지 않는 사람들을 노골적으로 피하는 태도도 삼가라.

관련 성경 구절 : 고린도전서 13:1-8

내가 사람의 방언과 천사의 말을 할지라도 사랑이 없으면 소리 나는 구리와 울리는 꽹과리가 되고 내가 예언하는 능이 있어 모든 비밀과 모든 지식을 알고 또 산을 옮길 만한 모든 믿음이 있을지라도 사랑이 없으면 내가 아무것도 아니요 내가 내게 있는 모든 것으로 구제하고 또 내 몸을 불사르게 내어 줄지라도 사랑이 없으면 내게 아무 유익이 없느니라 사랑은 오래 참고 사랑은 온유하며 투기하는 자가 되지 아니하며 사랑은 자랑하지 아니하며 교만하지 아니하며 무례히 행치 아니하며 자기의 유익을 구치 아니하며 성내지 아니하며 악한 것을 생각지 아니하며 불의를 기뻐하지 아니하며 진리와 함께 기뻐하고 모든 것을 참으며 모든 것을 믿으며 모든 것을 바라며 모든 것을 견디느니라 사랑은 언제까지든지 떨어지지 아니하나 예언도 폐하고 방언도 그치고 지식도 폐하리라.

리처드 포스터의 묵상

 나는 늘 웨슬리의 균형 잡힌 조언에 깊은 감명을 받는다. 그는 열심은 장려하지만 지나친 열정은 경고한다. 그는 영적인 생활의 훈련은 지지하지만 율법주의는 반대한다. 이 짤막한 '경건한 삶의 증언'에서도 그는 우리에게 많은 통찰력을 제공한다. 그 중의 하나만 언급해 보고자 한다.

 웨슬리는 하나님께서 우리가 우리 자신을 위해 하도록 정해 놓으신 일을 우리가 하지 않고 하나님께서 해주시기만을 기다리는 것에 대해 주의해야 한다고 말한다. 때때로 사람들은 성경을 진지하게 연구하기만 하면 충분히 해결될 수 있는 문제에 대해서 하나님의 직접적인 계시를 기대하곤 한다. 또 어떤 때는, 하나님께서 정해 놓으신 방법은 규칙적인 기도와 금식과 하나님과 단둘만의 만남의 시간인데 그런 것은 하지 않고 '영적인 은사들'에 치중하여 더 거룩해지고 성숙해지기만을 기대하기도 한다. 하나님께서는 우리가 하나님의 '동역자'가 되기를 원하신다(고전 3:9). 왜냐하면 그렇게 할 때에 우리는 "성령 안에서 의와 평강과 희락"이 되는 은혜로운 삶을 살 수 있게 되기 때문이다(롬 14:17).

 웨슬리의 조언에 대해서 깊은 주의를 기울이면 좋겠다. 그 안에는 생명의 말씀이 들어 있기 때문이다.

지에나의 캐서린

(Catherine of Siena, 1347~1380)

카테리나 디 지아코모 디 베닌카사(Caterina di Giacomo di Benincasa)는 이탈리아 지에나의 폰테브란다(Fontebranda) 지방에서 스물다섯 명의 자녀 중 스물네 번째로 태어났다. 그녀는 계층간의 불화가 끊이지 않고 종교 전쟁이 극심한 시대에 가난하기는 하지만 경건한 한 카톨릭 집안에서 자라났다. 일곱 살 때에 평생을 독신으로 하나님께 드리기로 서원했으며, 열다섯 살 때에 결혼을 원하는 부모의 만류에도 불구하고 머리를 잘라 버렸다. 열여덟 살 때 그녀는 도미니크회의 수녀가 되어 고독하고 조용하게 살아가기 시작했다. 미사를 드리는 일 외에는 방안에서 나가지도 않았다.

그러나 스물한 살 때 그녀는 가족에게로 돌아가기로 결심하고 남은 여생을 여러 가정과 병원에서 간호원으로 봉사하면서 가난한 자들을 도와 주는 데 보냈다. 그녀의 명성이 가난한 거지들로부터 권세 있는 사제들에게까지 널리 알려졌지만 그녀는 하나님께 대한 헌신과 깊은 내적 침묵 생활을 용케도 유지할 수 있었다. 캐서린은 1380년에 죽을 때까지 정치적 분쟁과 사회적 불안을 해결하는 일을 도와 달라는 요청을 받았다.

중세 시대에 신앙적인 글을 쓰는 데 흔히 사용되던 것이 은유법인데 그것은 영적인 생활을 묘사하기 위한 수단으로 종종 사용되었다. '사다리'와 '성(城)'과 '어둔 밤' 같은 표현들이 말로 표현할 수 없는 것들을 묘사하는 데 사용되었다. 여기 실린 글에서 캐서린은 '다리(bridge)'라는 은유를 사용하여 그리스도의 사역과 천국에 이르는 길을 설명하고 있다. '문자적'의미에 충실한 현대의 독자들은 그 의미를 이해하기가 쉽지 않을 것이다. 그녀는 말로 표현할 수 없는 것들에 대해 많이 기록해 놓았다. 따라서 글을 읽으려면 마음뿐만 아니라 가슴으로 읽는 것이 좋을 것이다.

44 주 「대화편(*The Dialogue*)」에서 발췌

사랑으로 가득 차다

1. 다리

(영원하신 하나님께서 그녀의 영혼에 다음과 같이 응답하셨다.)

나는 너에게 다리(the Bridge)에 관해 설명하고자 한다. 그 다리는 하늘에서 땅까지 뻗어 있다. 그 이유는 내가 땅에 있는 흙으로 지은 인간과 나 자신을 연결시켰기 때문이다. 이 다리에는 세 개의 층계가 있다. 그 중 두 개는 거룩한 십자가의 나무 위에서 아들이 세운 것이고, 마지막 세 번째 것은 그가 사람들이 준 쓰디쓴 쓸개즙과 식초를 맛보았을 때 세워졌다. 너는 이 세 계단에서 세 가지 영적 단계를 알게 될 것이다.

2. 사랑의 발

첫 번째 계단은 발인데 그것은 사랑을 상징한다. 그 이유는 발이 본래

몸을 움직이게 하는 것이듯이 사랑은 영혼을 움직이게 하는 것이기 때문이다. 아들의 못박힌 발은 그의 곁으로 올라갈 수 있게 하는 계단이며, 그 계단을 딛고 올라가면 그의 가장 깊은 속마음을 들여다볼 수 있다. 영혼이 사랑이라는 발을 딛고 올라가서 마음의 눈으로 아들의 열려진 마음속을 들여다 보게 되면, 그의 말로 다할 수 없는 완전한 사랑 속에서 자신의 사랑을 깨닫기 시작하게 된다(내가 아들의 사랑을 완전한 사랑이라고 하는 것은 그의 사랑이 자기 자신의 이익을 위한 것이 아니기 때문이다. 그 아들은 늘 나와 함께 있기 때문에 너는 사실 그 아들에게 아무런 이익도 끼칠 수가 없다).

그 다음 그 영혼은 자신이 얼마나 많은 사랑을 받고 있는지를 알게 되면 사랑으로 흘러넘칠 만큼 가득 채워지게 된다. 그래서 두 번째 계단으로 올라가게 되며 곧 세 번째 계단까지 이르게 된다. 그 세 번째 계단은 그리스도의 입이다. 거기서 그 영혼은 죄로 인해 겪지 않으면 안될 무서운 전쟁으로부터 평화를 얻게 된다.

3. 흙으로 빚어진 인간의 몸을 입으신 하나님

첫 번째 계단에서 사랑의 발을 땅에서 들어올림으로 인간의 영혼은 죄를 벗어버리게 되었다. 그리고 두 번째 계단에서 인간의 영혼은 사랑을 힘입어 선을 쌓게 되었고, 세 번째 계단에서는 평화를 맛보게 되었다.

그 다리에는 세 개의 계단이 있는데 처음 두 계단을 올라가야 마지막 계단에 도달하게 된다. 그러나 그 마지막 계단은 너무 높아서 홍수가 침범하지 못한다. 죄악의 독소가 아들을 결코 건드리지 못했기 때문이다.

그러나 그 다리가 아무리 높이 올리워져 있더라도 그것은 여전히 땅과 맞붙어 있다. 그 다리가 언제 올리워졌는지 아는가? 아들이 가장 거룩한 십자가의 나무 위에 달렸을 때 그는 그의 신성을 낮은 인간의 땅에서 끊어버리지 않았다. 따라서 그가 아무리 높이 올리워졌어도 땅에서 분리된 것은 아니었다. 사실 그의 신성은 한 덩어리의 빵처럼 빚어져서 흙으로 된 인간이 된 것이다. 그리고 아들이 올리우기 전에는 아무도 그 다리 위를 거닐 수 없었다. 그래서 그는 이렇게 말했던 것이다. "내가 땅에서 들리면 모든 사람을 내게로 이끌겠노라"(요 12:32).

4. 사랑에 이끌림

내가 보기에 너를 어떤 다른 길로는 이끌 수 없다는 사실을 알았을 때 나는 그를 보내어 나무로 된 십자가에 달리게 했다. 나는 그 십자가를 도구로 삼아 인간 예수로 하여금 인류를 죽음에서 구원하고 새로운 은혜의 생명을 회복시켜 주기 위하여 그 십자가에 못박혀 중보자가 되게 하였다. 그리하여 그는 모든 것을 자신에게로 이끌었다. 그것은 그가 그의 말로 다할 수 없는 사랑을 친히 보여 주었기 때문이며, 인간의 마음은 늘 사랑에 의해 이끌리기 때문이다. 그가 너를 위하여 자신의 생명을 내어 주는 것보다 더 큰 사랑을 보여 줄 수는 없다(요 15:13). 그러므로 네가 어리석게 거절하지만 않는다면, 그 사랑으로 이끌림을 받지 않을 수가 없다.

앞에서 나는 그가 높이 들림으로 모든 것을 자기에게로 이끌어 올 것이라고 말했다. 그것은 두 가지 측면에서 사실이다. 첫째는, 앞서 말했듯이 인간의 마음은 기억력, 이해력, 의지력 등 그 모든 힘과 함께 사랑에 의해 이끌리기 때문이다. 만일 이 세 가지 힘이 나의 이름으로 조화롭게 연합된다면, 그 밖에 네가 실제로 행하거나 생각만으로 행하는 모든 일이 다 사랑의 운동을 통하여 나에게로 와 평화롭게 나와 연합할 것이다. 왜냐하면 십자가의 사랑을 추구하다 보면 모든 것이 들리울 것이기 때문이다. 그러므로 그가 "내가 땅에서 들리면 모든 것을 내게로 이끌겠노라"고 말했을 때 그 말은 사실 진리의 영이 말한 것이다. 왜냐하면 그가 네 마음과 네 모든 힘을 이끌 때에 네가 하는 일도 모두 그에게로 이끌릴 것이기 때문이다.

또한 그가 말한 것은 다음과 같은 의미에서 사실이다. 모든 것이 네가 사용할 수 있도록, 그리고 너의 필요를 채우도록 지음받았다는 사실이다. 그러나 이성을 소유하고 있는 너는 너 자신을 위해서 지음받은 것이 아니라 나를 위해서 지음받았으며, 네 마음을 다하고 사랑을 다하여 나를 섬기도록 지음받았다. 그러므로 네가 나에게로 이끌리면 모든 것이 너와 함께 이끌리는 것이 된다. 그것은 모든 것이 너를 위해 지어졌기 때문이다. 따라서 이 다리는 높이 들려야 할 필요가 있다. 그리고 네가 그 다리를 보다 쉽게 오를 수 있기 위하여 그 다리는 계단도 있어야만 한다.

5. 참된 선행의 돌

이 다리에는 돌담이 있어서 비가 와도 여행자들이 방해를 받지 않는다. 이 돌담의 돌들이 무슨 돌인지 아는가? 그 돌들은 참되고 순수한 선행의 돌들이다. 하지만 이 돌들은 아들이 수난을 당하기 전에 담으로 쌓아진 것이 아니다. 이 세상 어느 누구도 선행의 길로 행하는 것만 가지고는 최후의 종착역인 천국에 들어갈 수 없다. 왜냐하면 천국의 자물쇠를 여는 것은 아들의 피의 열쇠가 있어야만 가능하기 때문이며, 그의 공의의 비를 피해 그 다리를 건널 수 있는 사람은 아무도 없기 때문이다.

그러나 내가 앞서 중보의 다리라고 말했던 그 아들의 몸 위에서 이 돌들이 다듬어진 이후에 그는 모르타르를 자신의 피와 섞어 반죽하여 그 돌들로 담을 쌓았다. 즉 그의 피는 불타는 사랑의 강력한 열기로 그의 신성이라고 하는 모르타르와 섞이게 되었다.

선행의 돌이 쌓여 담이 된 것은 아들 자신을 기초로 하여 나의 능력에 의해서 이루어진 것이다. 왜냐하면 모든 선행은 아들로부터 생명력을 얻게 되고 또한 아들을 통하지 않고서는 선행이 존재하지 않기 때문이다. 따라서 어느 누구도 아들로 말미암지 않고는, 다시 말해서 아들의 가르침과 모범을 따르지 않고서는 생명력 있는 선행을 행할 수가 없다. 아들이 선행을 온전케 하였으며 그 선행을 산 돌로 심어 그의 피로 인하여 담을 쌓은 것이다. 그러므로 이제 믿는 자는 누구나 거룩한 공의의 비가 내려도 아무런 거리낌이나 두려움 없이 그 길로 행할 수 있게 되었다. 아들 예수 그리스도의 성육신으로 말미암아 자비의 장막이 하늘에서 내려 그 비를 피할 수 있게 해준 것이다.

6. 천국의 열쇠인 아들의 피

그러면 천국은 어떻게 열렸을까? 아들의 피가 천국의 열쇠이다. 위에서 보았듯이 천국으로 향하는 다리에는 담이 둘러쳐져 있고 자비의 지붕이 덮여 있다. 그리고 군데군데 거룩한 교회가 있어서 간이 숙박소 구실을 하며, 나의 피조물인 천국의 순례자들이 도중에 지쳐서 쓰러지지 않도록 생명의 양식과 피를 공급하고 있다. 그래서 완전한 하나님이자 완전한 사람인 나의 독생자의 몸과 피를 순례자들에게 주도록 사랑으로 제정해 놓은 것이다.

이 다리의 끝에는 문이 있다. 사실 이 문은 다리와 동일한 것이다. 이 문을 통해서만 천국으로 들어갈 수 있다. 아들이 "나는 길이요 진리요 생명이라"고 말한 것과 "나는 세상의 빛이니 나를 따르는 자는 어두움에 다니지 아니하고 생명의 빛을 얻으리라"(요 8:12)고 말한 것은 바로 이 때문이다. 그리고 "나로 말미암지 않고는 아버지께로 올 자가 없느니라"(요 14:6)고 말하기도 했는데 진리란 바로 그런 것이다.

7. 거짓에 의해 흐려지지 않는 빛

내가 이 모든 것을 너에게 설명하는 것은 너로 하여금 그 길을 보게 하기 위함이다. 아들이 "나는 길이요"라고 말했을 때 그는 진리를 말한 것이다. 내가 너에게 이미 다리의 비유를 통해 그가 그 길임을 보여 주었다.

그는 자신을 가리켜 스스로 진리라고 말했다. 그 말 그대로 그는 진리이다. 누구든지 그를 따르는 자마다 진리의 길로 행한다. 그리고 그는 생명이다. 그의 진리를 따르면 은혜의 생명을 얻을 것이며, 결코 주려 죽지 않을 것이다. 왜냐하면 말씀 그 자체가 너의 양식이 되었기 때문이다.

그리고 너는 결코 어두움에 빠지지 않을 것이다. 그는 어떤 거짓에 의해서도 흐려지지 않는 빛이기 때문이다. 참으로 그는 악마가 하와를 속였던 그 거짓을 그의 진리로 타파한다. 그 거짓은 천국으로 가는 길을 파괴했으나, 진리가 그 길을 수리했으며 아들이 그의 피로 그 길에 담을 쌓아 올렸다.

이 길을 따르는 자들은 진리를 따르는 것이기 때문에 진리의 자녀들이다. 그들은 진리의 문을 통과해 지나가며 내 안에 거함을 알게 된다. 그리고 나는 영원한 진리요, 바다 같은 평화인 나의 아들, 곧 길과 문이 되는 아들과 하나이다. 이 길을 따라가지 않는 자들은 돌로 된 길이 아니라 강 밑의 물 속으로 다니는 자들이다. 그런데 그 물은 아무도 억제할 수 없기 때문에 그 물에 빠져 죽지 않고서는 아무도 그 물을 건널 수 없다.

8. 끊임없이 흘러가다

세상의 쾌락과 그릇된 상황이 끊임없이 지속되고 있다. 사랑과 욕망이 굳건한 반석에 기초해 있지 않고 나와는 관계가 먼 피조된 인간이나 사물에 무질서하게 기초해 있는 사람들이 여느 때와 다름없이 그렇게 살아가고 있다. 이들은 흐르는 물처럼 끊임없이 흘러가고 있다. 그들은 자신이 한 자리에 굳건하게 서 있는 동안 그들이 사랑하는 피조된 것들이 그 곁을 흘러가고 있다고 생각할지 모르지만, 실제로는 그들 자신이 죽음이라고 하는 종착역을 향해 끊임없이 흘러가고 있는 것이다.

그들은 그들 자신, 즉 그들의 생명과 그들이 사랑하는 것들을 보존하고 싶어하고 죽음으로 달려가는 것을 원치 않지만 그렇게 할 수 없다. 죽음이 그들을 모든 것과 떼어놓든지, 아니면 나의 명령으로 그 피조된 것들이 그들에게서 없어지든지 둘 중의 하나이다. 거짓의 길을 가는 자들은 거짓을 따르는 것이다. 그들은 거짓의 아비인 마귀의 자녀들이다(요 8:44).

9. 쓴 것을 달게 해주고 무거운 짐을 가볍게 해주는 길

자기들을 위한 다리 위의 길이 마련되어 있음에도 불구하고 물로 헤엄쳐 건너겠다는 사람들은 얼마나 어리석고 눈먼 사람들인가! 이 길은 그리로 여행하는 사람들에게 너무나 큰 기쁨이 되어 모든 쓴 것을 단 것으로, 모든 무거운 짐을 가벼운 것으로 만들어 준다. 그들은 비록 몸이 암흑 속에 갇혀 있지만 빛을 찾게 되고, 죽을 수밖에 없는 연약한 존재이지만 죽음이 없는 영생을 얻게 된다. 사랑과 믿음의 빛을 통해서 그들은 영원한 진리를 맛보게 되고, 나로 인해 피곤하고 지친 영혼이 새롭게 되는 약속을 보상으로 받게 된다.

이 길로 다니는 사람들이 갖고 있는 그 기쁨을 네 혀로는 결코 말할 수도 없었고, 네 귀로는 결코 들을 수도 없었으며, 네 눈으로는 결코 볼 수도 없었다. 그들은 이 세상에서도 장차 영원한 세상에서 그들에게 예비되어 있는 좋은 것들을 어느 정도 미리 맛보며 살고 있다. 이제 너는 이 다리가 어떤 것인지 들었고 보았다. 내가 이 모든 것을 너에게 말한 것은 내가 왜 내 독생자를 다리라고 말했는지 그 의도를 설명해 주기 위함이었다. 위에서 본 바와 같이 독생자 예수 그리스도는 가장 귀한 것과 가장 비천한 것을 연결시켜 주는 다리라고 할 수 있다.

관련 성경 구절 : 요한복음 14:1-11

너희는 마음에 근심하지 말라 하나님을 믿으니 또 나를 믿으라 내 아버지 집에 거할 곳이 많도다 그렇지 않으면 너희에게 일렀으리라 내가 너희를 위하여 처소를 예비하러 가노니 가서 너희를 위하여 처소를 예비하면 내가 다시 와서 너희를 내게로 영접하여 나 있는 곳에 너희도 있게 하리라 내가 가는 곳에 그 길을 너희가 알리라 도마가 가로되 주여 어디로 가시는지 우리가 알지 못하거늘 그 길을 어찌 알겠사옵나이까 예수께서 가라사대 내가 곧 길이요 진리요 생명이니 나로 말미암지 않고는 아버지께로 올 자가 없느니라 너희가 나를 알았더면 내 아버지도 알았으리로다 이제부터는 너희가 그를 알았고 또 보았느니라 빌립이 가로되 주여 아버지를 우리에게 보여 주옵소서 그리하면 족하겠나이다 예수께서 가라사대 빌립아 내가 이렇게 오래 너희와 함께 있으되 네가 나를 알지 못하느냐 나를 본 자는 아버지를 보았거늘 어찌하여 아버지를 보이라 하느냐 나는 아버지 안에 있고 아버지는 내 안에 계신 것을 네가 믿지 아니하느냐 내가 너희에게 이르는 말이 스스로 하는 것이 아니라 아버지께서 내 안에 계셔 그의 일을 하시는 것이라 내가 아버지 안에 있고 아버지께서 내 안에 계심을 믿으라 그렇지 못하겠거든 행하는 그 일을 인하여 나를 믿으라.

리처드 포스터의 묵상

캐서린의 글은 비록 내가 역사적, 문법적 해석학에 잘 훈련되어 있다 하더라도 워낙 상징과 은유와 비유적인 표현들이 많기 때문에 이해하기가 어렵다. 아마 독자 여러분도 이해하기가 어려울 것이다.

그러나 다소 지나친 감은 없지 않지만 좋은 점도 있다. 하나님께서는 그의 진리를 아주 간단한 그림으로 그녀에게 보여 주셨다. 20세기의 유명한 노래 가사를 빌어 표현하자면 그리스도는 '험한 세상의 다리'가 된다. 즉 그리스도가 유일한 길임을 보여 주는 다리 위에 나 있는 문과, 우리를 보다 깊은 성화의 자리로 인도하는 계단과, 그리스도의 피로 반죽된 선행의 담, 이 모든 것들은 우리에게 진리와 생명을 분명하게 말해 준다.

따라서 나는 종교 개혁 이후의 많은 유산들을 가지고 있음에도 불구하고 그녀의 말에 귀를 기울여야만 한다고 생각하며, 로마 카톨릭 교회가 캐서린에게 '교회의 의사'라는 칭호를 부여한 것은 참 잘한 일이라고 생각한다.

디트리히 본회퍼

(Dietrich Bonhoeffer, 1906~1945)

본회퍼는 독일의 브레슬라우(Breslau)라는 곳에서 7명의 아이가 있는 가정에서 태어났다. 그는 그의 아버지가 내과 의사로 활동했던 베를린에서 자라났다. 그의 어린 시절의 친구들 중에는 위대한 학자인 아돌프 폰 하르낙(Adolf von Harnack)과 역사학자인 한스 델브뤼크(Hans Delbrück)도 끼여 있었다.

열여섯 살 때 그는 튀빙겐에서 신학 공부를 시작했으며, 스물한 살 때 박사학위 논문을 제출했다. 그는 뉴욕에 있는 유니온 신학교에서 일 년 간 교수로 있었으며, 거기서 미국의 기독교와 친숙해지게 되었다. 교수와 저술가로서의 그의 명성은 독일에 돌아와서 높아지게 되었다. 그러나 1933년에 그는 라디오 방송을 통해, 독일 민중이 자기가 위험 인물로 보고 있는 히틀러를 맹목적으로 추종하는 데 대해 비난 성명을 발표했다. 후에 히틀러가 권좌에 오르자 본회퍼는 영국으로 떠나 두 교회의 목사로 봉직했다. 마하트마 간디와 회담을 하기 위해 떠나려던 차에 그는 독일로 돌아와서 신학교의 교장이 되어 젊은 목사들을 훈련시켜 달라는 부름을 받게 되었다. 본회퍼가 기독교 공동체에 대한 이해를 새롭게 할 수 있었던 곳이 바로 그 곳 핑켄벨데(Finkenwälde)였다. 그는 1943년 4월 체포되어 감옥에 갇혔으며, 나중에는 아돌프 히틀러 암살 음모에 연루되어 1945년 4월 8일 마침내 플로센뷔르크(Flossenbürg)에서 교수형에 처해졌다.

그의 저작은 오늘날까지 남아 있어서 하나님의 은혜와 제자도의 대가에 대한 통찰력을 제공해 주고 있으며, 우리에게 영감을 불러일으키고 있다. 여기 실린 글은 기독교 공동체라는 주제를 다루고 있으며, 특히 교회 생활에 있어서 예수 그리스도의 역할에 초점을 맞추고 있다.

45 주 「함께 사는 삶(Life Together)」에서 발췌

공동체 안에 계신 그리스도

1. 예수 그리스도 안에서, 예수 그리스도로 말미암아

기독교는 예수 그리스도로 말미암은, 예수 그리스도 안에 있는 공동체이다. 어떤 기독교 공동체도 여기에서 벗어나지 않는다. 잠깐 동안의 단 한 번의 만남이든, 여러 해에 걸친 매일매일의 만남이든 기독교 공동체는 오직 그와 같을 뿐이다. 우리가 서로서로 공동체적 관계를 맺는 것은 바로 예수 그리스도를 통해서, 예수 그리스도 안에서만 가능하다.

이것이 무슨 뜻일까? 첫째로, 그것은 그리스도인이 예수 그리스도로 인하여 다른 사람들을 필요로 한다는 말이다. 둘째로, 그것은 그리스도인은 예수 그리스도를 통해서만 다른 사람들에게 나아갈 수 있다는 말이다. 셋째로, 그것은 예수 그리스도 안에서 우리가 영생으로부터 선택받았고, 시간 속에서 받아들여졌으며, 영생을 위해 연합되었다는 말이다.

먼저, 그리스도인이라 하면 더 이상 자기 자신의 구원이나 해방이나 의롭다 함을 자기 속에서 찾는 사람이 아니라 예수 그리스도 안에서만 찾는 사람을 말한다. 또한 그는, 자신은 죄 의식을 전혀 느끼지 못해도 예수 그리스도 안에 있는 하나님의 말씀이 죄가 있다고 선언하실 수 있다는 것을 안다. 그리고 자신은 전혀 의롭다고 느끼지 않는데 하나님의 말씀은 자신을 의롭다고 하실 수 있다는 것도 안다. 그리스도인은 더 이상 자기 자신의 권리와 스스로 의롭다 함을 통해 사는 것이 아니라, 하나님의 권리와 하나님의 의롭다 하심을 통해 산다. 그는 하나님의 말씀이 자기에게 죄가 있다고 하거나 혹은 없다고 하든지 상관없이, 전적으로 자기에게 선포되는 하나님의 말씀으로 산다.

2. 밖에서부터 오는 의

그리스도인의 죽음과 삶은 그가 갖고 있는 자원에 의해 결정되지 아니하고, 밖에서부터 그에게 오는 말씀, 곧 그에게 주시는 하나님의 말씀 안에서 이루어진다. 종교개혁자들은 그것을 이런 식으로 표현했다. "우리의 의는 우리 밖에서부터 오는 '하나님의 의'인 것이다." 또한 그들은 그리스도인은 그에게 주어지는 하나님의 말씀에 의존하며, 또 그에게 주시는 하나님의 말씀이 있는 쪽으로 향하게 된다고 했다.

그리스도인은 오로지 예수 그리스도 안에 있는 하나님의 말씀의 진리에 의해서만 살아간다. 만일 누군가가 그에게 "당신의 구원이 어디 있으며, 당신의 의가 어디 있습니까?"라고 묻는다면 그는 결코 자기 자신을 가리킬 수 없다. 그가 가리키는 곳은 그에게 구원과 의를 보장해 주는 예수 그리스도 안에 있는 하나님의 말씀이다. 그는 가능한 한 이 말씀에 민감하다. 그는 매일같이 의에 굶주리고 갈급해 있기 때문에 날마다 구원의 말씀을 소망한다.

그런데 그 말씀은 오직 밖에서만 올 수 있기 때문에 그리스도인은 자기 안에 가지고 있는 것이 아무것도 없으며 실상은 죽은 자와 같다. 따라서 도움은 바깥에서 와야 한다. 그런데 그 도움은 예수 그리스도의 말씀 안에서 이미 왔으며 또 날마다 새롭게 오는 것이다. 그 말씀이 우리에게 구원과 의와 정결함과 복을 가져다 준다.

3. 다른 사람의 말로 전해지는 그리스도

하나님께서는 이 말씀이 우리에게 전달되도록 하기 위해 다른 사람들의 입 속에 그것을 넣어 주셨다. 한 사람이 그 말씀에 자극을 받으면, 그는 그것을 다른 사람에게 말하게 된다. 하나님께서는 우리가 하나님의 살아 계신 말씀을 형제의 증언, 곧 사람의 입 속에서 찾고 구해야만 하도록 계획하셨다. 그러므로 그리스도인은 자기에게 하나님의 말씀을 전해 주는 또 다른 그리스도인을 필요로 한다. 확신 가운데 거하지 못하고 낙담이 될 때 그리스도인에게는 또 다른 그리스도인이 있어야 한다. 왜냐하면 자기 혼자서 스스로를 도울 수 있다는 생각은 진리를 기만하는 것이기 때문이다.

그리스도인은 하나님의 구원의 말씀의 소지자요, 선포자로서의 형제를 필요로 한다. 그리스도인에게 형제가 필요한 것은 오로지 예수 그리스도 때문이다. 자기 마음속에 있는 그리스도는 자기 형제의 마음속에 있는 그리스도보다 더 약하다. 왜냐하면 자기 자신의 마음은 불확실하고 형제의 마음은 확실하기 때문이다.

또한 이 사실은 모든 기독교 공동체의 목표를 분명히 해준다. 그들은 구원의 메시지를 가져오는 자들로서 서로를 대한다. 하나님께서는 그런 식으로 서로를 만나게 하시고 그들에게 공동체를 주신다. 그들의 교제는 오로지 예수 그리스도와 이러한 '밖에서부터 오는 의'에 기초해서만 이루어진다. 그러므로 우리가 말할 수 있는 것은 다음과 같은 사실뿐이다. "그리스도인들의 공동체는 성경적인 견해이자 종교개혁자들이 외쳤던, 오직 믿음으로만 의롭게 된다는 메시지에서만 생겨난다. 그리고 그것만이 그리스도인들이 서로를 필요로 하는 근거가 된다."

4. 그리스도께서 열어 놓으신 길

그리스도인은 예수 그리스도를 통해서만 다른 사람들에게 나아갈 수 있다. 사람들 사이에는 분쟁이 있다. 사도 바울은 예수 그리스도에 대하여 "그는 우리의 평화"라고 말했다(엡 2:14). 그리스도가 없으면 하나님과 사람 사이에, 그리고 사람과 사람 사이에 불화가 있게 된다. 그리스도는 중보자가 되셔서 하나님께 대하여, 그리고 사람들 사이에 평화를 이루어 놓으셨다.

그리스도가 없으면 우리는 하나님을 알 수도 없고, 또 하나님을 찾을 수도 없고, 그분께 나아갈 수도 없다. 또한 그리스도가 없으면 우리는 형제도 알 수 없고, 또 형제에게 나아갈 수도 없다. 그 길이 가로막혀 있는 것은 바로 우리의 자아 때문이다. 그리스도께서는 하나님과 형제에게 나아가는 그 길을 열어 놓으셨다. 이제 그리스도인은 서로 평화롭게 살아갈 수 있게 되었다. 그러나 그런 삶을 지속할 수 있는 방법은 오직 예수 그리스도를 통하는 길밖에 없다. 예수 그리스도 안에서만 우리는 하나이며, 그를 통해서만 하나로 묶여진다. 영원까지 예수 그리스도는 한 분이신 중보자로 계신다.

5. 그리스도 안에 있는 우리

하나님의 아들이 육신을 입으셨을 때 그분은 정말로 우리의 존재, 우리의 본질, 그리고 우리 자신들과 똑같은 모습으로 이 땅에 오셨는데 그것은 전적으로 하나님의 은혜로 말미암은 것이었다. 그것은 삼위일체 하나님의 영원한 작정에 의한 것이었다. 이제 우리는 그분 안에 있다. 그분이 계신 곳에 우리도 있다. 성육신 안에 있고, 십자가 위에 있으며, 주님의 부활 속에 있다. 우리가 그분에게 속한 것은 그분 안에 있기 때문이다. 그래서 성경은 우리를 그리스도의 몸이라고 부르는 것이다.

그런데 만일 우리가 그것을 알고 원하기도 전에 선택을 받아 예수 그리스도 안에서 전교회와 더불어 연합되었다면 우리는 서로 함께 영원히 그에게 속하게 된 것이다. 이 땅에서 그리스도와 더불어 친교하며 살아가는 우리는 언젠가는 그분과 영원히 교제하며 지내게 될 것이다. 그리스도인은 형제를 대할 때 먼저 예수 그리스도 안에서 그 형제와 영원히 연합하게 될 것이라는 사실을 알아야만 한다. 기독교 공동체는 예수 그리스도 안에 있는 공동체이며, 예수 그리스도로 말미암은 공동체를 의미한다. 그리스도인의 공동 생활을 위한 지침과 교훈들에 대하여 성경이 제공해 주는 모든 내용들이 바로 이러한 전제 위에 놓여 있다.

6. 용서할 준비를 갖추어 주심

"형제 사랑에 관하여는 너희에게 쓸 것이 없음은 너희가 친히 하나님의 가르치심을 받아 서로 사랑함이라 너희가 온 마게도냐 모든 형제를 대하여 과연 이것을 행하도다 형제들아 권하노니 더 많이 하고"(살전 4:9-10). 하나님 자신이 친히 나서서 형제 사랑을 가르치셨다. 거기에 덧붙여서 인간이 할 수 있는 일은 이러한 하나님의 교훈을 상기시켜서 더욱더 힘쓰라고 권면하는 것밖에 없다. 하나님께서 먼저 자비를 베푸셨고, 하나님께서 먼저 사랑하심으로 우리의 마음을 사로잡으셨다. 이것이 바로 하나님의 사랑에 대한 우리의 가르침의 출발이었다.

하나님께서 우리에게 자비를 베푸셨을 때 우리는 형제들에게 자비를 베푸는 것을 배웠다. 우리가 하나님의 심판 대신에 용서를 받았을 때 우리는 형제들을 용서할 준비를 갖추게 되었다. 우리는 하나님께서 우리에게 행하신 일들을 다른 사람들에게 행해야 할 책임이 있다. 더 많이 받으면 받을수록 우리는 더 많은 것을 주어야 한다. 형제에 대한 우리의 사랑이 약하면 약할수록 우리에 대한 하나님의 자비와 사랑이 그만큼 적어진다. 그래서 하나님께서는 우리에게, 하나님께서 그리스도 안에서 우리를 대한 것처럼 형제들을 대하라고 가르쳐 주셨다. "이러므로 그리스도께서 우리를 받아 하나님께 영광을 돌리심과 같이 너희도 서로 받으라"(롬 15:7).

7. 기독교 공동체의 기초

이와 같이 하나님께서 다른 그리스도인들과 함께 공동 생활을 하도록 하신 사람은 형제들이 있다는 사실이 무슨 뜻인지를 배울 수 있다. 바울은 자기 회중들을 부를 때 "주 안에 있는 형제들"이라고 불렀다(빌 1:14). 우리는 예수 그리스도를 통하지 않고서는 다른 사람의 형제가 될 수 없다. 우리는 예수 그리스도께서 우리를 위해, 그리고 우리에게 행하신 일을 통해 다른 사람의 형제가 된다. 다른 사람도 예수 그리스도께서 그를 위해 하신 일로 말미암아 우리의 형제가 된다.

우리가 예수 그리스도를 통해서만 형제가 된다는 사실은 측량할 수 없을 만큼 중요하다. 진지하고 헌신적인 사람뿐만 아니라 우리에게 나아와 형제애를 찾고자 하는 사람과도 우리는 교제해야만 한다. 우리의 형제는 그리스도에 의해 구속함을 받고, 죄에서 해방되어 믿음과 영성에로 부름을 받은 바로 그 사람이다.

그리스도인으로서의 됨됨이, 영성 그리고 신앙심 등이 공동체의 구성원이 되기 위한 조건은 아니다. 우리가 누군가를 형제로 받아들일 때 중요한 것은 그 사람이 예수 그리스도로 인하여 어떤 사람이 되었는가 하는 것이다. 우리가 서로 공동체를 이루는 것은 전적으로 그리스도께서 우리 양편 모두에게 행하신 일에 달려 있다. 이러한 사실은 단순히 처음에만 적용되는 것이 아니다. 시간이 지나면서 우리의 공동체에 무언가 다른 것이 덧붙혀진다 할지라도 그 사실은 앞으로도 계속해서 그리고 영원까지 그대로 남아 있게 된다.

나는 다른 사람들과 공동체를 이루어 살고 있으며 계속해서 예수 그리스도를 통해서만 그렇게 할 것이다. 우리의 공동체가 보다 순수해지고, 보다 깊어질수록 우리 사이에 있는 다른 모든 문제는 뒤로 물러가고 예수 그리스도와 그의 사역이 보다 분명하고 순수하게 우리 사이의 가장 중요하고 유일한 문제로 등장하게 된다. 우리는 그리스도를 통해서만 서로에게 형제가 된다. 정말로 우리는 그리스도를 통해서만 전적으로 그리고 영생토록 형제를 갖게 된다.

그 사실은 어떤 것을 더 갖겠다는 모든 떠들썩한 욕구를 단번에 일소시켜 버린다. 그리스도께서 제정하신 것보다 더 많은 것을 원하는 사람은 그리스도인 상호간의 형제 됨을 원하지 않는다. 그는 다른 곳에서 찾지 못한 어떤 특이한 사회적 경험을 찾고 있다. 그리고 뒤죽박죽이 된 불순한 욕망들을 그리스도인의 형제애 속에 가지고 들어온다. 그러나 그리스도인의 형제애는 우리가 실현해야만 하는 어떤 이상이 아니다. 그것은 그리스도 안에서 하나님께서 이미 창조하신 실재이다. 우리는 바로 거기에 참여할 수 있는 것이다.

관련 성경 구절 : 에베소서 2:11-12

그러므로 생각하라 너희는 그때에 육체로 이방인이요 손으로 육체에 행한 할례당이라 칭하는 자들에게 무할례당이라 칭함을 받는 자들이라 그때에 너희는 그리스도 밖에 있었고 이스라엘 나라 밖의 사람이라 약속의 언약들에 대하여 외인이요 세상에서 소망이 없고 하나님도 없는 자이더니.

리처드 포스터의 묵상

  Life Together(함께 사는 삶)에서 본회퍼는 자연적인 욕구에 의해서 생겨난 공동체와 철저한 기독교 정신으로 생겨난 공동체 사이의 근본적인 차이점을 투명하게 드러내 주고 있다. 슬프게도 나는, 중미에서 살아가는 우리의 생활 양식이 우리로 하여금 도저히 함께 살지 못하도록 만든다는 사실을 깨닫지 않으면 안되었다.

  본회퍼의 견해를 심각하게 받아들인다는 것은 믿음의 생활을 다시 한번 전부 재고해 본다는 것을 의미한다.

  Life Together(함께 사는 삶)는 '하나님의 어린 양들을 위한 달콤한 지식과 전문적인 지식'에 식상해 있고, 또 '값비싼 은혜'를 받을 준비가 되어 있는 사람들에겐 깊이 연구해 볼 만한 유익한 책이 될 것이다.

6
말씀 중심의 생활

스탠리 존스   인도의 성자 선다 싱

아시시의 프랜시스   귀용 부인   존 크리소스톰

찰스 스펄전   워치만 니

복음주의 전통인 말씀 중심의 생활은 두 가지 초점을 가지고 있다. 하나는 성경 중심이고, 다른 하나는 복음 전도의 중요성이다. 이러한 전통을 따를 때 우리는 종교 개혁의 외침이었던 '오직 성경(Sola Scriptura)'과 경건주의의 체험이었던 '뜨거운 마음(the warm heart)', 혹은 회심의 문제를 진지하게 다루게 된다.

여기 성경의 가치에 특별한 주의를 기울였던 두 명의 저자가 있다. 스탠리 존스와 귀용 부인이 바로 그들이다. 존스는 우리를 세 가지 단순한 습관으로 초청한다. 첫째는 하나님의 말씀을 매일 읽는 습관이요, 둘째는 습관적으로 은밀히 기도하는 것이요, 셋째는 깨달은 것을 다른 사람들에게 나누는 것이다. 귀용은 우리 모두를 "성경 말씀으로 기도하고", "하나님만을 바라보는" 체험으로 초대한다.

존 크리소스톰은 회심의 문제를 다루고 있는데, 보통 우리가 알고 있는 것보다 더 광범위하고 폭 넓게 다룬다. 아시시의 프랜시스는 복음 전도

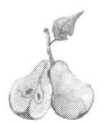

사역에 대한 자신의 소명을 설명하고 있으며, 워치만 니는 우리에게 실제적인 면에서 복음 전도 사역에 대한 권고를 해주고 있다. 사두 선다 싱의 전생애는 복음 전도의 생애였다. 찰스 스펄전은 개인적으로나 교회적으로 우리에게 영적인 부흥이 크게 필요하다는 것을 역설하고 있다.

우리 가운데 이러한 주제들이 다소 위협적인 것이라고 생각하는 사람들이 혹시 있을지 모르지만, 좋은 신앙의 선배들이 자연스럽게 우리를 초청하는 형식으로 이 글을 써 놓았기 때문에 안심하고 이 주제들을 탐구해도 좋을 것 같다.

스탠리 존스

(E. Stanley Jones, 1884~1973)

스탠리 존스는 그의 전생애를 회심이라는 주제에 바쳤다. 그는 20세기 초반의 유명한 선교사들과 신앙 작가들 중 한 사람이다. 1908년부터 그는 인도의 고위 카스트 계급에 속한 힌두교 신자들과 이슬람 교도들 가운데서 사역했다. 생애 후기부터 그는 시간을 둘로 나누어 인도에서의 선교 사역과 미국에서의 복음 전도 사역을 병행하였다.

그의 위대한 업적 중의 하나는 힌두어로 '은둔처'라는 뜻인 아쉬람(Ashram) 운동을 제정한 것이었다. 이 운동은 금세기 중반 미국 전역에 퍼지게 되었으며, 오늘날까지도 일부에서 지속되고 있다. 아쉬람은 일주일 기간으로 짜여진 그리스도인의 수양회로 주로 고독과 공동체 건설에 초점을 맞추었다.

스탠리 존스는 영적인 생활과 영적인 부흥의 의미에 대해서 예리한 통찰력을 갖고 있었다. 다음에 발췌한 글은 회심의 제정과 양성에 있어서 하나님께서 하시는 일과 하나님의 자녀들의 반응 사이의 정교한 균형 문제를 논하고 있다.

46 주 「회심(Conversion)」에서 발췌

날마다 성경을 읽는 습관

1. 수용과 반응

회심은 선물인 동시에 성취이며, 순간적인 행위인 동시에 일생 동안의 과업이다. 당신은 훈련에 의하여 구원을 이룰 수 없다. 그것은 하나님의 선물이다. 그러나 당신은 아무런 훈련 없이 회심을 얻을 수 없다.

만일 당신이 훈련에 의해서 구원을 얻으려고 한다면 먼저 굴복하지 않는 자아부터 훈련을 시켜야 한다. 그러면 비로소 자아의 소동을 억제하게 될 것이다. 그러나 여전히 그 결과는 신뢰보다는 긴장감일 것이다. 그래서 "편안하게 눕는 대신 씨름하게 될 것이다." 굴복하지 않는 자아를 훈련시킴으로써 구원을 얻을 수는 없지만, 자아가 그리스도께 복종하여 새로운 중심이 형성될 때 당신은 비로소 그리스도를 중심으로 당신의 삶을 훈련시킬 수 있다. 훈련은 회심의 뿌리가 아니라 열매이다.

다음 구절은 회심의 양면성을 보여 준다. "그러므로 너희가 그리스도 예수를 주로 받았으니 그 안에서 행하되 그 안에 뿌리를 박으며 세움을 입어 교훈을 받은 대로 믿음에 굳게 서서 감사함을 넘치게 하라"(골 2:6-7).

이 구절에서 '받았으니'라는 단어와 '행하되'라는 단어를 주목하라. 전자는 수용을 말하고, 후자는 행동을 말한다. 또 '뿌리를 박으며'라는 말과 '굳게 서서'라는 말을 주목하라. 역시 전자는 수용을 말하고 후자는 행동을 말한다. '뿌리를 박는다'는 말은 뿌리가 흙에서 자양분을 얻는 것처럼 우리가 하나님께로부터 얻어야 한다는 뜻이다. 그리고 '굳게 선다'는 말은 사람들이 훈련된 노력에 의해서 집과 인격과 생애를 건축하듯이 우리가 세움을 입어야 한다는 뜻이다.

그러므로 우리는 받는 동시에 노력하며, 얻는 동시에 성취한다. 우리는 마치 모든 것이 하나님께 달려있는 것처럼 믿는 동시에, 또한 모든 것이 우리의 노력에 달려 있는 것처럼 행동한다. 그리스도인의 심장 박동은 수용과 반응이 교대로 뛴다. 즉 하나님이 주시는 것을 수용하는 동시에 우리 편에서 노력함으로 반응하는 것이다.

2. 단순한 습관

지금까지 이 지구에 살았던 인물 중에 예수님만큼 이 수용과 반응의 리듬을 잘 보여 준 사람은 없다. 어떤 사람도 그토록 완전하게 하나님을 의지했던 사람이 없었고, 어떤 사람도 그분보다 더 개인적으로 훈련된 습관을 지닌 사람은 없었다.

그분은 세 가지를 습관적으로 행했다. 첫째, "그는 일어나자마자 습관을 따라 읽었다." 이것은 습관을 따라 하나님의 말씀을 읽는 것이다. 둘째, "그는 산으로 가서 습관을 따라 기도하였다." 이것은 기도를 습관화하는 것이다. 셋째, "그는 다시 습관을 따라 그들을 가르쳤다." 이것은 자기에게 있는 것과 자기가 발견한 것을 습관적으로 다른 사람들에게 전수하는 것이다.
 이 단순한 습관들이 그의 생애의 근간이 되었던 습관이었다. 그것들은 내일 아침만큼이나 최신의 것들이다. 회심한 사람이라면 어느 누구도 이러한 습관들을 삶 속에서 활력 있게 역사하도록 하지 않고서는 살아갈 수 없다.

3. 자신을 해석하시는 하나님

 첫째, 매일 하나님의 말씀을 읽는 습관을 들이되, 아침에 읽는 것이 좋다. 신약 성경은 영감된 계시의 기록으로서 그 계시는 곧 예수 그리스도의 인격이다. 예수님은 신약 성경이라는 책 속에서 나와서 직접 그분의 인격으로 우리의 인격에 영향을 미침으로써 우리와 만나 주신다. 그 영향은 바로 깨끗하게 하심이다. "이제 당신은 내가 말한 그 말씀을 통해 깨끗해졌다." 당신이 '당신의 모든 것을 그분의 모든 것에 드러내면', 당신은 날마다 마음과 동기와 감정을 씻는 일에 자신을 드리게 된다.
 나는 매일 아침 경건회에 성경을 지참하지 않고 나오는 두 명의 훌륭한 그리스도인을 알고 있다. 그들은 성경이 없이도 묵상할 수 있다고 했다. 그러나 그 두 사람 모두 깊이가 없었다. 왜냐하면 그들은 자신들의 생각을 통해서 스스로를 하나님께 중재하기 때문이다. 즉 자신들이 매개체가 되는 것이다. 그러나 그들은 생각만큼 직접 하나님께 나아가지 못한다. 그것은 그들이 자신들의 생각을 통해 나아감으로써 스스로가 중재자가 되기 때문이다.
 그렇기 때문에 우리는 말씀을 통해서 하나님의 계시를 받아야 한다. 하나님은 자신을 우리에게 해석하는 분이시다. 하나님의 자기 해석이 바로 예수님이시다. 따라서 예수님께 당신의 생각을 드러내면 그것이 바로 하나님께 드러내는 것이다. 신약 성경의 말씀들은 바로 말씀이신 그분과 너무나 밀접하기 때문에 그 말씀에는 생명력이 넘치는 것이다.

존스 홉킨스 대학의 산부인과 교수인 하워드 애트우드 켈리(Howard Atwood Kelly) 박사는 성경을 읽는 것에 대해서 이렇게 말했다. "정직한 마음으로 성경을 읽으면, 사람의 본성이 바뀐다. 그것은 매춘부를 변화시켜 거룩함을 사랑하게 하고 자비의 천사가 되게 하며, 거지와 술 주정뱅이를 일으켜 이 땅의 군주의 반열에 들게 한다." 그는 계속해서 이렇게 말했다. "성경은 너무나 탁월한 명약이어서 그 자체로서 진리임을 입증한다. 어떠한 환자라도 성경의 처방대로 정직하게 약을 복용하면 못 고칠 질병이 없다." 그러므로 하나님의 말씀이 처방해 주신 대로 날마다 약을 복용하라. 성경적인 그리스도인이 아니면 건전한 그리스도인이 아니다.

4. 사시사철을 하나님과 새롭게

둘째, 습관을 따라 은밀히 기도하라. 성경을 읽을 때는 하나님께서 우리에게 말씀하시는 것이고, 기도를 할 때는 우리가 하나님께 말씀드리는 것이다. 하나님께서는 단지 성경 말씀을 통해서만 우리에게 말씀하시는 것이 아니라 대화를 통해서 직접 우리에게 말씀하신다.

칼라일(Carlyle)은 이렇게 말했다. "기도는 인간 영혼의 타고난 충동인 동시에 가장 깊은 충동으로 남아 있다." 링컨은 이렇게 말했다. "나는 기도 외에 달리 의지할 것이 없다는 압도적인 확신으로 인해 여러 번 무릎을 꿇곤 했다. 나 자신의 확신과 주변 사람들의 확신만 가지고는 하루를 살아가기에 부족한 것 같았기 때문이다."

링컨은 실제로 기도를 실천했다. 어떤 신사가 새벽 5시에 링컨을 만나기로 약속하고 15분 일찍 도착했다. 그는 옆방에서 나는 소리를 듣고 수행원에게 물었다. "옆방에 계신 분이 누구시죠? 대통령 각하와 함께 계신 분이 있나요?" "아니요, 각하께서 지금 성경을 읽고 기도하고 계시는 중입니다." "그럼 이렇게 이른 아침마다 습관적으로 저렇게 하신다는 말씀인가요?" "예, 그렇습니다. 매일 새벽 4시부터 5시까지는 성경을 읽고 기도하시는 데 할애하고 계십니다." 이만하면 우리가 링컨을 잊지 못하는 것이 전혀 이상한 일이 아니다. 그는 일 년 사시사철을 늘 새롭게 하나님과 동행했던 것이다.

어떠한 회심의 체험도 하나님의 말씀을 읽는 것과 기도하는 것을 면제해 주지 않는다. 기도가 희미해지면 능력도 희미해진다. 우리는 기도하는 만큼 영적인 사람이 된다. 그 이상도 그 이하도 아니다.

5. 회심한 회심자

셋째, 당신이 깨달은 것을 다른 사람들에게 전수하라. 이것은 성경 말씀을 읽고 기도를 하면서 우리가 깨달은 것을 다른 사람들에게 나누어 주는 습관이다. 그것은 표현되지 아니한 것은 잊혀지고 만다는 기억의 법칙이다. 그것은 나누지 않으면 소유할 수 없다는 말이다.

바울은 "심는 자에게 씨와 먹을 양식을 주시는 하나님"(고후 9:10)에 대해서 말했다. 하나님은 오직 심는 자들에게만 씨를 주신다. 심지 않으면 심을 것이 생기지 않는다. 다른 사람들에게 나누어 주지 않는 사람은 스스로 나누어 줄 것이 없는 공허한 사람이다. 회심한 회심자는 회심한 채로 머물러 있지 않는다. 복음 전도자가 아니면 복음주의자가 아니라는 말이다.

회심한 생활을 성장시키는 데에는 이 세 가지가 기본적이다. 이 세 가지가 없으면 회심한 생활이 시들어 버린다. 이 세 가지에 덧붙여 몇 가지 보조적인 제안을 하고자 한다.

6. 계속해서 불길이 타오르게 하라

첫째, 매일의 훈련을 통해서 새로운 생명을 키워 나가라. 위대한 영적 능력을 가진 구세군의 중요 인물 가운데 하나였던 브랭글(Brengle) 국장은 계속해서 불길이 타오르게 하는 세 가지 방법을 다음과 같이 제안했다. "첫째, 통풍구를 열어 두라. 둘째, 재를 말끔히 청소하라. 셋째, 계속해서 연료를 공급하라."

둘째, 어떤 희생이 따르더라도 정직하라. 남아프리카 공화국의 어떤 소년은 수영 대회에서 일등을 차지했다. 그러나 그가 그 상을 받았을 때 규정보다 나이가 6개월이 많았었다. 그 후 그는 회심을 하게 되었다. 그는 자기가 사랑하는 트로피를 가슴에 안고 수영 협회에 나타나 그 사실을 솔직히 털어놓았다.

셋째, 회심한 후에도 계속해서 죄를 고백하라. "죄송합니다. 제가 또 범죄했습니다"라고 말하는 것을 두려워하지 말라. 죄를 고백하는 규칙은, 죄를 고백하는 대상이 그 죄로 인해 피해를 입은 당사자가 되어야 한다는 것이다. 만일 그 죄를 개인에게 저지른 것이면 그 개인에게 고백해야 하고, 가족에게 저지른 것이면 그 가족에게 고백해야 하며, 단체에게 저지른 것이면 단체에게, 교회에 저지른 것이면 그 교회에 고백해야 한다.

7. 제한이 없는 회심

넷째, 당신에게 잘못한 사람들을 위해 기도하라. 그것이 분노와 원한의 해독제가 된다. 어떤 신학 교수는 자기가 받아 보관하는 카드 색인의 글씨가 엉망인 것을 보고, 날마다 그것을 쓰는 사람들을 위해 기도한다고 한다. 그의 영이 탁월한 부드러움을 지닌 것은 전혀 놀랄 일이 아니다. 내 친구 중의 하나는 어떤 젊은이가 쏜 총에 맞아 부상을 당했는데, 그 젊은이는 그 죄로 인해 징역 12년 형을 언도받았다. 그 친구는 그 젊은이의 수형 기간 동안 내내 그와 접촉하였고, 그의 감옥 생활이 끝나자 그를 자기 집으로 데려왔다.

다섯째, 계속해서 당신의 회심의 영역을 넓혀 가라. 당신의 회심이 당신의 삶의 영역을 점점 더 많이 차지하도록 하라. 인도의 삿 탈 아쉬람

(Sat Tal Ashram)에서 우리는 청소부를 포함한 모든 하인들에게 매주 하루씩 휴일을 주고, 그들이 하던 일을 대신해 주기로 자원했다. 청소부가 하던 일에는 수세식 화장실이 없던 시절에 쓰던 구식 변소를 청소하는 일도 포함되어 있었다. 인도의 계급 제도인 카스트에 끼지 못하는 사람들 외에는 그런 일을 하려고 하는 사람이 없었다. 그러나 우리는 자원했다.

어느 날 나는 자원하기를 꺼리고 있던 브라만 계급의 한 회심자에게 "C 형제, 언제 자원하시겠습니까?"라고 물었다. 그는 고개를 천천히 흔들며 이렇게 말했다. "스탠리 형제, 제가 회심을 하기는 했지만 그렇게까지는 아직 회심하지 못했습니다." 우리의 회심 중에 더러는 '제한된 회심'이 있고, 더러는 '제한이 없는 회심'이 있다. 개인 생활에 있어서는 회심했지만 사회 생활이나 경제 생활에 있어서는 회심하지 못한 경우도 있고, 같은 계급이나 인종 내에서는 회심한 증거를 나타내지만 계급이나 인종을 넘어서서는 회심한 증거를 나타내지 못하는 경우도 있다.

한 어린 딸이 아빠의 무릎에 앉아서 아빠에게 자기가 아빠를 얼마나 사랑하는지를 말해 주고 있었다. 그러면서 그 아이는 아빠의 어깨 너머로 자기 남동생을 바라보면서 못마땅한 표정을 짓고 있었다. 그때 그 어머니가 그런 딸을 보고 이렇게 말했다. "이 위선자야, 아빠에게는 아빠를 사랑한다고 말해 놓고 동생에게는 그렇게 인상을 쓰고 혀를 내밀고 있니?"

인종에 대한 편견을 갖고 있는 그리스도인들이 바로 이런 짓을 하고 있다고 할 수 있다. 그것은 마치 하나님 아버지께는 자기들이 하나님을 사랑한다고 말해 놓고, 하나님의 어깨 너머로 보이는 다른 하나님의 자녀들을 향해서는 경멸한다고 말하는 것이나 다름이 없다. 우리가 보이는 하나님의 자녀들을 사랑하지 못하면서 보이지 아니하는 하나님을 어떻게 사랑할 수 있겠는가?

8. 그리스도인답지 못한 습관

여섯째, 그리스도인답지 못한 습관을 버리라. 아프리카의 어떤 그리스도인 교사가 주말만 되면 어디론가 가서 술을 마시곤 했다. 한번은 그가 술에 잔뜩 취한 채 어떤 원주민의 오두막집에 들어가 잠을 자게 되었다. 그가 잠에서 깨어났을 때 한 노인이 옆에 앉아서 그를 바라보고 있었다. 그 노인은 그 교사에게 누구냐고 물었고, 그는 자기가 그리스도인이라는 사실을 이야기했다. 그리고 이번에는 교사가 노인에게 당신은 누구냐고 물었다. 그때 노인은 이렇게 대답했다. "나는 그리스도인은 아니지만, 내가 만일 그리스도인이라면 나는 절대로 당신처럼 살지는 않을 거요. 나는 진짜 그리스도인답게 살아갈 거요." 이 말을 듣고 그 교사는 깨달음을 얻고 진정으로 회심을 해서 그 다음부터는 그리스도인의 삶을 살아갔다고 한다. 그는 회심하지 못한 사람을 통해 회심하게 된 것이다.

왜 하나님의 자녀들이 흡연을 하여 고의적으로 신체 기관 속에 독소를 들이마심으로써 자신들의 수명을 단축시켜야만 하는가? 이것은 흡연을 연구한 사람들이 밝혀 낸 사실이다. 왜 당신 자신의 경우는 예외라고 생각하는가? 왜 흡연을 하여 수명을 그렇게 재촉하고 있는가?

9. 일곱 가지 중요한 덕목

하나님의 성품에 참여한 후에 이것들을 더하라.

…너희 믿음에 덕을, 덕에 지식을, 지식에 절제를, 절제에 인내를, 인내에 경건을, 경건에 형제 우애를, 형제 우애에 사랑을 공급하라(벧후 1:5-7).

매일 자리에 앉아서 이 일곱 가지 덕목을 묵상하라. 당신의 기본적인 믿음 위에 덕과 지식을, 절제와 인내를, 경건과 형제 우애를, 그리고 사랑을 더하고 있는지 자문해 보라. 이 일곱 가지 덕목 하나하나를 점검하면서 당신의 오르내림을 살펴보라. 특히 마지막 덕목인 사랑을 주목해 보라. 그리스도인의 생활에 있어서의 성숙은 바로 사랑의 성숙을 말한다. 당신의 믿음 위에 다른 여섯 개의 덕목을 더하고 사랑을 더하지 않는다면, 당신은 그리스도인으로서 후퇴하고 있는 것이다.

날마다 새로운 영역을 정복해 가며 당신의 회심의 범위를 넓혀 가 보라.

관련 성경 구절 : 골로새서 2:6-7

그러므로 너희가 그리스도 예수를 주로 받았으니 그 안에서 행하되 그 안에 뿌리를 박으며 세움을 입어 교훈을 받은 대로 믿음에 굳게 서서 감사함을 넘치게 하라.

리처드 포스터의 묵상

　당신은 스탠리 존스의 이 글을 읽고 회심에 대한 그의 견해가 오늘날의 보편적인 입장과 달라서 많이 당황했을지도 모르겠다. 우리는 회심이 어떤 진술에 대해서 동의하거나 어떤 기도를 암송함으로써 얻어지는 것으로 익히 들어왔다. 그러나 존스는 회심이 우리의 행동이 아니라 하나님의 행위라고 믿고 있다. 그래서 회심의 결과는 생활 전체가 변화하고 재정리되는 것이라고 믿고 있다. 즉 우리가 그리스도를 우리의 생명으로 받아들이는 것이다.

　나는 당신에게 회심에 대하여 존스가 이해한 바가 오늘날 대중 종교 속에 널리 유포되어 있는 견해보다 훨씬 더 성경적이고 온전하다는 것을 제시하고 싶다. 회심은 우리를 완전하게 하지 못한다. 그러나 그것은 우리로 하여금 총체적인 제자도를 경험하게 함으로써 우리 삶의 전영역에 파고들어 영향을 미친다.

　우리가 믿음의 순례길을 시작할 때 그리스도께 회심한다는 것이 무엇을 의미하는지 모두 다 알 수는 없다. 그러나 우리의 삶의 어느 한 부분도 회심에 의해 영향을 받지 않는 부분이 없다는 사실은 확신할 수 있다.

인도의 성자 선다 싱

(Sadhu Sundar Singh, 1889~1933?)

선다 싱은 인도의 사도 바울이라고 일컬어져 왔다. 그가 기독교로 개종한 것은 신앙의 위대한 이야기들 가운데 하나이다. 선다 싱은 어릴 때 시크교도로 자라났다. 그래서 시크교의 경전인 그란트 사히브(Granth Sahib)와 힌두교의 경전인 기타(Gita)까지도 열심히 공부했다. 어렸을 적부터 그의 종교적 열심은 그 지역 전체에 널리 알려져 있었다.

선다 싱의 어머니는 그가 스무 살도 되기 전에 죽었다. 어머니의 죽음으로 인해 선다 싱은 깊은 절망에 사로잡혀 자살을 결심하게 되었다. 그는 사흘 밤낮을 자기 방에 처박혀 있었다. "만일 하나님께서 나를 살리고 싶으시다면 말씀 좀 해 보십시오. 오 하나님! 당신이 정말 계신다면 오늘 밤 제게 그 증거를 보여 주십시오" 하고 울부짖었다. 만일 하나님께서 말씀해 주지 않으면 그는 철길로 나가 철로 위에 머리를 대고 누워, 어둠 속에서 루디아나에서 오는 새벽 5시 열차를 기다리다가 비극적인 생을 마감할 작정이었다. 7시간 동안 그는 고요히 명상을 하며 기다렸다.

그런데 새벽 4시 45분, 선다 싱은 밝은 빛이 갑자기 방안에 가득 차더니 환한 빛 속에서 예수 그리스도의 얼굴과 모습이 나타나는 것을 보았다. 그는 분명 예수 그리스도였다. 그리고 나서 그분은 선다 싱에게 힌두어로 말씀하셨다. "네가 나를 얼마나 오랫동안 핍박하려느냐? 나는 너를 위해 죽었고, 너를 위해 내 생명을 주었다. 너는 바른길을 알기 위해 기도해 오지 않았느냐? 왜 그것을 붙잡지 않느냐? 내가 곧 그 길이니라." 이 환상을 본 후 선다 싱의 생애는 극적으로 변화되었으며, 그는 20세기의 가장 두드러진 사역자들 중의 하나가 되었다.

47 주 「그리스도와 함께, 그리스도 없이(*With and Without Christ*)」에서 발췌

그 기쁨을 다른 사람들과 나누라

1. 감추어진 무진장한 보고

내적인 생명의 깊은 체험을 설명하기란 매우 어렵다. 괴테가 말한 바와 같이 "너무 숭고한 것은 말로 표현할 수 없다." 그러나 그것을 누리거나 행동으로 체험할 수는 있다. 내가 말하고자 하는 것은 바로 이것이다. 어느 날 묵상과 기도 중에 나는 그분의 임재를 강하게 느꼈다. 나의 마음은 천상의 기쁨으로 흘러넘쳤다. 나는 이 슬픔과 고통의 세상에 감추어진 무진장한 큰 기쁨의 보고(寶庫)가 있다는 사실을 알았다. 그런데 그것은 세상이 전혀 알지 못하는 그런 기쁨이다. 왜냐하면 그것을 경험한 사람들조차도 그것에 대해 정확하고 확실하게 말하지 못하기 때문이다.

나는 그 기쁨을 다른 사람들과 나누기 위해서 동네로 내려가고 싶었다. 그러나 육체적인 질병 때문에 내 영혼과 육신 사이에 갈등이 생겨났다. 영혼은 가기를 원했지만 육신은 가지 못하게 붙들었다. 그러나 마침내 나는 그 유혹을 뿌리쳤다. 나는 병 든 몸을 이끌고 마을로 가서 사람들에게 그리스도께서 임재하셔서 내게 어떤 일을 하셨는지, 그리고 그들에게 어

떤 일을 하실 것인지에 대해서 이야기해 주었다.
 그들은 내가 병 든 몸이라는 것과 그들에게 말하지 않을 수 없게 만드는 무엇인가가 내 마음속에 있다는 사실을 알고 있었다. 그래서 비록 그리스도께서 내게 임재하셔서 해주신 일들을 내가 다 설명하지는 못했지만, 그들은 그 깊은 체험을 행동으로 이해하게 되었고 또 실제로도 도움을 받았다. 말로 표현할 수 없는 경우는 행동으로 보여 주는 삶이 그것의 실재를 드러내 준다. 사도 바울이 말한 바와 같이 "의문은 죽이는 것이요 영은 살리는 것임이니라"(고후 3:6).

2. 감미롭고 생명을 주는 하나님의 임재

 곤충들이 촉수를 가지고 주변의 정황을 느끼고 해로운 것인지 유익한 것인지를 구별하는 것처럼, 영적인 사람들은 마음의 감각을 통해서 위험하고 파괴적인 영향들을 피하고 감미롭고 생명을 주는 하나님의 임재를 누리게 된다. 그리고 그들은 그 복된 체험으로 인해 하나님을 증거하지 않을 수 없게 된다. 터툴리안(Tertullian)이 말한 바와 같이 "우리의 영혼이 제 모습을 회복하고 본래의 건전한 모습으로 돌아가게 되면, 그 영혼은 하나님에 대해 말하게 된다."
 다소간의 차이는 있지만 거의 모든 사람들이 영적인 진리를 감지할 수 있는 내적인 능력을 갖고 있다. 그렇지만 어떻게 그것을 갖게 되었는지는 잘 모른다. 누군가의 말처럼 "그들은 자신들이 어떻게 알게 되었는지도 모르면서 알고 있다." 예를 들면, 콜번(Colburn)은 여섯 살 때 11년이 몇 초인가라는 질문을 받았는데 4초만에 정확한 답변을 했다. 어떻게 그렇게 빨리 정답을 알아맞혔는지 질문을 받자 그는 단지 "정답이 그냥 마음속에 떠올랐을 뿐이다"라고 대답했다. 그와 마찬가지로 하나님께서는 당신의 뜻대로 살아가려고 애쓰는 사람들에게 영적인 실재들을 드러내 보이신다.

3. 하나님 안에서 즐거운 내적 생활을 누리지 못하는 사람들

살려고 하는 의지는 모든 사람에게 있다. 그 의지로 인해 우리는 온전하게 살아가려고 한다. 즉 우리는 우리를 향하신 하나님의 목적이 성취될 때까지 완성을 추구한다. 그 결과 우리는 하나님 안에서 영원한 행복을 누리게 된다. 반면에 하나님 안에서 즐거운 내적 생활을 경험하지 못하는 사람들에게는 삶이 하나의 짐이다. 쇼펜하우어가 바로 그런 사람들 중의 하나였다. 그는 말하기를 "인생은 지옥이다"라고 했다.

자살을 원하는 사람들에게는 그것이 하나도 이상할 것이 없다. 그리스의 철학자 헤게시아스(Hegesias)의 가르침의 영향으로 많은 젊은이들이 자살을 했다. 또한 제노(Zeno), 엠페도클레스(Empedocles), 세네카(Seneca)와 같은 여러 철학자들도 자살을 했다. 그런데 이상한 것은 그들의 철학이 그들의 삶을 파멸시키는 대신에 그들을 불행하게 만드는 것들로부터 그들을 구해 내지 못했다는 사실이다.

세상의 철학이 다 그러하다(약 3:15). 갈등과 근심, 걱정으로 인해 이 땅에서의 삶에 염증을 느낀 사람들이 살려고 하는 의지를 억누를 수 있을지는 몰라도 믿으려고 하는 의지를 억제할 수는 없다. 사람들 중에는 하나님이나 다른 어떤 영적인 실재에 대해서 믿지 않는 사람들이 있다. 피로(Pyrrho)라는 철학자가 "우리는 우리가 확신하지 못한다는 사실조차 확신할 수 없다"고 말하기는 했지만 그들도 최소한 그들이 믿지 않고 있다는 사실은 믿고 있다.

4. 내적인 갈망을 만족시킴

장소를 바꾼다거나 육신을 죽여 없앤다고 해서 내적인 생명이 자유를 얻을 수 있는 것은 아니다. 다만 '옛 사람'을 벗어 버리고 새 사람을 입어서 사망에서 생명으로 옮겨짐으로써 자유를 얻게 된다. 창조주 하나님 안에서 내적인 갈망을 만족시키는 대신에 이리저리 방황하는 사람들은 그들 나름대로 어그러진 방법으로 그 욕구를 채우려고 애를 쓴다. 그러나 그 결과는 행복하고 만족하는 것 대신에 비참할 뿐이다.

예를 들면, 행복의 수단으로 물건을 훔쳐다가 숨겨 두는 도둑은 실제로는 행복을 잃어버리고 있는 것이다. 그뿐만 아니라 바로 그 절도 행위로 인하여 행복의 가능성마저도 빼앗기고 있는 것이다. 그 가능성은 그의 죄악된 행동으로 인해 죽게 된다. 그리고 만일 그가 절도 행위에 대해 죄 의식조차도 느끼지 않고 양심의 가책 또한 받지 않는다면, 그는 이미 영적인 자살을 한 것이나 다름없다. 그는 그 가능성을 죽였을 뿐만 아니라 그 가능성을 갖고 있는 영혼까지도 죽인 것이다.

5. 자그마한 마음의 만족

진정한 기쁨과 평안은 권력이나 부, 또는 여타의 물질을 소유하는 것에 있지 않다. 진정한 기쁨과 평안이 만일 그런 것에 있다면 이 세상의 부자들은 모두 행복하고 만족했을 것이며, 부처, 마하비라(Mahavira), 바타리(Bhartari)와 같은 왕자들이 왕궁을 버리지도 않았을 것이다. 진정한 기쁨과 영원한 평안은 하나님의 나라에서만 찾을 수 있다. 그런데 그것은 우리가 거듭날 때 우리의 마음속에 건설된다

하나님 안에서 누릴 수 있는 이 복된 삶의 비밀과 실재는 그것을 받아 누리고 경험하기 전에는 이해할 수 없다. 그것을 단지 우리의 지성만을 가지고 이해하려 한다면 우리의 노력은 아무 소용도 없다는 것을 알게 될 것이다.

어떤 과학자의 손에 새가 한 마리 있다고 가정해 보자. 그 과학자가 그 새에게 생명이 있다는 사실을 알고 그 새의 몸 중의 어느 부위에 생명이 있는가를 알고 싶어서 그 몸을 쪼개기 시작했다고 하자. 결과는 그가 찾고 있었던 바로 그 생명이 신비하게도 사라져 버렸다는 것을 알게 될 뿐

이다. 단지 머리로만 내적인 생명을 이해하려고 하는 사람들도 결국 그와 똑같은 결과를 맞이하고 말 것이다. 그들이 찾고 있는 생명은 지적인 분석 과정에서 실종되고 만다.

이 큰 세상과 비교해 볼 때 인간의 마음은 정말로 작다. 그러나 세상이 아무리 커도 우리의 자그마한 마음을 완전히 만족시켜 주지는 못한다. 늘 자라나는 우리의 영혼과 그 수용 능력은 무한하신 하나님 안에서만 만족시킬 수 있다. 물이 일정한 수위에 도달할 때까지는 끊임없이 흐르는 것처럼, 영혼은 하나님 안에서 안식을 누릴 때까지 평안을 얻지 못한다.

6. 영원히 자라나는 영혼

물질인 육신이 영혼과 영원히 동반할 수는 없다. 영혼이 이 세상에서 일할 수 있도록 그것의 도구로서 얼마 동안 주어진 목적을 수행한 후에, 육신은 점점 약해지고 노쇠해져서 더 이상 영혼을 수반할 수 없게 된다. 육신이 영원히 자라나는 영혼과 보조를 맞출 수 없는 이유가 바로 이것이다.

이처럼 영혼과 육신이 영원히 함께 살 수는 없지만 그것들이 함께 행한 일의 열매는 영원히 남게 된다. 그러므로 우리의 영원한 생명의 기초를 주의 깊게 놓는 것이 필요하다. 그러나 애석하게도 우리는 자유를 잘못 사용함으로써 그것을 영원히 잃어버릴 수도 있다. 자유란 선을 행할 수도 있고 악을 행할 수도 있는 능력을 의미한다. 우리가 끊임없이 악행을 선택한다면, 우리는 죄의 종이 되어 우리의 자유와 생명을 파괴하고 만다(요 8:21, 34).

반면에 죄를 포기하고 진리를 따라가면 영원히 자유롭게 된다(요 8:32). 자유를 얻어 그들의 전생애를 하나님을 섬기는 데 사용하는 사람들, 즉 주 안에서 죽는 자들의 행위는 그들의 뒤를 따를 것이다(계 14:13). 주 안에서 죽는다는 것은 실상 죽음을 뜻하지 않는다. 왜냐하면 주님은 죽은 자의 하나님이 아니라 산 자의 하나님이시기 때문이다. 주 안에서 죽는다는 것은 주님의 일에 자신을 드린다는 뜻이다. 이에 대해 주님께서는 다음과 같이 말씀하셨다. "누구든지 제 목숨을 구원코자 하면 잃을 것이요 누구든지 나를 위하여 제 목숨을 잃으면 구원하리라"(눅 9:24).

7. 지금 형성된 습관

우리는 하나님께서 주신 기회를 최대한 선용해야만 하며, 태만이나 부주의함으로 인해 주어진 시간을 낭비해서는 안된다. 이것도 할 수 있고 저것도 할 수 있고, 아직도 시간이 많이 남았으니 걱정하지 않아도 된다고 말하는 사람들이 많이 있다. 그러나 그들은 하나만 알고 둘은 모르는 사람들이다. 지금의 짧은 시간을 선용하지 못하면 지금 형성된 습관이 너무 몸에 깊숙이 배어, 나중에 더 많은 시간이 주어졌을 때 그 습관이 제2의 천성이 되어 그 시간도 역시 허비하고 말 것이다. "지극히 작은 것에 충성된 자는 큰 것에도 충성되고…"(눅 16:10).

8. 영은 하나이나 결과는 다르다

우리 모두는 각자 우리의 삶 속에서 창조주 하나님의 목적을 실현해야 하며, 하나님의 영광과 다른 사람들의 유익을 위해서 우리의 생애를 보내야만 한다. 우리는 각자 하나님의 부르심을 따라 살아야만 하며, 하나님께서 주신 재능과 능력을 따라 일을 계속해야 한다. "은사는 여러 가지나 성령은 같다"(고전 12:4, 11).

플루트, 코르넷, 백파이프 따위의 악기에 똑같은 숨을 불어넣어도 악기에 따라 각기 다른 음악이 생성된다. 마찬가지로 한 성령이 하나님의 자녀인 우리 안에 역사하지만 각기 다른 결과가 나타난다. 그리고 하나님께서는 한 사람 한 사람을 통해 그들 각자의 성품과 기질에 따라 영광을 받으신다.

관련 성경 구절 : 사도행전 9:1-19

사울이 주의 제자들을 대하여 여전히 위협과 살기가 등등하여 대제사장에게 가서 다메섹 여러 회당에 갈 공문을 청하니 이는 만일 그 도를 좇는 사람을 만나면 무론 남녀 하고 결박하여 예루살렘으로 잡아 오려 함이라 사울이 행하여 다메섹에 가까이 가더니 홀연히 하늘로서 빛이 저를 둘러 비추는지라 땅에 엎드러져 들으매 소리 있어 가라사대 사울아 사울아 네가 어찌하여 나를 핍박하느냐 하시거늘 대답하되 주여 뉘시오니이까 가라사대 나는 네가 핍박하는 예수라 네가 일어나 성으로 들어가라 행할 것을 네게 이를 자가 있느니라 하시니 같이 가던 사람들은 소리만 듣고 아무도 보지 못하여 말을 못하고 섰더라 사울이 땅에서 일어나 눈을 떴으나 아무것도 보지 못하고 사람의 손에 끌려 다메섹으로 들어가서 사흘 동안 보지 못하고 식음을 전폐하니라 그때에 다메섹에 아나니아라 하는 제자가 있더니 주께서 환상 중에 불러 가라사대 아나니아야 하시거늘 대답하되 주여 내가 여기 있나이다 하니 주께서 가라사대 일어나 직가라 하는 거리로 가서 유다 집에서 다소 사람 사울이라 하는 자를 찾으라 저가 기도하는 중이다 저가 아나니아라 하는 사람이 들어와서 자기에게 안수하여 다시 보게 하는 것을 보았느니라 하시거늘 아나니아가 대답하되 주여 이 사람에 대하여 내가 여러 사람에게 듣사온즉 그가 예루살렘에서 주의 성도에게 적지 않은 해를 끼쳤다 하더니 여기서도 주의 이름을 부르는 모든 자를 결박할 권세를 대제사장들에게 받았나이다 하거늘 주께서 가라사대 가라 이 사람은 내 이름을 이방인과 임금들과 이스라엘 자손들 앞에 전하기 위하여 택한 나의 그릇이라 그가 내 이름을 위하여 해를 얼마나 받아야 할 것을 내가 그에게 보이리라 하시니 아나니아가 떠나 그 집에 들어가서 그에게 안수하여 가로되 형제 사울아 주 곧 네가 오는 길에서 나타나시던 예수께서 나를 보내어 너로 다시 보게 하시고 성령으로 충만하게 하신다 하니 즉시 사울의 눈에서 비늘 같은 것이 벗어져 다시 보게 된지라 일어나 세례를 받고 음식을 먹으매 강건하여지느니라 사울이 다메섹에 있는 제자들과 함께 며칠 있을새.

리처드 포스터의 묵상

 나는 선다 싱에 관한 많은 이야기들을 사랑한다. 이 글은 선다 싱의 교훈들 중 일부에 불과한 것으로서, 그와 관련된 많은 이야기가 있다.
 그는 기독교로 개종한 후에도 인도의 성자들이 입는 짙노란 색깔의 옷을 입었다. 하지만 그는 다른 성자와는 달랐다. 그는 이 마을에서 저 마을로 떠돌아다니면서 예수 그리스도 안에 있는 생명의 좋은 소식을 전파했다. 예수 그리스도처럼 그에게는 집도 없었고 소유물도 없었다. 그는 길에서 살았으며 사람들의 고통을 함께 나누었다. 또한 잠자리를 제공하는 사람들과 함께 먹었으며, 하나님의 사랑에 대해 듣고자 하는 사람이면 누구에게나 복음을 전했다.
 그의 죽음에 관한 이야기마저도 신비와 모험에 싸여 있다. 그는 수차례나 복음의 메시지를 티벳 고원 지대에 전하려고 애를 썼다. 하지만 번번이 실패하고 말았다. 1929년 4월, 인도의 성자 선다 싱은 티벳으로 향하는 높은 산속의 험한 길을 가고 있었다. 그러나 그 후에 그의 목소리를 들었다는 사람이나 그를 보았다는 사람은 한 사람도 없다.

아시시의 프랜시스

(Francis of Assisi, 1182~1226)

지오반니 프란체스코 디 피에트로 디 베르나르도네(Giovanni Francesco di Pietro di Bernardone)라는 이름으로 태어난 아시시의 전설적인 인물 성 프랜시스는 이탈리아가 낳은 최초의 신비주의자라고 일컬어진다. 그의 가정은 세속적이었고 부유했다. 그래서 젊은 시절의 프랜시스는 이런 환경의 산물이었다. 그러나 회심을 통해 그의 생애는 극적으로 변화되었다.

그는 교회를 "재건하라"는 하나님의 소명을 받았다. 구체적으로 말하면, 산 다미아노(San Damiano)에 있던 작은 교회를 재건하라는 하나님의 부르심을 들었다. 그러나 시간이 흐르자, 그는 그 부르심을 더 크고 깊은 의미로 이해하게 되었다. 1209년에 그는 청빈과 순결과 복종의 삶을 살아감으로써 '그리스도를 본받고자' 하는 강한 소망을 느끼게 되었다. 그는 문자 그대로 호화스럽고 값비싼 옷을 벗어서 자기 아버지에게 건네주었다. 그것은 그가 막 시작하려고 했던 새로운 삶의 표시였다. 그는 나병 환자들과 병든 사람들을 위한 사역을 시작하여 1226년 그가 죽을 때까지 그 일을 계속했다.

프랜시스의 깊이 있는 영적 생활로부터 프란체스코 교단이 생겨났으며, 그 교단은 오늘날까지도 그의 생활 방식을 따르려고 애를 쓴다. 그는 중세 시대의 가장 사랑받는 성인 중의 한 사람이며, 그에 관한 글을 읽는 사람들의 마음을 사로잡곤 한다. 그는 온 세상, 곧 모든 생명체를 하나님이 주신 아름다운 선물로 보는 놀라운 재능을 갖고 있었다. 그는 태양과 달을 비롯한 지구상의 모든 피조물을 그의 형제요, 자매라고 불렀다.

비록 그가 직접 남긴 글은 거의 없지만, 그의 친구들과 추종자들이 그의 생애와 사상에 대해서 많은 내용을 기록해 놓았다. 여기에 실은 글은 고전적인 전기(傳記)라고 할 수 있는 *The Little Flowers of St. Francis*(성 프랜시스의 작은 꽃들)라는 책에서 발췌한 것으로, 프랜시스와 그의 '작은 탁발 수도사들(Friars Minor)'에 관한 매혹적인 이야기들과 예수님의 사역에 그들이 즐거이 헌신한 이야기를 모아 놓은 것이다.

48주 「성 프랜시스의 작은 꽃들」에서 발췌

영혼의 추수

1. 의심의 큰 고통

그리스도의 겸손한 종, 성 프랜시스는 그의 회심 초기부터 많은 친구들을 모아 그 교단에 받아들였다. 그때부터 그는 자신이 과연 무슨 일을 해야만 하는가 하는 의심의 큰 고통 속에 놓이게 되었다. 그것은 끊이지 않는 기도에만 전념할 것인가, 아니면 때때로 말씀을 전파할 것인가에 관한 갈등이었다.

그는 이 두 가지 중 어느 것이 우리 주 예수 그리스도를 가장 기쁘시게 할 것인가를 몹시 알고 싶어했다. 그리고 그의 안에 있던 거룩한 겸손이 그로 하여금 자기 자신과 자신의 기도를 신뢰하지 못하도록 했기 때문에, 그는 이 문제에 대한 하나님의 뜻을 알기 위해서 겸손하게 다른 사람들에게 호소하였다.

2. 내게 최선의 길을 보여 주십시오

그래서 그는 맛세오(Masseo) 형제를 불러 이렇게 말했다. "사랑하는 형제여, 클레어 자매에게 가서 자매의 친구들 가운데 영성이 있는 친구 한 명과 더불어 나를 위해 하나님께 기도해 달라고 부탁해 주시오. 그러면 하나님께서 내게 최선의 길을 보여 주시리라 믿소. 내 기도 제목은 내가 이따금씩 말씀을 전해야 하는지, 아니면 오직 기도에만 전념해야 하는지를 아는 것이오. 그 다음엔 수바시오 산에 기거하고 있는 실베스터 형제에게도 가서 똑같은 기도를 부탁해 주시오."

실베스터(Silvester) 경은, 성 프랜시스의 입에서 금 십자가가 나와 길이로는 하늘까지 뻗쳐 있고, 너비로는 땅끝까지 뻗쳐 있었던 것을 보았던 사람이다. 그는 매우 독실하고 거룩하여 그가 기도로 구하는 것은 무엇이든지 하나님께서 즉시 주시거나 계시로 보여 주실 정도였다.

성령께서 그로 하여금 남달리 하나님과 교통할 수 있는 자격을 부여해 주셨기에 그는 여러 차례 하나님과 대화를 나누었다. 그래서 성 프랜시스도 그에게 매우 헌신적이었으며, 그의 말을 크게 신뢰하고 있었다.

3. 영혼의 추수

맛세오 형제는 성 프랜시스가 지시한 대로 가서 먼저 성 클레어(St. Clare)에게 그 메시지를 전하고, 뒤이어 실베스터 형제에게 가서 똑같은 메시지를 전했다. 실베스터 형제는 그 메시지를 듣자마자 즉시 기도하기 시작했으며, 기도하는 동안 하나님의 응답을 신속히 받았다.

그는 즉시 맛세오 형제에게 나가서 이렇게 말했다. "하나님께서 말씀하시기를 형제가 프랜시스 형제에게 가서 이렇게 전하랍니다. 하나님께서 그를 이 나라에 부르신 것은 프랜시스 자신만을 위해서 부르신 것이 아니라 수많은 영혼을 추수하시기 위함이며, 많은 사람들이 그를 통해 구원을 받게 하시기 위함이라는 것입니다."

그 일 후에 맛세오 형제가 다시 성 클레어에게 가서 그녀가 받은 하나님의 응답이 무엇인지 알아보았다. 그러자 그녀는 자기와 자기 친구 역시 실베스터 형제가 받은 응답과 똑같은 응답을 하나님께 받았노라고 대답했다.

4. 하나님의 능력으로 불타오르다

그래서 맛세오 형제는 성 프랜시스에게 돌아왔다. 그러자 프랜시스는 그를 큰 사랑으로 영접하였다. 프랜시스는 그의 발을 씻어 주었으며, 그를 위해 음식을 준비하였다. 그리고 맛세오 형제가 음식을 다 먹고 나자 숲속으로 그를 불렀다. 거기서 그는 맛세오 형제 앞에 무릎을 꿇고 모자를 벗은 후 팔짱을 낀 채 이렇게 물었다. "그래, 우리 주 예수 그리스도께서 내게 명하신 것이 무엇이오?"

맛세오 형제는 그리스도께서 실베스터 형제와 클레어 자매, 그리고 클레어 자매의 친구에게 응답하시되 다음과 같은 계시의 말씀을 주셨다고 답하였다. "주님께서는 당신이 세상에 나가 말씀을 전파하기를 원하십니다. 왜냐하면 하나님께서 당신을 부르신 것은 당신 자신만을 위해서가 아니라 다른 사람들을 구원하시기 위함이기 때문입니다."

그 순간 주님의 손이 성 프랜시스 위에 임했다. 그가 이 대답을 듣고 그것이 그리스도의 뜻이라는 것을 알게 되자, 그는 즉시 자리에서 벌떡 일어났다. 그는 온통 하나님의 능력으로 불타올라 맛세오 형제에게 열정적인 목소리로 이렇게 말했다. "그러면 갑시다. 주님의 이름으로!"

5. 전광석화처럼

그는 맛세오 형제와 안젤로(Angelo) 형제 및 몇몇 거룩한 사람들을 동반자로 삼았다. 그는 도로든 길이든 가리지 않고 그저 영적인 열심 하나만을 가지고 전광석화처럼 출발했다.

그들은 카나라(Cannara)라는 마을에 도착했다. 거기서 프랜시스는 말씀을 전하기 시작했다. 먼저 그는 시끄럽게 지저귀고 있던 제비들에게 설교가 끝날 때까지 조용히 하라고 명령했다. 그러자 그 제비들이 그의 말에 순종했다. 그는 그 곳의 모든 사람들에게 너무나 열정적으로 말씀을 전하였다. 그의 설교를 듣고 제비들의 기적을 본 후 크게 감동되어 많은 사람들이 그 마을을 떠나 그를 따라가겠다고 헌신했다.

그러나 프랜시스는 허락하지 않고 이렇게 말했다. "그렇게 서두르지 마시오. 그리고 이 마을을 떠나지 마시오. 제가 당신들의 영혼의 구원을 위해서 당신들이 해야 할 일을 준비해 주겠소." 그때부터 그는 도처에 흩어져 있는 모든 이들의 구원을 위한 대륙을 묶는 제3의 교단(The Third Order of the Continent)을 조직할 계획을 세웠다.

6. 수많은 새들

그 마을 사람들을 크게 위로하며 참회할 마음의 자세를 갖추게 한 후, 그는 그 곳을 떠나 카나라와 베바그나(Bevagna) 사이에 이르게 되었다. 그는 그 지역을 일행과 함께 동일한 열정을 가지고 지나가다가 눈을 들어 바라보니 길 옆에 몇 그루의 나무들이 보였다. 그 나무들 위에는 그 부근에서 일찍이 한 번도 보지 못했던 갖가지 종류의 새들이 수도 없이 모여 있었다. 그리고 그 나무들 근처의 들판에도 엄청난 새 떼가 모여 있었다. 그가 그 수많은 새들을 보고 놀라워하고 있을 때 하나님의 영이 그 위에 임재하셨다. 그래서 그는 일행들에게 이렇게 말했다. "여기 길에서 조금만 기다려 주시오. 우리의 누이들인 새들에게 말씀을 전해야 되겠소."

그리고 나서 그는 땅 위에 있는 새들을 향해 들판으로 들어갔다. 그가 막 설교를 시작하자마자 나무 위에 있던 모든 새들이 그에게 날아왔다.

그가 그 새들 사이를 지나가면서 평상시 습관대로 그들을 쓰다듬어 주었음에도 불구하고 그 모든 새들은 들판에 있는 다른 새들과 함께 꼼짝도 하지 않고 앉아 있었다. 정말로 그것들 중 단 한 마리도 미동하지 않고 가만히 앉아 있었다. 나중에 프랜시스가 그 새들을 향해 축복해 주고 나서야 비로소 그 자리를 떠났다. 이것은 맛사(Massa)의 성도였던 제임스 형제가 말해 준 것으로, 그는 그 당시 성 프랜시스 일행 중 한 사람이었던 맛세오 형제에게서 이 모든 사실을 들었다고 한다.

7. 언제나 하나님 찬양하기를 힘쓰라

성 프랜시스가 그 새들에게 한 설교의 내용은 다음과 같다.
"나의 작은 새 누이들아, 너희는 너희 창조주 하나님께 많은 은혜를 입고 있다. 따라서 언제나 어디서나 너희는 하나님을 찬양해야 한다. 하나님께서는 너희에게 이중, 삼중의 덮개를 주셨고, 너희에게 화려하고 예쁜 옷을 주셨으며, 수고하지 않아도 먹을 수 있는 양식을 예비해 놓으셨고, 창조주 하나님께서 너희에게 노래를 가르쳐 주셨으며, 너희의 숫자도 하나님의 축복에 의해서 증가되어 왔기 때문이다. 너희가 이 지구상에서 없어지지 않은 것도 하나님께서 노아의 방주에 너희를 종류대로 보존하셨기 때문이다.

또한 너희는 하나님께서 너희에게 주신 창공에 대해서도 하나님의 큰 은혜를 입고 있다. 더구나 심지도 않고 거두지도 않지만 하나님께서 너희를 길러 주시고, 너희에게 강들과 샘들을 주셔서 마실 수 있게 하셨다. 하나님께서는 너희에게 높은 산들과 언덕들을 주셨으며, 험한 산들과 바위들을 은신처로 주셨다. 그리고 둥지를 만들 수 있는 높은 나무들도 주셨다. 너희는 비록 솜으로 실을 만들거나 바느질할 줄도 모르지만 하나님께서는 너희와 너희의 어린 새끼들에게 필요한 옷을 주셨다. 창조주 하나님이 그토록 많은 것들을 너희에게 주셨으니 너희를 무척 사랑하심에 틀림

없다. 그러므로 나의 작은 새 누이들아, 배은망덕하지 않도록 주의하고 언제나 하나님 찬양하기를 힘쓰라."

8. 놀라운 새들의 찬양

성 프랜시스의 이 말을 듣고 그 모든 새들이 일제히 부리를 벌리고, 목을 길게 뺀 후, 날개를 쭉 편 채 공손하게 머리를 땅에 조아렸다. 그러한 그들의 동작과 노래는 성 프랜시스가 그들에게 해준 말이 그들에게 큰 기쁨을 주었음을 보여 주는 것이었다. 성 프랜시스 역시 이 모습을 보고 그들과 함께 심령의 큰 기쁨을 느꼈다. 그는 그처럼 엄청난 무리의 새 떼들과, 그들의 다양한 아름다움, 그리고 그들의 관심과 친밀성 및 애정에 대해서 놀라지 않을 수 없었다. 그래서 그는 그들 속에 계신 놀라운 창조주를 힘껏 찬양했으며, 그들에게 창조주를 찬양하도록 점잖게 권유하였다.

끝으로, 그가 새들에게 설교하기를 마치고 하나님을 찬양하도록 권면하고 난 후, 그 새들 위에 십자가 형상을 그려서 떠나도 좋다는 허락을 했다. 그러자 모든 새들이 동시에 날아올라 공중에서 놀라운 노래를 불렀다. 노래를 마친 새들은 성 프랜시스가 그들 위에 그렸던 십자가 형상을 따라 질서 정연하게 흩어져 네 무리를 이루었다. 각각의 무리는 공중으로 높이 날아올라 각기 다른 방향으로 흩어졌다. 한 무리는 동쪽으로, 다른 무리는 서쪽으로, 또 다른 무리는 남쪽으로, 그리고 마지막 무리는 북쪽으로 날아갔다. 그 각각의 무리들은 멀리 날아가면서 장엄한 찬양을 드렸다.

9. 세계 전역으로

그 새들의 모습은 일종의 상징이었다. 나중에 그리스도의 십자가의 흔적을 가지게 된 성 프랜시스가 그들에게 설교하고 그들 위에 십자가 형상을 그린 것처럼, 그 새들도 십자가 형상을 따라 흩어져서 세계 전역을 향해 찬양을 하며 날아갔던 것이다. 이것은 성 프랜시스에 의해서 갱신된 그리스도의 십자가에 대한 설교가 그와 그의 탁발 수도사들에 의해서 세계 전역에 선포되어야만 할 것을 암시했다. 그리고 그 말씀이 마치 새들처럼 이 세상에서 자신의 소유를 전혀 갖지 않고 전적으로 하나님의 섭리에 헌신된 사람들에 의해 선포될 것을 보여 주는 것이었다.

그리스도께서는 그들을 가리켜 독수리라고 하셨다. "주검이 있는 곳에 독수리들이 모이느니라." 소망을 주님께 두는 성도들은 독수리와 같은 날개를 취하게 되며, 주님을 향해 날아올라가 영원히 죽지 않을 것이기 때문이다. 그리스도께 모든 찬양을 올려 드립니다. 아멘.

관련 성경 구절 : 누가복음 12:13-21

무리 중에 한 사람이 이르되 선생님 내 형을 명하여 유업을 나와 나누게 하소서 하니 이르시되 이 사람아 누가 나를 너희의 재판장이나 물건 나누는 자로 세웠느냐 하시고 저희에게 이르시되 삼가 모든 탐심을 물리치라 사람의 생명이 그 소유의 넉넉한 데 있지 아니하니라 하시고 또 비유로 저희에게 일러 가라사대 한 부자가 그 밭에 소출이 풍성하매 심중에 생각하여 가로되 내가 곡식 쌓아 둘 곳이 없으니 어찌할꼬 하고 또 가로되 내가 이렇게 하리라 내 곳간을 헐고 더 크게 짓고 내 모든 곡식과 물건을 거기 쌓아 두리라 또 내가 내 영혼에게 이르되 영혼아 여러 해 쓸 물건을 많이 쌓아 두었으니 평안히 쉬고 먹고 마시고 즐거워하자 하리라 하되 하나님은 이르시되 어리석은 자여 오늘 밤에 네 영혼을 도로 찾으리니 그러면 네 예비한 것이 뉘 것이 되겠느냐 하셨으니 자기를 위하여 재물을 쌓아 두고 하나님께 대하여 부요치 못한 자가 이와 같으니라.

리처드 포스터의 묵상

성 프랜시스의 생애를 생각할 때, 곧바로 두 가지 사실이 떠오른다. 즐거운 포기와 즉각적인 순종이 바로 그것이다.

사람들은 프랜시스를 가리켜 '하나님의 음유(吟遊) 시인'이라고 불렀다. 그러한 별명을 얻게 된 것은, 그가 자기의 가진 모든 것을 넘치도록, 그것도 즐겁고 행복하게 하나님께 바쳤기 때문이다. 그는 자기가 살던 시대의 마을과 도시를 누비면서 하나님 나라의 도래를 즐거이 선포했으며, 그 삶과 능력을 놀랍게 설명하였다. 또한 그는 예수 그리스도의 명령이라고 믿어지는 것이라면 어떤 말씀이든지 주저하지 않고 순종했다.

물론 그 두 가지는 서로 연결된다. 우리가 다른 모든 충성과 보장을 버릴 때, 우리는 비로소 자발적인 순종의 삶을 살 수 있다. 즐거운 포기와 즉각적인 순종, 이 두 가지야말로 수많은 경쟁적인 충성심의 세상에서 우리가 얻으려고 애써야만 하는 탁월한 덕목들이다.

귀용 부인

(Madame Guyon, 1648~1717)

잔느 귀용(Jeanne Guyon) 부인은 프랑스의 몽따르지(Montargis)에서 태어났다. 그녀는 불과 열다섯 살 때 서른여덟 살 먹은 몸이 약한 사람과 결혼했다. 결혼 생활이 불행했던 그녀는 경건 생활에서 행복을 찾았고, 왕립 수도회(royal order)에 속해 있는 한 수녀원에서 일 년 동안 생활했다. 그리고는 종교적인 신앙 때문에 뱅센느(Vincennes)와 바스띠유(Bastille) 형무소에 수감되어, 거의 25년 동안을 감옥에서 생활했다. 그녀의 저서 중 많은 책들은 이 시기에 씌어진 것들이다.

귀용 부인이 경건 문학에 끼친 커다란 공헌이 있다면 그것은 그녀의 글은 읽는 사람들이 예수 그리스도를 생생하게 체험하게 된다는 사실이다. 여기 실린 글은 그녀의 저서인 *Experiencing the Depths of Jesus Christ*(그리스도를 깊이 체험하기)(이 책은 종종 *A Short and Very Easy Method of Prayer*[간결하고 매우 쉬운 기도법]라는 제목이 붙여졌다)를 요약하여 정리한 것이다. 이 책은 후대에 많은 영향을 끼쳤는데, 위치만 니는 이 책을 중국어로 번역하여 '작은 양무리(The Little Flock)'라는 모임에서 새로 나오는 모든 회심자들이 이용할 수 있도록 했다. 프랑수아 페넬롱과 존 웨슬리, 허드슨 테일러 등도 모두 이 책을 당대의 그리스도인들에게 적극적으로 추천했다.

49주 「예수 그리스도에 대한 깊은 체험」에서 발췌

성경 말씀으로 기도하라

1. 예수님을 만날 수 있는 두 가지 방법

나는 당신이 그리스도를 알고자 애쓰는 초신자라고 생각하고 이야기하려 한다. 그래서 주님께로 나아가는 두 가지 방법을 제안하고자 한다. 첫째는 '성경 말씀으로 기도하는 것'이며, 둘째는 '하나님을 바라보는 것,' 또는 '하나님의 임재를 기다리는 것'이다.

2. 성경 말씀으로 기도하라

'성경 말씀으로 기도하는 것'이야말로 성경을 대하는 유일한 방법이다. 왜냐하면 성경 말씀 속에는 읽기와 기도가 모두 들어 있기 때문이다. 말씀에 의지하라. 간단하고 실제적인 구절을 선택하라. 그리고 주님께 나아오라. 조용하고 겸손하게 나아오라. 그리고 주님 앞에서 당신이 펼쳐 놓은 그 말씀을 읽으라.

주의 깊게 읽으라. 읽고 있는 내용을 완전하게, 조용하게, 그리고 세심하게 받아들이라. 읽으며 그 내용을 음미하고, 소화하라. 과거에는 성경을 읽을 때 읽으려는 분량을 처음부터 끝까지 빠른 속도로 읽고 넘어가는 것이 당신의 습관이었을지도 모른다. 아마도 그것은 그 구절의 요점만을 찾고자 했기 때문이었을 것이다.

3. 천천히 읽으라

그러나 '말씀으로 기도함'으로 주님께 나아오려면 말씀을 빨리 읽고 지나가지 말고 아주 천천히 읽으라. 방금 읽은 구절의 중심 사상을 깨달을 때까지는 다음 구절로 넘어가지 말라. 그러면 당신에게 감명을 준 그 말씀을 붙들고 기도하고 싶은 생각이 들 것이다.

선택한 그 구절에서 무엇인가를 깨달은 후에, 그리고 그 부분의 핵심이 파악되었다는 사실을 확인하고 그 속에 들어 있는 더욱 깊은 의미를 알아낸 후에, 매우 천천히, 조용하게, 그리고 고요한 중에 그 다음 구절을 읽기 시작하라. 이런 식으로 주님과의 시간을 갖게 되면 그 시간이 끝났을 때 고작해야 반 페이지 정도밖에 읽지 못했음을 깨닫고 놀라게 될 것이다.

4. 깊이 있게 묵상하라

'성경 말씀으로 기도하는 것'은 얼마나 많이 읽느냐가 중요한 것이 아니라, 어떻게 읽느냐가 중요한 것이다. 빨리 읽으면 그만큼 유익이 적을 것이다. 그리고 꽃의 표면만 스쳐 지나가는 꿀벌처럼 될 것이다. 그러나 성경 말씀을 기도와 더불어 읽는 새로운 방법을 사용하면 꽃 속에 깊숙이 파고드는 꿀벌처럼 될 것이다. 그래서 꽃 속에 깊이 숨겨져 있는 꿀을 얻게 될 것이다.

물론 학문적인 목적으로 연구를 위해 성경을 읽을 수도 있다. 그러나 여기서는 그런 것을 말하는 것이 아니다. 학문적인 연구를 위한 성경 읽기는 막상 영적인 문제에 부딪히게 될 때 도움을 주지 못한다. 성경 말씀 속에서 깊고 심오한 유익을 얻고 싶다면 지금까지 내가 말해 온 것처럼 그렇게 읽어야만 한다. 하나님의 계시가 달콤한 향내처럼 당신에게 찾아올 때까지 읽고 있는 말씀의 가장 깊은 곳까지 뛰어들어야 한다. 당신이 이런 과정을 밟아 말씀을 묵상하게 되면 조금씩 조금씩 당신의 영혼 깊은 데서 흘러나오는 풍성한 기도를 틀림없이 체험하게 될 줄 확신한다.

5. 하나님을 바라보라

이제 앞에서 이미 언급했던 또 한 가지 방법의 기도로 넘어가 보자. 이 기도 방법은 앞에서 '하나님을 바라보는 것', 또는 '하나님의 임재를 기다리는 것'이라고 했는데, 이것 또한 성경 말씀을 사용하는 것이기는 하지만 실제로 그 말씀을 읽으면서 하는 방법은 아니다.

이 글은 당신이 초신자라고 가정하고 말하고 있다는 사실을 명심하라. 그리스도를 만날 수 있는 두 번째 방법이 바로 여기에 있다. 그 방법은 비록 성경 말씀을 사용한다는 점은 같지만 '성경으로 기도하는 것'과는 전혀 다른 목적을 갖고 있다. 그렇기 때문에 다만 하나님의 임재를 기다리기 위해 별도의 시간을 따로 가져야 한다.

'성경 말씀으로 기도하는 것'은 읽고 있는 내용 속에서, 즉 말씀 그 자체 속에서 주님을 만나기를 힘쓰는 것이다. 그러므로 말씀으로 기도할 때는 성경의 내용에 우리의 주의를 집중해야 한다. 왜냐하면 그렇게 하는 목적은 읽고 있는 구절 속에서 주님을 드러내 주는 모든 것을 얻는 것이기 때문이다.

6. 마음의 평안을 얻으라

'하나님을 바라보는 것'은 전혀 다른 방법으로 주님께 나오는 것이다. 아마 이 점에 있어서 당신이 주님의 임재를 기다릴 때 겪게 될 가장 큰 어려움을 당신과 나눌 필요가 있을 것 같다. 그것은 당신의 마음과 관련이 있다. 사람의 마음에는 주님께로부터 멀어지려는 아주 강한 습성이 있다. 그러므로 주님 앞에 나아와 주님의 임재를 기다릴 때에는 주님을 바라보며 성경을 상고하되 마음의 평안을 얻도록 해야 한다.

이 방법은 정말로 매우 간단하다. 먼저 성경 말씀을 읽으라. 일단 주님의 임재를 감지하게 되면 읽은 내용은 더 이상 중요하지 않다. 성경 말씀이 이미 그 목적을 이룬 것이기 때문이다. 말씀이 이미 당신의 마음을 평안하게 해주었으며, 당신을 주님께로 나아가게 한 것이다.

7. 믿음으로 영적인 것을 바라보라

당신이 주님을 더 분명히 알도록 하기 위해서 내가 일러주고 싶은 방법은 주님을 바라보고 주님의 임재를 기다리는 단순한 행위를 통해서 주님께 나아갈 수 있다는 사실이다. 그것은 주님과 함께 있는 시간을 냄으로써 시작할 수 있다. 정말로 주님께 나아올 때는 조용히 나아오라. 그리고 하나님의 임재하심에 전심을 기울이라. 이 일이 어떻게 일어날 수 있을까? 이것 또한 매우 간단하다. 믿음으로 그를 향해 돌아서기만 하면 된다. 믿음으로 이미 하나님의 임재 속에 들어와 있음을 믿기만 하면 된다.

다음으로는 주님 앞에 서서 성경 말씀을 읽기 시작하라. 그리고 말씀을 읽다가 잠시 중단하라. 그때 마음을 조용히 가다듬어야 한다. 이렇게 잠시 중단하는 것은 성령님께 마음을 의지하기 위함이다. 그렇게 할 때 마음속 깊은 곳에서 그리스도를 의지하게 된다.

이 일을 할 때 반드시 기억해야만 할 것은 지금 하고 있는 일이 읽고 있는 말씀을 이해하기 위함이 아니라, 당신의 마음을 외적인 것들에서부터 마음속 깊은 곳에 자리잡고 있는 영적인 것들로 바꾸기 위함이라는 사실이다. 이 일은 배우거나 읽기 위함이 아니라 하나님의 임재를 체험하기 위함이다.

하나님 앞에 서서 하나님의 임재하심에 마음을 쏟으라. 어떻게 이 일을 할 수 있을까? 역시 믿음으로 하면 된다. 그렇다. 믿음으로 당신은 하나님의 임재하심에 마음을 쏟을 수 있다. 이제 하나님 앞에서 그분을 섬기면서 당신의 영혼에 온통 주의를 집중하라. 그리고 마음이 분산되지 않도록 하라. 만일 마음이 분산되기 시작하면 다시금 당신의 마음속 깊숙이 자리잡고 있는 영적인 것들에 주의를 기울이라. 그러면 마음이 분산되지 않을 것이며 외적인 것들에 마음이 쏠리지 않게 될 것이다. 그리고 하나님께 더 가까이 나아가게 될 것이다. 주님은 당신의 영혼 속에서만 찾을 수 있으며, 당신의 마음속 깊은 곳, 곧 지성소에서만 찾을 수 있다. 왜냐하면 그 곳이 바로 주님께서 거하시는 곳이기 때문이다.

7. 주님이 당신을 만나 주실 것이다.

주님께서는 우리에게 오셔서 거처를 우리와 함께 하시겠다고 말씀으로 약속해 주셨다(요 14:23). 주님께서는 주를 경배하고 주의 뜻대로 행하는 자들을 만나 주시겠다고 약속하셨다. 주님은 당신의 영혼 속에서 당신을 만나 주실 것이다. 성 어거스틴은 자기가 믿음 생활을 시작할 때 주님을 마음속 깊은 데서 찾으려 하지 않고 바깥에서 찾으려고 하다가 많은 시간을 허비했노라고 말한 적이 있다.

일단 마음속 깊은 곳에 계신 주님께로 당신의 마음이 향하게 되면 주님의 임재를 느끼게 될 것이다. 그렇게 주님의 임재를 더욱 민감하게 느낄 수 있는 것은 바로 당신의 외적인 감각이 매우 조용하고 평온하게 되었기 때문이다. 당신은 더 이상 외적인 것들이나 마음의 표면적인 생각들에 주의를 기울이지 않게 된다. 오히려 즐거이 그리고 고요히 당신이 읽은 말씀에 몰두하게 되고 주님의 임재를 체험하게 된다. 그렇게 될 때 당신은 읽은 말씀을 생각하는 데에 그치는 것이 아니라, 읽은 말씀을 먹고 살게 될 것이다. 따라서 이 상태에 이르게 되면 마음이 안식하도록 허락해야만 한다.

바로 이런 평안한 상태에서 해야 할 일은 이미 맛보았던 것을 삼키는 것이다. 처음에는 그것이 어렵게 보일지도 모른다. 그러나 한 가지 간단한 방법을 소개해 줄 수 있다. 당신은 때때로 아주 맛있는 음식의 향기만을 맛본 적이 없는가? 만약 음식의 맛만 보고 그것을 기꺼이 삼키지 않는다면 아무런 자양분도 얻지 못할 것이다. 영혼의 경우도 마찬가지이다. 이렇게 조용하고 평안하며 단순한 상태에서 자양분으로 존재하는 것을 단순히 섭취하기만 하면 된다.

9. 마음의 분산

마음이 분산되는 경우는 어떤가? 이번엔 마음이 분산되기 시작하는 것에 대해 말해 보자. 일단 성령에 깊이 감동되었음에도 불구하고 마음이 분산되면 그 혼란한 마음을 다시금 주님께로 가지고 나가도록 부지런히 힘쓰라. 그것이 바로 외적인 마음의 분산을 극복하는, 세상에서 가장 쉬운 방법이다.

마음이 분산되면 생각하고 있는 내용을 바꿈으로써 그것을 해결하려고 하지 말라. 알다시피 생각하고 있는 내용에 집착하다 보면 화만 나고 속만 상하게 될 뿐이다. 마음이 분산되면 생각을 바꾸려 하지 말고 아예 아무런 생각도 하지 말라. 그리고 마음속에 임재해 계신 주님을 계속 바라보라. 그렇게 함으로써 마음이 분산되는 것과 싸워서 이길 수 있게 되며, 다시는 결코 그 싸움에 직접적으로 관여하지 않게 될 것이다.

10. 마음의 훈련

이 새로운 훈련을 시작하면서 당신은 마음을 다스리기가 어렵다는 사실을 알게 될 것이다. 왜 그럴까? 그것은 수년 간에 걸쳐 형성된 습관으로 인해 당신의 마음은 이 세상에서 제멋대로 떠돌아다니는 데에 익숙해 있는데, 내가 여기에서 말하고 있는 내용은 이러한 당신의 마음을 훈련시켜 주는 것이기 때문이다.

당신의 영혼이 영적인 것들에 더욱 많은 관심을 기울이게 될 때 마음을 훈련하는 과정이 더 쉬워진다는 사실을 명심하라. 주님께서 당신의 마음을 다스리시도록 내맡기는 일이 갈수록 더 쉬워지는 데는 두 가지 원인이 있다. 첫째는, 수많은 훈련을 거친 후 마음이 심령 깊은 곳을 돌아보는 새로운 습관을 형성하기 때문이며, 둘째는, 은혜로운 주님께서 우리 안에 계시기 때문이다.

11. 주님의 열망

주님의 가장 큰 열망은 우리에게 자신을 드러내시는 것이다. 주님은 자신을 드러내 주시기 위해 우리에게 풍성한 은혜를 주신다. 또한 주님께서는 우리에게 그분의 임재를 누릴 수 있도록 체험을 주신다. 주님은 우리를 감동시키시며, 그 감동은 너무나 즐거운 것이어서 우리는 전보다 더욱 내적으로 주님을 향하게 된다.

관련 성경 구절 : 창세기 28:10-19

야곱이 브엘세바에서 떠나 하란으로 향하여 가더니 한 곳에 이르러는 해가 진지라 거기서 유숙하려고 그 곳의 한 돌을 취하여 베개 하고 거기 누워 자더니 꿈에 본즉 사닥다리가 땅 위에 섰는데 그 꼭대기가 하늘에 닿았고 또 본즉 하나님의 사자가 그 위에서 오르락내리락하고 또 본즉 여호와께서 그 위에 서서 가라사대 나는 여호와니 너의 조부 아브라함의 하나님이요 이삭의 하나님이라 너 누운 땅을 내가 너와 네 자손에게 주리니 네 자손이 땅의 띠끌같이 되어서 동서남북에 편만할지며 땅의 모든 족속이 너와 네 자손을 인하여 복을 얻으리라 내가 너와 함께 있어 네가 어디로 가든지 너를 지키며 너를 이끌어 이 땅으로 돌아오게 할지라 내가 네가 허락한 것을 다 이루기까지 너를 떠나지 아니하리라 하신지라 야곱이 잠이 깨어 가로되 여호와께서 과연 여기 계시거늘 내가 알지 못하였도다 이에 두려워하여 가로되 두렵도다 이곳이여 다른 것이 아니라 이는 하나님의 전이요 이는 하늘의 문이로다 하고 야곱이 아침에 일찍이 일어나 베개 하였던 돌을 가져 기둥으로 세우고 그 위에 기름을 붓고 그 곳 이름을 벧엘이라 하였더라 이 성의 본 이름은 루스더라.

리처드 포스터의 묵상

잔느 귀용 부인의 글이 힘이 있는 것은 간결하기 때문이다. 그러나 그녀의 글이 간결하다고 해서 그 내용까지도 단순한 것으로 생각하여 그것을 멸시해서는 안된다. 그녀의 글은 전혀 단순하지 않다. 그녀의 한마디는 참으로 깊이가 있으며, 만일 우리가 겸손한 마음으로 배우기를 힘쓴다면 살아 계신 그리스도를 풍성하게 체험하게 된다.

토마스 아 켐피스는 「그리스도를 본받아」라는 책에서, 우리가 '고상하고 심오한' 서적들을 읽는 것만큼이나 기꺼이 '경건하고 단순한' 서적들을 읽어야 한다고 권면하고 있다. 그 이유는 우리가 언제든지 '순결한 진리를 사랑하는 열정'에 사로잡혀야 하기 때문이라는 것이다.

앞에서 소개한 귀용 부인의 책은 얼마나 놀라운 책인가! 꾸밈 없이 진솔하고 수수한 내용이 우리를 사로잡는다. 그것은 우리의 영성이 얼마나 천박한가를 드러내 줄 뿐만 아니라, 우리를 더 깊은 신앙의 차원으로 인도한다. 또한 그것은 우리를 지성소(至聖所)로 맞아들이며, 무엇보다도 우리의 기도 생활을 너무나 즐겁고 너무나 새롭게 해 주기 때문에 우리 스스로가 '예수 그리스도를 깊이 있게 체험'하는 데 이르게 한다.

존 크리소스톰

(John Chrysostom, 345~407)

    부유한 로마 장군의 아들로 태어난 존은 어려서부터 초대 교회의 가장 훌륭한 설교자 가운데 하나가 될 소질이 다분했다. 그는 나중에 '황금의 입을 가진' 크리소스톰으로 알려졌다. 스무 살 때에 그는 안디옥에서 수사학을 공부했다. 그의 원래 의도는 자신의 재능을 법조계에서 사용해 보려는 것이었다. 그러나 나중에 그는 법의 세속적 본질 때문에 그 꿈을 포기했다.

    그 후 그는 성경 연구에 관심을 가졌고, 주후 368년에 세례를 받고 교인이 되었다. 그 직후 시리아 출신의 한 노(老)수사와 함께 은둔 생활을 시작했다. 그는 안디옥 근처의 산 속에 있는 동굴에서 4년을 살았다. 그는 극단적인 금욕주의로 인해 건강에 문제가 생겨서 하는 수없이 안디옥으로 돌아와 훈련을 완화하지 않을 수 없었다. 주후 386년에 사제로 서품되었으며, 그로부터 12년 뒤에 콘스탄티노플의 대주교가 되었다.

    크리소스톰은 말년에 오리겐(Origen) 신학의 많은 부분을 공감하였을 뿐만 아니라 성직 사회의 냉담함에 대해서 끊임없이 비판함으로써 많은 비난을 받았다. 그의 직선적인 발언과 엄격한 삶의 규율은 세속적인 성직자들이나 호색적인 법조인들을 즉시 적대자로 만들고 말았다. 그는 유독시아(Eudoxia) 황후에 의해 소아시아 지역인 아르메니아로 유배되었다. 유배 기간 동안에 그는 계속해서 친구들에게 강력하고 영향력 있는 편지들을 써 보냈다. 그래서 그는 하나님을 위해서 고난을 참는 능력으로 유명해지게 되었다. 크리소스톰은 주후 407년에 더 외딴 지역으로 이동하는 도중 사망했다.

    세례도 받기 전에 습득한 크리소스톰의 수사학적 재능은, 그 뒤를 잇는 어거스틴과 마찬가지로, 그를 기독교 역사상 아주 훌륭한 설교자 중의 한 사람으로 만들었다. 바로 그런 이유 때문에 그의 설교 가운데 하나를 발췌하여 실었다.

50 주 "죄에 대하여 죽다(Dead To Sin)"에서 발췌

죄에 대하여 죽다

1. 그의 죽으심과 합하여 세례 받음

"무릇 그리스도 예수와 합하여 세례를 받은 우리는 그의 죽으심과 합하여 세례 받은 줄을 알지 못하느뇨 그러므로 우리가 그의 죽으심과 합하여 세례를 받음으로 그와 함께 장사되었나니…"(롬 6:3-4). 그의 죽으심과 합하여 세례를 받는다는 뜻이 무엇입니까? 그것은 예수님께서 죽으신 것처럼 우리도 죽어야 한다는 것입니다. 우리는 세례를 받음으로써 그렇게 할 수 있습니다. 세례는 바로 십자가이기 때문입니다. 십자가와 그리스도의 관계는 세례와 우리의 관계와 같습니다. 그리스도는 육체로 죽으셨습니다. 그리고 우리도 죄에 대하여 죽었습니다. 둘 다 죽은 것이고, 둘 다 사실입니다.

만약 그것이 사실이라면 우리의 역할은 무엇입니까? 그리고 우리가 공헌해야 할 일이 무엇입니까? 바울은 계속해서 이렇게 말합니다. "이는 아

버지의 영광으로 말미암아 그리스도를 죽은 자 가운에서 살리심과 같이 우리로 또한 새 생명 가운데서 행하게 하려 함이니라"(롬 6:4). 여기서 바울은 부활의 중요성을 말하고 있습니다.

여러분은 그리스도께서 죽은 자 가운데서 살아나셨다는 것을 믿습니까? 그렇다면 여러분 자신도 그렇게 될 줄로 믿기 바랍니다. 그리스도의 죽음이 여러분의 것이듯 그의 부활도 여러분의 것입니다. 죽음을 그리스도와 함께 공유했다면 부활도 그리스도와 함께 공유하게 될 것입니다. 바로 지금 죄가 씻겨진 것입니다.

바울은 우리에게 한 가지를 요구하고 있습니다. 그것은 습관을 고쳐서 새 생명 가운데서 살아가라는 것입니다. 간음을 행하던 자가 정숙해지고, 탐욕스러웠던 자가 자비롭게 되며, 거칠었던 자들이 누그러질 때 부활이 일어나는 것입니다. 그 부활은 장차 나타날 마지막 부활의 서곡인 것입니다.

어떻게 그것을 부활이라고 할 수 있을까요? 그 이유는 죄가 억제되었기 때문이요, 의가 본래 있어야 할 자리에서 일어났기 때문이요, 옛 생활이 끝나고 새 생활, 곧 천사와 같은 생활이 시작되었기 때문입니다.

2. 죄의 노년

그런데 나는 바울이 우리에게 요구한 것과 세례를 받은 후에 우리가 변화된 모습을 비교해 보면 두 눈에 눈물이 흐르지 않을 수 없습니다. 우리가 어떻게 죄에 굴복했으며, 이전에 가졌던 옛 습관으로 얼마나 자주 돌아갔습니까? 우리는 애굽으로 다시 돌아가고자 했으며, 만나를 먹게 된 이후에도 양파를 기억하지 않았습니까? 뿐만 아니라 우리는 세례를 받은 후에 한 열흘이나 이십 일 정도는 변화된 것 같다가도 다시 이전의 습관으로 되돌아가지 않았습니까?

우리의 변화는 몇 날 며칠만이 아니요, 전생애에 걸쳐서 일어나야 한다는 사실을 알아야만 합니다. 은혜의 청춘이 죄의 노년으로 이끌려 가서는 안됩니다. 돈을 사랑하는 것, 그릇된 욕망에 사로잡히는 것, 또는 다른 무엇이든 죄는 우리의 영혼과 육신을 늙게 합니다. 우리의 영혼은 류머티즘에 걸려 뒤틀리고 부패되어 많은 죄를 짊어진 채 비틀거리게 됩니다.

죄인들의 영혼이 바로 그렇습니다. 그러나 의인들의 영혼은 그렇지 않습니다. 왜냐하면 의인들의 영혼은 젊고 힘이 있으며, 항상 인생의 황금기에 있어서 어떠한 싸움이라도 능히 맞설 준비가 되어 있기 때문입니다. 반면에 죄인들은 그렇지 못합니다. 죄인들은 저항할 힘을 거의 다 잃어버렸기 때문입니다. 죄인들은 보고 듣고 말하는 능력이 없습니다. 그것은 그들이 더러운 말을 내뱉기 때문입니다.

3. 갑자기 젊어지다

죄인들의 최후는 탕자처럼 돼지 죽의 진창 속에 빠지는 것입니다. 그들은 가장 비참한 나락 속에 빠져서 어떤 정신병자보다도 더 심한 상태에 놓이게 됩니다. 그러나 탕자가 마음을 먹고 아버지께로 돌아가기로 결심하는 순간, 그는 갑자기 젊어졌습니다. 탕자가 자리에서 일어나 "내가 아버지께로 돌아가야 되겠다"라고 말하자마자 그 한마디 말이 그에게 모든 축복을 가져다 주었습니다. 아니, 정확히 말하면 그 한마디 말이 아니라 그가 그 말대로 실천하였을 때 그 모든 축복을 다 받게 되었던 것입니다. 그는 "내가 돌아가야 되겠다"라고 말하고서 그 자리에 그대로 머물러 있지 않았습니다.

그러므로 우리도 탕자처럼 하면 됩니다. 우리가 아버지의 품으로부터 아무리 멀리 떨어져 있다 해도 다시 돌아가기만 하면 됩니다. 너무 멀리 왔다고 망설이지 말고 즉시 아버지의 집으로 돌아갑시다. 우리가 마음만 먹으면 다시 돌아가는 길이 매우 쉽고 빠르다는 것을 알게 될 것입니다. 아버지의 품을 떠나 우리가 몸담고 있는 이 낯선 죄악의 땅을 떠나기만

하면 됩니다. 우리를 향한 아버지의 열망은 그분의 본성이기에 우리가 변화되기만 하면 그분은 언제든지 우리를 반겨 주실 것입니다. 하나님께서는 그의 자녀들이 돌아오는 것을 큰 기쁨으로 여기십니다.

4. 그만큼 더 쉬워질 것이다

그러면 우리가 어떻게 다시 돌아가야 합니까? 먼저 죄의 길에서 돌아서서 악을 버리고, 다시는 그 죄의 길에 들어서지 마십시오. 그것이 곧 아버지의 품으로 돌아오는 것입니다. 병 들었던 사람이 더 나빠지지 않는다면 그것은 점점 회복되고 있다는 증거입니다. 악의 문제도 마찬가지입니다. 더 이상 악의 길로 들어서지 마십시오. 그러면 여러분의 악행도 끝나게 될 것입니다.

여러분이 만일 이틀 동안 그 일을 할 수만 있다면 사흘째는 더욱 쉬워질 것입니다. 거기에 열흘을 더하고, 스무 날을 더하고, 백 날을 더하다 보면 전생애가 되는 것입니다. 여러분이 아버지의 집으로 가까이 오면 올수록 여러분이 마땅히 있어야 할 위치를 점점 더 쉽게 깨닫게 되고, 여러분이 받게 될 큰 상급을 더욱더 잘 볼 수 있기 때문입니다.

탕자가 돌아왔을 때 그를 맞이했던 것은 피리와 하프와 춤과 잔치였습니다. 탕자가 허랑방탕하여 재산을 낭비한 것을 꾸짖을 만도 하지만, 그 아버지는 전혀 그렇게 하지 않았습니다. 오히려 그를 아무런 잘못도 없는 것처럼 바라보시고 그를 품에 안고 입을 맞추었습니다.

5. 하나님의 넘치는 소원

우리 앞에 이러한 예가 있기에 우리는 낙심치 말고 기운을 내야 합니다. 하나님께서는 우리의 주인으로 계시기보다 우리의 아버지가 되시는 것을 더 기뻐하십니다. 다시 말해서 우리가 하나님의 종으로 있기보다 하나님의 자녀로 있는 것을 더 기뻐하십니다. 이것이 바로 하나님께서 진정으로 원하시는 것입니다. 바로 이것 때문에 하나님께서 그 모든 일을 행하신 것이며, 독생자까지 아끼지 아니하고 내어 주신 것입니다. 그 결과, 우리는 하나님의 양자와 양녀로서 하나님을 아버지로 사랑할 수 있게 된 것입니다.

사랑받기 원하시는 하나님의 넘치는 소원은 바로 넘치는 사랑에서 비롯됩니다. 그래서 예수님께서는 "누구든지 자기 아비나 어미를 나보다 더 사랑하는 자는 내게 합당치 아니하다"고 말씀하신 것입니다. 하나님께서는 심지어 우리에게 가장 귀중한 우리의 영혼까지도 하나님을 사랑하는 것 다음으로 사랑할 것을 요구하십니다. 우리의 아버지 하나님은 우리의 완전한 사랑을 받고 싶어하시기 때문입니다.

우리가 어떤 사람을 사랑하지 않는다면, 그 사람이 아무리 지체가 높고 위대하다 해도 그 사람과 함께 있고 싶어하지 않을 것입니다. 그러나 우리가 어떤 사람을 사랑하면, 그 사람과 함께 있고 싶고, 비록 그 사람의 신분이 높지 않다 하더라도 그 사람이 우리를 사랑한다는 것 자체만으로도 큰 영광으로 생각할 것입니다. 하나님께서 우리의 사랑을 귀히 보시는 것도 같은 이유에서입니다. 그것은 우리의 지체가 높기 때문이 아닙니다. 사실 하나님께서는 우리를 대신하여 엄청난 고통을 당하실 만큼 우리의 사랑을 귀히 여기셨습니다.

6. 두려워할 것이 무엇인가?

그러므로 마치 최고의 면류관을 얻기 위해 달음질하듯이 하나님을 위해 기꺼이 위험을 감수합시다. 가난이나 질병이나 고난이나 죽음까지도 절대 두려워하지 맙시다. 두려워할 것이 무엇입니까? 돈을 모두 잃어버리는 것이 두렵습니까? 만일 여러분이 그것을 훌륭하게 참아 내면 여러분이 그 모든 돈을 가난한 사람들에게 주었을 때와 마찬가지로 큰 상급이 있을 것입니다. 하늘에서 더 큰 상급을 받게 된다는 사실을 알고서 기꺼이 돈을 잃어버릴 때 하나님께서는 여러분에게 큰 상급을 주실 것입니다.

그 밖의 두려워할 것이 또 무엇입니까? 여러분을 욕하고 핍박하는 사람들이 있습니까? 그렇다면 여러분은 온유한 마음으로 참으십시오. 그러면 그 사람들의 욕과 핍박이 여러분을 위한 면류관이 될 것입니다. 예수님께서도 "사람들이 거짓으로 너희를 거슬러 모든 악한 말을 할 때에는 기뻐하고 즐거워하라 하늘에서 너희의 상이 큼이라"고 말씀하셨습니다. 그리고 사람들이 설령 우리를 거슬러 진실을 말한다 해도 겸손하게 그것을 참으면 우리의 유익이 됩니다. 바리새인이 세리에 대해서 옳은 말을 했지만 겸손함으로 세리가 그것을 참았기 때문에 세리만이 의롭다 함을 받고 집으로 내려갈 수 있었던 것입니다.

왜 우리는 유익을 얻으려고 합니까? 가롯 유다가 그리스도와 동행하는데 무슨 유익이 있었습니까? 율법이 유대인에게 무슨 유익이 있었습니까? 또 에덴 동산이 아담에게 무슨 유익이 있었습니까? 또 약속의 땅이 이스라엘 민족에게 무슨 유익이 있었습니까? 우리는 오직 한 가지 사실에만 우리의 마음을 고정시켜야 합니다. 그것은 바로 하나님께서 이미 우리에게 주신 자원을 가지고 어떻게 최선의 것을 할 수 있을까 하는 것입니다.

7. 우리의 침상에 또아리를 틀고 있는 뱀

우리가 그렇게 할 때, 심지어 사탄까지도 우리를 이기지 못합니다. 우리의 상대가 교활한 원수임을 우리는 꼭 기억해야만 합니다. 만일 갑자기 뱀이 우리의 침상에 또아리를 틀고 있다는 사실을 알게 되면, 우리는 그 뱀을 죽이기 위해 온갖 수단을 다 동원할 것입니다. 그러나 사탄이 우리의 영혼에 또아리를 틀게 되면, 우리는 자신이 위험에 처한 줄도 모르고 편안히 누워 버립니다. 왜 그렇습니까? 육신의 눈으로는 사탄을 보지 못할 뿐만 아니라, 사탄의 계교를 알아차릴 수도 없기 때문입니다.

그래서 우리는 더욱 깨어서 경성해야 합니다. 눈에 보이는 적과 싸우는 것은 경계하기가 쉽지만, 보이지 않는 적은 쉽게 피할 수가 없습니다. 사탄은 자신의 모습을 드러내 놓고 싸우지 않습니다. 그렇게 하면 분명히 패할 것이기 때문입니다. 사탄은 오히려 우정을 가장한 채, 교묘한 수단으로 자신의 악독이 우리에게 스며들게 한다는 점을 알아야 합니다.

예를 들면, 사탄이 욥의 아내를 사용한 것은 남편에 대한 사랑을 가장한 것입니다. 입다의 경우도 자기 딸을 죽인 것은 사탄이 신앙을 구실 삼아 그를 설득해서 율법이 금하고 있는 희생 제사를 드리게 했기 때문입니다. 아담의 경우도 마찬가지였습니다. 사탄은 아담의 복리(福利)에 관심이 있는 체하면서 선악을 알게 하는 나무의 실과를 따먹으면 그의 "눈이 밝아진다"고 말한 것입니다.

그러므로 우리는 깨어 경성하여 성령의 무기로 무장을 해야 합니다. 사탄의 계교를 잘 알아서 그 함정에 빠지지 않도록 주의하고, 오히려 숨어 있는 사탄을 드러내야 합니다. 바울은 "사탄의 계교에 대하여 무지하지 아니하였기 때문에" 사탄을 이겼다고 했습니다. 우리는 사탄의 책략을 미리 알고 피하여 사탄과의 싸움에서 이겨야 합니다. 그래야 우리가 속한 현 세상에서든, 앞으로 오는 세상에서든 정복자로 인정받게 되고 하늘의 순전한 축복을 받게 됩니다.

관련 성경 구절 : 누가복음 15:11-32

또 가라사대 어떤 사람이 두 아들이 있는데 그 둘째가 아비에게 말하되 아버지여 재산 중에서 내게 돌아올 분깃을 내게 주소서 하는지라 아비가 그 살림을 각각 나눠 주었더니 그 후 며칠이 못 되어 둘째 아들이 재산을 다 모아 가지고 먼 나라에 가 거기서 허랑방탕하여 그 재산을 허비하더니 다 없이한 후 그 나라에 크게 흉년이 들어 저가 비로소 궁핍한지라 가서 그 나라 백성 중

하나에게 붙여 사니 그가 저를 들로 보내어 돼지를 치게 하였는데 저가 돼지 먹는 쥐엄 열매로 배를 채우고자 하되 주는 자가 없는지라 이에 스스로 돌이켜 가로되 내 아버지에게는 양식이 풍족한 품꾼이 얼마나 많은고 나는 여기서 주려 죽는구나 내가 일어나 아버지께 가서 이르기를 아버지여 내가 하늘과 아버지께 죄를 얻었사오니 지금부터는 아버지의 아들이라 일컬음을 감당치 못하겠나이다 나를 품꾼의 하나로 보소서 하리라 하고 이에 일어나서 아버지께로 돌아가니라 아직도 상거가 먼데 아버지가 저를 보고 측은히 여겨 달려가 목을 안고 입을 맞추니 아들이 가로되 아버지여 내가 하늘과 아버지께 죄를 얻었사오니 지금부터는 아버지의 아들이라 일컬음을 감당치 못하겠나이다 하나 아버지는 종들에게 이르되 제일 좋은 옷을 내어다가 입히고 손에 가락지를 끼우고 발에 신을 신기라 그리고 살진 송아지를 끌어다가 잡으라 우리가 먹고 즐기자 이 내 아들은 죽었다가 다시 살아났으며 내가 잃었다가 다시 얻었노라 하니 저희가 즐거워하더라 맏아들은 밭에 있다가 돌아와 집에 가까웠을 때에 풍류와 춤추는 소리를 듣고 한 종을 불러 이 무슨 일인가 물은대 대답하되 당신의 동생이 돌아왔으매 당신의 아버지가 그의 건강한 몸을 다시 맞아들이게 됨을 인하여 살진 송아지를 잡았나이다 저가 노하여 들어가기를 즐겨 아니하거늘 아버지가 나와서 권한대 아버지께 대답하여 가로되 내가 여러 해 아버지를 섬겨 명을 어김이 없거늘 내게는 염소 새끼라도 주어 나와 내 벗으로 즐기게 하신 일이 없더니 아버지의 살림을 창기와 함께 먹어 버린 이 아들이 돌아오매 이를 위하여 살진 송아지를 잡으셨나이다 아버지가 이르되 애 너는 항상 나와 함께 있으니 내 것이 다 네 것이로되 이 네 동생은 죽었다가 살았으며 내가 잃었다가 얻었기로 우리가 즐거워하고 기뻐하는 것이 마땅하다 하니라.

리처드 포스터의 묵상

　본문 설교의 제목인 "죄에 대하여 죽다"는 물론 바울이 쓴 로마서에서 나온 것으로, 지금까지 내가 다루기에 쉽지 않은 주제였다. 그 이유는 죽음의 이미지가 너무나 최종적이고, 절대적이며, 일회적인 것같이 보이기 때문이다. 그것은 나의 경험과 굉장히 멀게 느껴졌다. 죄는 돌아오는 길을 갖고 있다. 원하기만 하면 언제든지 부활할 수 있는 기회가 많이 있다. 나는 크리소스톰이 이것을 이해하고 있었다고 생각한다. 왜냐하면 우리가 죄에 대하여 수많은 작은 죽음들을 경험한다는 사실을 그가 지적하고 있기 때문이다.

　그러면 어떻게 우리가 죄에 대하여 죽을 수 있을까? 크리소스톰은 먼저 "악을 피하는 것부터 시작하라"고 말한다. 이틀 동안만 그렇게 하면 사흘째에는 더 쉬워질 것이라고 말한다. 그리고 열흘 동안, 스무 날 동안, 백 날 동안 그렇게 하다 보면 전생애를 그렇게 할 수 있다고 한다. 물론 그는 우리를 '거룩한 습관들'로 나아가도록 초청하고 있다. 때가 되면 그 습관들이 우리의 삶이 되어 죄에 대하여 죽게 된다는 것이다.

　너무나 기본적이면서도 너무나 중요한 사실이다. 모든 습관들은 단순한 반복에 의해서 습관이 된다. 거룩한 습관도 예외는 아니다. 이 거룩한 습관들의 뿌리깊은 성격을 점점 더 깊이 경험하게 될 때에, 도덕 철학자들이 말하는 "미덕은 쉬운 것이다"라는 말의 의미를 비로서 더 깊이 깨닫게 된다.

찰스 스펄전

(Charles Spurgeon, 1834~1892)

"도덕 세계에 혜성과 같이 나타난 타오르는 불꽃이요, 어둠을 밝히는 빛"이라고 묘사되는 찰스 해든 스펄전(Charles Haddon Spurgeon)은 당대의 가장 주목할 만한 인물 가운데 하나였다. 그는 강력하고 확신에 찬 설교로 청중들을 사로잡았으며, 때로는 격분을 불러일으키기도 했다.

스펄전은 잉글랜드의 에섹스에서 태어나 자랐으며, 여러 세대에 걸친 독립교회 목사들(Independent ministers)의 후손이었다. 그는 1850년에 침례교인이 되었으며, 바로 그 해에 첫 설교를 했다. 그리고 1852년에는 워터비치(Waterbeach)에 있는 침례교회의 교역자로 임명을 받았다. 1854년에 그는 서더크(Southwark)로 가서 거기서 대중적인 명성을 얻게 되었다. 그래서 그의 설교를 듣기 위해 몰려오는 모든 사람들을 수용하기 위하여 메트로폴리탄 교회(the Metropolitan Tabernacle)라고 하는 새로운 교회당을 짓지 않으면 안되었다.

그는 설교로 명성을 날렸을 뿐만 아니라, 목회자 대학과 고아원, 그리고 문학을 고양시키기 위해 고안된 기관을 설립했다. 강력한 칼빈주의자였던 그는 특정 교리에 대한 집착으로 교회 밖에서 많은 논쟁을 불러일으켰으며, 때로는 교회 안에서까지 불화를 일으키곤 했다. 그러나 그의 명성은 날이 갈수록 더하여 갔다. 그것은 그의 탁월한 웅변술과 상상력이 풍부한 예화 사용, 뛰어난 유머 감각, 그리고 예리한 상식 등에 힘입은 바 크다.

여기에 실린 설교 "Spiritual Revival the Want of the Church(교회가 필요로 하는 영적 부흥)"은 스펄전의 수많은 설교 중에서 하나를 가려 뽑은 것이다. 그의 설교는 언제나 성경적이고 교리적으로 건전하였다. 다음의 설교는 듣는 이들에게 확신과 권면과 용기를 주어 그들의 삶 가운데 변화를 가져오는 그의 능력을 보여주는 증거로서 충분하다.

51주 "교회가 필요로 하는 영적 부흥"에서 발췌

부흥

1. 전적으로 하나님께서 하신 일

성경 본문 : "여호와여 주는 주의 일을 … 부흥케 하옵소서"(합 3:2).

모든 참된 신앙은 하나님의 일입니다. 하나님은 참으로 세상에서 구원의 창시자요, 신앙은 은혜의 역사입니다. 만일 하나님의 교회 안에서 좋은 일이나 훌륭한 일이 발견되면 그것도 역시 전적으로 하나님께서 처음부터 끝까지 하시는 일입니다.

죽은 영혼을 일깨우시는 분도 하나님이시요, 그 영혼의 생명을 지탱하시는 분도 하나님이십니다. 그리고 교회 안에서 그 생명을 기르시고 완전케 하시는 분도 하나님이십니다. 우리에게 속한 것은 아무것도 없고 모든 것이 다 하나님께 속한 것입니다. 단 한 순간도 우리의 회심이나 우리의 성화가 우리 자신의 노력이나 다른 사람들의 노력에 의해 이루어졌다고 감히 생각해서는 안됩니다. 우리를 회심시키고 성화시킨 수단이 있었던 것은 사실입니다. 그러나 그것들도 역시 전적으로 하나님께서 하신 일입니다.

2. 경건의 부흥

그러므로 저를 도우시는 분이 하나님의 영이심을 믿기 때문에 저는 이 원리를 먼저 우리 자신의 영혼에 개인적으로 적용시켜 보려고 합니다. 그 다음에 전체 교회에 적용시켜 보겠습니다.

첫째, 우리 자신들에게 적용해 봅시다. 우리는 종종 우리 자신의 어깨에 채찍질이 가해져야 할 때 그 채찍질을 교회에 가하곤 합니다. 우리는 우리가 교회의 지체임을 언제나 기억해야 합니다. 그리고 우리 자신이 부흥하지 못하는 것이 어느 정도는 교회가 부흥하지 못하는 것의 원인이 됨을 알아야 합니다. 저는 이 책임을 우리 앞에 두고자 합니다. 그 책임은 바로 우리 그리스도인들이 우리의 삶에 있어서 경건의 부흥을 일으켜야 한다는 것입니다. 제게는 그것을 입증할 만한 충분한 증거가 있습니다.

3. 보장할 수 없다

먼저, 우리 가운데서 하나님의 자녀라고 공언하는 수많은 사람들의 행동이나 대화를 주목해 보십시오. 오늘날에는 교회에 다니는 것이 유행처럼 되어 버렸습니다. 최근 우리 나라에서는 많은 사람들이 교인이 되었습니다. 그러나 과거보다 속임수가 적게 일어납니까? 사기 사건이 줄어들었습니까? 도덕성이 널리 퍼졌습니까? 악이 종식되었습니까? 그렇지 않습니다. 우리 시대의 도덕성은 예나 지금이나 다름이 없습니다. 죄가 많기로도 여전합니다. 오히려 더 은폐되고 숨겨져 있다고 할 수 있습니다.

어떤 사람이 교인이라고 해도, 그것이 그 사람의 정직성을 보장하지 못한다는 것은 잘 알려진 사실입니다. 교회에 다니는 대다수 사람들의 삶이 세상 사람들에게 우리 가운데 있는 경건을 의심할 만한 명분을 제공하고 있습니다. 우리는 돈을 추구하고, 남의 것을 탐내고, 이 세상의 사악한 방법을 따르며, 가난한 자를 억압하고, 노동자들의 권리를 박탈하고 있지 않습니까? 그러면서도 버젓이 하나님의 백성이라고 공언하고 다니지 않습니까? 오늘날 교회는 먼저 교인들의 삶 속에서 부흥이 일어나야 합니다.

4. 우리의 대화 내용은 무엇인가?

둘째로, 그리스도인이라고 공언하는 많은 사람들의 대화를 살펴봅시다. 그저 그리스도인이라고 공언하는 보통 사람들의 대화를 주목해 봅시다. 새해 첫날부터 섣달 그믐까지 아무리 귀기울여 보아도 믿음에 대해서 이야기하는 것은 일언반구도 들어 볼 수가 없습니다. 심지어는 예수 그리스도의 이름마저도 거의 언급하는 법이 없습니다. 주일 저녁 식사 시간에 그들이 나누는 대화의 내용은 무엇입니까? 아마 특별히 설교의 내용을 헐뜯고 싶지 않다면, 목사들의 설교가 대화의 내용이 되지는 않을 것입니다.

예수님의 말씀이나 그 행하신 일에 대해서 이야기한 적이 있습니까? 예수님께서 우리를 위해서 어떤 고난을 당하셨습니까? 서로의 집을 방문할 때 우리의 대화 내용은 무엇입니까? 제 결론은 이것입니다. 여러분이 단지 교인들의 대화를 엿듣는 것만 가지고는 천국에 가는 법을 알 수 없다는 것입니다. 우리 주님에 대한 대화가 너무나 부족합니다. 사실이 그렇지 않습니까? 우리 중의 많은 사람들은 이렇게 기도할 필요가 있습니다. "오 주님, 내 영혼 속에 주님의 일을 부흥케 하옵소서. 그래서 나의 대화가 더욱 그리스도를 닮게 하소서. 소금으로 간을 맞추듯이 성령께서 나의 대화를 지켜 주옵소서."

5. 예수님과의 거룩한 교제

그러나 비록 우리의 행위와 대화가 우리의 믿음과 더욱 일치한다 할지라도 저는 여전히 여러분에게 세 번째 도전을 하려고 합니다. 그것은 예수 그리스도와의 진정한 교제가 우리 가운데 거의 없다는 것입니다. 비록 하나님의 은혜로 말미암아 우리의 행위와 대화가 일관성이 있고, 우리의 삶이 흠잡을 데 없이 깨끗하다 해도, 우리 중 많은 사람들이 소위 예수님과의 거룩한 교제라고 하는 영역에서는 심히 부족한 것이 사실입니다.

성도 여러분, 이 시간 여러분께 묻고 싶은 것이 있습니다. 여러분이 예수 그리스도와 친밀한 대화를 나눈 지는 얼마나 되었습니까? 여러분 중의 더러는 이렇게 대답할 것입니다. "예수님과 마지막으로 대화를 나눈 것은 바로 오늘 아침입니다. 저는 예수님의 기뻐하시는 얼굴을 보았어요." 그러나 저는 여러분 중의 대다수가 이렇게 대답할까 봐 걱정됩니다. "제가 예수님과 동행한 지가 벌써 수개월이나 지났습니다."

지금까지 여러분은 어떻게 지내 왔습니까? 그리스도께서 여러분의 집에 거하시는데도 수개월 동안 대화를 나누지 않았다구요? 저는 여러분을 정죄하거나 판단하지 않겠습니다. 여러분의 양심에 손을 얹고 말해 보기 바랍니다. 우리 모두 예수님 없이 너무나 오랫동안 살아온 것은 아닙니까? 세상에 만족하여 그리스도를 무시하고 살아온 것은 아닙니까?

6. 부흥을 위한 탄식

지금까지 저는 우리에게 부흥이 필요하다는 사실을 어느 정도 구체적으로 말씀드렸습니다. 이제는 우리가 직면하고 있는 이 큰 문제를 해결하는 쪽으로 생각을 해보겠습니다. 하박국 선지자는 이렇게 기도했습니다. "오 여호와여, 주는 주의 일을 부흥케 하옵소서." 부흥을 위한 그의 탄식 소리가 귀에 들리십니까? 우리의 문제는 바로 이것입니다. 부흥을 원한다고 말하는 사람은 많은데 정작 부흥을 위해 탄식하거나 부흥을 갈망하는 사람은 없다는 것입니다.

참된 신앙인은 부흥의 필요를 느낄 때에 부흥을 갈망합니다. 비록 행복하지는 않을지라도 즉시 부흥을 얻으려고 노력할 것입니다. 참된 신앙인은 밤낮으로 이렇게 기도합니다. "오 여호와여, 주의 일을 부흥케 하옵소서."

그렇다면 참된 신앙인으로 하여금 부흥을 위해 탄식하게 하는 것은 무엇입니까? 참된 신앙인은 그리스도께서 자기를 위해 하신 일을 묵상할 때, 자기 자신의 부흥을 위해 탄식하게 됩니다. 그는 누군가가 주님 안에서 커다란 기쁨을 누리고 있는 다른 성도에 관해 이야기하는 것을 들을 때, 자기 자신의 부흥을 위해 탄식하게 됩니다. 또한 활력이 넘치는 친교 모임에 참석해도 마음에 아무런 감동이 없으면, 그는 자기 자신의 부흥을 위해서 탄식하게 됩니다.

여러분에게 진정으로 부흥이 필요하다고 느낍니까? 저는 여러분에게 이 한 가지를 권고하고 싶습니다. "여러분은 여러분의 부흥을 위해 탄식할 수 있겠습니까? 할 수 있다면 그렇게 하십시오." 하나님께서 여러분이 부흥을 위해 계속해서 탄식할 수 있도록 여러분에게 기쁨으로 은혜 주시기를 기도합니다. 그리고 여러분의 탄식이 기도로 바뀌어지기를 바랍니다.

7. 아무런 결심도 하지 말라

여러분의 탄식을 확실하게 기도로 바꾸어 놓으십시오. 그리고 이렇게 말하지 마십시오. "주님, 저는 부흥의 필요성을 느낍니다. 저는 오늘 오후쯤에나 부흥에 대해 연구해 볼 생각입니다. 그리고 나서 제 영혼을 부흥시켜 볼 생각입니다." 여러분이 무엇을 할 것인가에 대해서는 아무런 결심도 하지 마십시오. 여러분의 결심은 마음먹는 순간 분명히 깨어지고 말 것입니다. 그러므로 자신을 부흥시키려고 하지 말고 대신 기도를 드리십시오. "내가 나를 부흥시키겠습니다"라고 말하지 말고 "오 여호와여, 주의 일을 부흥케 하옵소서"라고 말하십시오.

"내가 나를 부흥시키겠습니다"라고 말하는 것은 여러분이 아직 여러분의 참된 상태를 모르고 있다는 증거입니다. 만일 여러분이 자신의 참된 상태를 안다면, 하나님의 도움 없이 자신이 부흥하기를 기대하는 것은 전쟁터에서 부상당한 병사가 약품 없이 자신을 치료하거나 팔다리가 떨어져 나간 채로 스스로 병원에 가기를 기대하는 것과 다르지 않다고 생각하게 될 것입니다.

감히 여러분 앞에 권고합니다. 하나님께 먼저 "오 여호와여, 주의 일을 부흥케 하옵소서"라고 기도할 때까지는 아무것도 하지 마십시오. 그 기도를 드리고 나서 자신을 부흥시키겠다는 모든 희망을 다 포기하고 겸비한 자세로 시작하십시오. 그러나 그 시작도 다음과 같은 확고한 기도와 간절한 간구를 즉시 하나님께 올려 드림으로 시작하십시오. "오 주님, 제가 할 수 없사오니 주님께서 저를 대신해서 해주십시오. 오 여호와여, 주의 일을 부흥케 하옵소서!"

8. 열정의 부재

이제 우리가 다루고 있는 주제의 후반부를 말씀드리고자 합니다. 이 부분은 더 간단하게 말씀드리겠습니다. 교회 내에서 자체적으로 우리는 "오 여호와여, 주의 일을 부흥케 하옵소서!"라는 시급한 기도를 끊임없이 드려야 합니다.

지금 이 시대에는 슬프게도 경건의 생명력이 점차 쇠퇴하고 있습니다. 이 시대는 생명력을 상실하고 형식이 판을 치는 시대가 되어 버렸습니다. 우리 주변에는 설교를 할 때 원고를 읽는 설교자들이 있습니다. 그 얼마나 전능하신 하나님께 대한 모욕입니까? 혹시 그 설교가 아름답고 설득력 있게 들릴지 모르겠지만, 조지 윗필드(George Whitefield)의 설교와 같은 열정적인 설교는 어디로 갔습니까?

윗필드의 설교는 그리 설득력 있지 않았습니다. 그의 설교는 투박하고 짜임새도 없었습니다. 그의 설교는 말 그 자체에 있지 않았습니다. 그것은 말을 전달하는 태도에 있었습니다. 그의 말에는 열정이 배어 있었습니다. 그는 설교를 할 때 혼신을 쏟아부었습니다. 그가 설교하는 것을 들으면 마치 그가 설교하지 않으면 죽을 사람 같다는 느낌을 받게 됩니다. 오늘날 그런 열정이 도대체 어디에 있습니까? 한때 교회의 강단에서 볼 수 있었던 열정이 이제 더 이상 보이지 않게 되었다는 서글픈 사실이 교회가 부흥하지 않으면 안된다는 증거입니다.

9. '학문(ology)'이 하나님의 자리를 차지함

둘째로, 저는 건전한 교리의 부재가 교회가 부흥해야 하는 또 하나의 증거라고 믿습니다. 오늘날에는 건전한 교리가 대부분 사라졌습니다. 성도들의 반응이 두려워 목사들이 강단에서 건전한 교리를 선포하지 못하는 상황에 이르렀습니다. 그들은 '예정'이나 '전적인 부패', '값없이 주는 은혜' 등에 대해서는 한 마디도 내비치지 않고 있습니다. 사람들이 들으러 오지 않는다고 생각하기 때문입니다.

그들은 설교하기에 적합하지 않으면 진리가 아닐지도 모른다고 결정해 버렸습니다. 그래서 그들은 소위 '신(新)신학'을 내놓았습니다. 그러나 그것은 결코 신학이 아닙니다. 그것은 하나님의 자리에서 하나님을 몰아내고 그 자리에 인간을 앉힌 '하나의 학문'일 뿐입니다.

그 결과, 교인들의 교리도 약해지고 말았습니다. 오늘날의 교인들은 그들이 몸담고 있는 직장을 바꾸는 것만큼이나 자주 교리를 바꿉니다. 신앙을 위해 죽을 수 있는 사람들은 거의 찾아볼 수 없습니다. 그들의 해이해진 모습을 보십시오. 그들도 소위 '기도 모임'을 갖고 있습니다. 그러나 차라리 '여가 모임'이라고 이름을 바꾸는 것이 마땅합니다. 가물에 콩 나듯이 참석하고 있기 때문입니다.

이 모든 것을 볼 때 저는 교회가 정도(正道)를 벗어났다고 생각합니다. 제가 이 사실을 어떻게 알 수 있는지 압니까? 교회가 세상 사람들 앞에서 영광을 얻고 있는 것을 보아 알 수 있습니다. 교회는 주님이 오실 때까지 멸시를 받아야 하고 버림을 받아야 합니다. 우리는 주님 앞에서 참된 영광을 얻어야 합니다.

10. 불을 붙이라

여러분 중에는 교회에 부흥이 필요하다는 제 의견에 동의하시는 분이 있을 것입니다. 그렇다면 저는 그분에게 이렇게 요청하고 싶습니다. 여러분의 목사에 대해 불평하고 교회의 어떤 부분에 대해서 헐뜯는 대신에 이렇게 기도하라는 것입니다. "오 여호와여, 주의 일을 부흥케 하옵소서!"

어떤 사람은 이렇게 말할 것입니다. "다른 목사님이 오시면 좋겠다. 다른 방식으로 예배를 드리면 좋겠다. 다른 설교를 들었으면 좋겠다." 그러나 여러분에게 필요한 것은 새로운 방법, 새로운 사람이 아닙니다. 정작 여러분에게 필요한 것은 지금 여러분이 갖고 있는 것 속에 생명력을 불러일으키는 것입니다. 만일 여러분이 기차를 움직이고 싶으면 새로운 엔진이 필요한 것이 아닙니다. 엔진이 열 개가 있어야 되는 것도 아닙니다. 다만 불을 붙여서 지금 갖고 있는 엔진에서 증기가 솟아나게 하면 되는 것입니다.

교회가 필요로 하는 것은 새로운 사람이나 새로운 계획이 아니라 그들 속에 있는 하나님의 생명입니다. 우리 함께 그것을 하나님께 간구합시다. 아마 하나님께서 이 세상을 그 기초부터 흔들어 버리실 준비를 하고 계실지도 모릅니다. 아마 지금 당장이라도 그의 백성들에게 강권적으로 역사하셔서 이 시대의 교회를 지나간 어느 시대보다도 더 생명력 있는 교회로 만드실 수 있을 것입니다.

관련 성경 구절 : 하박국 3:1-6

시기오놋에 맞춘바 선지자 하박국의 기도라 여호와여 내가 주께 대한 소문을 듣고 놀랐나이다 여호와여 주는 주의 일을 이 수년 내에 부흥케 하옵소서 이 수년 내에 나타내시옵소서 진노 중에라도 긍휼을 잊지 마옵소서 하나님이 데만에서부터 오시며 거룩한 자가 바란 산에서부터 오시도다(셀라) 그 영광이 하늘을 덮었고 그 찬송이 세계에 가득하도다 그 광명이 햇빛 같고 광선이 그 손에서 나오니 그 권능이 그 속에 감취었도다 온역이 그 앞에서 행하며 불덩이가 그 발 밑에서 나오도다 그가 서신즉 땅이 진동하며 그가 보신즉 열국이 전율하며 영원한 산이 무너지며 무궁한 작은 산이 엎드러지나니 그 행하심이 예로부터 그러하시도다.

리처드 포스터의 묵상

 나는 스펄전이 '부흥'에 대해 가졌던 견해를 좋아한다. 우선 그는 부흥이 우리의 일이 아니라 하나님의 일이라고 이해했다. 우리가 단순히 모임들을 주선해서 강요하고 떠민다고 해서 부흥이 일어나는 것은 아니다. 이 점을 명백히 한 후에 그는 우리가 해야 할 일을 계속해서 지적한다. 행동의 변화와 대화의 변화, 영적인 친교의 변화, 그리고 무엇보다도 '부흥을 위한 탄식'의 필요성에 있어서의 변화가 그것이다.

 그러나 우리가 자신의 책임을 이해하는 순간, 좋은 결심과 다른 노력에 의해서 부흥이 일어나게 하려고 '애쓰지' 말아야 할 것을 다시 한번 지적하고 있다. 부흥은 오로지 하나님께 기도함으로 일어난다는 것이다. 부흥의 역사는 전적으로 하나님의 일이지만, 이상하게도 우리가 해야 할 책임이 있다는 것이다. 이것은 분명히 역설적이다. 그러나 우리로 하여금 올바른 균형을 잡게 해주는 역설이다.

워치만 니

(Watchman Nee, 1903~1972)

　워치만 니(니 토셍)는 20세기 위대한 기독교 지도자 가운데 한 사람이다. 그보다 앞서간 조지 뮬러나 허드슨 테일러와 마찬가지로 워치만 니는 사람들이 거의 알지 못했던 포기와 믿음의 삶을 추구했다. 결국 그는 "어린 양 무리(Little Flock)"로 알려진 성령의 역동적인 운동의 기치를 올렸다. 그 운동은 외국 선교 기관이나 전통적인 교파와는 독립적으로 토착적인 중국 기독교 증인들을 만들어 내기 위한 초기 노력 중의 하나였다. 그 운동은 1930년대와 1940년대에 가장 번성하였으며, 상해와 그 밖의 지역에서 수천 명의 무리들이 군중 집회를 갖기도 했다. 당시의 보다 정적(靜的)인 선교 단체들이 가혹할 정도로 그 운동을 비판한 것으로 보아 그 운동은 아마 대단히 큰 성공을 거둔 것으로 보인다.

　1952년에 워치만 니는 중국 공산당 정부의 죄목 날조로 체포되어 15년 형을 선고받았다. 그 15년이 실제로는 20년으로 늘어났으며, 그 기나긴 세월 동안 그는 한 번도 주님을 부인하지 않았다. 1972년 6월 1일, 여전히 옥중에서 그는 하나님의 따뜻한 영접을 받아 그 품에 영원히 안기게 되었다.

　우리 모두와 마찬가지로 워치만 니도 실수를 저질렀다. 그 중에서 가장 주목할 만한 것은 '한 지역, 한 교회' 주의이다. 이는 그를 분리주의로 몰아갔으며, 자신의 교회 이외의 다른 모든 기성 교회를 거부하게 하였다. 그것은 불가피하게 기독교 공동체를 분리시키는 결과를 초래하였다. 반면에 그가 창안한 직업 이주 전도(vocational migration evangelism)는 독창적인 전도 방법이었다. 그것은 신자 한 사람 한 사람이 자비량으로 일하는 일꾼으로서, 신자 한 사람이 새로운 도시로 이사를 가면 그 곳이 바로 기도처가 되고 새로운 전도의 중심지가 되게 하는 방법이었다.

　레슬리 리알(Leslie Lyall)이 워치만 니에 대해서 이런 글을 썼다. "중국 교회사를 기술할 때, 워치만 니라는 탁월한 지도자의 생애와 사역을 무시하고는 기술하기가 불가능하다. 그의 영향력은 아직도 지속되고 있고, 그의 유산은 당연히 "어린 양 무리"라는 그리스도인 동지회(Christian Fellowship)일 것이다. 그 모임은 박해의 불길 속에서도 살아 남았으며, 중국에 있는 기독교회를 파괴시키려는 수많은 공작 가운데서도 명맥을 잇고 있다"(Angus I. Kinnear, *Against the Tide: The Story of Watchman Nee*, Fort Washington, PA, Christian Literature Crusade, 1973, p. ix).

52주 「주여 이 사람은(What Shall This Man Do?)」에서 발췌

복음 전도

1. 개인의 영혼을 그리스도께로 인도하는 것

사람들이 어떻게 하나님의 나라에 들어갈까? 한 개인으로서 복음 전도자가 그 일을 위해 영적으로 어떻게 준비되어야 하는가 하는 문제는 이미 어느 정도 살펴보았다. 그러면 복음을 듣는 자들은 어떠한가? 죄인들이 주님을 알고 구원받기 위해서 해야 할 최소한의 요구 사항은 무엇인가? 이 질문은 지금 우리의 주의를 요한다. 우리가 무엇을 힘써야 하는지를 아는 것이 그것을 하기 위해 영적으로 준비되어야 하는 것만큼이나 중요하기 때문이다.

이후의 논의에서 우리는 복음을 전하는 데 있어 중요한 한 가지 요점만을 다룰 것이다. 나는 그리스도의 대속의 죽음을 통하여 구원받는다는 사실을 당신이 알고 있으며, 또한 당신도 성령으로 거듭난 사람이라는 것을 당연하게 생각한다. 그리고 그런 사실들을 어떻게 하면 분명하고도 능력 있게 전달하는지도 당신이 알고 있을 것이라고 생각한다. 따라서 내가 여기서 관심을 갖고자 하는 것은 당신의 설교 내용이 아니라, 개인의 영혼을 그리스도께로 인도하기 위한 실제적인 지침이 될 수 있는 원리들이다.

한 사람이 구원받기 위해서는 무엇이 필요할까? 어떻게 설득해야지 그를 하나님 나라의 문으로 데려가 그 안으로 들어가게 할 수 있을까? 하나님에 대하여 지극히 적은 지식이나 열망만을 가진 사람들을 하나님과의 생명력 있는 교제로 인도하려면 어떻게 해야 할까? 이러한 것들이 우리가 궁금해 하는 질문들이다. 나는 여기서 지침이 될 만한 네 가지 원리를 제시하고자 한다. 그 질문들에 대한 대답을 찾기 위해 먼 길을 떠나기에 앞서 당신이 그 원리들을 발견하기를 바란다.

2. 세 가지 준비와 한 가지 요구 조건

하나님께서는 위기의 국면에 처한 각 개인을 위하여 하나님 편에서 세 가지 준비를 해주셨다. 첫째, 예수님께서 죄인들의 친구로 오셨다. 둘째, 하나님께서 직접(그 어떤 중재자 없이) 우리를 불러 만나 주셨다. 셋째, 모든 육체 위에 성령을 부어 주시사 죄와 회개와 믿음과 거기에 뒤따르는 모든 것들에 대한 확신을 최초로 우리 안에 심어 주셨다. 결국 죄인 편에서 볼 때 단 한 가지 요구 조건만이 남게 된다. 우리에게 제일 먼저 요구되는 것은 믿음이라든가, 회개라든가, 죄에 대한 인식이라든가, 심지어 그리스도의 죽음에 대한 지식이 아니다. 우리에게 요구되는 것은 단지 정직한 마음으로 주님께 나아가는 것이다.

이 마지막 말이 처음에는 당신을 놀라게 할지도 모른다. 그러나 논의를 해나가는 과정에서 당신은 그것이 얼마나 유용한지를 알게 되리라고 생각한다. 이제 우리는 이 요점들을 하나님 편에서 준비해 주시는 것부터 시작해서 차례대로 살펴볼 것이다.

3. 죄인들의 친구

복음서에서 주 예수님은 죄인들의 친구로 나타나신다. 왜냐하면 역사적으로 예수님은 사람들의 구세주가 되시기 이전에, 먼저 그들의 친구로서 그들 가운데로 다니시는 모습을 보여 주셨기 때문이다. 당신은 오늘날에도 여전히 예수님께서 우리의 구주가 되시기 전에, 먼저 우리의 친구가 되신다는 사실을 알고 있는가?

주 예수께서 '죄인들을 부르시기 위하여' 친구로 오셨다는 사실은 신약성경에 분명히 나와 있다. 우리가 주님께 나아갈 수 있는 것은 주님께서 먼저 우리에게 오셨기 때문이다. 위기의 국면에 죄인들은 실제적인 많은 난관들을 겪게 된다. 예를 들면, 성경에서는 종종 우리에게 믿으라고 말한다. 하나님의 말씀이 우리에게 믿음의 필요성을 강조하고 있지만, 당신은 "내게는 믿음이 없습니다"라고 말한다. 한 번은 어떤 소녀가 내게 이렇게 말한 적이 있다. "저는 믿을 수가 없어요. 믿고는 싶은데 믿을 수가 없단 말이에요. 그것은 아무 소용도 없어요. 내게는 믿음이 없는 걸요. 믿고 싶은 소원은 있지만 내게는 믿음이 부족해요. 믿는다는 것은 불가능한 것 같아요." 그래서 나는 이렇게 말했다. "괜찮다. 너는 믿을 수가 없어. 하지만 주님께 믿음을 달라고 기도할 수는 있지 않니? 주님께서는 네가 기도하는 만큼 너를 도와 주실 준비가 되어 있으시단다. 그러니 이렇게 기도해 보렴. '주님, 제 불신앙을 제발 도와 주세요.'"

4. 구세주께서 친히 하시려고 가까이 계신다

하나님의 말씀은 다시 우리에게 "회개하라"고 명령하신다. 그런데 도대체 회개할 마음이 없으면 어떻게 할까? 한 번은 어떤 학생이, 자기가 주님께 나아가기에는 때가 너무 이르다고 말하는 것을 들은 적이 있다. 자기는 죄의 쾌락을 맛보고 즐길 수 있는 시간을 더 갖기를 원한다고 했다.

그 학생은 내게 이렇게 말했다. "십자가에 달렸던 강도는 하고 싶은 일을 다 하고서도 구원을 받지 않았습니까? 그리고 가장 적당한 때에 회개하지 않았습니까? 그런데 저는 아직 젊지 않습니까?" "그래, 그렇다면 자네는 뭘 하고 싶은가?" 내가 이렇게 묻자 그가 대답했다. "저는 앞으로 40년을 기다렸다가 적당한 때가 되면 회개하겠습니다."

그래서 내가 "함께 기도하세"라고 말하자, "아, 저는 기도할 수 없습니다"라고 그가 대답했다. 그래서 내가 다시 이렇게 말했다. "아닐세. 자네는 기도할 수 있네. 자네가 내게 말한 모든 것을 주님께 말씀드리면 되네. 주님은 자네와 같이 회개하지 않은 죄인들의 친구라네." "아니요, 저는 주님께 그렇게 말씀드릴 수 없을 것 같습니다." "왜 할 수 없다고 생각하는가? 자네 마음속에 있는 것은 무엇이든지 주님께 말씀드릴 수 있네. 주님께서 틀림없이 자네를 도와 주실 걸세."

결국 그는 기도했다. 그리고 주님께 자기가 회개하고 싶지도 않고 구원받고 싶지도 않다고 말씀드렸다. 그러나 그는 구세주가 필요하다는 사실을 알게 되었고 그저 주님께 도와 달라고 울부짖었다. 주님께서는 그 안에서 회개의 역사를 일으키셨으며, 결국 그는 구원받은 사람으로 설 수 있게 되었다.

내가 이 예화를 반복하는 것은, 단지 죄인이 할 수 없는 그것을 구세주께서 죄인을 위해 친히 하시려고 가까이에 계신다는 사실을 강조하기 위함이다. 우리가 사람들에게 아무것도 기다릴 필요가 없고 주님께 당장 나아가기만 하면 된다고 말할 수 있는 것도 바로 이 사실 때문이다. 그들의 상태가 어떠하든지, 그들의 문제가 무엇이든지 상관없이 그것들을 죄인들의 친구가 되신 주님께 가지고 나와 말씀드리기만 하면 되는 것이다.

5. 그리스도를 만나는 것

구원이 무엇인가? 많은 사람들은 구원을 받으려면 먼저 주 예수께서 우리를 위해 죽으셨다는 사실을 믿어야만 한다고 생각한다. 그러나 기이한 것은 신약 성경 중 어느 곳에서도 정확히 그렇게 말하고 있지 않다는 사실이다. 단지 예수님을 믿어야 한다고 말씀하셨지, 예수께서 우리를 위해 죽으셨다는 사실을 믿으라고 말씀하지는 않으셨다. 바울은 "주 예수 그리스도를 믿으라 그리하면 네가 구원을 얻을 것이다"라고 말했다. 우리가 먼저 믿어야 할 것은 예수님 자신이지, 구체적으로 예수님께서 하신 일을 믿는 것이 아니다.

나는 예수님의 구속의 필요성을 진실로 믿는다. 따라서 예수님께서 하신 일을 이해하는 것이 죄인이 주님과 처음 접촉하는 데 있어서 첫 번째 단계가 될 수 없다는 나의 견해를 당신이 오해하지 않으리라 믿는다. 주님께서 하신 일을 이해하는 것이 반드시 뒤따라야 한다. 그러나 우리가 구원의 모든 계획을 이해하고 있느냐 없느냐 하는 것이 가장 중요한 문제는 아니다. 무엇보다 중요한 것은 우리에게 주님이 계시냐 계시지 않느냐 하는 것이다. 구원의 첫째 조건은 지식이 아니라 그리스도를 만나는 것이다.

나는 구원받기 위한 첫 단계에서 필요한 것은 오직 하나님과의 개인적인 만남밖에 없음을 알게 되었다. 그것만 있으면 나머지는 뒤따라온다는 것도 분명히 알게 되었다. 그러므로 하나님께서 그 첫 단계에 쓰시려고 어떤 구절들을 선택하시는가 하는 것은 중요하지 않다. 즉 우리가 전등을 켤 수 있기까지 전기 이론을 공부하여 그것을 완전히 이해해야 할 필요는 없다. 전깃불이 이렇게 말하지는 않는다. "나는 너를 위해 빛을 비춰 주지 않겠다. 너는 내가 작동하는 원리를 모르기 때문이다." 하나님께서도 그분에 대한 우리의 이해를 하나님께 나아가는 조건으로 삼지 않으셨다. "영생은 이것이니 유일하신 참 하나님, 곧 그의 보내신 자 예수 그리스도를 아는 것이다."

6. 하나님과의 만남만을 요구할 뿐이다

복음서에서 세 가지의 예를 들어보자. 첫째, 십자가의 강도를 보자. 그가 예수님께 하나님의 나라에 들어가실 때에 자기를 기억해 달라고 하자, 예수님께서는 그에게 사악했던 그의 과거 생활을 상기시키시거나 구원의 계획을 설명해 주지 않으셨다. 다만 주님께서는 한 가지 대답만을 갖고 계셨다. "네가 오늘 나와 함께 낙원에 있으리라." 그 강도는 예수께서 누구신지 깨달았으며 주님을 믿었다. 그것으로 충분했다.

혈루증을 앓던 여인이 예수님을 만지려고 했던 것을 상기해 보라. 예수님 옆을 지나가던 사람들이 수없이 많이 있었으나 오직 한 사람만이 고침을 받았다. 그 여인이 고침을 받은 것은 그녀에게 예수님을 "만져야 되겠다"는 특별한 의도가 있었기 때문이다. 예수님을 만지는 것 외에는 아무 것도 필요하지 않았다. 왜냐하면 그 여인에게 있어서 예수님을 만지는 행위는, 하나님의 도움이 절실히 필요하다는 사실을 인정하고 영적으로 하나님께 손을 내미는 것을 상징하기 때문이다.

또 성전에서 기도하던 바리새인과 세리의 경우를 생각해 보자. 바리새인은 헌금과 제사와 십일조 등에 관한 것을 다 알고 있었다. 그러나 그에게서는 하나님을 향한 심령의 부르짖음이 나오지 않았다. 반면에 세리는 "하나님이여 나를 불쌍히 여기옵소서!"라고 부르짖었다. 그의 심중에 있던 그 무엇인가가 하나님께로 나와서 즉각적인 반응을 불러일으킨 것이다. 그래서 주 예수께서는 그 세리를 지적하시면서, 하나님께서 의롭게 여기신 사람이라고 말씀하셨다. 의롭게 여기심을 받는다는 것은 무슨 뜻일까? 그것은 하나님을 만진다는 것이다. 우리의 첫 번째 목표가 사람들이 하나님을 만날 수 있도록 인도하는 것이 되어야 하는 이유가 바로 여기에 있다.

7. 심령에서 나오는 부르짖음

심령으로 하나님께 부르짖는 것으로 충분하다고 우리는 말했다. 성령께서 모든 인류에게 부은 바 되셨기 때문에 우리는 부르짖기만 하면 된다.

나는 어떤 사람에게 말씀을 전할 때 그 사람 위에 성령이 임하신다고 늘 믿는다. 성령께서 불신자들의 마음속에 내주하신다는 말이 아니다. 성령께서는 그들의 밖에 계신다. 그러면 성령께서는 무엇을 하고 계신가? 그분은 기다리고 계신다. 그들이 그리스도를 마음속에 영접하기를 기다리신다. 성령은 빛과 같다. 창문의 셔터를 조금만 열어 놓으면 빛이 홍수처럼 밀려들어와 내부를 환하게 밝힌다. 하나님께 심령으로 부르짖으라. 그러면 그 순간, 성령께서 들어오셔서 확신과 회개와 믿음의 역사를 통해 우리를 변화시키기 시작하신다.

사람들을 그리스도께로 이끌기 위한 가장 확실한 방법은, 우리가 흑암에 처했을 때 우리를 도와 주셨던 그 동일하신 성령께서 그들의 마음속에 들어가셔서 그들의 마음을 밝혀 주기를 원하신다는 것, 그리고 이를 위해 그들 가까이에서 기다리고 계시며, 그들이 마음의 문을 열고 하나님께 부르짖으면 구원의 역사를 이루신다는 사실을 기억하는 것이다.

8. 문제는 요점이 아니다

이제 우리는 우리에게 요구되는 단 한 가지 요구 조건을 논의할 때가 되었다. 어떤 사람에게 복음을 전할 때 우리는 수많은 '요점들'을 사용하는 경우가 빈번하다. 그런데 하루만 지나면 그 사람이 "그만 세 번째 요점을 잊어버렸습니다. 그것이 뭐였지요?"라고 물어 보는 경우를 종종 경험하게 된다. 구원은 요점의 문제가 아니다. 구원은 이해의 문제도 아니고 의지의 문제도 아니다. 그것은 우리가 살펴본 바와 같이 하나님을 만나는 문제이다. 즉 사람들이 구주 예수 그리스도와 직접 접촉하는 것이다. 그렇다면 당신은 내게 그리스도와의 만남을 가능하게 하는 최소한의 요구 조건이 무엇이냐고 질문할 것이다.

죄인이 구원받기 위한 기본적인 조건은 믿음이나 회개가 아니라 하나님께로 향한 정직한 마음일 뿐이다. 하나님께서는 그러한 태도로 나아가는 것 외에 아무것도 우리에게 요구하지 않으신다. 죄인을 구원하는 것은 예수 그리스도와 첫 만남을 가질 수 있게 해주는 것, 즉 복음의 사실이지, 그것에 대한 죄인의 이해가 아니다.

관련 성경 구절 : 마가복음 5:25-34

열두 해를 혈루증으로 앓는 한 여자가 있어 많은 의원에게 많은 괴로움을 받았고 있던 것도 다 허비하였으되 아무 효험이 없고 도리어 더 중하여졌던 차에 예수의 소문을 듣고 무리 가운데 섞여 뒤로 와서 그의 옷에 손을 대니 이는 내가 그의 옷에만 손을 대어도 구원을 얻으리라 함일러라 이에 그의 혈루 근원이 곧 마르매 병이 나은 줄을 몸에 깨달으니라 예수께서 그 능력이 자기에게서 나간 줄을 곧 스스로 아시고 무리 가운데서 돌이켜 말씀하시되 누가 내 옷에 손을 대었느냐 하시니 제자들이 여짜오되 무리가 에워싸 미는 것을 보시며 누가 내게 손을 대었느냐 물으시나이까 하되 예수께서 이 일 행한 여자를 보려고 둘러보시니 여자가 제게 이루어진 일을 알고 두려워하여 떨며 와서 그 앞에 엎드려 모든 사실을 여짜온대 예수께서 가라사대 딸아 네 믿음이 너를 구원하였으니 평안히 가라 네 병에서 놓여 건강할지어다.

리처드 포스터의 묵상

워치만 니는 위대한 복음 전도자였다. 그는 그 수많은 굴욕의 세월 동안 변치 않는 예수 그리스도의 신실한 증인이었다. 20년 동안 감옥살이를 하는 동안 그는 결코 주님을 배반하지 않았다. 그는 보이지 아니하는 주님을 바라보면서 끝까지 인내했다.

그는 사람들이 그리스도를 만나야 된다는 열정을 일생 동안 간직했다. 나는 그것이 맘에 든다. 세련된 교양을 핑계 삼아 사람들을 그리스도께로 초청하는 단순함을 상실하기가 얼마나 쉬운가? 우리에게 필요한 것은 정교한 계획이나 박식한 웅변이 아니다. 우리에게는 사랑만이 요구될 뿐이다.

편집자 주

아래는 「리처드 포스터가 묵상한 신앙 고전 52선」에 실린 책 가운데 현재 한국에 번역 출간되어 있는 책들의 목록입니다.

1부

1주. C. S. 루이스, 「내가 믿는 기독교(Mere Christianity)」(1977), 대한 기독교서회.
3주. 조나단 에드워즈, 「신앙과 정서(Religious Affections)」(1977), 서문 강 역, 지평서원
5주. 십자가의 요한, 「어둔 밤(The Dark Night)」(1973), 최민순 역, 바오로딸.
6주. 끌레르보의 버나드, 「하나님을 사랑함에 대하여(The Love of God)」(1988), 심이석 역, 크리스찬 다이제스트.
7주. 프랑수아 페넬롱, 「그리스도인의 완전(Christian Perfection)」(1991), 이상원 역, 크리스찬 다이제스트.
8주. 어거스틴, 「참회록(Confessions)」(1986), 김종웅 역, 크리스찬 다이제스트(이외에도 대한기독교서회, 예찬사, 성바오로 출판사 등에서 출간된 것이 있다).

2부

12주. 로렌스 형제, 「'하나님의 임재' 연습(The Practice of the Presence of God)」(1991), 도서출판 두란노.
14주. 헨리 나우웬, 「모든 것을 새롭게 만들고(Making All Things New)」, 성찬성 역, 성바오로.
20주. 마틴 루터 "탁상담화문(Table Talk)", 「의사전달자」, 루터선집 12(1989), 컨콜디아사.(두란노에서 출간한 「루터에게 듣는다」도 루터의 Table Talk를 편집한 책이다.)

3부

25주. 존 칼빈,「참된 그리스도인의 삶(*The True Christian Life*)」(1995), 정기화 역, 소망사.
26주. 블레즈 파스칼,「팡세(*Pensées*)」(1992), 서원모 역, 크리스챤 다이제스트(이외에도 종로서적 등 많은 출판사에서 출간되었다).
28주. 토마스 아 켐피스,「그리스도를 본받아(*The Imitation of Christ*)」(1992), 박명곤 역, 크리스챤 다이제스트(이외에도 대한기독교서회, 예찬사, 성바오로 등의 출판사에서 출간되었다).
29주. 윌리엄 로,「경건한 삶을 위하여(*A Serious Call To A Devout and Holy Life*)」(1985), 서문 강 역, 크리스챤 다이제스트.
30주. 아빌라의 테레사,「영혼의 성(*Interior Castle*)」(1970), 최민순 역, 성바오로.

4부

34주. 로욜라의 이그나티우스(성 이냐시오),「영신 수련(*The Spiritual Exercises*)」(1967), 윤양석 역, 한국천주교중앙협의회.

5부

40주. 해나 휘톨 스미스,「그리스도인의 행복한 삶의 비결(*The Christian's Secret of a Happy Life*)」(1992), 박명곤 역, 크리스챤 다이제스트.
44주. 지에나의 캐더린(시에나의 가타리나),「대화(*The Dialogue*)」(1997), 성찬성 역, 바오로딸.

6부

46주. 스탠리 존스「회심(*Conversion*)」, 스탠리 존스 선집 2 (1988), 강병훈 역, 성서연구사.
48주. 우골리노,「성 프란시스의 작은 꽃들(*The Little Flowers of St. Francis*)」(1986), 박명곤 역, 크리스챤 다이제스트.
49주. 잔느 귀용,「예수 그리스도를 깊이 체험하기(*Experiencing the Depths of Jesus Christ*)」(1995), 생명의 말씀사.
52주. 워치만 니,「주여 이 사람은(*What Shall This Man Do?*)」(1971), 박광철 역, 생명의 말씀사.

역자 후기

경건의 연습

"망령되고 허탄한 신화를 버리고 오직 경건에 이르기를 연습하라 육체의 연습은 약간의 유익이 있으나 경건은 범사에 유익하니 금생과 내생에 약속이 있느니라"(딤전 4:7-8).

남아프리카의 아름다운 도시 스텔렌보쉬에서 유학 생활을 하면서 나는 다른 어느 때보다 하나님과 더욱 친밀해짐을 느낀다. 두 해 전 유학 생활을 시작함과 동시에 오늘까지 단 하루도 거르지 않고 일기를 써 오면서 날마다 함께하시는 하나님의 숨결을 느낄 뿐만 아니라, 위로 하나님을 향하고 밖으로 이웃을 향한, 그리고 안으로 나의 내면을 향한 하나님의 음성을 듣곤 한다.

고등학교 교사와 전도사, 강도사, 목사로서의 지난 10여 년 간의 한국 생활은 나의 내면을 돌아볼 수 있는 여유조차 앗아갈 정도로 바쁜 사역의 나날들이었다. 그러나 이곳 남아프리카에서의 유학 생활은 나와 나의 사역을 객관적으로 보게 해주었고 나의 사랑하는 조국 대한민국과 나의 요람이요, 놀이터요, 삶의 뿌리였던 한국 교회를 바깥 세상에서 바라볼 수 있는 여유와 안목을 주었다.

나는 이곳에서 유학 생활을 하면서 두 권의 책을 번역하였다. 하나는 미래사에서 출간한 패트 로버트슨의 「최후의 시간」이라는 책이고, 다른 하나는 바로 이 책이다. 전자가 내게 나의 신앙과 학문의 최종 목표를 종말론적으로 다시 확인시켜 준 책이라면, 후자는 내게 그리스도인으로서의 삶의 지평을 넓혀 준 책이라고 할 수 있다.

이 책은 주후 4세기에 살았던 닛사의 그레고리, 존 크리소스톰, 성 어거스틴으로부터 시작하여 엘리자베스 오코너, 댈러스 윌라드, 헨리 나우웬 등 현대 인물까지 고대, 중세, 근세, 현대를 총망라하여 모두 52명의 신앙위인들의 생애와 사상을 파노라마식으로 보여 준다. 그러나 연대기적인 편집이 아니라 주제별로 엮어서 저들의 위대한 삶과 사상을 일목요연하게 보여 주고 있다. 이것이 나의 삶의 지평을 넓혀 준 이유는 이들의 삶과 저작들이 이 시대가 꼭 필요로 하는 경건한 삶의 폭과 깊이를 생생하게 들려주고 있기 때문이다.

나는 낮에는 기독교 윤리를 공부하며 학위 논문을 준비하고, 밤에는 불을 밝히고 이 책을 번역하였다. 컴퓨터 앞에 앉아 작업을 하는 도중 눈이 쓰리고 아파 힘든 적도 많았지만, 감동적인 위인들의 삶과 사상을 읽어 내려가며 가슴 뭉클한 감격에 사로잡힌 적이 한두 번이 아니었다. 교리와 교파를 초월해서 하나님 앞에서 진실되고, 역사와 세상 앞에서 당당하게 살아간 신앙의 위인들의 모습을 접하며 하나님의 종으로서의 나의 무지와 나태함, 불경건과 천박함을 깨닫게 되었다.

때로는 감옥 속에서, 때로는 죽음 앞에서도 신앙을 굽히지 않고 즉각적인 순종과 철저한 복종, 불의를 지적하는 사자후의 음성, 언제나 약자 편에 서는 진정한 용기, 그리고 순교의 각오를 가지고 주님 한 분만으로 만족하며 살아갔던 그들을 보며, "아, 나는 어떻게 해야 저들처럼 살아갈 수 있단 말인가!"라는 탄식과 함께 각오를 새롭게 하지 않을 수 없었다.

이 시대는 현학적인 학문과 수사학적인 설교가 요구되지 아니하고 경건한 삶, 정직한 삶, 진리를 위해 생명을 바칠 수 있는 신앙의 용기가 필요한 때이다. 이 책은 일년 52주, 매주 한 사람씩 앞서간 신앙의 용사들의 삶과 증언을 묵상해 나간다면, 2천 년 교회 역사를 한눈에 볼 수 있고, 역사의 면면마다 신앙의 선조들이 흘렸던 눈물의 자취와 얼룩진 순교의 핏

자국을 떨리는 가슴으로 만져 볼 수 있도록 편집되어 있다.

이들의 증언을 통해 우리는 좀더 경건해질 수 있다고 생각한다. 기도와 말씀으로 충만한 생활, 사랑과 자비를 베푸는 덕 있는 생활, 성령으로 감동받는 능력의 생활, 이것이 바로 그들이 경건하게 살아갔던 신앙의 골격이었다. 이것은 새로운 것도, 신기한 것도 아니다. 우리가 익히 잘 알고 있는 것들이다. 문제는 지식의 유무에 있는 것이 아니라 순종의 유무에 있다.

나는 이 책을 번역하며 시시때때로 나를 포함하여 앞으로 이 책을 읽는 모든 독자들이 성령의 감동하심으로 오늘날 한국 교회가 목말라하는 경건한 삶의 증인들이 될 수 있게 해달라고 기도하였다.

역사는 또 흘러간다. 사랑하는 조국 대한민국의 역사와 지금 내가 있는 남아프리카 공화국의 역사는 하나님 나라의 역사와 함께 끊임없이 흘러간다. 나는 이 역사 속에 어떤 증언을 남길 것인가? 앞서간 신앙 위인들의 발자취를 겸허한 마음으로 뒤쫓으며 경건의 훈련을 거듭해 갈 때, 나도 언젠가는 비록 세련된 미사여구는 못되고 웅변적인 사자후는 못된다 해도, 투박하고 진솔한 삶으로 역사의 한 면을 장식하게 될 것이다.

시대의 징조를 보건대, 푸르른 스텔렌보쉬의 하늘과 사랑하는 조국 대한민국의 하늘에 하나님의 마지막 심판의 나팔 소리가 울려 퍼질 날이 멀지 않았다. 종말을 향해 역사의 수레바퀴는 힘차게 굴러가고 있다. 여러분의 삶의 수레바퀴는 무엇을 향해 그렇게 열심히 굴러가고 있는가? 돈, 명예, 권력, 지위, 이런 것들이 여러분의 최종 목표는 아닌가? 여러분은 이 땅에 보물을 쌓아 두고 있는가? 아니면 영원한 하늘 나라에 보물을 쌓아 두고 있는가? 이 책을 사랑하고 묵상하는 성도들마다 부디 지혜로운 결단이 있기를 간절히 기도한다.

남아프리카 공화국 스텔렌보쉬 대학 도서관에서
송준인 목사